Hildebrand's Urlaubsführer

Impressionen

Bilder des Landes
Reiseerlebnisse und Betrachtungen

Informationen

Länderkunde
Regionen und ihre Sehenswürdigkeiten
Praktische Hinweise
Index

Anhang: Urlaubskarte

Hildebrand's Urlaubsführer

Herausgeber
K+G Verlagsgesellschaft mbH
Schönberger Weg 15–17
6000 Frankfurt/Main 90

Autor
Manfred Morgenstern

Redaktion
Peggy Belles, Gabriele Kellermann

Fotos
Klaus Gericke, Manfred Morgenstern,
Prof. Dr. Peter Thiele, Steve Vidler/Mauritius,
Hans Winter/Mauritius

Illustrationen
Eckart Müller, Peter Rank, Manfred Rup

Kartographie
K+G, KARTO+GRAFIK, Verlagsgesellschaft mbH

Lithographie
Haußmann-Repro, 6100 Darmstadt
Spandau-Repro, 6500 Mainz-Finthen

Satz
LibroSatz, 6239 Kriftel

Druck
Schwab Offset KG, 6452 Hainburg/Hess.

3. Auflage 1987
Gesamtherstellung K+G Verlagsges. mbH
Printed in Germany
ISBN 3-88989-094-6

Hildebrand's Urlaubsführer

CHINA

KARTO+GRAFIK VERLAGSGESELLSCHAFT MBH

1

2

3

4

5

6

7

8

9

10

11

12

13

14

15

16

17

18

19
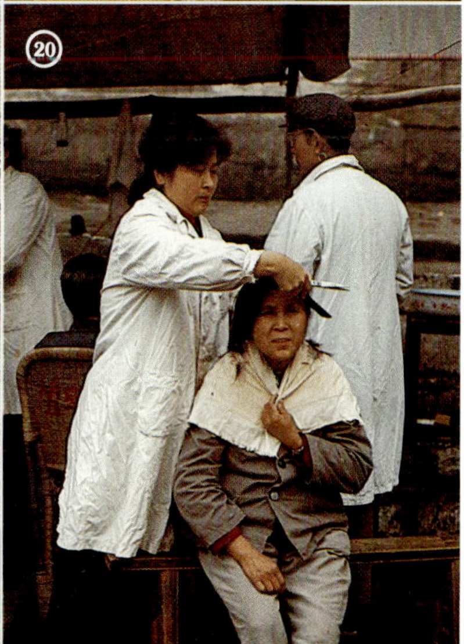
20

21

22

23

24

26

27

28

29

30

31

32

33

34

35

36

37

38

39

40

41

42

43

44

45

46

49

50

51

52

53

54

55

Bildlegenden

1. 1. Oktober 1977 in Changsha, Provinz Hunan: Am Gründungstag der Volksrepublik China finden unter freiem Himmel Kulturveranstaltungen statt. Junge Frauen tanzen in der Kleidung von Reisbäuerinnen zu Ehren des damaligen Parteivorsitzenden Hua Guofeng, dem Nachfolger Mao Zedongs.
2. Auch in China sind Kinder die Lieblinge der Erwachsenen. Auf die junge Generation konzentrieren sich die Hoffnungen des Landes auf eine schnelle Modernisierung und mehr Wohlstand.
2. Selbst in den ärmeren Regionen werden die Kinder farbenprächtig gekleidet.
4. Schon im Kindergarten lehrt man Sport, Tanz und musische Fächer.
5. In der Schule muß härter gearbeitet werden. Die Klassen sind meist sehr groß, und so gehören Sozialverhalten, Konzentrationsfähigkeit und Disziplin zu den vorrangigsten Erziehungszielen.
6. Jahrhundertelang gehörte die Kunst der Kalligraphie, des „Schönschreibens", zu den unverzichtbaren Fertigkeiten eines jeden Gelehrten. Auch dieser Schüler versucht sich mit Pinsel und Tusche in dieser Kunst.
7. Chinas Bauern blicken heute zufrieden drein: Sie profitieren von der neuen Landwirtschaftspolitik.
8. Mädchen der Hui-Nationalität.
9. Uighurisches Mädchen.
10. Tibetisches Mädchen.
11. In der nachmaoistischen Ära wurde den tibetischen Lamapriestern die Rückkehr in ihre Klöster gestattet.
12. Zwei Mongolinnen vor ihrer Jurte, dem traditionellen Filzzelt der mongolischen Nomaden.
13./14. Das Kunsthandwerk hat in China eine lange Tradition. Diese beiden Frauen bearbeiten Cloisonné-Waren.
15. In den kunsthandwerklichen Manufakturen sind fast nur Frauen beschäftigt. Neben einer künstlerischen Begabung erfordert diese Arbeit ein gutes Auge und eine sichere Hand.
16. Handwerk hat in China vielleicht noch keinen goldenen, aber einen sicheren Boden. Wie in alten Zeiten fertigt dieser Mann Besen aus Reisstroh.
17. Private Garküchen gehören heute wieder zum Straßenbild, nachdem es in der Kulturrevolution nur staatliche Restaurants und Kantinen gab.
18. Nach einem guten Markttag gönnt sich dieser Bauer aus Sichuan ein gutes Pfeifchen.
19. Die Freimärkte in Kanton gehören zu den größten und exotischsten in ganz China. Fast alles, was vier Beine hat, wandert von hier aus frisch in den Topf, von Schlangen und Fröschen bis zu Katzen und Eulen.
20. Die Frauen tragen heute wieder Frisur: Weg von den langweiligen Zöpfen und Einheitsfrisuren früherer Jahre.

21. Die Peking-Oper ist beliebt wie eh und je. Dieser Schauspieler trägt ein farbenprächtiges Gewand, aufwendigen Kopfschmuck und die typische Gesichtsmaske.
22. Dieser buddhistische Mönch ist mit der Herstellung von heiligen Schriften mit Holzdruckplatten beschäftigt.
23. In den meisten buddhistischen Klöstern findet sich eine „Halle der 500 Lohans". Dies sind Heilige der buddhistischen Religion.
24. Dieser daoistische Mönch präsentiert seine religiöse Schrift. Götter kennt der Daoismus keine.
25. Die „Halle der Höchsten Harmonie" im Kaiserpalast in Beijing.
26. Die „Halle des Gebets für eine gute Ernte" im Himmelstempel.
27. Ein Blick auf das ohne Hilfsmittel wie Nagel und Leim zusammengefügte Holzkassettendach. In der Mitte befindet sich das Drachensymbol.
28. Die vier mittleren Säulen, die Drachenquellensäulen, tragen das Innendach; sie symbolisieren die vier Jahreszeiten.
29. Auch die Enden der blauglasierten Ziegel tragen das kaiserliche Symbol des Drachen.
30. Die „Pagode der Glasierten Ziegel", Liuli Ta, in den Beijinger Westbergen.
31. Der Drache ist das Symbol der kaiserlichen Macht. Hier ein Ausschnitt aus der Neundrachenwand im Kaiserpalast. Nur drei solcher Wände gibt es in China.
32./33. Himmlische Wächter (Tianwang) findet man am Eingang jedes buddhistischen Tempels. Ihre furchterregenden Fratzen und die magischen Waffen sollen die Feinde der Religion abschrecken. Beide Figuren tragen eine fünfblättrige Bodhisattva-Krone, im mittleren Blatt steht ein Buddha.
34. Der Buddhismus ist die bedeutendste Religion Chinas. In den berühmten Grottenanlagen von Dunhuang, Yungang, Longmen und Dazu findet man überdimensionale Abbilder des indischen Religionsstifters. Dieser Buddhakopf gehört einer 33 m hohen Statue in den Mogao-Grotten von Dunhuang.
35. Ein Buddha aus Grotten von Dazu in Sichuan. Diese Darstellung zeigt Buddha in europäischer Sitzhaltung mit einem doppelten Nimbus und mit mehreren kleinen Buddhadarstellungen auf der Rückwand.
36. Zwei Buddhafiguren im Diamantsitz auf der Lotosblüte, dem buddhistischen Symbol der Reinheit. Die rechte Hand ist zur Geste der Schutzverheißung vor der rechten Brust erhoben.
37. Der Potala-Palast auf dem Marpori, dem Roten Berg, in Lhasa, Tibet. Der 5. Dalai Lama hatte 1643 mit dem Bau begonnen.
38. Der Fengxian-Tempel in den Longmen-Grotten bei Luoyang, die zu den bedeutendsten Stätten der buddhistischen Religionskunst zählen. Rechts neben der zentralen Buddhafigur befinden sich ein Schüler Buddhas und ein Bodhisattva. Noch weiter rechts zwei Wächtergottheiten.
39. 1974 wurde in der Nähe von Xi'an die aufsehenerregendste Entdekkung in der kurzen Geschichte der chinesischen Archäologie gemacht:

Man fand die Grabstätte des ersten Kaisers von China, Qin Shi Huang Di.
40. Jedes Gesicht sieht anders aus. Die Köpfe wurden einzeln modelliert. Diese Statue zeigt einen an seiner Kopfbedeckung erkenntlichen Offizier.
41. Gepanzerter Soldat mit einfachem Haarknoten.
42. Steinfigurenweg vor dem Grab des ersten Ming-Kaisers in Nanjing, erbaut 1383. Unter den Steinfiguren finden sich Kamele, Elefanten, Löwen, Fabeltiere, aber auch hohe Beamte und Generale. Sie symbolisieren, daß der Kaiser auch nach seinem Tode von seinen Untertanen respektiert und bewacht wird.
43. Blick ins Kiziltagh-Tal vor den buddhistischen Höhlen von Beizeklik in der Nähe von Turfan, Provinz Xingjiang.
44. Das größte Bauwerk der Erde, das sogar Astronauten mit bloßem Auge erkennen können: Die Große Mauer bei Badaling, nördlich von Beijing.
45. Dieser Fotograf an der Großen Mauer wartet auf Kunden, die sich auf seinen Pferden reitend ablichten lassen.
46. Fast 200 verschiedene Arten Bambus wachsen in China. Er ist eines der wichtigsten Nutzhölzer: Von Möbeln bis zu Baugerüsten kann er vielfach verwendet werden, junge Bambussprossen sind sogar eine hervorragende Speise. Darüber hinaus eignet er sich auch zur Hinterlassung von Botschaften; hier hat jemand seinen Namen und das Datum verewigt.
47. Lotosfelder findet man fast in ganz China. Die Lotoswurzel ist ein wohlschmeckendes Gemüse, mit den Blüten lassen sich Tee oder Suppen aromatisieren.
48. Die Lotosblüte, Blume der Reinheit, Schönheit, Sonnensymbol und ewiges Leben verheißend, Sinnbild der buddhistischen Religion, der Thronsitz Buddhas.
49. Auf dem tibetischen Hochlandplateau ist der Yak, der tibetische Grunzochse, das wichtigste Haustier. Er begnügt sich noch mit der kargen Vegetation auf fast kahlen Berghängen. Die Yakbutter gehört wegen ihres hohen Fettgehalts zu den wichtigsten Nahrungsmitteln. In den kalten Wintern reiben sich die Tibeter ihre Haut mit Yakbutter ein, um sie vor der Kälte zu schützen.
50. Der Wasserbüffel ist das Arbeitstier in Südchina; in den nassen, schlammigen Reisfeldern fühlt er sich ausgesprochen wohl. Auf den Terrassenfeldern werden Traktoren den Wasserbüffel schlecht ersetzen können.
51. Maulesel ziehen die Transportkarren über ein breites, leeres Flußbett.
52. Durch die Schluchten des Yangzi-Flusses: früher ein lebensgefährliches Abenteuer und nur durch mühsames Treideln zu bewältigen, heute eine der großen touristischen Attraktionen.
53./54. Dschunken und kleine Boote gehören noch heute zu den Transportmitteln auf dem Yangzi.
55. Durch die phantastischen Karstkegelberge bei Guilin schlängelt sich der Li-Fluß. In der Abenddämmerung fahren die Fischer auf schmalen Bambusfloßen auf den Fluß hinaus. Kormorane sind zuverlässige und erfolgreiche Helfer.

Aufstieg in den Himmel

In tiefer Nacht reißen uns die Schiffssirenen aus dem Schlaf. Es ist 2.30 h, und wir haben in Yichang nur einige Stunden schlafen können. Die Stadt selbst verbarg sich vor uns in tiefer Dunkelheit, da wir am Vorabend erst spät angekommen waren.

Yichang ist die „Grenzstation" zwischen zwei Welten: östlich das flache, weite und freie Land bis hin nach Shanghai, westlich davon liegen die ehemals gefürchteten Yangzi-Schluchten und dahinter das „Vierstromland" Sichuan, das früher als fast unerreichbar und daher auch als fremd und unheimlich galt. Von Li Taibo, dem berühmten Dichter der Tang-Zeit (618 bis 907 n. Chr.), stammt der Vers: „Nach Sichuan zu reisen, ist so schwer wie zum Himmel aufzusteigen."

Jahrhundertelang haben viele Schiffer sich als Himmelsstürmer auf ihren leichten Dschunken versucht. Und niemand hat die gezählt, deren Boote und Leiber in den Stromschnellen und Strudeln der Yangzi-Schluchten an den Felsen zerschmettert wurden. Geschahen diese Unfälle während der Sommerzeit, wenn der Yangzi Hochwasser führt, so konnte man im Winter und Frühjahr bei Niedrigwasser die Wracks und Leichen 20 bis 30 m hoch in den Felswänden hängen sehen.

Doch Sichuan war und ist ein fruchtbares Land, der Handel mit dieser Provinz war immer lohnend, und wer den Weg nach Sichuan und zurück schaffte, war oft ein gemachter Mann. Der Yangzi, der Weg durch die Schluchten, war die direkte und kürzeste Verbindung.

Nachdem in der Mitte des letzten Jahrhunderts die europäischen Großmächte sich in China engagierten, erkannten auch sie sehr schnell die hervorragende handels- und verkehrspolitische Bedeutung dieses Flusses. Die Engländer formulierten als Erste – bereits 1898 durch ihren Gesandten in Peking, Sir Claude MacDonald – ihren Anspruch auf die gesamte Yangzi-Region und die mit ihr verknüpften Provinzen.

Doch auch die Deutschen, von Kaiser Wilhelm II. zu unerbittlichem und rücksichtslosem Engagement in China getrieben, standen den Engländern nicht nach. Ein nach dem Boxeraufstand von einer Berliner Zeitung nach China entsandter Kriegsberichterstatter formulierte dann in seinen Artikeln und in einem Buch, er halte es geradezu für eine „nationale Pflicht, uns um den Yangzi zu kümmern".

Er selbst sollte kurze Zeit später Gelegenheit haben, mit einem Dampfer einer deutschen Reederei den Versuch zu unternehmen, durch die Schluchten bis nach Chongqing zu fahren. Bis dato tummelten sich auf dem Unter- und Mittellauf des Flusses bis nach Yichang, der natürlichen Barriere vor Sichuan, die Kanonenboote der europäischen Mächte und demonstrierten somit deren

Anspruch auf diese Region. Ein reger Dampfschiffahrtsverkehr existierte bereits zwischen Shanghai und Hankou, dem heutigen Wuhan, ja bis Yichang fuhren sogar einige Schiffslinien.

Und im Dezember des Jahres 1900 hatte sich, wie bereits erwähnt, ein deutscher Dampfer, angetrieben von Schaufelrädern, die ihn in den engen Schluchten beweglicher machen sollten, aufgemacht, von Shanghai bis nach Chongqing zu fahren. Eine Menge Geld hatte man dafür investiert, doch er landete in den Schluchten 40 m tief auf dem Grund des Yangzi. In den Stromschnellen hatten unter Wasser verborgene Riffe den Schiffsrumpf aufgerissen, und binnen 20 Minuten war der Traum der deutschen Yangzi-Dampfschiffahrt dahin.

Doch solche Ungewissheiten und Befürchtungen, aber auch der Pioniergeist dieser vergangenen Zeiten, bewegten uns selbstverständlich nicht mehr, als wir in tiefer Nacht die Treppenstufen zum Ufer hinuntergingen, um unser Passagierschiff, welches den mit Revolutionspathos beladenen Namen „Der Osten ist rot (Dong feng hong)" trug, zu besteigen. So heißen übrigens alle Yangzi-Passagierschiffe, unseres trug die Nummer 48.

An diesem Morgen sollte der Osten allerdings grau bleiben, als unser Schiff ablegte, um sich auf die drei Tage dauernde Fahrt nach Chongqing zu begeben.

Nach etwa einer Stunde, noch im Morgengrauen, erreichen wir die 1981 fertiggestellte Gezhouba-Schleuse. Mit Hilfe dieser riesigen Anlage hat man die Stromschnellen hinter Yichang beseitigt. Das Absinken des Wasserstandes auf ein für die Schiffahrt gefährliches Niveau, wo Felsspitzen aus dem Wasser ragen und sich Stromschnellen und Strudel bilden, kann damit verhindert werden. In dem großen Schleusentor wird unser Schiff mehr als 20 m angehoben. Dann haben wir freie Fahrt.

Kurze Zeit später tauchen schon die ersten Berge der Xiling-Schlucht auf. Wie gewaltige natürliche Schleusentore scheinen sie uns den Weg zu versperren. Für die Pioniere der Yangzi-Schiffahrt müssen sie wie ein Mahnmal gewirkt haben, ein Symbol für die Gefährlichkeit und todbringende Kraft dieses Flusses.

Unser Schiff jedoch bahnt sich sicher seinen Weg, gesteuert von erfahrenen Lotsen, die, auf der Brücke stehend, mit fast unscheinbaren Bewegungen des erhobenen Daumens dem Steuermann die Richtung weisen. 78 km lang ist diese erste der drei Yangzi-Schluchten, und drei Stunden lang bietet sich uns ein phantastisches Bild, welches ein alter Reiseführer mit folgenden Worten beschrieb: „Es ist wahrhaft ein Pandämonium inmitten großer Gefahr."

Vor uns türmen sich fast senkrecht ansteigende Wände auf, die kaum noch Licht einfallen lassen, dann erscheinen Bergkegel, die an die Pyramiden Ägyptens erinnern. Hoch über unseren Köpfen liegen kleine Bergsiedlungen oder auch alleinstehende Höfe, in deren Umgebung jedes einigermaßen erreichbare Fleckchen Erde bebaut ist. Zum Wasserholen oder Waschen muß man auf steilen Pfaden zum Ufer hinabsteigen. Die Mühsal und Einsamkeit dieses Lebens, abgeschnitten von der Umwelt, ein Leben lang den Launen des Flusses ausgeliefert, ist für uns nur schwer vorstellbar. Gelegentlich scheint der Fluß nur ein riesiger See zu sein, weil sich ringsum Berge auftürmen und kein Ausweg sichtbar ist, bis dann plötzlich hinter einer Felswand doch wieder eine scharfe Biegung sichtbar wird.

Dschunken, manche beladen mit Getreide, mit Vieh oder auch nur mit einigen Passagieren, manchmal in einem Verbund an ein motorgetriebenes Schiff angehängt, passieren uns in schneller Fahrt flußabwärts. Schwerer haben es allerdings diejenigen, die mit uns flußaufwärts fahren. Haben sie keinen Schleppverband gefunden, quälen sie sich, hart am Ufer steuernd, um der starken Strömung in der Flußmitte auszuweichen, Meter für Meter vorwärts. Gelegentlich werden sie auch noch von am Ufer laufenden Kulis an langen Tauen gezogen, die an der Mastspitze und am Rumpf der Dschunke befestigt sind.

Die jahrhundertealten, vielleicht jahrtausendealten Treidelpfade an den Berghängen sind noch gut zu erkennen. Manchmal verlaufen sie am sandigem Ufer, dann aber wieder in fast senkrecht abfallenden Wänden und in schwindelerregender Höhe. An solchen Stellen mußten die Pfade in den Fels gehauen werden. An den schwer passierbaren Stellen hatten sich im Laufe der Zeit sogenannte Treideldörfer gebildet, deren Einwohner ihren Lebensunterhalt fast ausschließlich mit dieser mühevollen Arbeit verdienten.

Einige Jahre nach dem mißglückten Versuch der deutschen Dampfschiffahrt machte sich der junge deutsche Diplomat Martin Fischer, der nach dem Kriege das Hamburger Institut für Asienkunde gründete, auf die Reise von Yichang nach Chongqing. Er benutzte eine Dschunke und brauchte für die Reise 25 Tage, wobei diese unter günstigen Umständen verlief. Er lieferte folgende Beschreibung der schweren Treidelarbeit: „Das ganze Flußtal hallte wider von den feuernden Rufen der Aufseher, dem monotonen Ruf, mit dem die Treidelknechte antworteten, den Gongschlägen am Ufer und den Wirbeln der Trommel an Bord."

Heute sind es die Schiffssirenen der modernen Schiffe, die im Flußtal widerhallen. Unser „Der Osten ist rot, Nr. 48" hat annähernd 700 Passagiere an Bord, darunter etwa 40 Touristen, die in relativ bequemen Zweibettkabinen wohnen. Chinesische Reisende liegen in Vierbettkabinen oder größeren Schlafsälen. Wer wenig Geld hat, schläft möglichst im Mittelgang über dem Maschinenraum, denn dort ist es in den Nächten und in der kälteren Jahreszeit wohlig warm. Tagsüber hält man sich auf Deck auf oder in einem geschlossenen Aufenthaltsraum mit breiter Fensterfront nach vorne. Langeweile gibt es nicht, denn mit dem

Beobachten der Natur und dem Leben und Treiben am und auf dem Fluß ist man vollauf beschäftigt.

Nach dem Mittagessen – auf dem Schiff wird übrigens ausgezeichnet gekocht – fahren wir in die zweite Schlucht ein, die Wuxia oder Hexenschlucht. Sie ist etwa 40 km lang und besticht durch ihre zwölf hohen und schönen Berggipfel. Hier passieren wir auch die „chinesische Loreley". Auf dem Gipfel eines hohen, auffallenden Berges erhebt sich eine alleinstehende, spitze Felsnadel, die, etwas Phantasie vorausgesetzt, einem wunderschönen Mädchen gleichen soll. Für die Chinesen ist sie die Verkörperung einer Göttin, keiner gefährlichen Dame also, die wie die Loreley durch ihre verführerischen Reize die Schiffer in die Tiefe des Stroms reißt. Chinesische Schiffer betrachten diese Göttin Yao Ji als Schutzpatronin. Sie soll in der Entstehungszeit der Erde gemeinsam mit dem sagenhaften Kaiser Yu die Wasser gebändigt und in Meere und Flüsse geleitet haben. Nun thront sie hoch über den Yangzi-Schluchten, an der Stelle, wo sie vielleicht die schwierigste Arbeit hatte verrichten müssen.

Am späten Nachmittag nähern wir uns der Einfahrt zur Qutang-Schlucht. Gewaltige Bergwände schieben sich in den Fluß und zwingen die Wassermassen zu einer Biegung fast im rechten Winkel. Diese letzte der drei Schluchten ist mit 8 km zwar die kürzeste, aber es ist die bedrohlichste, die engste und damit auch gefährlichste. Die Felswände fallen hier steil ab ins Wasser. An einigen Stellen ist der Fluß nur noch 80 m breit, und die Pegelschwankungen können hier bis zu 60 m betragen. Bei Hochwasser steigt das Wasser schnell an, und die gewaltigen Wassermassen schießen mit ansonsten ungeahnter Geschwindigkeit durch diesen Engpaß. Auch heute noch verspürt man, selbst auf den modernen Schiffen, die Enge und Bedrückung. Nach unten und oben gibt es keinen Ausweg, zur Seite auch nicht, unter uns das reißende, brüllende Wasser, über uns nur glatte, senkrecht aufsteigende Felswände, die oben fast zusammenwachsen und nur noch durch einen schmalen Spalt den Himmel erblikken lassen.

An einer Felswand sind weit oben mehrere große, längliche, nebeneinanderliegende Felsspalten zu erkennen, vielleicht einen halben bis einen Meter breit und 10 bis 15 m lang. Quaderförmige Gebilde sind in den Spalten auszumachen. Wegen dieses Aussehens haben frühere Reisende diese Stelle Blasebalg-Schlucht getauft. In den Spalten hat man Skelette gefunden. Ein hier ansässiger Stamm bestattete vor über 2000 Jahren auf diese Weise seine Toten.

Ebenso plötzlich wie die Schlucht begonnen hat, endet sie nun. Zwei gegenüberliegende steile Wände bilden das Eingangstor zu diesen Schluchten. Nun sind wir bereits in der Provinz Sichuan. Die Berge weichen, und das Auge hat nach ganztägiger Fahrt erstmals wieder Gelegenheit, den Blick bis zum weit entfernten Horizont über flaches Gelände schweifen zu lassen. Manchmal tauchen sogar breite, wunderschöne und in dieser Gegend fremd anmutende Sandstrände auf. Große Bambushaine säumen das Ufer und neigen ihre Spitzen zum Wasser.

Am nächsten Morgen legt unser Schiff in Wanxian an. Ein seltsamer Anblick bietet sich den noch müden Augen: vierzig oder fünfzig Meter über unseren Köpfen liegt die Stadt. Vom Ufer führt eine majestätisch anmutende Treppe mit über 300 Stufen hoch zur Stadt, die sich dann in insgesamt drei Ebenen am Berghang hochzieht. Auf den unteren Treppen waschen Frauen ihre Wäsche in den trüben Yangzi-Fluten.

Das in China verbreitetste Verkehrsmittel, das Fahrrad, ist hier nirgendswo zu sehen. Es wäre in dieser Stadt der Treppen und Serpentinenstraßen auch nur eine Belastung. Das geschäftige Treiben der Händler auf diesen Treppen weckt Erinnerungen und Vergleiche mit der Piazza di Spagna in Rom. Schuster, Schneider und andere Handwerker tummeln sich hier neben Künstlern und pfiffigen Händlern, die die modernsten Fernsehgeräte und Stereoradios an den Mann bringen wollen.

Unser Aufenthalt ist kurz, und wir müssen diese chinesische Kleinstadt, immerhin 300 000 Einwohner, wieder verlassen. „Der Osten ist rot, Nr. 48" soll uns noch in die 6-Millionen-Stadt Chongqing bringen, wo unsere Schiffsreise enden wird.

Chongqing ist auch in der Vergangenheit immer Zielort der Händler und Schiffer gewesen, die das gefährliche Wagnis der Yangzi-Fahrt auf sich genommen haben, aber auch der vielen politischen Flüchtlinge, die hier im natürlich eingeschlossenen Hinterland Zuflucht vor der Zentralgewalt suchten. Zuletzt war es die Nationalregierung Tschiang Kai-scheks, die hier in den dreißiger Jahren auf der Flucht vor den Japanern ihre Hauptstadt hinverlegt hatte. Bei Niedrigwasser ist noch heute die Stelle mitten im Yangzi zu sehen, die damals als Flugplatz diente.

Chongqing hat noch eine andere, ansonsten eher lästige Besonderheit, aber damals rettete sie vielen das Leben: Es liegt die meiste Zeit des Jahres im Nebel. Und so mußten die Japaner ihre verheerenden Bombenangriffe bald einstellen.

Auch bei unserer Ankunft verschwimmt der Horizont in nebligem Dunst, als wir das Schiff am frühen Vormittag verlassen. Eine drei Tage dauernde, 648 km lange Reise auf dem mit 6 300 km längsten Fluß Chinas liegt hinter uns. Lediglich ein Zehntel der Gesamtlänge haben wir befahren. Die Chinesen nennen den Yangzi auch „Langer Fluß (changjiang)". Vielen Menschen hat er in der Geschichte Chinas Unglück und Tod gebracht. Das letzte Hochwasser in Sichuan im Jahre 1981 kostete einige Tausend das Leben. Im Hafen Chongqings, am Chao Tian Men (Tor, an dem man den Himmel erblickt), kann man die Hochwassermarke von 1981 sehen. Sie liegt fast 30 m über dem Wasserstand zum Zeitpunkt unserer Ankunft. Große Überschwemmungen hat es immer wieder gegeben, vor allem am Unterlauf des Flusses, wo er wesentlich langsamer fließt und Tausende Tonnen Geröll und Sand ablagert.

Aber für Millionen von Menschen bedeutet er auch Leben. Über ein Drittel der chinesischen Bevölkerung wohnt im Einzugsgebiet des Yangzi und seiner vielen Nebenflüsse. Er liefert das notwendige Wasser für die Landwirtschaft, er ist Handelsstraße und Transportweg, die längste Wasserstraße Chinas. Neben dem Gelben Fluß (Huanghe) war es das zweite große Siedlungsgebiet in der Frühgeschichte der Menschheit.

Kein Wunder, daß dieser Fluß auch in vielen Jahrhunderten bis in die Gegenwart Gegenstand der Künste gewesen ist. Die Maler bevorzugen vor allem die Yangzi-Schluchten als Motiv, unzählige Male sind sie mit Tusche und Pinsel zu Papier gebracht worden.

Auch moderne Schriftsteller haben sie als Metapher verwendet, um den mühsamen Weg aus der feudalen Gesellschaft in die Moderne zu beschreiben. In der Verfilmung von Ba Jins berühmtestem Roman „Die Familie“ ist es der jüngste Sproß einer Familie aus Sichuan, der in der Schlußszene am Bug eines Schiffes stehend aus den Yangzi-Schluchten herausfährt. Hinter ihm verschwinden die engen, bedrohlichen Berge, und vor ihm öffnet sich das weite Land als Symbol für die gewonnene Freiheit. Er mußte sich in harten und qualvollen Kämpfen aus den Zwängen der konfuzianisch geprägten Familienhierarchie lösen. Schließlich verläßt er die Familie und die provinzielle Enge einer Sichuaner Kleinstadt und macht sich auf den Weg nach Shanghai, wo ihn die modernen und rebellischen Ideen der jungen Intelligenz anziehen.

Auch Mao Dun, chinesischer Bestseller-Autor in den dreißiger und vierziger Jahren, bringt in seinem Roman „Regenbogen“, dem vielleicht ersten feministischen Roman Chinas, seine Heldin auf die Reise durch die Yangzi-Schluchten. Die Gedanken der jungen Frau werden dabei literarisch verschlüsselt in der Beschreibung der Schluchten:

„So ist nun der Yangzi in Sichuan! Von weitem sieht es so aus, als wäre der Weg zu Ende, aber wenn man herangekommen ist, dann merkt man, daß es doch noch weitergeht.“ Und: „Wie der Yangzi sich jetzt in hartem Kampf durch die Wu-Schlucht zwängte, erschien er ihr als ein Symbol für ihr bisheriges Leben. Aber ihr künftiges Leben sollte doch auch dem Yangzi gleichen, wie er unterhalb von Kuimen, in endloser Weite frei dahinströmt.“ Und als sie die bedrückende Enge der Schluchten schließlich hinter sich gelassen hat, läßt Mao Dun sie ausrufen: „Jetzt ist aber auch der gebogene, schmale Weg mit seinen Rätseln und Gefahren zu Ende. Jetzt geht es in die große, weite und freie Welt.“

Wir jedoch waren aus entgegengesetzter Richtung, aus der großen, weiten Welt nach Sichuan, gekommen. Doch hat sich heute auch das Bild Sichuans gewandelt. Die pragmatisch orientierte Reformpolitik Beijings hatte hier ihre Wiege. Der heutige Ministerpräsident, Zhao Ziyang, kommt aus Sichuan, und den mächtigsten Mann Chinas, Deng Xiaoping, haben nicht wenige, nach einem Brecht-Stück, den guten Menschen von Sichuan getauft.

Tee mit Musik

Gibt es ein China, das chinesischer ist als andere Teile Chinas? Ja, Sichuan, das Vierstromland hinter den Schluchten des Yangzi-Flusses, am Fuße des Himalaya-Gebirges.

Beijing – das ist Hauptstadt, ausländische Gäste, aufgesetztes vornehmes Getue. Shanghai – dort gab es schon zu Anfang dieses Jahrhunderts ausländischen Einfluß, der bis heute nicht ohne Folgen geblieben ist. In einem Land, wo 80% der Leute im Dorf leben, betrachten viele Chinesen selbst Shanghai als die einzige Stadt Chinas. Kanton – das ist eine Vorstadt Hongkongs, hier erobert sich eine junge Generation mit Jeans und Stereo die Welt.

In Sichuan lebt man zwar nicht hinter dem Mond, doch hier kommt alles mit etwas Verzögerung an, und schon Dagewesenes hält sich länger.

Hier sieht man noch öfters als anderswo alte Frauen mit ihren eingebundenen Füßen, gebrechliche alte Herren mit Pfeife und in ihren langen Kitteln, die Ende der letzten Kaiserdynastie, also um die Jahrhundertwende, einmal Mode waren.

Chengdu, die Stadt des Hibiskus am Brokatfluß (Jinjiang), präsentiert sich weitläufiger, sauberer, schöner, einfach offizieller als andere Städte Sichuans, wahrscheinlich deswegen, weil es Hauptstadt der Provinz ist.

Aber mein chinesischer Freund, der unsere Gruppe begleitet, hat angeboten, heute abend ins alte China einzutauchen: wir wollen ein Teehaus besuchen.

Nicht alle scheinen begeistert zu sein, unheilvolle Vorahnungen beschleichen sie, was Gemütlichkeit, Sauberkeit, Hygiene usw. anbelangt. Schließlich gehen wir doch gemeinsam.

Das chinesische Teehaus entspricht unserer Kneipe. Doch Lokale, in denen Alkohol ausgeschenkt wird, findet man in China nicht, mit Ausnahme der Restaurants. Das Teehaus ist der Mikrokosmos der Gesellschaft, hier treffen sich Menschen aller Schichten und Kreise, mit Ausnahme der Frauen. Die findet man auch im Zeitalter der formalen Gleichberechtigung kaum in den Teehäusern, die eine Domäne der Männer sind. Hier bespricht man die Sorgen des Alltags, feiert die Erfolge, diskutiert die Politik – ob kommunal oder zentral – und kommentiert die jüngsten Sportergebnisse.

Die Nacht hat sich schon über die Stadt gelegt, als wir uns dem durch wenige Funzeln erhellten Teehaus nähern. Die Ziehharmonika-Frontläden sind vollständig aufgeklappt, so daß das Teehaus auf der ganzen Front zur Straßenseite hin geöffnet ist, was bei der Sommerhitze als äußerst angenehm empfunden wird und kaum anders vorstellbar scheint.

Einige Kinder hüpfen noch vor dem Teehaus herum, in dem ihre Väter oder Großväter teeschlürfend ihre Stammtischurteile über die Politik fällen. Wir gehen über den gestampften Lehmboden nach vorne, wo man uns einen Tisch reserviert hat.

Unzweideutige Geräusche, die einigen sofort auf den Magen schlagen, lassen uns unwillkürlich auf den Boden schauen.

Tatsächlich: rund um die Tische gibt es gelegentlich Stellen, die Rutschgefahr vermuten lassen.

Während man in Shanghai für das Spucken auf öffentlichen Straßen bereits eine Strafe von 50 Fen oder 1 Yuan bezahlen muß, gehört es hier noch zum guten Ton oder gilt zumindest als gesellschaftsfähig.

Die Luft ist rauchgeschwängert, dicke Schwaden hängen über den Bambustischen. Die Decke ist zum Glück luftdurchlässig, was allerdings den Nachteil hat, daß das Haus bei Regen geschlossen bleibt.

Man hat uns einen Tisch direkt neben der Musik reserviert. Eine Bühne gibt es nicht, die Musiker sitzen an einem länglichen Tisch, wie die meisten anderen Gäste auch. Gespielt wird Sichuan-Oper. Die Musik ist laut, der Gesang schrill, und alles zusammen wirkt auf unsere Ohren alles andere als harmonisch. Die Freizeitmusiker, die sich hier ein- oder zweimal die Woche zum gemeinsamen Musizieren zusammenfinden, werden von einem pensionierten Direktor eines hiesigen Theaters dirigiert; mit einem Holzschlaginstrument gibt er die Einsätze. Sogar eine Frau ist darunter, die hohe Frauenstimme wird allerdings von einem jungen Mann gesungen. Mit hochrotem Kopf preßt er die hohen Töne hervor, muß ab und zu husten, weil er gleichzeitig ständig an der Zigarette hängt; in den Pausen ist er unablässig am Spucken. Noten gibt es keine, die meist zwei, drei Stunden dauernden Opern werden auswendig gespielt und gesungen. Geht einmal der Text verloren, stehen die anderen als Souffleure hilfreich zur Seite. Die Gage besteht aus kostenlosem Tee.

Inzwischen hat man auch uns den Tee serviert. Tassen gibt es nicht, hier trinkt man noch aus den traditionellen Teeschalen, die auf einer Untertasse stehen und mit einem Deckel versehen sind.

Zum Trinken faßt man die Untertasse und hebt die Schale an den Mund, sodann schlürft man geräuschvoll das heiße, erquickende Getränk; der Deckel wird dabei nur etwas gelüftet. Die Teeblätter erhält man für wenige Fen, und sie reichen den ganzen Abend. Erfahrene Trinker schwören auf den zweiten oder dritten Aufguß, bei dem sich das Teearoma erst so recht entfalten solle.

Mehrere Bedienungen sind ständig mit heißen Wasserkesseln unterwegs, die sie von einem riesigen

Ofen in der Küche holen, auf dem gleichzeitig dreißig oder vierzig Kessel erhitzt werden.

Wer einen weiteren Aufguß wünscht, legt den Deckel neben die Schale, und bekommt ihn ohne weitere Aufforderung. Wer seinen Tisch verläßt, signalisiert sein Wiederkommen, indem er einige Teeblätter in den runden Griff des Deckels legt.

Ich erinnere mich unwillkürlich an ein Theaterstück des Beijinger Schriftstellers Lao She, der in der Kulturrevolution ermordet wurde. Er hatte den Teehäusern gehuldigt, indem er ein Stück über einige Jahrzehnte chinesischer Geschichte nur in einem Teehaus spielen ließ. Dort trafen sich Vogelhändler und -liebhaber, die ihre Vögel um die Wette singen ließen, Heiratsvermittler und Mädchenhändler gingen ihren Geschäften nach, Gerüchte über unglaubliche Geschichten von Geistern und Dämonen nahmen hier ihren Anfang; gleichzeitig wurden die neuesten politischen Nachrichten ausgetauscht, machten Rezepte über die beste Aufbereitung des Opiums die Runde. Solche Teehäuser gibt es heute in den Städten nicht mehr.

Hier in Chengdu sitzen wir nun mitten drin, zwischen Rauch, Spucke und schrillen Tönen. Vögel sind keine auszumachen, Heiratsvermittler nicht zu erkennen, dennoch werden auch heute noch hier die ersten Fäden gesponnen für heiratsfähige Jünglinge oder Töchter. Es wirkt alles recht gesittet; berauschen kann man sich am Tee nicht, für Raufereien bleibt kaum Zeit, denn die Teehäuser schließen hier früh, spätestens um 22.00 Uhr. In Chengdu steht man früh auf. Es ist viel und hart zu arbeiten, bevor man sich am nächsten Abend wieder im Teehaus niederlassen kann.

„Guten Tag, wie geht es Dir?"

„Guten Tag, meine Damen und Herren, ich begrüße Sie in der Volksrepublik China. Sie haben einen mühsamen Weg nicht gescheut und sind über tausend Flüsse und Berge gekommen, um unser schönes Land zu besuchen. China hat Freunde in aller Welt."

So oder ähnlich blumig oder auch geschwollen klangen die Begrüßungsformeln chinesischer Reiseleiter noch in den Anfangsjahren des China-Tourismus. Längst sind die Begrüßungen sachlicher, geschäftlicher geworden. Routine hat auch hier bereits Einzug gehalten.

Nach wie vor jedoch ist der chinesische Reiseleiter eine „persona sine qua non", die wichtigste Person bei jeder Reise; ohne ihn wäre es schier unmöglich, einen Bus zu bekommen, das richtige Hotel zu finden, Bahnfahrkarten oder Flugtickets zu erhalten. Alle ausländischen Veranstalter erhalten bisher von dem staatlichen chinesischen Reisebüro

Lüxingshe lediglich Angaben über die zu besuchenden Orte, die Beförderungsmittel, die Ein- und Ausreisedaten und bestenfalls noch Angaben über die Aufenthaltsdauer in den einzelnen Städten. Der Rest befindet sich in einer der kleinen blauen Plastiktaschen, mit denen nahezu jeder chinesische Reiseleiter ausgerüstet ist. In dieser etwas kafkaesk anmutenden Situation bleibt auch dem deutschen Reiseleiter nur das Vertrauen in die Bereitschaft und Fähigkeit seines chinesischen Kollegen.

Zunächst muß dieser allerdings erst einmal ausfindig gemacht werden. In früheren Jahren, als an einem Tag oftmals nur eine Gruppe ankam, war dies kein Problem. Heute muß man ihn allerdings aus einer kleineren Massenversammlung herausfiltern. Oder er fragt sich zu seiner Gruppe durch den Touristenstrom: You are from England? No. Sorry. Sind Sie Deutsche? Ja. Wieviel? Nein, ich brauche dreizehn! Von welchem Büro? Nein. Entschuldigen Sie.

Bei einer der letzten Reisen brauchte ich dazu einmal 20 Minuten. Während ich auf der Suche war, hatten meine chinesischen Kollegen meine Gruppe schon ausfindig gemacht. Ihre Frage, ob sie die „Delegation 9 011" seien, hatten diese allerdings in der dem Touristen eigenen Bescheidenheit verneinen müssen. Nun, wir waren dann doch die richtige Gruppe, woher die Respekt erheischende Bezeichnung „Delegation 9 011" kam, ließ sich nicht ermitteln. Das gehört mitunter zu den unergründlichen Geheimnissen der chinesischen Tourismusbürokratie. Möglicherweise ist es auch noch ein Relikt der Vergangenheit. In jenen Jahren war eben jede Gruppe eine Delegation, und sie wurde, was natürlich nicht unangenehm war, oft auch als solche behandelt.

Nach der Kontaktaufnahme beginnt die Musterung des Gegenübers. Spricht er Deutsch? – was heute nicht immer selbstverständlich ist. Ist er nett, sympathisch? Ist es ein Routinier? Diese sind sicherlich erfahrener, oft aber auch uninteressierter und weniger engagiert. Lieber sind mir junge Begleiter, die sich mit Begeisterung auf ihren ersten Reisen befinden. Reiseleiter ist in China ein begehrter und angesehener Beruf, da allein schon wegen der niedrigen Einkommen ein normaler Chinese nie die Gelegenheit hat, sein Land kreuz und quer zu durchreisen.

Wie wird man Reiseleiter in China? Diese Frage ist nicht einfach zu beantworten; meistens wird man dazu bestimmt, eine freie Arbeitsplatzwahl gibt es nicht in China. Grundvoraussetzung ist die Beherrschung einer Fremdsprache. jedoch habe ich auch schon einige getroffen, die einem zwar in mehreren Sprachen „Guten Morgen" wünschen konnten, deren Sprachkenntnis sich darin aber auch schon erschöpfte. In Kanton begrüßte mich eine junge und ausgesprochen hübsche Dame (allein deswegen ist man natürlich bereit, vieles zu verzeihen) mit den Worten: „Guten Tag, wie geht es Dir?" Ich beantwortete die Frage mit einem strahlenden Lächeln – kommt ja nicht jeden Tag vor, daß man von einer Dame gleich bei der Begrüßung geduzt wird, und dann noch in dem ansonsten prüden China. Als sie uns dann etwas später aufforderte: „Let's go to the bus", drängte mich meine vorübergehende Verwirrung doch zu der Frage: „Welche Sprache sprechen Sie denn?" Antwort: ein strahlendes Lächeln und Schweigen. „Which language?" „Ah, yo hablo sono espanol." Beim Einsteigen in den Bus wurde dann jeder einzeln mit strahlendem Lächeln und den Worten „Wie geht es Dir?" begrüßt.

Zu den amüsanten Begegnungen gehören auch diejenigen mit deutschsprechenden Chinesen, deren sächsischer Akzent unverkennbar ist. Die älteren Dolmetscher sind meistens noch in der DDR ausgebildet worden, bis der ideologische Konflikt mit der Sowjetunion dies Anfang der 60er Jahre unterbrach. In der Regel sprechen diese Dolmetscher besser Deutsch als ihre jüngeren Kollegen, die oftmals nur mühsam ihr kulturrevolutionäres Vokabular überwinden.

Unter meinen chinesischen Kollegen traf ich auch nicht selten höchst intelligente Leute, die während der Kulturrevolution in die entferntesten Provinzen verbannt wurden und dort wegen ihrer hervorragenden Sprachkenntnisse Reiseleiter spielen mußten. Heute sind sie hoffentlich wieder dort, wo sie aufgrund ihrer Intelligenz und Ausbildung auch hingehören.

Eine Schule für Tourismus gab es bis vor kurzem noch nicht, ebensowenig eine Ausbildung in Kultur- und Kunstgeschichte und ähnlich relevanten Disziplinen. Reiseleiter erlernen ihren Beruf noch nach der maoistischen Formel: Durch die Praxis lernen.

Während der Saison werden sie auch schon mal von anderen Behörden ausgeliehen, wo sie in der Regel als Fachübersetzer arbeiten. Auf dem Weg nach Tibet begleitete mich ein solcher Kollege, der mir unverständliche Fachbegriffe aus der Lasertechnologie referieren konnte, bei den einfachsten Sätzen aber so schlimm radebrechte, daß ich dieses Wortgestammel für meine Reiseteilnehmer erst in ein verständliches Deutsch bringen mußte. In Tibet überfiel ihn die Höhenkrankheit, und er war seiner Aufgaben entledigt. Man muß zu seiner Ehrenrettung jedoch sagen, daß er zu diesem Job gegen seinen Willen abkommandiert worden war und er sich seiner Unfähigkeit schmerzlich bewußt war.

Aber es gibt natürlich auch ihn: den akzentfrei sprechenden, weltgewandten, charmanten, allwissenden und daher auch allmächtigen Reiseleiter in China. In Wuxi unterhielt sich mein chinesischer Reiseleiter mit Münchnern aus meiner Gruppe über Straßen, Plätze und Museen in München, die Biergärten nicht ausgenommen, während ich mir schamhaft meiner Mängel in Heimatkunde bewußt wurde. Er hatte seine Kenntnisse natürlich nur aus Büchern und Gesprächen beziehen können. Daneben hielt er spontan Vorträge über Seidenproduktion oder den Prozeß der Teeverarbeitung, die aus einem deutschen Lexikon hätten stammen können.

Den ausgesprochen lustlosen oder faulen Reiseleiter habe ich glücklicherweise selten getroffen, aber ihn gibt es auch. Diese enttarnen sich spätestens dann, wenn die Reisegruppe einmal Sonderwünsche vorträgt oder Programmänderungen wünscht. Solche Anliegen sind diesem Typus zuwider. Er spult am liebsten sein vorgegebenes Programm ab, das erfordert keine zusätzlichen Initiativen. Die besonderen Höhepunkte im Programm stellen dann für ihn die ausgedehnten Besuche in den „Freundschaftsläden" dar, wo er sich zur Ruhe begeben darf, und natürlich das alltägliche, fast heilige „xiuxi" – die ausgiebige Mittagsruhe. Selbstredend versucht er, das Programm mit möglichst vielen solcher „Höhepunkte" zu füllen. Dieser Typus läßt sich auch nur schwerlich aktivieren. Zitate aus dem Roten Buch Maos, etwa „Immer vorwärtsstreben und keine Opfer scheuen", helfen heute auch nicht mehr weiter. Früher konnte man damit Massen in Bewegung setzen. Und „materielle Anreize" sind nur behördlicherseits erlaubt, in Form von Trinkgeldern (um einen schlimmeren Ausdruck zu vermeiden) aber verboten. Noch. Was nicht heißen soll, daß ich eine andere Situation herbeisehne. Nein, als letztes Mittel hilft (oftmals) schamlos übertriebenes Lob über den Eifer und Fleiß des betreffenden Kollegen. So etwas kann ein Chinese (eigentlich) nicht auf sich sitzen lassen, er muß sich beweisen. Aber in der Regel sind die chinesischen Kollegen sehr fleißig – motiviert sicherlich auch durch die Exklusivität, die dieser Beruf dort genießt.

Während einer Busfahrt versuchte ein chinesischer Kollege in seinem in Englisch gehaltenen Vortrag lautstark gegen die überlaute Klimaanlage anzukämpfen. Als nach einigen Minuten die Reisenden unterbrachen, weil sie nichts verstanden hatten, nahm er das Mikrofon zur Hand und begann seinen Vortrag von neuem – zum Erstaunen aller wortwörtlich, bis in die Satzstellung, die Zahlen waren identisch bis hinters Komma, und auch die Pointen wiederholten sich an den selben Stellen.

Aber der chinesische Kollege ist nicht nur Reiseleiter, er ist ja zuvorderst Dometscher. Und diese Aufgabe ist bei den wißbegierigen und bildungshungrigen westeuropäischen Touristen nicht immer einfach. Der Techniker will den Funktionsmechanismus einer Maschine beschrieben haben, der Mediziner erkundigt sich nach Behandlungsmethoden, die Lehrer nach didaktischen Konzepten, und alle erkundigen sich nach den deutschen Begriffen für Früchte und Delikatessen. Verständlich, daß nicht jeder das entsprechende Fachvokabular beherrscht, und was das Essen anbetrifft, da läßt sich vieles nicht übersetzen, nur schmecken. Und dies sollte man keinesfalls verpassen.

Einige verwechseln den Reiseleiter auch mit dem Parteivorsitzenden der chinesischen KP. Sie machen ihn für jegliche Politik verantwortlich und wollen natürlich alles ganz genau wissen. Dies hat vor allem in den ersten Jahren des China-Tourismus eine Rolle gespielt, als die Chinesen selbst einiges dazu beigetragen haben, die Reisen zu politisieren. Man wollte das neue, das sozialistische China und dessen Überlegenheit zeigen. Gelegentlich führten solche politischen Diskussionen zu grotesken und peinlichen Situationen, wenn z. B. ein chinesischer Reiseleiter meiner Gruppe zu erläutern versuchte, warum Genosse Deng Xiaoping ein guter Genosse sei, ein gestählter Veteran der chinesischen Revolution usw. usf., während ich mich an eine frühere Reise erinnere, auf der derselbe Reiseleiter mit ebensolcher Emphase uns zu überzeugen suchte, das „Herr" Deng Xiaoping ein Konterrevolutionär und Verräter sei, der den Kapitalismus wiedereinführen wolle. Nun, diese Geschichten gehören der Vergangenheit an, und im allgemeinen lieben es die chinesischen Kollegen heute nicht mehr, über Politik zu reden. Eine Einstellung, mit der sie in China nicht allein stehen.

Besuchte man vor Jahren noch überwiegend Fabriken und Kommunen, so haben sich die Chinesen heute wieder ihrer eigenen Geschichte, Kultur und Religionen erinnert. Ausgrabungen, Landschaften, kulturelle Sehenswürdigkeiten und Denkmäler überwiegen in den heutigen Programmen. Und hier versagen leider allzu viele chinesische Kollegen, insbesondere diejenigen, die ihre Ausbildung noch in der Kulturrevolution absolviert haben. Für diese jüngeren Kollegen beginnt die chinesische Geschichte meistens erst mit der Gründung der Kommunistischen Partei. Ich will diesen Kollegen keinen Vorwurf machen, ihre Schicksale sind oft erschütternd, und sie sind selbst Opfer gewesen.

In solchen Fällen muß sich dann der deutsche Reisebegleiter bewähren, und in der Tat wissen meine Kollegen über chinesische Geschichte und Kultur nicht selten weit besser Bescheid als mancher ihrer chinesischen Kollegen. Ein Buch mit sieben Siegeln ist diesen oft auch die buddhistische Religion, wobei ich gerne zugestehen will, daß der buddhistische Götter-Pantheon und dessen Furcht und Schrecken verbreitendes Pandämonium in der Tat sehr verwirrend sind. Nichtsdestotrotz kann man den Reisenden nicht in seiner Verwirrung allein lassen. Erklärlich sind diese Wissenslücken schon, wenn man sich daran erinnert, daß noch vor Jahren die Tempel und Klöster als Zentrum des verderblichen, feudalen Aberglaubens galten, und die gesamte religiöse Kultur folglich aus dem öffentlichen Leben eliminiert worden war.

China-Reisen enden wie viele andere auch. Man hat Freundschaft geschlossen, duzt sich längst, verspricht dem chinesischen Kollegen, ihm zu schreiben, Bücher zu schikken, lädt ihn nach Deutschland ein usw. Aber spätestens hier, wenn die Beziehungen persönlicher werden, wird klar, warum man von d e m chinesischen Reiseleiter sprechen kann. Er ist viel weniger Individuum als seine europäischen Kollegen; er ist eine Institution, Exekutivorgan einer staatlichen Behörde. Damit besitzt er einen Status, der dem unsriger Beamten gleichkommt. Ein umfangreicher Verhaltenskodex gehört zu seinem Rüstzeug, denn er ist exponiert und gefährdet zugleich. Er vertritt ja nicht wie sein europäischer Kollege irgendein privates Unternehmen, er vertritt sein Land, seinen Staat den Ausländern gegenüber. Viele fügen sich sehr bereitwillig und mit Stolz in diese Rolle, denn Patriotismus ist den meisten kein Fremdwort. Gefährdet ist er natürlich, weil er ständig den „Bazillen" des bürgerlichen Auslands ausgesetzt ist: Reichtum, Individualismus, Anarchie, Dekadenz und Liberalismus, wobei letzterer in der chinesischen kommunistischen Philosophie soviel wie Zurückweichen vor bürgerlichen Einflüssen bedeutet.

Die Angst der Funktionäre vor dem Eindringen „schädlicher" Einflüsse aus dem Ausland läßt sie mit ihren Regeln, Anordnungen und Anweisungen eine unsichtbare Barriere zwischen den chinesischen Reiseleitern und ihren ausländischen Touristen aufbauen. Bei jeder Reise werde ich aufs Neue gefragt, warum die chinesischen Reiseleiter nicht an unserem Tisch frühstücken oder essen. Nun, oftmals werden sie es gar nicht wollen, weil sie vielleicht in Ruhe mit eigenen Kollegen plaudern wollen. Aber jeder weiß, daß sie es nicht dürfen oder nicht sollen. Fraternisierung ist keinesfalls erwünscht. Selten wird man sie bewegen können, abends zum Tanz oder auf einen Drink mitzukommen. Privatadressen wird man auch nicht erhalten. Briefe erbitten sie über das Büro. Zu solchen Anweisungen gehört auch, daß sie die Touristengruppen möglichst nicht in die unansehnlichsten alten Stadtviertel führen. Es gibt kein ausdrückliches Verbot, aber jeder Reiseleiter wird getreu seinen Anweisungen versuchen, solche Ideen auszureden.

So gibt es z. B. in Luoyang eine wegen ihrer alten architektonischen Struktur interessante und herrliche Altstadt, die auf keinem Besichtigungsprogramm erscheint. Und es gehört schon einige Überredungskunst dazu, dorthin gefahren zu werden. Ähnlich verhält es sich auch mit der Altstadt von Beijing. Verständnis kann man dafür aufbringen, daß solche Dinge nicht gerne gezeigt werden, und sicher ist es nicht selten so, daß Touristen sich an solcher Armutsidylle ergötzen, was für die Betroffenen eine Zumutung ist. Nichtsdestotrotz meine ich, daß man Studienreisenden zugestehen sollte, nicht nur an Fassaden entlanglaufen zu müssen.

Im allgemeinen muß festgestellt werden, daß die chinesischen Tourismusbehörden gegenüber den ausländischen Besuchern unbefangener geworden sind. Die nachts vor den Bahnhöfen lagernden bahnreisenden Chinesen werden heute nicht mehr beiseite geräumt, wenn ausländische Touristen ankommen. Und bei den Dimensionen, die der Tourismus heutzutage dort schon angenommen hat, lassen sich auch persönliche Kontakte nicht mehr ganz unterbinden. Wozu auch? Angst und Ignoranz gegenüber anderen Kulturen und Völkern abzubauen, dazu soll und kann das Reisen ja beitragen.

Beijing, die Stadt des Drachen

Einen Morgen in Beijing sollte man auf dem Tiananmen-Platz, dem Platz des Himmlischen Friedens, erleben. Quer vor dem Tor des Himmlischen Friedens, dem Eingangstor in die Verbotene Stadt, verläuft die fast 40 km lange Chang'an Avenue, die Straße des Ewigen Friedens, schnurgerade in exakter Ost-West-Ausrichtung und teilt die Stadt in Tag und Nacht.

Über dem östlichen Teil der Chang'an Avenue erhebt sich frühmorgens der rotglühende Sonnenball und wirft seine ersten wärmenden Strahlen auf die lautlos, bedächtig dahingleitenden Radfahrer und die unermüdlichen Frühsportler.

Abends wird die Sonne über dem westlichen Ende der Chang'an Avenue wieder untergehen und die Stadt ins Dunkel der Nacht tauchen.

Die Wege sind lang in Beijing, und wer das Pech hat, nicht in der Nähe seiner Arbeitsstätte zu wohnen, muß früh in den Sattel steigen, wenn er die ständig überfüllten Busse meiden will.

Die ersten Frühsportler laufen der aufgehenden Sonne entgegen, andere, die dem „Schattenboxen" frönen, haben sich bereits auf dem riesigen Platz des Himmlischen Friedens versammelt. Unter der Anleitung einiger alter Meister bewegen sich Hunderte meist älterer Männer und Frauen in langsamen, fließenden Bewegungen, die viel Konzentration, Ruhe und Ausgeglichenheit verlangen. Ihre Augen sind nach Norden gerichtet, dorthin, wo majestätisch die gelben Dächer des Kaiserpalastes in der Morgensonne glänzen.

Hinter ihrem Rücken ruht Mao Zedong, der letzte Kaiser Chinas, wie ihn selbst einige Chinesen bezeichnen, der Mann, der sein Volk aus Hunger und Elend befreit, aber auch selbst in seinen letzten Jahren viel Unheil gebracht hat. Er hat seine letzte Ruhe noch nicht gefunden. Seine übermächtige Persönlichkeit spielt auch heute noch oft in den fraktionellen Kämpfen der Partei eine Rolle.

Abgesehen von den Schattenboxern ist der Platz leer; umrahmt von den riesigen grauen Mauern der Betonpaläste wirkt er fast etwas gespenstisch.

Doch das Bild wandelt sich schnell. Der Strom der Radfahrer schwillt unaufhaltsam an, die ersten Busse rollen über die ungewöhnlich breite Straße, bald fahren sie in langen Schlangen, einer hinter dem anderen, von Haltestelle zu Haltstelle und drohen ob des großen Andrangs fast aus allen Nähten zu platzen. Wer nur das Bild des höflichen, lächelnden Chinesen vor Augen hat, wird hier schnell eines anderen belehrt. Ohne Einsatz aller Kräfte und der Ellenbogen ist an ein Besteigen des Busses nicht zu denken. Berichte über die Unhöflichkeit vieler Leute in den öffentlichen Verkehrsmitteln gehören zu den beliebten Themen der Abendpresse. Wer zu den Rush Hours aus dem Fenster über die Chang'an Avenue blickt, wird die Busse auf ihr nicht zählen können.

Die Stadt erwacht, auch wenn noch viele müde Gesichter in den Bussen, manchmal auf den Rädern, zu entdecken sind. Als letzte drängen die grauen Shanghai-Limousinen und die schwarzen japanischen Wagen mit den Fenstervorhängen auf die Straße, priviligiertes Verkehrsmittel für mittlere und höhere Funktionäre. Der Partei- und Staatsapparat hat in der Großen Halle des Volkes am Tiananmen-Platz oder im Zhongnanhai, westlich des Kaiserpalastes, seine Büros. In den Behörden und Dienstleistungsbetrieben beginnt man meist erst um 9.00 Uhr mit der Arbeit, während die Bauern nur einige Kilometer weiter, am Stadtrand, bereits drei oder mehr Stunden auf den Feldern verbracht haben.

Ab 9.00 h erobern sich auch langsam die Touristen die Innenstadt, Kindergärten machen Ausflüge auf den Tiananmen-Platz, und Großväter unterweisen ihre Kinder in der Kunst des Drachenfliegens.

Der Kaiserpalast öffnet seine Pforten, und Tausende von Chinesen und Touristen wandeln in den ehemals heiligen Räumen und Höfen, dort wo früher die Hofbeamten, Eunuchen und Konkubinen das Bild bestimmten. 500 Jahre lang residierten hier die Kaiser der Ming- und Quing-Dynastie unter dem Zeichen des Drachen.

Der große Mongolenkaiser Kublai Khan hatte als erster Kaiser Chinas Beijing zu seiner Hauptstadt erkoren, Khanbalik hieß sie auf mongolisch, Dadu, Große Hauptstadt, auf chinesisch. Seine Palaststadt lag dort, wo sich heute der Beihai-Park erstreckt, westlich des Kaiserpalastes.

Nachdem die Mongolen besiegt und aus dem Lande vertrieben waren, hatten die beiden ersten Kaiser der Ming-Dynastie ihre Hauptstadt nach Nanjing verlegt. Erst der dritte Kaiser der Ming, Zhu Di, siedelte wieder nach Beijing, das zwischenzeitlich den Namen Beiping (Nördlicher Friede) getragen hatte, und ließ dort Anfang des 15. Jhdts. die heutigen Palastanlagen errichten. Die Stadt trug fortan den Namen Beijing, was nichts anderes als „Nördliche Hauptstadt" bedeutet. Peking ist eine nur in Europa gebräuchliche Transskription.

Der letzte Kaiser der Qing-Dynastie, der bereits 1911 abdanken mußte, verließ den Palast 1925; noch im selben Jahr wurde das Palastmuseum gegründet.

500 Jahre Kaiserresidenz haben auch das architektonische Bild der Stadt geprägt. Außerhalb des Palastes war es verboten, Gebäude höher als die Palastmauer zu bauen, Farben durften sie auch keine tragen, die meisten Farben – Gelb, Blau, Rot – waren den kaiserlichen Bauten vorbehalten, und niemand sollte mit der Farbenpracht des kaiserlichen Palastes konkurrieren.

So bietet sich auch heute noch die Altstadt flach, einstöckig und grau dar. Doch hier findet das Leben statt, hier schlägt das Herz dieser Stadt. Wer die Zeit hat, sollte unbedingt einen Spaziergang durch diese „Hutongs" machen. Hier führt sie kein Reiseleiter hin, es wäre auch mit einer Gruppe nicht zu besichtigen. Diese schmalen Gassen muß man alleine oder zu zweit durchwandern. Oft wird man dann auch mal in einen der herrlichen, viereckigen Innenhöfe zu einem Tee eingeladen. Wer eine solche Einladung bekommen hat, der schreitet zunächst durch das Tor und muß dann oft noch heute die Geistermauer umgehen, bevor er in einen Hof kommt, der von drei Seiten mit einstöckigen Häusern umgeben ist. Blumen, Fahrräder, Kochstellen, Tische und Stühle stehen im Hof, hier holt man das Wasser, hier wird gekocht und bei gutem Wetter auch gegessen. Da diese Innenhofbauten meist aber mit mehreren Familien überbelegt sind, hört man nicht selten auch kräftige Schimpfkanonaden und keifende, sich streitende Weiber. Die unerträgliche Enge erzeugt auch hier Aggressionen.

Jeder Hof ist eine kleine Einheit für sich, vor Fremden durch die hohe, graue Mauer zur Straßenseite hin abgeschottet. Die Straßen selbst bieten ein tristes Bild: graue Mauern links und rechts, durchbrochen nur von den Hoftoren. Seltsame Namen tragen diese Gassen, die entweder der Form der Gasse entlehnt sind, wie Ziegen- oder Schweineschwanzgasse, oder sie tragen Berufsbezeichnungen wie Papiermachergasse oder Tuchgasse, auch Hammelfleischgassen oder eine Bohnenkäsegasse gibt es.

Hier in diesen Gassen scheint noch das China vergangener Jahrzehnte lebendig, hier sieht man keine Verkehrspolizisten, keine neuen japanischen Automobile, keine Hochhausbauten oder Supermärkte.

Am späten Vormittag kehren die Frauen von ihren Einkäufen zurück. Kühlschränke sind noch selten, und so wird der tägliche Einkauf, das Besorgen von frischem Fleisch und frischem Gemüse, zur alltäglichen Pflicht. Nachmittags bevölkern die Kinder die Gassen und abends werden dann schon mal die Stühle auf die Straße gerückt. Nicht selten sieht man im Sommer die alten Rentner und Pensionäre im Unterhemd auf der Straße hocken, über einem Schachbrett vertieft oder mit einem etwas lauteren Kartenspiel beschäftigt.

Es müssen wohl diese Hutongs mit dörflichem Leben in diesen Gassen sein, die viele Chinesen dazu verleiten, Beijing als das größte Dorf Chinas zu bezeichnen. Hinzu kommt der harte Dialekt, den die Beijinger sprechen, den viele Chinesen – vorsichtig ausgedrückt – als nicht gerade vornehm betrachten, und den man mit unseren Worten als Plattdeutsch, bäuerlich und derb bezeichnen wurde.

Doch die Stadt wächst längst aus diesem Dorf heraus, unaufhaltsam wie ein Krebsgeschwür. Südlich des Tiananmen-Platzes hat man vor 7 oder 8 Jahren begonnen, 10- bis 15-stöckige Mietskasernen hochzuziehen. Spätestens seit dieser Zeit streiten sich auch in Beijing die Stadtplaner über die richtigen Sanierungskonzepte. Fest steht, daß Wohnraum knapp ist und daß das Leben in den Hutongs uns zwar idyllisch erscheinen mag, für die Betroffenen, gerade wegen der hoffnungslosen Überbelegung, längst unerträglich geworden ist.

Dort wo Beijing noch nicht Stadt ist, wird es dies unausweichlich werden. Große Ringstraßen und U-Bahn-Bau verändern das Bild der

Stadt ebenfalls und ermöglichen den Bau großer Trabantenstädte an der Peripherie.

Weichen mußten dabei in den letzten Jahrzehnten oft die Baudenkmäler früherer Zeiten. Bevor sich Beijing zur Öffnung seiner Grenzen für den Tourismus entschloß, betrachteten viele dies als alten feudalen Plunder. Heute ist man klüger geworden; in der Stadt Xi'an werden die alte Stadtmauer und die Stadttore wieder aufgebaut, in Beijing ist es dazu leider zu spät.

Die kaiserlichen Gärten jedoch haben die Beijinger Bürger inzwischen besetzt. An Sonn- und Feiertagen bewegen sich lange Schlangen Eltern mit Kindern und Großeltern, den Picknick-Korb in der Hand, in die ehemals der kaiserlichen Familie vorbehaltenen Anlagen. Neben dem Park am Himmelstempel, dem Beihai-Park in der ehemals Verbotenen Stadt, zählt vor allem der Sommerpalast zu den beliebten Ausflugszielen.

Im Winter ist der sehr flache Kunming-See im Sommerpalast zugefroren, dann tummeln sich auf dem Eis die Schlittenfahrer und Eisläufer. Meist ältere Männer widmen sich mit Leidenschaft und Ernst dem Drachenfliegen. Oft werden Wettspiele veranstaltet, bei denen schier unglaubliche Gebilde in die Luft gebracht, manchmal dann sogar an mehreren Schnüren gesteuert werden. Inmitten der tristen Winterstimmung bieten die Drachen vor dem Hintergrund des grauen Himmels ein farbenprächtiges Bild. Das Drachenbauen ist nicht nur lästige Pflicht einiger Väter zur Beruhigung und Befriedung ihrer Kinder. Nein, es ist weit mehr, ein Kunsthandwerk fast, und die berühmten Drachenbauer kennt man in ganz Beijing. Gelegentlich trifft man auch einige am Himmelstempel oder am Tiananmen-Platz, wenn sie ihre neuesten Kreationen erproben oder versuchen, ihre Schöpfungen an irgendeinen Touristen für gutes Geld zu verkaufen.

Im Sommer gehört der Sommerpalast den jungen Leuten, die in Ruderbooten und mit den inzwischen auch hier schon unentbehrlichen Hi-Fi-Geräten den Kunming-See belagern. Entlang der Langen Galerie, dem überdachten Wandelgang entlang des Ufers, läßt man sich zur Rast nieder und erfreut sich an der Farbenpracht der Lotosblüten.

Vom Sommerpalast blickt man hinüber auf die Westberge, die ein ebenso beliebtes Ausflugsziel sind.

Neigt sich dann die Sonne über den Westbergen zum Horizont, wird es nicht mehr lange dauern, bis die Stadt in tiefem Schlaf versinkt. Beijing ist abends tot, und auch hier kann es seinen dörflichen Charakter nicht verbergen. Die Abendveranstaltungen in den Kulturpalästen und Theatern beginnen meist schon um sieben Uhr, enden spätestens um halb zehn, wenn auch die Restaurants ihre Lichter löschen. Dann sucht man vergebens nach einer Stätte, wo man den Tag gemütlich ausklingen lassen kann.

Dies ist die Zeit, wo in den engen Gassen der Beijinger Altstadt noch die Karten gedroschen werden und die Touristen in den Hotelbars oder auf den Dachterrassen über chinesische Vergangenheit und Gegenwart philosophieren.

Vorfahrt hat der Stärkere

China hat zwar Verkehrsregeln und eine Straßenverkehrsordnung, aber oft gewinnt man den Eindruck, daß diese nur den Polizisten bekannt sind. Denn die meiste Zeit sind sie damit beschäftigt, über Lautsprecher irgendjemanden anzubrüllen oder zur Belehrung herbei zu zitieren. In Beijing findet man – wie in vielen anderen Großstädten – klar gezeichnete Fahrspuren, Polizisten an den Kreuzungen, eigene Fahrspuren für die nach Millionen zählenden Radfahrer. Es gibt Regeln für das Überholen, gelegentlich sogar Zebrastreifen, doch kämen Fußgänger nie auf die Idee, bei dessen Überquerung zu erwarten, daß die heranrauschenden Autos bremsen. Das könnte ein tödlicher Irrtum sein. Zwar sind Fußgänger kein Freiwild, doch jeder Fahrer erwartet den nötigen Respekt vor seinen Pferdestärken.

Es ist Radfahrern verboten, jemanden auf dem Gepäckträger mitzuführen. Daher kann man gelegentlich vor Kreuzungen beobachten, daß Mitfahrer abspringen, den Weg über die Kreuzung im Laufschritt zurücklegen und sich in gebührender Entfernung vom Auge des Gesetzes wieder auf den Gepäckträger schwingen.

Touristen bekommen in ihren Bussen oft den ersten Schreck, wenn ihr Fahrer bei Rot die Ampel passiert. Doch keine Aufregung, als Rechtsabbieger darf er das.

Überhaupt muß sich der Tourist daran gewöhnen, daß der einzige Chef im Bus der Fahrer ist. Sie treten entsprechend selbstbewußt auf, tragen zum Zeichen ihrer unantastbaren Autorität weiße Handschuhe und verdienen in den meisten Fällen mehr als ihre chinesischen Reiseleiterkollegen. Trinkgelder anzunehmen ist ihnen zwar verboten, doch kleine Aufmerksamkeiten sind der Freundschaft mit Sicherheit nicht abträglich. Wenn man seinen Respekt damit erwiesen hat, kann man schon mal eine Bitte äußern.

Fahrer, die nach einem kleinen Schauerregen so langsam durch die Gassen schleichen, daß sie von Radfahrern überholt werden – und dies nur, weil sie ihren gerade frisch gewaschenen Bus nicht gleich wieder verschmutzen wollen –, sind Gott sei Dank eine seltene Ausnahme.

Wenn Sie sich allerdings zu Besichtigungen mal über den Stadtrand hinaus über Land bewegen müssen, dann werden Sie die wahren Qualitäten Ihres Fahrers erst zu schätzen wissen. Denn dort, wo Bauern ihr Getreide zum Trocknen auf die Straße legen, wo Radfahrer ebenso verkehren wie Esels- oder von Menschenkraft gezogene Karren, wo Lkw-Kolonnen die engen Straßen versperren, herrschen andere Regeln als in den Städten. Und mit seinem japanischen, vollklimatisierten Gefährt ist Ihr Fahrer der King of the Road. Sollten Sie zu Ängstlichkeit neigen, rate ich Ihnen, im Fond Platz zu nehmen und den Blick nur nach hinten oder nach links oder rechts zu wenden. Hier wird sowohl links als auch rechts gefahren, wo gerade Platz ist, und Überholen setzt einigen Mut voraus und Vertrauen darauf, daß der andere nachgibt. Besorgte Reiseleiter versuchen dann, Sie durch Geschichten oder Vorträge von dem gefährlichen Geschehen abzulenken. Alles geschieht nur zu Ihrem Besten. Ich muß allerdings trotz aller Ironie gestehen, daß ich in den acht Jahren, die ich jetzt durch China reise, nie einen ernsten Unfall mit Touristen erlebt habe.

Schlechte Fahrer sind die chinesischen Chauffeure keineswegs, dafür müssen sie auch zwei Jahre arbeiten und lernen, um ihren Führerschein zu erhalten. Privat ist es sowieso nur wenigen Privilegierten erlaubt, ein eigenes Auto zu fahren. Fast jeder Fahrer ist somit Berufsfahrer, und das setzt voraus, daß er entweder bei der Armee seinen Führerschein macht oder aber zunächst das Kfz-Mechanikerhandwerk erlernen muß, bevor er ans Steuer kommt. Fahrer, die Touristenbusse chauffieren, müssen Fähigkeit und Erfahrung nachweisen können, gelegentlich auch besondere Prüfungen absolvieren.

Sogenannte Cheffahrer besitzen darüber hinaus meist noch eine Berechtigung, Verkehrsregelung vorzunehmen. Ich hatte einmal in Chengdu einen solchen Haudegen, der zuvor einige Jahre über Hochgebirgspisten in Tibet gedonnert war (leider hatte er den dort erworbenen Fahrstil noch nicht abgelegt). Dieser Fahrer hatte eine solche Berechtigung. Er führte zwei Signalflaggen mit sich, eine grüne, eine rote, beide mit chinesischen Schriftzeichen versehen.

Und das funktionierte wirklich. In den engen Gassen der kleinen Städte, die wegen des Wochenmarktes so von Menschen überfüllt waren, daß man den Boden kaum sehen konnte, dazwischen immer noch Lkws und etliche Karren, bahnten wir uns mit diesen Flaggen den Weg. Wahrscheinlich hielten uns die meisten für irgendeine der wichtigen Delegationen, die immer und überall Vorfahrt haben.

Verkehrsrecht liegt in der Kompetenz der Provinzen oder auch Städte. In Chengdu kann man eine Besonderheit beobachten, die man sonst in China nicht mehr findet.

Hier werden Kinder auf dem Rücksitz des Fahrrads stehend transportiert; dabei sind sie auf dem Rücken des Vaters oder der Mutter festgebunden. Zwar ist es auch hier verboten, Mitfahrer auf dem Gepäckträger zu transportieren, doch davon, daß man niemanden auf dem eigenen Rücken mitnehmen dürfe, davon steht in den dortigen Regeln nichts geschrieben. Also bindet man die Kinder auf den Rücken, die größeren stehen mit den Füßen auf dem

Gepäckträger. Gegen diese Bauernschläue war offensichtlich auch die Polizei machtlos.

Nachts wird es auf den Straßen dunkel, nicht nur, weil außerhalb der Innenstädte die Straßenbeleuchtung fehlt. Nein, auch die Autos und Busse fahren ohne Licht, erlaubt sind nur Standlicht oder Begrenzungsleuchten.

Dieses gefährliche Blinde-Kuh-Spielen auf den Straßen scheint auf den ersten Blick vollkommen unverständlich; sieht man aber erstmal die chinesischen Lkws mit aufgeblendetem Licht fahren, weiß man warum. Diese alten Wagen haben durchweg keine justierten Lampen, und im Blendlicht entgegenkommender Fahrzeuge ist noch weniger zu sehen als in der Dunkelheit.

Übrigens: Radfahrer sind für Sie als Fußgänger auch nicht gerade ungefährlich. Die meisten fahren zwar sehr langsam, aber merkwürdigerweise kommen sie ebenso langsam auch zum Stehen; bei nicht wenigen funktionieren die Bremsen gar nicht mehr oder höchstens noch ungenügend. Also: Augen auf im Straßenverkehr! gilt in China ebenso wie hier.

Guilin – Fahrt durch ein Gemälde

Nach Rom fährt man wegen des Peterdoms oder der vatikanischen Museen, nach Paris wegen des Eiffelturms und der schönen Mädchen, in Beijing locken der Kaiser- und der Sommerpalast. Nach Guilin aber fährt man nur wegen seiner einzigartigen Landschaft. Bizarre Hügel, Zuckerhüten gleich, an ihren Gipfeln von Wölkchen umringt, glasklares grünes Wasser und blauer Himmel, all das fügt sich zusammen zu einem „Gemälde“, das keinen Vergleich scheuen muß.

Gäbe es nicht diese Landschaft, würde dieses für chinesische Verhältnisse kleine, ohnehin auf der Landkarte nicht gerade leicht zu findende Städtchen mit seinen knapp 400 000 Einwohnern vielleicht ein vergessenes Dasein abseits der großen Touristenrouten führen. So aber pilgern schon seit Jahrhunderten Poeten und Maler in diese Gegend und singen oder malen ihre Hymnen auf diese kreative Höchstleistung der Schöpfung.

Ich bin kein Poet, und die Kraft meiner Worte kann dieser Schönheit nicht gerecht werden. In den letzten Jahren habe ich viele Reisende nach Guilin geführt und mußte mir immer wieder sagen lassen, daß sie es sich so nicht vorgestellt hätten. Alle hatten davon gehört oder Bilder gesehen, diese aber mit Mißtrauen immer als Postkartenkitsch betrachtet. Doch die Natur selbst hat sie überzeugt.

Unzählige Künstler haben sich an dieser Landschaft versucht, und ihre Werke kann man in ganz China sehen, von Kanton bis Beijing, von Shanghai bis Urumqi.

Als ich das erste Mal nach Guilin kam, war es gerade die Zeit der „zweiten Befreiung“, wie die Chinesen selbst den Sturz und die Entmachtung der sogenannten „Viererbande" bezeichneten. Alle Schaufenster und Anschlagtafeln waren voll mit Karikaturen gegen die „Viererbande". Zurückhaltend war man mit der Kritik und den Verwünschungen gerade nicht; da wurde erschossen, aufgespießt, in heißem Öl gesiedet usw. – die Anhänger der Viererbande natürlich.

In den frühen Abendstunden spazierten wir entlang der Zhongshanlu, der Haupt- und Geschäftsstraße Guilins, inmitten all dieser gezeichneten Höllenqualen, und nur der süße, betörende Duft der blühenden Kassiabäume in der milden Abendluft ließ etwas von der harmonischen Schönheit und Ruhe dieser die Stadt umgebenden Landschaft erahnen.

Gemütliche kleine Restaurants von der Größe eines hiesigen Wohnzimmers säumen die Hauptstraße. Hier wird exklusiv gekocht, und exotische Delikatessen stehen auf dem Speisezettel. Unschwer zu erkennen an den kleinen Drahtkäfigen direkt am Eingang. Sie ersetzen die Speisekarte und zeigen dem europäischen Besucher in unangenehmer Deutlichkeit, was hier in den Topf wandert: Schlangen, Katzen, Dachse, Gürteltiere, Frösche usw.

Doch wer sich davon abschrecken läßt, ist selbst schuld daran. In diesen Küchen wird oft besser gekocht als in den Hotels, und glauben Sie mir, ihr Magen verträgt mehr als Sie denken.

Am nächsten Morgen begeben wir uns an den Li-Fluß (Lijiang) zu einer sechsstündigen Schiffahrt bis nach Yangshuo, dem Endpunkt unserer Fahrt; von dort aus werden wir mit dem Bus zurückreisen.

Wir haben Glück, denn im Herbst führt der Fluß noch genügend Wasser, und so können wir unsere Schiffahrt schon in der Stadt beginnen. Im Frühjahr muß man meist zwei Stunden mit dem Bus fahren und kann erst weit außerhalb der Stadt aufs Schiff gehen, was die Fahrt um ganze drei Stunden verkürzt. Damals stand dem Reisebüro in Guilin gerade ein kleines Schiff zur Verfügung, das zudem noch im Schlepptau eines Motorbootes gezogen werden mußte.

Auf dem Oberdeck nehmen wir in schon etwas betagten Korbsesseln Platz und genießen die warmen Strahlen der Morgensonne. Bereits kurz nach der Abfahrt ziehen die ersten Hügel unsere Blicke auf sich. Noch in der Stadt befindet sich der Xiangbi Shan, der Elefantenrüssel-Berg. Es ist nicht nötig, seine Phantasie übermäßig zu strapazieren, die Natur hat hier wirklich vollendete Arbeit geleistet. Am Ufer durchbricht eine Höhle den Hügel, wodurch das Bild des Elefantenrüssels entsteht.

Selbstverständlich können die Chinesen zu diesem Hügel eine Legende erzählen:

In früher Zeit hatte der Himmelskaiser ein Auge auf die fruchtbare Gegend Guilins geworfen und zog mit seinen himmlischen Truppen plündernd durch das Land. Zu seinem Troß gehörte auch besagter Elefant, der auf Erden erkrankte und von gütigen Menschen gesundgepflegt wurde. Er beschloß nun, fürderhin den Menschen zu dienen. Dem Befehl des Himmelskaisers, sofort zurückzukehren, widersetzte er sich. Schließlich ließ der Himmelskaiser ihn beim Wassertrinken am Lijiang heimtückisch ermorden, indem man ihm ein riesiges Schwert in den Rücken trieb. Natürlich kann man auch den Griff des Schwertes sehen, denn auf dem Hügel befindet sich eine kleine Pagode, in der die Phantasie bereitwillig den Schwertgriff erkennt.

Am Stadtrand folgen der Pagodenberg und der Lochberg. An letzterem soll sich in alten Zeiten ein sagenhafter General mit Pfeil und Bogen versucht haben. Dabei schoß er dieses Loch in den Berg. Die Einheimischen nennen ihn auch Mondhöhle, weil das Loch im Abendlicht vor dem dunklen Hintergrund des Berges wie ein Mond leuchtet.

In ruhiger Fahrt genießen wir die Bilder und den Gesang der Natur. Kleine Dörfer säumen das Ufer, Rundbogenbrücken überspannen die einmündenden Bäche, Wasserbüffel suhlen sich, und dazwischen toben nackte Kinder in den warmen Wellen.

Nach etwa drei Stunden Fahrt kommt man in den schönsten Teil dieser Landschaft. Nun drängt sich alles zusammen, und die Bilder und Eindrücke wechseln von Minute zu Minute. „Neun-Ochsen-Berg“, „Stikkerei-Berg“, „Apfelberg“ oder „Gemäldeberg“, eine großflächige Wand, auf der, etwas Phantasie vorausgesetzt, neun Pferde zu erkennen sein sollen; an einem Hang sieht man zwei Bären hochklettern, ebenfalls aus Stein und im Profil.

Im klaren Wasser spiegeln sich die bizarren Hügel und der in seinem dunklen Grün und den weit ausladenden Spitzen das Ufer säumende Phönixschwanz-Bambus; dazwischen scheint das Boot dahinzuschweben.

Ein Dichter der Tang-Dynastie (618–907), Han Yu, verglich in einem Vers über Guilin den Lijiang mit einem blauen Seidenband, das sich durch ein Meer von grünen Jadehaarnadeln schlängele – womit er die Landschaft mit den größten Schätzen Chinas gleichsetzte.

Gelegentlich sieht man die Dorfbewohner am Ufer ihre Fischnetze trocknen und reparieren. Gefischt wird auf schmalen Bambusbooten, deren Handhabung einiges Geschick voraussetzt, um nicht gleich damit umzufallen. Zur Konstruktion dieser Boote genügen vier oder fünf Bambushölzer, die nebeneinander befestigt werden. Ein Ruder oder eine Stake dienen zur Fortbewegung. Jetzt entdecken wir auch die ersten Kormoranfischer.
Unwillkürlich denkt man an die daoistisch-philosophische Tradition der Chinesen, deren Ziel die Harmonie von Mensch und Natur ist, wenn man dieses Bild sieht: Fischer und Kormoran hintereinander hockend auf dem schmalen Bambusfloß und bedächtig über das Wasser gleitend. Der Kormoran ist ein ausgezeichneter Schwimmer und Taucher – Eigenschaften die sich die Bewohner mit einfachen Mitteln zunutze machen: an einem Fuß ist er am Boot festgebunden, und um den Hals trägt er einen Ring, der verhindert, daß der Vogel den Fang hinunterschlucken kann.

Eines der kleinen Boote hat sich an unser Schiff herangleiten lassen, und der Fischer verhandelt nun mit dem Küchenchef; dabei preist er mit

Gesten und Worten die Qualität seines Fangs, den er an einer durch die Fischaugen gezogenen Schnur seitlich des Floßes mitzieht. Was einigen als Tierquälerei vorkommen mag, ist hier die einzige Möglichkeit, Nahrung frischzuhalten.

Nach sechs Stunden Fahrt sehen wir Yangshuo vor uns, noch vor sieben Jahren ein kleines verträumtes Dorf, in dem wir damals soviel Aufsehen erregten, daß sich mindestens die Hälfte aller Dorfbewohner am Kai versammelte.

Man muß der Ehrlichkeit halber hinzufügen, daß heute höchstens das Ausbleiben der Touristen Aufsehen erregen würde: aus dem ruhigen Dorf ist ein lauter Basar geworden, und vom Kai aus führt kein Weg nicht an den Geschäften vorbei.

An den Anlegestellen der Schiffe sammeln sich die fliegenden Händler und bieten Obst und Souvenirs feil. Handeln wird hier erwartet, und die Preise fallen, je näher die Abfahrt der Schiffe rückt.

Kann man Guilin auch noch beim fünften oder zehnten Besuch genießen? Dies kann ich ohne Zögern mit „Ja“ beantworten. Eine Fahrt auf dem Lijiang ist keine übliche Besichtigung, es ist ein Erlebnis, eine Faszination, der man sich immer wieder gerne hingibt.

Land der Götter und Dämonen – Tibet

Shangri-la – so hieß ein Hollywood-Film der dreißiger Jahre, in dem der Mythos des sagenhaften Lands auf dem Dach der Welt in einem modernen Abenteuer reproduziert wird: Ein Flugzeug muß im Himalaya notlanden. Abgeschlossen von der Außenwelt und ohne jede Kontaktmöglichkeit machen sich die Überlebenden auf die Suche nach Menschen und Hilfe. Dabei entdecken sie eine Felspforte, hinter der sich das sagenumwobene Paradies befindet. Wie es sich für ein modernes Märchen gehört, finden sie dort alle Sehnsüchte und Wünsche der Menschheit in Vollendung verwirklicht: Glück, Harmonie, Zufriedenheit und Lebenslust. Nachdem sie sich schweren Herzens wieder auf den Heimweg gemacht haben, packt einen dann doch die Sehnsucht, und er möchte zurück. Den Eingang ins Paradies findet er aber nicht mehr wieder. In kalten Schneestürmen erstarren sein Körper und seine Träume im Eis.

Dieser Mythos vom Paradies auf dem Dach der Welt gehört heute der Vergangenheit an, nachdem inzwischen auch Nachrichten aus Tibet in die Welt gelangen. Mythen bilden sich immer nur auf dem Boden der Unkenntnis und Unwissenheit. Ist aber dieser Schleier erst mal gelüftet, zerplatzen alle Träume. Jedes Paradies verliert seine Anziehungskraft, wenn man es kennenlernt.

1981 konnte ich Tibet zum erstenmal besuchen. Im Jahre 1983 gab mir ein zweiter Aufenthalt Gelegenheit zu neuen Beobachtungen und Vergleichen. Was hat sich verändert, seit die Tibeter unter der neuen pragmatischen Politik Beijings wieder mehr Freiheiten genießen und immer noch über die Frage der Rückkehr des Gottkönigs, des Dalai Lama, verhandelt wird?

Eine Reise nach Tibet hat nichts mehr mit den Abenteuern eines Sven Hedin oder eines Heinrich Harrer zu tun. Statt Nerven und Entbehrungen kostet sie viel Geld, dafür reist man bequem mit dem Flugzeug in etwas mehr als zwei Stunden von Chengdu, der Hauptstadt Sichuans, nach Lhasa. Nach zwei Stunden Autofahrt erblickt man aus der Ferne die Golddächer des Potala-Palastes, Sitz der tibetischen Gottkönige. Und unwillkürlich fühlt man sich an die alten Reisebeschreibungen erinnert, Bilder eines längst vergangenen Tibets tauchen auf, Bilder einer unberührten Natur und Kultur, von religiösen Festen und mystischen Handlungen, Bilder einer Gesellschaft, an der die Zeit jahrhundertelang spurlos vorübergegangen zu sein schien. Doch was haben solche Vorstellungen noch mit dem Tibet von heute zu tun?

Je näher man Lhasa kommt, desto näher rückt die Erkenntnis, daß der Fortschritt in Tibet Einzug gehalten hat. Kraftwerke, Bewässerungsanlagen, neue Häuser und Bauten in unpassendem, funktionalem Stil, Öltanks, Militärkasernen und Wassertürme säumen den Weg. Touristen wohnen zwar außerhalb der Stadt, nördlich, im Areal der chinesischen Militärgarnison, aber sie bringen durch ihre Anwesenheit Kunde von der Außenwelt, die den meisten Tibetern noch immer unbekannt ist.

Was Tibet heute ist, läßt sich noch am ehesten auf dem Barkhor im Zentrum der Altstadt beobachten. Hier treffen sich Tibeter, Chinesen und Ausländer, Bettler, Händler, Mönche und unzählige Pilger. Der Barkhor dürfte die größte Nachrichtenbörse Tibets sein. Seit über tausend Jahren sind der Barkhor und der von ihm umgebene Jokhang-Tempel das Allerheiligste des tibetischen Buddhismus. Hier auf dem etwa achthundert Meter langen Ritualweg, den man als Gläubiger im Uhrzeigersinn um den Jokhang herum begeht, besser noch, in Körperlängen abmißt, indem man sich zum Gebet immer wieder auf den Boden wirft, vermag man noch am ehesten eine Vorstellung vom alten Tibet zu bekommen. Die liberalere Politik der Zentralregierung in Beijing, insbesondere was die Religionsfreiheit anbelangt, läßt den Pilgerstrom nach Lhasa ständig anwachsen.

Tibeter aus allen Regionen des Landes sind hier anzutreffen: Bauern aus Osttibet, die man an ihrem kleineren Wuchs und mongolischen Aussehen erkennt, ebenso wie die hoch gewachsenen Khampas, der Nomadenstamm aus dem Norden, in ihren dicken Schaffellmänteln und mit den üblichen Nomadenutensilien: ein Dolch, ein Feuerzeug, das aus Feuersteinen in einem kleinen Lederetui mit Metallbogen besteht, und die Amulettkästchen, die sie um den Hals tragen.

Allerdings gleicht der Barkhor eher einem Basar als einem Ritualweg. Die Zahl der Händler übertrifft die Zahl der in Meditation versunkenen Mönche bei weitem. Gelegentlich trifft man sogar Tibeter aus Indien, die Visa zum Verwandtenbesuch erhalten haben, aber als tüchtige Geschäftsleute ihre Reisekosten gleich an Ort und Stelle wieder verdienen, indem sie Mitbringsel aus Indien an den Mann bringen. Aber auch viele Einheimische finden den Mammon der Touristen begehrenswerter als den Segen ihrer Götter. Sie bieten fast alles an, von Münzen über Schmuck bis zu kleinen Buddhastatuen, die sie aber noch tief in ihren Mänteln oder Taschen verstekken.

Seit meinem letzten Besuch haben sich aber zahllose Bettler eingefunden, die sich am äußeren Rand des Barkhor niedergelassen haben und Zeugnis ablegen von der in diesem Land noch immer herrschenden Armut. Gläubige geben ihnen gern etwas, denn es gilt als gute Tat, die auf der Aktivseite des Karma, der Summe aller guten und bösen Taten im Leben, verbucht werden kann und von den Göttern belohnt wird. Meist sind es etwas begüterte Leute, die 1-, 2- oder 5-Fen-Münzen hergeben oder aus kleinen Säcken Tsampa, das tibetische Gerstenmehl, an die Armen verteilen. Nackte oder in schmutzige und zerrissene Lumpen gekleidete Kinder hängen sich hartnäckig an die Touristen.

Aufsehen erregt ein kleiner, höchstens fünfjähriger Junge, der den Barkhor mit seinem Körper abmißt. Einen Stein in den erhobenen Händen, wirft er sich nieder auf die Knie, dann der Länge nach in den Staub der Straße und versinkt kurze Zeit in Andacht, bevor er wieder aufsteht. An der Stelle, wo er mit ausgestreckten Armen den Stein niedergelegt hat, nimmt er wieder Aufstellung, hebt den Stein auf, um sich erneut in den Staub zu werfen. Hunderte von Tibetern bedrängen ihn, betrachten ihn ehrfurchtsvoll und belohnen ihn mit Geld. Ein älterer Mann, möglicherweise sein Vater, bahnt ihm den Weg durch die Menge, nicht auszuschließen, daß er als Wiedergeburt einer der buddhistischen Götter betrachtet wird.

Berufsbeter gehen ihrer körperlich schweren Arbeit nach. Sie beten gegen Bezahlung für andere. An ihrer „Berufskleidung" sind sie zu erkennen: Um Hände und Knie zu schützen, tragen sie Handschuhe mit einer Innenfläche aus Metall und Knieschützer, meist aus Stoff, gelegentlich aus Metall. So ausgerüstet, werfen sie sich den ganzen Tag in den Staub des Barkhor, um Buddha anzuflehen.

In einer Ecknische des Barkhor thront eine alte Frau mit faltigem Gesicht und zotteligen Haaren, die eine ganze Gruppe von Pilgern mit ihrer Stimme und Mimik in ihrem Bann hält: Eine Märchenerzählerin. Sie liest den Analphabeten vor, erzählt von den alten Sagen und Legenden, gelegentlich singt sie auch, und sicherlich wird sie eine Menge Neuigkeiten zu erzählen wissen.

Auch im Jokhang, der heiligen Kathedrale des tibetischen Buddhismus, wird wieder gebetet und renoviert. Zeichen dafür, daß sich Götter selbst mit den brutalen Methoden der Kulturrevolutionäre nicht vertreiben lassen. Die Pilgerschlange scheint nicht abzureißen, Unzählige drängen sich in die kleinen Kapellen, um ihre mitgeführte Butter in zahllose Butterlampen zu gießen. Der Jokhang ist das älteste Bauwerk Lhasas, und in seinem Innern scheint die Vergangenheit stehengeblieben zu sein.

Es klingt fast wie eine Ironie der Geschichte, daß auch die Chinesen den Jokhang, wenn nicht als religiöses, so doch als eine Art historisches Heiligtum betrachten. Denn er ist die Stätte, wo sich ihr Anspruch auf Tibet als Bestandteil des chinesischen Reiches selbst ein Denkmal gesetzt hat. Als historischen Beweis der Zugehörigkeit Tibets zu China bekommt man als erstes die Geschichte der chinesischen Prinzessin Wen Cheng zu hören. 641 n. Chr. heiratete sie den tibetischen König Srongtsan Gampo, der als Reichseiniger Tibets gilt. Der kaiserliche Hof gab ihr als Hochzeitsgeschenk eine reich mit Edelsteinen besetzte Statue des Buddha Shakyamuni mit, Jobo genannt. Für diese Statue wurde der Jokhang, der Tempel des Jo, gebaut. Allerdings wird dabei oft unerwähnt gelassen, daß Srongtsan Gampo vier Jahre zuvor auch eine nepalesische Prinzessin ehelichte, was bisher von nepalesischer Seite nicht benutzt wurde, um territoriale Ansprüche auf Tibet geltend zu machen.

Gegenüber dem Eingangstor zum Jokhang steht ein ummauerter Erdhaufen, aus dem sich ein Weidenbaum erhebt. Er soll von Prinzessin Wen Cheng als Symbol für die Freundschaft und Zusammengehörigkeit beider Länder gepflanzt worden sein.

Die meisten Chinesen in Tibet präsentieren sich als Soldaten, so auch am nördlichen Stadtrand Lhasas, an dem sich eine große Militärgarnison befindet. Selten sieht man Tibeter und Chinesen zusammen reden. Wenn, dann spricht man Chinesisch, weil sich kaum einer der dort ansässigen Chinesen bemüht, die tibetische Sprache zu lernen. Tibeter und Chinesen wohnen getrennt in verschiedenen Stadtvierteln. Diese Ghettoisierung ist weder verordnet noch planerische Absicht, aber wohl von beiden Seiten gewollt. Chinesen stellen immer noch die meisten Kader und Funktionäre. Und die wenigsten von ihnen sind freiwillig hier oben, sie wurden abkommandiert. Und fast alle zieht es wieder nach Hause, denn das Leben in fast 4 000 m Höhe ist hart und ungewohnt.

Eine einschneidende Verschlechterung im Verhältnis der beiden Völker hat die Kulturrevolution verursacht. Rotgardisten versuchten, alles Feudale auszurotten und die Götter zu vertreiben, indem sie ihre Standbilder zerschlugen. Damit nahmen sie den Tibetern ihre Religion, und dies ist immer noch sowohl ihre persönliche als auch ihre nationale Identität.

Heute genießen sie zwar wieder Religionsfreiheit, aber jede Religionspropaganda ist verboten und wird bestraft. Doch wo ist die Grenze zwischen Religionsausübung und -propaganda? Dies scheint der Willkür überlassen.

Im Jokhang schenkt ein Tourist einem Mönch ein Foto des Dalai Lama. In Tibet sind solche Bilder nicht zu bekommen (dafür bietet man in den Kaufhäusern Bilder von Marx und Engels an), und man kann sich die Freude leicht vorstellen: seine Augen strahlen, er lächelt verzückt. Ehrfürchtig betrachtet er das Bild seines Gottkönigs. Dann legt er es auf den Kopf und murmelt „Yischi Norbu", was soviel wie „Wunscherfüllender Edelstein" bedeutet – eine Ehrenbezeichnung des Dalai Lama, in Tibet gebräuchlicher als sein eigentlicher Titel.

Doch ein chinesischer Reisebegleiter hat die Szene beobachtet und zerstört sein Glück, reißt ihm das Foto wortlos aus der Hand. Und ebenso wortlos läßt der Mönch das mit sich geschehen; nicht eine Miene verzieht er dabei. Es gehört nicht viel Phantasie dazu, sich auszumalen, was sich in solch einem Moment an Haß, Abneigung und Rachsucht anstaut oder wie sich schon vorhandener Haß noch tiefer festfrißt.

Wird den Fotos des Dalai Lama, die Ausländer nach Tibet mitbringen und die man auf vielen Altären wiederfindet, der Gottkönig höchstpersönlich folgen? Diese Frage nach der Rückkehr des Dalai Lama beschäftigt alle Tibeter. Und alle scheinen es zu wünschen, ja herbeizusehnen. Er ist trotz des schon mehr als 20 Jahre währenden Exils ihr religiöses Oberhaupt geblieben, genießt heute vielleicht sogar mehr Verehrung als je zuvor, weil er nun der Träger all ihrer Hoffnungen geworden ist: Hoffnung nach freier Ausübung ihrer Religion, nach weitgehender Autonomie und Selbständigkeit. Hoffnung nach einem Rückzug der Chinesen, nach einem freieren Leben. Nicht wenige fordern nach wie vor vollständige Unabhängigkeit. Ob solche Hoffnungen gleichermaßen alle sozialen Schichten erfaßt, ist schwer zu beurteilen. Jedenfalls war auch die theokratische Herrschaft der Lamas nicht gerade das Paradies. Vielleicht für die adligen Familien, die sich fast ausnahmslos immer in Lhasa aufhielten, für andere dürfte es eher die Hölle gewesen sein. Aber selbst jene hatten in ihren schweren Zeiten ihre Götter, die sie anbeten und auf deren Hilfe sie hoffen durften. Die Chinesen haben keine wesentlichen Verbesserungen gebracht und zu allem Übel noch die Götter genommen. Zwar sieht man überall die Zeichen einer industriellen Entwicklung, aber selbst die Beijinger Zentralregierung mußte eingestehen, daß sich der Lebensstandard nicht wesentlich verbessert hat.

In den Palast des Dalai Lama, den Potala, strömen wieder die Pilger wie eh und je. 1981 war man als Tourist fast allein im Potala. Und noch etwas hat sich geändert, eine Kleinigkeit vielleicht, möglicherweise aber auch Vorbote eines wichtigen Ereignisses. Vor einem Jahr konnte man die Privatgemächer des Dalai Lama besichtigen, die sich im Zentrum des Potala, dem roten Palast, befinden, darin auch sein eher bescheidenes Schlafzimmer mit einem einfachen Bett aus einem Messingrohrgestell. Das Bett war gemacht und die Decke an der vorderen Ecke aufgeschlagen. Ein Zeichen, daß man den Dalai Lama gerne wieder in Tibet haben möchte. So zumindest wurde es vielfach gedeutet.

Dieses Jahr (1983) jedoch heißt es, die Räume des Dalai Lama seien verschlossen, und der staatliche Museumswächter habe keine Schlüssel zu diesen Räumen. Diese seien jetzt in den Händen der Lamas, die es offenbar als Blasphemie betrachten, wenn ungläubige Touristen ihre Füße in die heiligsten Gemächer setzen.

Ein anderer tibetischer Gottkönig hat im Herbst 1982 nach 18 Jahren Abwesenheit seine Heimat wieder besucht: der Pantschen Lama. In der religiösen Hierarchie ist er eigentlich höher angesiedelt als der Dalai Lama. Während erster die Wiedergeburt eines Buddha ist, wird der Dalai Lama „nur" als Inkarnation eines Bodhisattva verehrt, die in der Hierarchie noch unter den Buddhas rangieren.

Gleichwohl wurde der Titel Pantschen Lama von einem Dalai Lama verliehen. Es war der 5. Dalai Lama, der damit seinen greisen Lehrer in Xigaze ehren wollte – nicht ahnend, welche Komplikationen er später auslösen würde. Der jetzige Pantschen Lama, der Zehnte, hatte in den fünfziger Jahren mit den Chinesen zusammengearbeitet (ob freiwillig oder unter Zwang – diese Frage wird immer noch diskutiert) und war später nach Beijing gegangen. Tibet hatte er seit 1965 nicht mehr besucht. Während der Kulturrevolution war er in Beijing festgehalten worden, wo er unter Hausarrest stand.

Seine Landsleute haben ihm dies nicht übel genommen, abgesehen von einigen Extremisten, die ihn als Verräter an der tibetischen Sache betrachten. Drei Monate sollte er bleiben und in seinem neu renovierten Sommerpalast in Xigaze wohnen. Noch 1981 sah ich dort die Handwerker bei den Restaurationsarbeiten, und alle waren damals fest davon überzeugt, diese Arbeiten für eine bevorstehende Rückkehr des Pantschen Lama durchzuführen, obwohl es zum damaligen Zeitpunkt noch keinerlei offizielle Verlautbarungen dazu gab.

Als er nun nach 18 Jahren wiederkam und in seinem Palast residierte, sollen 50 000 Menschen diesen belagert haben, um ihn zu sehen. Eine beachtliche Demonstration, wenn man bedenkt, daß Xigaze nur ca. 60 000 Einwohner hat, von denen die Hälfte Chinesen sind. Die ganze Angelegenheit drohte außer Kontrolle zu geraten, und so bat ihn die Provinzregierung Tibets, deren Chef ein Chinese ist, nach 25 Tagen, seinen Besuch abzubrechen.

Jetzt stehen wir vor dem Eingangstor des Palastes und begehren Einlaß zur Besichtigung, aber ein Tibeter versperrt uns den Weg, und es beginnt eine längere Diskussion. Der Tibeter ist eine recht säkulare Erscheinung in Turnschuhen mit den weltberühmten drei Streifen, Nadelstreifenhose und einer modernen Strickjacke. Es stellt sich jedoch heraus, daß ein leibhaftiger „lebender Buddha" uns gegenübersteht, einer der höchsten Würdenträger im benachbarten Kloster Tashi Lhunpo und engster Berater des Pantschen Lama. Er verwehrt uns den Eintritt mit dem Hinweis, der Palast gehöre nun wieder dem Pantschen Lama, und dieser habe keine entsprechende Weisung gegeben. Die chinesische Regierung scheint also doch nicht mehr so allmächtig, zumindest in diesen kleinen Angelegenheiten muß sie sich den Lamas beugen. Das staatliche Reisebüro hat inzwischen offiziell beim Pantschen Lama um eine Besichtigungserlaubnis nachgesucht.

Leicht vorstellbar, was im Moment bei einer Rückkehr des Dalai Lama in Lhasa zu erwarten wäre. Im Jahr 1983 arbeitete man eifrig an der Renovierung des Norbulingkha, des Sommerpalastes des Dalai Lama in Lhasa. Vorzeichen einer Rückkehr? Die letzte Zeit seiner Anwesenheit in Tibet hatte er meist in diesem Sommerpalast verbracht.

Wir beobachten eine Gruppe junger Frauen, die in rhythmischen Tanzschritten den Lehmboden auf einem Vordach feststampfen. Dabei singen sie ein Lied über den Vorsitzenden Mao, dessen rote Sonne über Tibet leuchte. Widersprüche und Ungereimtheiten des Alltags, die meist zu keiner der oft einseitigen politischen Vorstellungen passen. Die Realität ist auch hier sehr viel komplexer, als sie sich in den Köpfen von Politikern und Ideologen widerspiegelt.

In Lhasa können wir eine tibetische Familie besuchen. Selbstverständlich ist sie ausgewählt und auf unseren Besuch vorbereitet. Unser Gastgeber wohnt in einem im traditionellen Stil erbauten Haus mit großem Innenhof, in den wir im Laufschritt hineinflüchten, weil gerade wieder einmal ein Sandsturm durch die Straßen Lhasas fegt. Der Hausherr bewirtet uns mit Yakbuttertee und Tschang, dem tibetischen Gerstenbier, das ausgezeichnet schmeckt und erfrischt, aber einen schweren Kopf verursacht. Die Dekoration der Hauswände, bestehend aus meist grellbunten Plakaten, die in jedem Kaufhaus zu finden sind, zeugt ebenfalls von dem für uns fast unbegreiflichen Nebeneinander von chinesischer Moderne und tibetischem Traditionalismus. Neben religiösen, Thangkas nachempfundenen Plakaten mit Buddha- und Bodhisattva-Darstellungen, finden sich Exemplare der sozialistisch-realistischen Plakatkunst. Auf stolzem Rosse präsentiert sich da z. B. ein ordenbehangener Marschall der Volksbefreiungsarmee mit strahlendem Lächeln und strotzend vor Kraft und Autorität, eingebettet in ein Meer von grüner Landschaft und knallrot blühenden Blumen.

Wie aber bewältigen die Tibeter diesen Konflikt in ihrem Innern, was geht in ihrer Seele und ihrem Kopf vor? Dies bleibt uns meist verschlossen, und es wäre auch vermessen, anzunehmen, daß jeder nun gerade vor uns sein Herz ausschütten müßte.

Reise zum Morgenlicht

Wir sind auf dem Weg zu Chinas Vielvölkerprovinz Yunnan. Über zwanzig verschiedene Nationalitäten leben in dieser tropischen Urwaldregion, die im Süden und Westen an die Nachbarländer Vietnam, Laos und Burma grenzt.

Das Abenteuer beginnt auf dem Flugplatz von Kunming, als wir in eine kleine, zweimotorige Propellermaschine russischer Herkunft einsteigen. Außer einigen Chinesen begleiten uns noch allerhand Federvieh und Berge von Gepäck.

Die Maschine steigt in den klaren, blauen Himmel auf und nimmt Kurs auf Simao, eine kleine Kreisstadt im Süden Yunnans. Frau Wang, unsere Begleiterin aus Beijing, wäre froh, wenn sie schon wieder aussteigen könnte, denn die kleine Maschine reagiert schnell und empfindlich auf alle Turbulenzen.

Von Simao aus bringt uns ein Kleinbus in etwa sechs Stunden Fahrt durch tropisches Urwaldgebiet nach Xishuangbanna. Unterwegs sehen wir auf den Hügeln viele Einzelgehöfte, auf denen noch heute Brandrodung betrieben wird. Die dort lebenden Bauern gehören zu den kleineren Minderheiten dieser Provinz, die schon in früheren Jahrhunderten von den Naßreiskultur betreibenden Dai aus den Tälern vertrieben wurden. Der Trockenreis, den sie anbauen, schmeckt sehr gut, braucht wenig Wasser, bringt aber weniger Ertrag. Während der Fahrt begegnen uns ständig Angehörige der verschiedenen Nationalitäten in ihren farbenprächtigen Trachten, die vor allem von den Frauen getragen werden. Wir und auch unsere Dolmetscher aus Beijing können sie nicht immer identifizieren, und so sind unsere örtlichen Begleiter aus Kunming und Simao nur damit beschäftigt, unsere neugierigen Fragen zu beantworten: Ja, das ist eine Dai-Frau… Nein, diese gehört zu den Hani! … Yi-Nationalität? Nein, Bai..

Wenigstens sind wir bald in der Lage, die Dai an ihrer Kleidung zu erkennen. Wichtig. Denn diese wollen wir ja besuchen. Die Kleidung bleibt für uns das einzige Unterscheidungsmerkmal, obwohl viele Minderheiten sich auch anatomisch und in rassischen Merkmalen stark voneinander unterscheiden. So wirken z. B. die zierlichen Frauen der Dai neben den kräftig gebauten, großen Bai-Frauen wie deren Töchter.

Ankunft in Xishuangbanna am späten Nachmittag. Bevor der Abend hereinbricht, haben wir noch Gelegenheit, die fremdartige Pflanzen- und Tierwelt zu bewundern. Palmen, Kokosnüsse, Pampelmusen und seltsame, wunderschöne Blumen und Büsche umsäumen das kleine Gästehaus. Ein Papagei hat sich auf einem Baum niedergelassen. In den Wäldern sollen Elefanten, Wildrinder, Menschenaffen, Pfauen und Schlangen leben. Als die Dunkelheit hereinbricht, versammeln sich auf den Wänden des Gästehauses farblose, glasklare Echsen, Geckos, die im Schein der Glühlampen ihre fette Beute finden. Weniger angenehm ist es, wenn sie im Zimmer an der Decke hängen. Aber sie sind keinem von uns jemals zu nahe gekommen.

Xishuangbanna ist ein sinisiertes Wort aus der Dai-Sprache und heißt wörtlich übersetzt: 12 000 Felder, was soviel bedeutet wie 12 Verwaltungseinheiten. Der Begriff stammt noch aus der Zeit des Dai-Königs Zhao Yingmeng (15. Jhdt.), der dieses Gebiet in 12 Verwaltungsbezirke aufgeteilt hatte.

Heute leben in Xishuangbanna etwa 650 000 Menschen, ein Drittel davon Han-Chinesen, ein weiteres Drittel Dai und ein Drittel Angehörige anderer Nationalitäten wie Wa, Bulong, Hui, Miao, Yi, Nanxi, Hani, Lisu und andere.

Von hier aus sind es nur etwa 100 km bis zur Grenze nach Laos und Burma – eine Region also, die auch für die Zentralregierung in Beijing von strategischer Bedeutung ist, denn schließlich leben viele dieser Minderheiten auch jenseits der eigenen Grenzen. Wichtiger Bestandteil der chinesischen Minderheitenpolitik ist daher auch immer der historische Beweis für die Zugehörigkeit dieser Grenzregionen zum chinesischen Reich. So erzählt auch unser Führer, daß schon im 2. Jhdt. n. Chr. der damalige Dai-König seine Kuriere in die Hauptstadt der Östlichen Han-Dynastie, Luoyang, entsandt habe, um Geschenke und Titel in Empfang zu nehmen. Diese Methode der Anbindung peripherer Reiche an den chinesischen Kaiserhof durch Geschenke und Titel, aber auch durch Heiraten, war besonders in der Han-Dynastie verbreitet. Bereits in der Westlichen Han-Dynastie, also in den ersten beiden Jahrhunderten vor Chr., siedelten sich die ersten Han-Chinesen in Yunnan an. Später diente Yunnan auch einigen Kaisern als Verbannungsort, was zur Zwangsansiedlung von verbannten Han-Chinesen führte.

Bis in die Mitte dieses Jahrhunderts lebten die Dai wie auch viele andere Minderheiten in feudalen Sozialverhältnissen, ja Reste des Sklavenhaltertums hatten sich sogar noch gehalten. Alles Land gehörte dem Dai-König, die Bauern waren seine Leibeigene, und es gab eine ganz besondere Form der Fronarbeit. Jedes Dorf hatte über Generationen hinweg eine bestimmte Arbeit für den Hof des Königs zu verrichten. So war z. B. ein Dorf zuständig für die Bewachung und Versorgung der Arbeitselefanten, ein anderes für das Holzschlagen, wieder ein anderes Dorf hatte die königliche Küche zu versorgen. Ein Dorf war sogar bei Todesfällen am Hof mit der Durchführung der Trauerzeremonie beauftragt. Wieder ein anderes hatte die Frauen und Konkubinen des Hofes mit Kleidern auszustatten.

Während die Dai bereits eine eigene Schrift entwickelt hatten, besaßen die anderen kleinen und oft versklavten Minderheiten keine. Bis in dieses Jahrhundert schnitzten sie Markierungen in Holz oder machten Aufzeichnungen durch Knoten in Schnüren.

Am nächsten Morgen besuchen wir das Dai-Dorf Mangsha im Kreis Jinghong. Jinghong bedeutet „Morgenlicht“, und hinter diesem Glück und Zukunft verheißenden Wort verbirgt sich auch eine Sage:

Einst war dieses Gebiet ein großes Meer, das austrocknete und fruchtbare Felder hervorbrachte. In den Wäldern aber lebte ein Teufel, der Unglück und Verderben brachte, er steckte die Bambushütten in Brand und dezimierte die Bevölkerung. Die Vögel auf den Bäumen hatten aufgehört zu singen, und allmählich verödete das Land. (Möglicherweise beschreibt dieser Mythos eine Pestepidemie.) Dann aber, wie kann es in einer Sage anders sein, tauchte ein mutiger Jüngling auf und forderte den Teufel heraus. Dieser flüchtete in den Lancang-Fluß (der Mekong), und dort kam es zum Entscheidungskampf.

Sieben Tage rangen sie miteinander, dann gelang es dem Jüngling, den Teufel zu erwürgen. Dem Hals des Teufels entnahm er eine riesige Perle, die er an einen Baum hängte. Die Region blühte wieder auf, und man nannte sie von nun an Jinghong – Morgenlicht.

Wir sind die ersten Ausländer, die in dieses Dorf kommen, entsprechend groß ist die Aufregung unserer Gastgeber. Neugierige versammeln sich zunächst in gebührendem Abstand, als uns der Vorsitzende der Produktionsbrigade und der Buchhalter auf dem Dorfplatz empfangen. Beide wirken äußerst bescheiden, fast schüchtern. Der Buchhalter zückt ein kleines Notizbuch und informiert uns über sein Dorf. Zahlen über Zahlen reihen sich zu einer schier endlosen Kette:

Das Dorf hat 82 Haushalte, 435 Einwohner, davon 205 Arbeitskräfte. Bewässerte Fläche 818 mu (das sind ca. 54 ha), auf 230 mu werden Ananas angebaut, auf 140 mu Kautschuk, auf 100 mu Mais... Die Brigade hatte im letzten Jahr Gesamteinkünfte in Höhe von 120 000 Yuan, im Schnitt hatte jeder Dorfbewohner ein Einkommen von jährlich 280 Yuan, was in Geld und Naturalien ausgezahlt wurde. Im Dorf gibt es bereits 130 Fahrräder und 165 Armbanduhren.

Zum Abschluß seiner Rede lädt er uns zum Mittagessen in sein Haus ein. Die Dai leben in Bambushütten, die auf Pfählen errichtet sind, um gegen Überschwemmungen geschützt zu sein. Auf ebener Erde ist der Stall für die Haustiere, was sich, wie wir später sehen sollten, als sehr praktisch erweist. Über eine Holztreppe ohne Geländer gelangen wir in den oben gelegenen Wohnbereich. Wir dürfen uns umschauen. Der Vorraum, eine Art Diele, ist bereits für das Essen hergerichtet. Auf der der Treppe gegenüberliegenden Seite tritt man auf einen offenen Dachvorbau, hier stehen Schüsseln bereit, damit wir uns die Hände waschen können. Von der Diele aus tritt man in einen großen Wohnraum ohne besondere Einrichtung. In der Ecke stehen ein Tisch, ein Stuhl, auf dem Tisch liegen ein Abacus, das chinesische Rechenbrett, eine Kladde und ein Stift, was daran erinnert, daß unser Gastgeber und Hausherr der Buchhalter dieser Brigade ist. Die aus neun Personen bestehende Familie schläft gemeinsam in einem großen Schlafraum mit Matratzen und Hängematten. Im Haus gibt es elektrisches Licht. Die Frauen des Hauses tragen ihre Tracht: helle, eng anliegende Blusen, ein langer, farbenfroher Rock, der in der Taille mit einem handgeschmiedeten Gürtel aus Silber oder Aluminium gehalten wird, chinesische Stoffschuhe.

Nach unserer Besichtigung nehmen wir auf den niedrigen Schemeln in der Diele Platz. Die Töchter des Hauses sitzen etwas schüchtern an unserem Tisch. Im Haar tragen sie Blumen, die allerdings aus Plastik sind und aus Shanghai stammen. In der Kreisstadt gibt es einen Laden, der Stoffe, Kleider und Schmuck für die verschiedenen Minderheiten anbietet.

Wir essen klebrigen Reis mit kleinen, gerösteten Fischen, viel Gemüse und eine Menge durchweg teuflisch-scharfer Saucen. Man ißt mit den Fingern, obwohl für die Gäste Stäbchen bereit gelegt wurden. In der linken Hand den Reis knetend, werfen wir prüfende Blicke auf die dargebotenen Speisen und kämpfen uns dann durch die scharfen Saucen. Essensreste läßt man auf den Boden fallen. Dort fallen sie dann durch die Ritzen des nur mit Bambusmatten bedeckten Bodens. Die Schweine und Hühner scheinen darauf zu warten und machen sich sofort darüber her.

Die Unterhaltung ist schwierig. Unsere Fragen müssen von den Dolmetschern ins Chinesische übersetzt werden. Die Dai verstehen davon wenig oder gar nichts, und unsere örtlichen Begleiter sprechen ja den südchinesischen Kanton-Dialekt, der für unsere Beijinger Dolmetscher wiederum eine Fremdsprache ist.

Die Kinder lernen angeblich in der Schule auch Han-Chinesisch, aber die Kinder des Buchhalters können oder wollen es nicht sprechen. Dafür lächeln sie sehr oft, und dann strahlen ihre vergoldeten Eckzähne. Das ist ein Schmuck, den sich die jungen Dai-Mädchen zulegen. Dazu gehört auch der handgeschmiedete Silbergürtel um ihre Hüften. Dieses Edelmetall wird schon seit Jahrhunderten von den Dai zu Gürteln, Armreifen und anderem Schmuck verarbeitet.

Nach dem Essen spazieren wir durch das Dorf. In weitem Abstand und mit größter Vorsicht folgen uns die Kinder. Die Wege durch das Dorf sind schmale, festgetretene Lehmpfade, die nach jedem Regen wieder aufweichen. Kakteenartige Pflanzen umranden die Höfe, aus denen uns neugierige Blicke folgen. Eine alte, barbusige, bethelkauende Frau erschrickt, als sie uns erblickt und flüchtet lieber. Die Kinder werden sehr bald neugieriger und schicken ihre Anführer vor. Mit unserem Dolmetscher radebrechen sie Chinesisch und verständigen sich über die unbekannten Ausländer. Nachdem sie uns eine Weile begleitet haben, rennen sie zu ihren Freunden zurück und erstatten stolz Bericht.

Am Dorfrand sehen wir die Ställe für die Wasserbüffel; jede Familie besitzt eines dieser für die Landarbeit so wichtigen Zugtiere. Als wir abschließend die Felder besichtigen, müssen unsere Fahrer schon alle Künste aufwenden, um auf den schlammigen Wegen nicht stecken zu bleiben.

Zur Verabschiedung hat sich dann doch das halbe Dorf versammelt, und als wir es verlassen, lassen wir sicherlich für einige Tage oder Wochen Gesprächsstoff zurück.

Am nächsten Tag ist Wochenmarkt in Jinghong. Schon am frühen Morgen ziehen Hunderte Bauern und Bäuerinnen aus den umliegenden Dörfern mit ihren Waren auf die Hauptstraße. Hier dürfen sie auf eigene Rechnung das verkaufen, was sie auf ihren Privatparzellen anbauen, oder was sie in Heimarbeit an Gebrauchsgütern oder Schmuck hergestellt haben. Handgeschmiedete Silbergürtel kann man hier zu umgerechnet etwa DM 40,– erstehen. Leichter Nieselregen fällt den ganzen Vormittag, aber in der tropischwarmen Luft stört er kaum.

Unser Besuch in Jinghong endet mit einer Schiffahrt auf dem Lancang-Fluß, der weiter südlich in Indochina den Namen Mekong trägt. Wir passieren die verfallene Sommerresidenz des letzten Dai-Königs Zhao Benling. Er lebe heute noch, erfahren wir, ebenso wie einige Minister seines früheren Kabinetts, von denen einer heute Vizevorsitzender im Revolutionskomitee des Bezirks Xishuangbanna sei. Die Tochter des letzten Köngis sei heute Vorsitzende des hiesigen Frauenverbandes und ein Onkel des Königs habe sogar die Funktion eines Vizevorsitzenden der politischen Konsultativkonferenz in Beijing, einem Zusammenschluß verschiedener Parteien und Persönlichkeiten unter Führung der Kommunistischen Partei. Diese Politik der Integration – durchaus in der Tradition der Umarmungspolitik, die man bereits in der Han-Dynastie pflegte – ist Bestandteil der Minderheitenpolitik Chinas, um die Situation an den Grenzen zu entschärfen.

Wieder zurück in Simao, erfahren wir, daß aus Kunming kein Flugzeug kommt. Auf diesen abgelegenen Routen fliegt man nach Wetter, da muß man schon einige Ungewißheiten und Verzögerungen in Kauf nehmen. Unser Aufenthalt in Simao verlängert sich auf diese Weise um volle zwei Tage. So organisieren wir von einer Stunde auf die andere neue Besichtigungen, die zu wirklichen Erlebnissen werden, weil wir nicht, wie sonst üblich, gut vorbereitet empfangen werden.

Die Grundschule in Simao steht Kopf, als wir uns anmelden und eine Stunde später auch schon erscheinen. Zum ersten Mal Ausländer in der Schule – die Kinder sind kaum zu halten. Das Empfangsgebäude, in dem uns die Schulleitung empfängt, ist trotz des laufenden Unterrichts im Nu von neugierigen Kindern belagert, die Lehrer sind hilflos. Auf dem Schulhof wird danach eine Gesangs- und Tanzvorführung improvisiert. Die versammelten Schüler haben jedoch verständlicherweise mehr Interesse an uns, als an der Vorführung ihrer Schulkameraden und -kameradinnen. Nach jeder Nummer wird heftig debattiert, was man als nächstes darzubieten gedenke. Zum Schluß macht noch jemand den Vorschlag, wir mögen doch etwas singen. Was darauf folgte, war wohl mehr lustig als schön, doch die Kinder hatten ihren Spaß. Die Schulleiterin ist sichtlich erleichtert, als wir zum Aufbruch rüsten. So viel Chaos an ihrer Schule habe es nicht einmal während der turbulenten Kulturrevolution gegeben.

Ein Mädchen aus der Tanzgruppe, das später unbedingt Schauspielerin werden möchte, schenkt mir ihr Schulabzeichen. Auf weißem Grund steht da in roten Schriftzeichen: Simao Hongqi Xiao Xue – Grundschule Rote Fahne in Simao.

Unsere Gastgeber in Simao versuchen, uns wegen der verzögerten Abreise mit dem besten Essen zu versöhnen. Versöhnen mußte man uns nicht, dennoch haben wir das ausgezeichnete Essen genossen. In den zwei Tagen gab es eine Menge regionaler Delikatessen – die exotischste davon: fritierte Bienen, allerdings doppelt so groß wie die bei uns bekannten Exemplare.

Zhongguo – Reich der Mitte

China ist für viele von uns immer noch ein Mysterium, ein unvollständiges Bild aus einzelnen Mosaiksteinchen und deshalb so geheimnisvoll. Ein Land, das Jahrhunderte, ja Jahrtausende in selbstgenügsamer Isolation verblieb, mehr fremde Kulturen und Einflüsse assimilierte als eigene Kultur exportierte und deshalb immer die Neugier anderer herausforderte.

Auch das heutige China, das nach seiner Öffnung zum Westen, dessen Technologie es will, in den Führungseliten der Wirtschaft große Hoffnungen geweckt hat, ist darauf bedacht, den Einfluß westlicher Kultur möglichst einzudämmen.

Die jahrtausendealte Idee vom Reich der Mitte ist immer noch lebendig, was sich auch in der umgangssprachlichen Bezeichnung für das eigene Land ausdrückt: Zhongguo, wörtlich: Mitte – Reich. Offiziell trägt das Land den Namen Zhonghua Renmin Gongheguo – Volksrepublik China.

Wer in Peking den Himmelstempel besucht, wird den Mittelpunkt des Reiches, in der kosmischen Vorstellung des alten China gleichzeitig der Mittelpunkt der Welt, betreten können. Ein runder Stein auf dem oberen Plateau des Himmelsaltars ist das Zentrum der Erde. Das ist so außergewöhnlich nicht. Erinnern wir uns daran, daß auch die Römer auf dem Forum Romanum ihren Mittelpunkt der Erde hatten.

Der gesamte Bau des Himmelsaltars ist jedoch die architektonische Wiedergabe des alten chinesischen Weltbildes. Der Altar ist umgeben von einer kreisrunden Mauer, die die Grenzen des Himmels symbolisiert, darüber hinaus ist er eingefaßt von einer quadratischen Mauer, den Grenzen der flachen Erdscheibe. Der rund gewölbte Himmel bedeckt nur die Mitte dieser Scheibe, das Reich der Mitte, während in den dunklen Ecken die barbarischen Völker wohnen. Barbaren waren alle Nichtchinesen. Der chinesische Kaiser, Sohn des Himmels, hatte unter dem Zenit des Himmelsgewölbes seine Opfer darzubringen.

Historisch lag das Zentrum Chinas allerdings weiter westlich, in den fruchtbaren Lößebenen des Gelben Flusses. Hier entstanden die ersten Gemeinwesen, Fürstentümer und Königreiche, von hier aus gelang es dem König von Qin, sechs andere Königreiche militärisch zu erobern und 221 v. Chr. das erste chinesische

Großreich zu gründen, etwa zur gleichen Zeit, als im fernen Europa die Römer sich anschickten, ihr Imperium aufzubauen. Er gab sich den Namen Qin Shi Huang Di, Erster Erhabener Kaiser von Qin, und sein Reich sollte tausend Jahre währen, alle folgenden Kaiser sollten seinen Namen in fortlaufender Numerierung tragen. Doch über den zweiten Kaiser kam auch dieses Reich nicht hinaus, andere Dynastien traten die Nachfolge an. Vermutlich geht der heute in Europa gebräuchliche Name „China" zurück auf diese erste Dynastie Qin, die in anderer Umschrift oft auch als Tschin erscheint. In alten historischen Aufzeichnungen im indogermanischen Sprachraum findet man diesen Namen immer wieder, in verschiedenen Variationen: Tshin, Tschina, Tzinistan u. ä. Auch in Indien ist der Name Mahatschina gebräuchlich, der sich als „Großes Tschin" übersetzen ließe.

Erste Erwähnung findet China bei dem Griechen Ptolemäus, dem Vater der Geographie. Hier sind zwei Städte erstmals erwähnt: Issedon skythica und Issedon serica, vermutlich identisch mit den heute in der Provinz Xinjiang gelegenen Städten Kashgar und Khotan, einst wichtige Handelsplätze, Karawansereien entlang der Seidenstraße. Und es war die Kunde von diesem zarten und kostbaren Gewebe, das die Neugier europäischer Völker, vor allem die der Handelsleute, geweckt hatte. Auch bei Alexander dem Großen, bei Herodot oder Jesaias finden sich Hinweise auf das Land Sera oder das Volk der Serer, was nichts anderes hieß als „die Seidenbringer".

Dies war aber auch schon alles, was man über das unbekannte Volk im Land der aufgehenden Sonne wußte. Zudem bezogen sich diese Kenntnisse vermutlich auf die Issedonen, Völker im Tarim-Becken, die ihre Seide zwar von den Chinesen bekamen, den Handel nach Westen aber monopolisierten und über einige Jahrhunderte hinweg direkte Kontakte von westlichen Völkern mit den Chinesen verhindern konnten.

Ein weiterer Name für China findet sich im russischen Sprachgebrauch: „Khitai", ein Name, der auf das kriegerische Nomadenvolk der Khitan zurückgeht, das im 10. bis 12. Jahrhundert in den nördlichen Grenzregionen des chinesischen Reiches eigene Dynastien gründete. Die Fluggesellschaft Hongkongs trägt heute noch diesen Namen in ihrem Firmenschild: Cathay Airways.

Etwa zur gleichen Zeit entwickelte sich ein reger Schiffsverkehr zwischen arabischen und südchinesischen Völkern. Vermutlich über das Malaiische ist hier ein weiterer Name nach Westen gelangt: Sinai.

Heute muß man nicht mehr jahrelange Abenteuer, Wanderungen über Gebirge und durch Wüsten oder monatelange ebenso gefährliche Schiffsreisen unternehmen, um nach China zu kommen. In knapp 20 Stunden gelangt man im bequemen Jet von Frankfurt nach Peking. Doch tragen wir auch heute noch, wie unsere Vorfahren, im Gepäck die gleiche Neugier, und auch nach fast dreitausend Jahren ist die Seide, die erste Botschaft Chinas an das Abendland, noch immer Objekt unserer Begierde.

Audienz beim Ersten Kaiser Chinas

Mehr als 2100 Jahre ruhte er verborgen unter der lößgelben Erde der Provinz Shaanxi, unweit der Provinzhauptstadt Xi'an. „Lebendig“ war er allerdings in den Geschichtsbüchern; selbst in jüngster Zeit wurde sein Name während der Kulturrevolution in den Linienkämpfen der Partei bemüht – die Rede ist vom Kaiser Qin Shi Huang Di, dem Begründer des geeinten chinesischen Kaiserreiches.

Im Frühjahr des Jahres 1974 störten Bauern aus dem Dorf Xiyang im Kreis Lintong seine mehr als 2000jährige Ruhe. Sie wollten lediglich einen simplen Brunnen graben und stießen dabei auf einen der Jahrhundertfunde, durchaus vergleichbar mit den großen Ausgrabungen der römischen und ägyptischen Kultur. Die Zeiten damals – mitten in den Wirren der Kulturrevolution – waren für die Archäologie, wie für die Wissenschaften allgemein, nicht gerade rosig. Die Kulturrevolutionäre nahmen die Tatsache, daß Bauern und Arbeiter es waren, die zufällig auf diese Grabanlage stießen, zum Anlaß, die „führende Rolle der Arbeiterklasse in den Wissenschaften“ zu unterstreichen. Zum Glück konnten sich aber doch schnell die Archäologen dieser Grabanlage bemächtigen – nicht vorstellbar, was hier sonst durch ideologische Borniertheit und Unkenntnis an Schaden hätte angerichtet werden können. Vielleicht spielte damals auch eine Rolle, daß Mao Zedong, der in Geschichte und klassischer Literatur als sehr belesen und interessiert galt, eine Vorliebe für diesen Kaiser hatte.

Die Grabanlage des Kaisers Qin Shi Huang Di gehört inzwischen zum Standardprogramm des Touristen, der nach Xi'an kommt. Xi'an ist die älteste und historisch bedeutendste Stadt Chinas. Die Ausgrabung des jungsteinzeitlichen Dorfes Banpo nahe Xi'an belegt, daß hier bereits vor 6000 Jahren Menschen im fruchtbaren Tal des Wei-Flusses siedelten. Bereits 1000 Jahre vor unserer Zeitrechnung hatte die Westliche Zhou-Dynastie hier ihre Hauptstadt angelegt. Der Reichsgründer Qin Shi Huang Di residierte in der Stadt Xianyang, etwa 40 km östlich des heutigen Xi'an. Von dieser einst großen und laut Geschichtsschreibung herrlichen Stadtanlage zeugen heute nur noch wenige Spuren. Erhalten blieb allerdings die Grabanlage Qin Shi Huang Dis am Berg Li.

Auch späteren Dynastien diente Xi'an als Hauptstadt, damals bekannt unter dem Namen Chang'an. Während der Tang-Dynastie (618–907 n. Chr.) sollen mehr als 1 Million Menschen hier gelebt haben, und damit war es wahrscheinlich die zur damaligen Zeit größte Stadt der Welt. Chang'an war auch den europäischen und vorderasiatischen Kulturen bekannt, denn es war als Endpunkt der Seidenstraße von strategischer Bedeutung für den Handel mit anderen Ländern. Mehrere Funde, historische Aufzeichnungen und Malereien oder Zeichnungen zeugen von der Begegnung mit westlichen Kulturen.

Kaiser Qin Shi Huang Di empfängt den Besucher heute mit allen militärischen Ehren. Man betritt eine riesige Halle, die zum Schutz der Anlage errichtet wurde, und deren Stahlrohrkonstruktion auch Erdbeben standhalten soll, und blickt von einer Empore hinab auf die Formation einer Infanterietruppe. Diese Ausgrabungsstätte Nr. 1 hat eine Fläche von 12 600 qm, ist 210 m lang und 60 m breit. In ihr befinden sich mehr als 6 000 Terrakottafiguren. Etwa ein Zehntel dieser Anlage ist inzwischen von den Archäologen freigelegt, ungefähr 500 Soldaten, 24 Pferde und 6 Streitwagen wurden wieder aufgerichtet und restauriert; über 7 000 Waffen, meist aus Bronze, Ornamente aus Gold, Bronze oder Stein sowie Reste der Baukonstruktion wurden in diesem Teil gefunden. Darunter ein Schwert, dessen Schneide nach mehr als 2 000 Jahren noch so scharf war, daß die Archäologen damit ein Blatt Papier sauber durchtrennen konnten.

Der Besucher blickt zunächst auf eine in drei Gliedern aufgestellte Formation von Scharfschützen, Bogen- und Armbrustschützen; direkt dahinter sind in einer Reihe sechs Streitwagen postiert, die von jeweils vier Pferden gezogen werden. Ein Wagenlenker und zwei Soldaten bilden die Besatzung eines Streitwagens. Dahinter folgt in elf langen Korridoren und in Viererreihe die Formation der Infanteriesoldaten. In den beiden äußeren Korridoren blikken die an den Flanken postierten Soldaten nach außen und sichern die Truppe. Offiziere und Soldaten tragen unterschiedliche Kleidung und Ausrüstung. Besonders beeindruckend ist die Tatsache, daß kein Gesicht eines Soldaten dem eines anderen gleicht, so daß die Archäologen vermuten, hier haben Soldaten einer kaiserlichen Ehrengarde sozusagen Modell gestanden. Alle Figuren sind lebensgroß, zwischen 1,75 m und 1,86 m; ihre Kleidung war ursprünglich bemalt, und sie trugen echte Waffen. Originalgetreue Nachbildungen der Soldaten und der Streitwagen in ihrer ursprünglichen Bemalung und Ausstattung können in den zur Gesamtanlage gehörenden Ausstellungshallen besichtigt werden.

Die Terrakotta-Figuren sind aus dem harten grauen Ton der Umgebung des Li-Berges gefertigt. Dieses harte Material ermöglichte das Formen solch großer Figuren, die dann bei ziemlich hohen Temperaturen gebrannt wurden. Geformt wurden sie in verschiedenen Einzelstücken, wobei die unteren Teile wegen der erforderlichen Tragfähigkeit massiv, die oberen Teile hohl gefertigt wurden. Arme, Kopf und sonstige Details wurden einzeln vorgeformt und auf die Figuren modelliert. Während die Körperteile offensichtlich in standardisierten Formen gegossen wurden, mußten Kopf, Haartracht und verschiedene Details für jede Figur individuell angepaßt und modelliert werden.

Neben der Ausgrabungsstätte Nr. 1 gibt es zwei weitere Grabanlagen, die aber bisher nicht freigelegt sind. Von Probegrabungen an verschiedenen Positionen weiß man über den Inhalt dieser Anlage. Grab Nr. 2 enthält eine Kavallerieformation mit mehr als 1400 Kriegern und Pferden. Neben Bogenschützen, Speerträgern und gepanzerter Kavallerie liegen hier 64 Streitwagen begraben. Darüberhinaus wurden in dieser Formation zwei Kommandeure gefunden. Das Grab Nr. 3 enthält vermutlich die Kommandozentrale des Oberbefehlshabers. Auch hier wurde bisher nur an einzelnen Stellen gegraben. Dabei wurden hauptsächlich Offiziere gefunden, die sich schon durch ihre Körpergröße von über 1,90 m von den gemeinen Fußsoldaten unterscheiden. Der Oberbefehlshaber selbst ist bisher nicht gefunden worden, über ihn gibt es nur Mutmaßungen. So nimmt man an, daß in dieser Grabanlage Nr. 3 vielleicht sogar der Leichnam dieses Kommandanten begraben ist, möglicherweise ist er ein Minister des Qin-Reiches, vielleicht sogar dessen Verteidigungsminister gewesen. Dies ist nur eines der vielen Rätsel, die von den Archäologen noch gelöst werden müssen.

Plastik aus dem Grab des Kaisers Qin Shi Huang Di bei Xi'an.

Die Krieger des Kaisers Qin Shi Huang Di befanden sich schon auf Weltreise. 1981 waren sie unter anderem in Zürich, Berlin, Hildesheim und Köln zu sehen. Der Kaiser selbst übt sich noch in majestätischer Zurückhaltung. Zwar wissen die Archäologen schon, daß sich sein Mausoleum in einem Grabhügel am Fuße des Berges Li, etwa 1,5 km westlich der Terrakotta-Armeen, befindet, ins Innere des Grabes sind sie allerdings nicht vorgestoßen. Ursprünglich soll der Hügel mit Kiefern und Zypressen bepflanzt gewesen sein, heute ernten die Bauern der Volkskommune hier Obst, und bis an den Hügel heran liegen wohlbestellte Felder. Während das Besteigen dieses Grabhügels bei dem ausländischen Besucher Gefühle von Erhabenheit und historische Neugier auslöst, gehen die Bauern auf den Feldern und in den Obstgärten ihrer alltäglichen Beschäftigung nach, offenbar unbeeindruckt von diesem historischen Ort, vielleicht auch nur fürchtend um ihren Obstgarten, den in sicherlich nicht allzu langer Zeit die Archäologen okkupieren werden.

Aus den Aufzeichnungen des Historikers Sima Qian (etwa 145 bis 90 v. Chr.) wissen wir einiges über das Innere des Grabes: „Sobald der Erste Kaiser König des Qin-Reiches wurde (246 v. Chr.), begannen die Arbeiten für sein Grabmal am Berg Li. Nachdem er das Reich geeint hatte (221 v. Chr.), arbeiteten dort mehr als 700 000 Zwangsarbeiter aus allen Teilen Chinas. Sie arbeiteten sich durch drei unterirdische Wasserläufe hindurch, sie gossen geschmolzenes Kupfer für den äußeren Sarkophag, und sie füllten die Grabkammer mit Modellen von Palästen, Türmen und öffentlichen Gebäuden, desgleichen mit feinen Gebrauchsgegenständen, Edelsteinen und seltenen Dingen. Handwerker wurden angewiesen, selbsttätige Armbrüste derart anzubringen, daß Grabräuber getötet würden. Die Wasserstraßen des Reiches, der Gelbe Fluß und der Yangzi-Fluß, ja sogar der Große Ozean selbst, waren durch Quecksilber dargestellt und wurden mechanisch zum Fließen gebracht. Darüber waren die Sternbilder des Himmels abgebildet, während sich unten eine Darstellung der Erde befand."

Was die Arbeit der Archäologen heute so schwer macht – sie finden nur ein Trümmerfeld vor, das sie mühsam ordnen und restaurieren müssen –, ist die Tatsache, daß vor ihnen bereits jemand das Grab entdeckte, und zwar schon wenige Jahre nach dem Tod des Kaisers. Sie waren nicht zu Forschungszwecken gekommen, sondern hatten weniger edle Absichten: Teile einer rebellischen Bauernarmee wollten mit der tyrannischen Herrschaft Qin Shi Huang Dis abrechnen, plünderten die Grabanlage, zerstörten sie und steckten sie in Brand.

Während der Blütezeit des Hellenismus in Südeuropa, während die Karthager im Ersten Punischen Krieg Sizilien an die Römer verloren und in Mittel- und Nordeuropa die Kelten dominierten, wurde im fernen China im Reiche der Qin, etwa auf dem Gebiet der heutigen Provinz Shaanxi im Nordwesten Chinas, 246 v. Chr. der dreizehnjährige Prinz Zheng zum König von Qin gekrönt. Geholfen hatte ihm dabei ein reicher Kaufmann, der ihm mit Geld und Beziehungen die Thronfolge verschaffte.

Bereits in jungen Jahren hatte er mehrere Palastintrigen zu überstehen – in eine davon war sogar seine eigene Mutter verwickelt – und entkam nur mit Glück und durch Zufall einigen Mordanschlägen. Von 230 bis 221 v. Chr. annektierte er die restlichen sechs großen Königreiche, wandelte sie in Kommandanturen um, einte das Reich und begründete eine neue Dynastie: die Qin. Sich selbst gab er den Namen „Erster Erhabener Kaiser von Qin" – Qin Shi Huang Di. Alle ihm nachfolgenden Kaiser sollten diesen Namen in fortlaufender Numerierung tragen: „Zweiter Erhabener Kaiser von Qin" – Qin Er Huang Di usw.

In den ersten sieben Jahren seiner Amtszeit folgten Militärexpeditionen und Feldzüge in den Süden bis nach Kanton, nach Fujian an der Südostküste, ja bis nach Vietnam und in die Mongolei an der Nordgrenze des

Reiches. Er kontrollierte damit ein Gebiet, das, von den flächengroßen Provinzen Tibet, Xinjiang und Qinghai sowie der Nordost-Provinz Heilongjiang einmal abgesehen, fast dem Territorium des heutigen China entsprach.

Als den größten Feind für die Einheit des Reiches betrachtete Qin Shi Huang Di zurecht den feudalen Lehensadel, der in der Unterordnung unter einen Zentralstaat um den Verlust seiner Privilegien fürchtete. Der Kaiser verfügte daher per Erlaß die Abschaffung aller Lehen und führte in ganz China das System freien bäuerlichen Landbesitzes ein. Die Bauern mußten Steuern zahlen, unentgeltliche Arbeit für öffentliche Bauvorhaben leisten und konnten für den Militärdienst rekrutiert werden.

Um den Widerstand des Adels im Keim zu ersticken, befahl der Kaiser die Umsiedlung von mindestens 120 000 adligen Familien in die Haupstadt Xianyang, wo sie von ihrer Heimat isoliert waren und unter direkter Kontrolle des Hofes standen. Das Reich wurde in Regierungsbezirke (und diese wiederum in Kreise) unterteilt, die von Beamten der Zentralregierung verwaltet wurden – eine Verwaltungsstruktur, die sich fast unverändert bis in die Neuzeit erhalten hat.

Zur Stärkung der Einheit und der Zentralverwaltung erließ er weitere Reformen, wie einheitliche Gesetze und Verordnungen, einheitliche Maße und Gewichte; ein einheitliches Münzsystem wurde eingeführt, runde Münzen mit quadratischen Löchern, damit sie an Schnüren aufgezogen werden konnten (die Form dieser Münzen hat sich bis ins letzte Jahrhundert erhalten), und er ordnete sogar eine einheitliche Spurbreite für alle Transportwagen an. Überlandstraßen bis in die entferntesten Regionen wurden gebaut. So berichten die Geschichtsbücher z. B. von einer Straße nach Yunnan – das damals dem Reich noch nicht eingegliedert war –, die in Form von aus Holz gebauten Balkonen oder Galerien an den steilen Felswänden durch das unwegsame Gelände Yunnans führte. Diese Überlandstraßen waren mit Poststationen und Sicherheitskräften besetzt. Die an den Straßen lebenden Bauern wurden verpflichtet, die Straßen in Ordnung zu halten, Unterkunftsräume und Verpflegung für reisende Beamte zur Verfügung zu stellen.

Äußere Bedrohung hatte das Reich nur von den Xiongnu (möglicherweise Vorfahren der Hunnen) aus den mongolischen Steppen an den Nordgrenzen zu fürchten.

Hunderttausende von zwangsrekrutierten Bauern und Sträflingen wurden zum Bau der Großen Mauer herangezogen. Dieses gewaltige Bollwerk reichte vom Süden der heutigen Provinz Gansu nach Norden bis in die Innere Mongolei hinein und verlief dann in östlicher Richtung nördlich an Beijing vorbei bis in die heutige Provinz Liaoning. Tausende und Abertausende ließen beim Bau dieser Mauer ihr Leben.

Das Leid und auch der Unmut der Bevölkerung über diese tyrannischen Maßnahmen spiegeln sich in einer aus der Tang-Zeit (618–907 n. Chr.) überlieferten Legende wider:

Meng Jiangnu, die schöne Frau eines an die Große Mauer zwangsrekrutierten Gelehrten, nimmt die beschwerliche Reise dorthin auf sich, um ihren Mann zu suchen. Als sie von dessen Tod erfährt, erweichen ihr Leid und ihre Trauer die Götter, die Mauer zerbricht und gibt den Leichnam ihres Mannes frei. Dem Kaiser Qin Shi Huang Di, der sich auf Inspektionsreise befindet, trotzt sie ein Staatsbegräbnis für ihren Mann ab, muß ihm allerdings versprechen, ihm als Konkubine in den Palast zu folgen, da er Gefallen an ihr gefunden hat. Nach dem Begräbnis ihres Mannes an der Küste des östlichen Meeres folgt sie ihrem Mann in den Tod, indem sie sich von den Felsklippen ins Meer stürzt.

Noch heute erinnern Gedenkstätten in Shanhaiguan am östlichen Ende der Mauer an diese Legende.

Der daoistisch beeinflußte Kaiser, der sich zudem mit antikonfuzianischen, der philosophischen Schule der Legalisten zugehörigen Beratern umgeben hatte, wurde wegen der Abschaffung des feudalen Systems auch von den konfuzianischen – und das waren damals fast alle – Gelehrten stark angefeindet. Überdies hatte er die Gelehrten in der Hauptstadt beauftragt, ihm das Elixier zur Erlangung der Unsterblichkeit zu besorgen. Da diese das Gewünschte aber nicht besorgen konnten und ständig daran arbeiteten, seine kaiserliche und gottgleiche Autorität zu untergraben, befahl er im Jahre 213 v. Chr. die Verbrennung aller konfuzianischen Schriften. Mit Ausnahme der Bücher der kaiserlichen Bibliothek wurden alle in Privatbesitz befindlichen Bücher eingesammelt und verbrannt. Zur weiteren Abschreckung wurden 460 in der Hauptstadt weilende konfuzianische Gelehrte in Xianyang lebendig begraben. Neben den Gelehrten wurden übrigens auch die Kaufleute mit Einschränkungen und Verordnungen belegt, gleichwohl konnten seine „Reformen“ eine enorme Ausweitung des Handels nicht verhindern. Was er fürchtete, war wohl auch mehr, daß sich mit den Kaufleuten eine Interessenschicht herausbilden konnte, die als zusätzlicher Faktor Gefahr für seine Herrschaft hätte bringen können.

Die Befreiung aus der feudalen Leibeigenschaft hatte den Bauern keine großen Vorteile gebracht, eher das Gegenteil. Übermäßige Steuern, ständige Zwangsrekrutierungen für monumentale Bauvorhaben hatten unsagbares Leid und Armut über die Landbevölkerung gebracht. So schlossen sich bereits ein Jahr nach seinem Tode (210 v. Chr.) aufständische Bauern in einer Rebellenarmee zusammen und stürzten seinen Sohn, der sich wie vorgesehen den Namen Qin Er Huang Di gegeben hatte, vom Thron. Anfang des Jahres 206 v. Chr. erreichte der Rebellenführer Xiangyu mit 400 000 Soldaten die Hauptstadt Xianyang. Was folgte, war ein unvorstellbares Gemetzel: alle Angehörigen der kaiserlichen Sippe wurden enthauptet, die Paläste und die ganze Stadt in Brand gesteckt, das Grabmal Qin Shi Huang Dis geplündert und zerstört. Die kaiserliche Bibliothek, in der sich das gesamte Schrifttum der damaligen Zeit befand, ging in Flammen auf. Die 15-jährige Tyrannei der Qin-Dynastie endete in einem fürchterlichen Massaker. Die von Qin Shi Huang Di geschaffene Einheit des Reiches, sein Regierungssystem und seine Reformen überlebten allerdings bis in die Neuzeit.

Bevor ihn die Archäologen entdeckten, tauchte Qin Shi Huang Di beeits 1973 in den theoretischen Artikeln der Kulturrevolutionäre auf. In der Anti-Konfuzius-Kampagne 1973, die sich aller Wahrscheinlichkeit nach gegen die Pragmatiker um den damaligen Ministerpräsidenten Zhou Enlai richtete, wurde er als ein fortschrittlicher Kaiser gerühmt. Seine Bücherverbrennung, die Verfolgung der Gelehrten und andere tyrannische Maßnahmen seien notwendig gewesen, um das neue System zu festigen, um eine Vereinheitlichung des Denkens herbeizuführen, und um die Restauration der alten feudalen Ordnung zu verhindern. Dies seien auch Aufgaben der Diktatur des Proletariats, heißt es in diesen Artikeln unverblümt. Und so wiederholten sich ja auch in der Kulturrevolution die Bücherverbrennungen, die Verfolgung und die Ermordung von Intellektuellen und die „Vereinheitlichung des Denkens" mittels des kleinen Roten Buches (Worte des Vorsitzenden Mao). Immer wieder wird darauf hingewiesen, daß der Vorsitzende Mao die Rolle des ersten Qin-Kaisers schon immer positiv eingeschätzt habe. Schon 1958 auf dem 8. Parteitag habe er seiner Bewunderung für den ersten Qin-Kaiser Ausdruck gegeben: „Welche Bedeutung kann der erste Kaiser der Qin schon haben? Er begnügte sich damit, 460 konfuzianische Gelehrte lebendig zu begraben; wir haben 46 000 begraben!" Auch die Zwangsrekrutierungen von Bauern für große Bauvorhaben und die Landverschickung von Intellektuellen und Studenten während der Kulturrevolution hatten ihr Vorbild in der Regierungszeit des ersten Qin-Kaisers.

Die Bauern am Fuße des Berges Li haben beide Schreckensherrschaften überlebt; von der Kulturrevolution wollen sie nichts mehr wissen, und von der Tyrannei des unter ihren Füßen liegenden Qin-Kaisers haben sie vielleicht nie etwas erfahren. Sie genießen eine doppelte Wiedergutmachung: der alte Tyrann, der ihre Vorfahren in Elend und Not stürzte, lockt heute die Touristen und damit Devisen an, und die heutige Regierung in Beijing erlaubt ihnen den freien Markt. So muß, wer den Grabhügel erklimmen will, zunächst ein Spalier von Straßenverkäufern passieren. Frauen aus den umliegenden Dörfern verkaufen in Handarbeit selbstgefertigte Kleidung, in leuchtenden Farben und mit phantasievollen Stickereien besetzt. Das Feilschen um den Preis wird erwartet, und die Frauen beweisen Übung und Hartnäckigkeit. Mit dieser inzwischen erlaubten Nebentätigkeit verdienen sie leicht ein Vielfaches ihres Bargeldeinkommens, das sie aus der landwirtschaftlichen Arbeit beziehen. Die Steuereintreiber des ersten Qin-Kaisers und die Ideologen und Rotgardisten der Kulturrevolution brauchen sie nicht mehr zu fürchten.

Geschichte

Spätestens bei der ersten Besichtigung, wenn der chinesische Führer von Tang-, Ming-oder Qing-Dynastie spricht, wird uns bewußt, wie wenig wir eigentlich von asiatischer oder chinesischer Geschichte wissen. Unser eurozentrierter Unterricht sah zwar die Griechen, Römer, Ägypter vor, für die chinesische Kultur aber – die von ihrer Bedeutung und Ausstrahlung her für den asiatischen Raum mindestens ebenso bedeutend war wie die griechische für Europa – für diese Kultur war da kein Platz.

Eine China-Reise ist daher auch eine historische Entdeckungsreise in eine Kultur, die zu gewissen Zeiten entwickelter war als unsere europäische. Diese Kultur, die schon vor zweitausend Jahren Handel und kulturellen Austausch mit vorderasiatischen und europäischen Völkern betrieb, schuf das für kurze Zeit größte in der Geschichte bekannte Territorialreich.

Chinas Kultur hat den gesamten asiatischen Raum nachhaltig geprägt. Und trotzdem war es über Jahrhunderte hinweg selbstgenügsam, verharrte in Isolation gegenüber allen „barbarischen" Völkern, deren Neugier es damit erst richtig anstachelte.

Die chinesische Geschichte bis zur Gründung der ersten Republik im Jahre 1911 wird in der chinesischen Geschichtsschreibung als eine Aufeinanderfolge von Dynastien dargestellt. Damit beginnen die ersten Schwierigkeiten. Wir erinnern uns an unseren eigenen Geschichtsunterricht, der historische Ereignisse im Zusammenhang mit Jahreszahlen vermittelte.

„333 bei Issos Keilerei", das waren die Eselsbrücken, die uns helfen sollten, historische Ereignisse einzuordnen.

Chinesische Führer haben zwar mit diesen Jahreszahlen oft Schwierigkeiten, wohl aber wissen sie die Reihenfolge der Dynastien. Die Namen der Dynastien sind für sie die Orientierungspunkte. Auch in der alten Geschichtsschreibung finden wir die historischen Ereignisse selten mit Jahreszahlen versehen. Dort heißt es dann etwa: Im zehnten Jahr der Regierungsperiode Qianlong ... etc.

Im allgemeinen werden die Kaiser der Ming- und Qing-Dynastie, also ab dem 14. Jhdt., mit dem Namen ihrer Regierungsperiode benannt; daneben besaßen sie aber noch einen Kaisertitel und einen eigenen Namen. So trug der bereits erwähnte Kaiser Qianlong, der als siebter Kaiser der Qing-Dynastie von 1736 bis 1795 regierte, den Namen Aisin Gioro Hong Li und den Kaisertitel Gaozong.

Die folgende Darstellung der viertausendjährigen Geschichte Chinas muß sich auf wichtige Zeiträume konzentrieren. Wissen sollte man aber, daß auch die chinesische Kultur keine gradlinige Entwicklung hat, Zeiten der Blüte und des Aufschwungs wechseln auch hier mit Zeiten der Krisen und der Kriege.

Mythen

Beginnen wir in der Darstellung der chinesischen Geschichte mit den Lücken, die die historische Wissenschaft noch nicht gefüllt hat. In diesen „Nischen“ existieren nach wie vor die uralten Mythen:

Chinas Weltenschöpfer ist **Pangu.** Vor der Existenz der Welt gab es nur eine eiförmige Urmasse und **das kosmische Prinzip von Yin und Yang,** den beiden sich ergänzenden und bedingenden Polen, die sowohl der Ursprung als auch das Wesen aller Dinge sind. Aus Yin und Yang entstand Pangu. An jedem Tag machte er neun Wandlungen durch, als deren Ergebnis sich das Klare und Reine zu Himmel, Sternen und Sonnen verdichtete, während aus dem Schmutzigen und Dunklen die Erde entstand. Über einen Zeitraum von 18 000 Jahren sollen sich diese Wandlungen vollzogen haben. Himmel und Erde wurden dabei immer größer, ebenso auch Pangu selbst. Nach weiteren tausend Jahren starb Pangu. Sein Körper zerfiel zu Wind und Wolken, Bergen und Flüssen, Wiesen und Wäldern; die Parasiten in seinem Leib sollen sich zum Menschengeschlecht entwickelt haben.

Pangu ist auch heute noch so populär wie eh und je und mit ihm viele andere mythische Figuren, die an der Schaffung der Welt oder der Bändigung der Natur mitgewirkt haben, wie **Nüwa** z.B., eine große Heroin, die tapfer einschritt, als das Himmelsgewölbe zusammengebrochen war.

Der **Großen Schildkröte** schnitt sie die Beine ab und stützte damit das Himmelsgewölbe. Oder auch **Houyi,** der die Menschheit von zehn brennenden Sonnen befreite, die Dürre und Hunger über das Land gebracht hatten. Als ausgezeichnetem Bogenschützen gelang es ihm, mit magischen Pfeilen die Sonnen abzuschießen.

In der Reihe der Helden muß unbedingt auch **Yu der Große** erwähnt werden. Er gilt als der Bezwinger der Fluten: Eines Tages war im Westen der Himmel herabgestürzt, die Erde versank und große Überschwemmungen kamen über das Land. In dieser Bedrohung kam Yu der Große der Menschheit zu Hilfe. Er besiegte das Wasser, zwang es in die Meere und Flüsse. Wegen seiner Verdienste, so heißt es, sei sein Sohn Qi erster Kaiser der ersten chinesischen Erbdynastie, der Xia, geworden.

Der Peking-Mensch

Der erste wissenschaftliche Nachweis über die frühe Existenz von Menschen in China gelang einem schwedischen Wissenschaftler 1921. Er entdeckte in **Zhoukoudian,** etwa 50 km südlich von **Beijing,** fossile Menschenzähne, die auf ein Alter von 500 000 Jahren datiert werden konnten. Der Fund dieses nach der Fundstätte benannten **Peking-Menschen** (Sinanthropus pekinensis) erregte zur damaligen Zeit einiges Aufsehen, da man aus dieser Zeit bisher nur den Java-Menschen und den Homo erectus heidelbergensis kannte.

In den letzten Jahrzehnten wurden an dieser Stätte noch viele weitere Funde gemacht, darunter Schädelknochen und auch Werkzeuge, die weiteren Aufschluß und Nachweise für die Existenz des Peking-Menschen erbrachten. Der Peking-Mensch beherrschte das Feuer, benutzte es zum Wärmen, aber auch schon zum Braten von erjagtem

Klein- und Großwild. Steinwerkzeuge und Tierknochen waren seine Arbeitsgeräte.

Yangshao- und Longshan-Kultur
Die Wiege der chinesischen Kultur liegt im nördlichen China, in den fruchtbaren Tälern des Huanghe (Gelber Fluß) und seiner Nebenflüsse; hier entstanden die ersten Gemeinwesen, durchaus analog zur Entwicklung in Europa und Vorderasien, wo die ersten Gemeinwesen und Staaten im Zweistromland zwischen Euphrat und Tigris und am Nil entstanden.

Die beiden **neolithischen Kulturen Nordchinas** sind ebenfalls nach ihren Fundstätten benannt: **Yangshao,** ein Dorf in der Provinz Henan; **Longshan,** eine Landschaft in der heutigen Provinz Shandong.

Die größte Fundstätte der Yangshao-Kultur findet man in **Banpo,** einem ehemals kleinen Dorf, das heute in der östlichen Vorstadt Xi'ans liegt. Auf 50 000 qkm wurden hier zahlreiche Funde gesammelt, die sehr genau über die Lebens- und Arbeitsbedingungen dieser Zeit Aufschluß geben. Das Dorf Banpo, Siedlungsstätte einiger Clans, lag am Ufer eines Flusses und war auf der gegenüberliegenden Seite durch einen tiefen Graben abgegrenzt, der Schutz vor Feuer und wilden Tieren gewähren sollte. Die Bewohner dieses Dorfes bauten vor 6 000 bis 7 000 Jahren rechteckige Versammlungsgebäude und runde Wohnhütten aus einem Stangengerüst und Lehm. Andere Häuser waren halb in die Erde eingegraben und nur das Dach war oberirdisch.

Die Menschen der **Yangshao-Kultur** waren Sammler und Jäger, beherrschten aber auch schon den Ackerbau. Aus Stein und Knochen fertigten sie Arbeitsgeräte und Werkzeuge, darunter feine Angelhaken aus Knochen, Nadeln sowie Steinäxte und Knochenmesser. Sie beherrschten das Spinnen, das Weben und die Töpferkunst. Sie legten gemeinsame Vorratssilos an und benutzten große Tongefäße auch zur privaten Vorrathaltung. Auf den Töpfereien finden sich Fisch- oder Vogelzeichnungen, oft in stilisierter Form, oder Abdrücke von Geflechten oder Webmustern, meist in rotbrauner oder schwarzer Farbe. Auf den Töpfereien wurden auch Zeichen gefunden, die als frühe Form der chinesischen Schriftzeichen angesehen werden.

Die Toten wurden auf einem separaten Friedhof erdbestattet, für Kinder gab es eine eigene Begräbnisstätte, wo sie in Tonurnen beigesetzt wurden.

Begräbnisriten, wie auch andere Hinweise, deuten darauf hin, daß es sich um eine matriarchalische Gesellschaftsform gehandelt hat. Die Yangshao-Kultur erstreckte sich vor allem entlang des Wei-Flusses von Süd-Gansu über Shaanxi bis nach Shanxi und dem norwestlichen Henan.

Die **Longshan-Kultur** ist gleichen Alters und unterscheidet sich nicht wesentlich von der Yangshao-Kultur. Ihr Zentrum liegt in Shandong, sie dehnte sich aber auch nach Westen bis in die Provinz Henan aus, wo beide Kulturen zusammentrafen. Hier konnten Elemente beider nachgewiesen werden. Im Gegensatz zu Yangshao hat man in Longshan den Besitz von Töpferscheiben nachweisen können. Bevorzugt wurden feine, schwarze Töpfereien hergestellt. Die Werkzeuge der beiden Kulturen waren nahezu identisch. Zum Schutz der Dörfer wurden Wälle aus Lehm errichtet.

Xia-Dynastie (ca. 2100–1600 v. Chr.)

Die Xia-Dynastie wird traditionell als die **erste chinesische Kaiserdynastie** und damit als erstes Staatswesen benannt, obwohl darüber kaum gesicherte Erkenntnisse vorliegen. Die Berichte über diese Zeit, die sich schon in frühen historischen Aufzeichnungen finden, gehören noch in den Bereich der Mythen. Gelegentlich wird Yu der Große, die Heldengestalt, die die zerstörende Kraft des Wassers bändigte, als erster Kaiser der Xia-Dynastie benannt, andere Quellen nennen dessen Sohn Qi als ersten Kaiser.

In den überlieferten Legenden werden noch einige andere Heroen genannt, die man als „Majestäten" oder Kaiser bezeichnete, unter ihnen **Huang Di,** der Gelbe Kaiser oder auch der Erhabene Kaiser. Von ihm heißt es, daß er mit Waffen aus Jade andere Stämme besiegt und erobert habe. Seine Frau **Lei Zu** wird als Entdeckerin der Seidenraupenzucht benannt. **Shen Nung,** der die Menschen den Ackerbau lehrte, und Yu der Große, der die Wasser bändigte, gehören zu diesen fünf Kaisern. Yu war Lehnsherr von **Xia** und gab diesen Namen auch der ersten Dynastie. Literaten, die im klassischen Stil schreiben, benutzen diesen Namen noch heute als Synonym für China.

Shang-Dynastie (ca. 1600–1100 v. Chr.)

Xia wurde von Shang abgelöst. Die Legende nennt dafür Gründe, die uns später bei der Ablösung von Dynastien immer wieder begegnen werden: Korruption, Ausschweifungen, Vernachlässigungen der Amtspflichten. Aus der Shang oder auch nach ihrer Hauptstadt **Yin** genannten Dynastie liegen uns die ersten schriftlichen Aufzeichnungen vor. Sie finden sich auf Bronzen, auf Tierknochen oder Schildkrötenpanzern. Solche Funde wurden im Kreis Anyang in der Provinz Henan und auch in der Nähe der Stadt Zhengzhou ausgegraben, wo Zentren der Shang-Dynastie gelegen haben müssen.
Der Beginn der Shang-Dynastie fällt zeitlich zusammen mit dem Beginn der **Bronzezeit** in China. Die Herrschaft der Shang-Kaiser, von denen es bis zu 30 gegeben haben soll, stützte sich auf die Vergabe von Lehen. Die Gefangenen benachbarter Stämme wurden als Sklaven gehalten. Die Kunst des Ackerbaus war bereits hoch entwickelt, ebenso die der Schrift. Die gefundenen Aufzeichnungen vermerken Weissagungen über Ernte und Regen, auch die Seide findet sich erwähnt. Aus Funden weiß man, daß Herrscher und Fürsten sich in Seide kleideten. Die Haustiere waren – wie schon früher in der Yangshao-Kultur – Pferde, Schweine und Hunde, gelegentlich auch Schafe und Rinder. Funde belegen, daß in diesen Zeiten am Huanghe Elefanten gelebt haben müssen, die als Kriegstiere verwen-

Weinopfergefäße aus Bronze vom Typ jia (links) und vom Typ ding (rechts) der Frühen Shang-Dynastie.

det wurden. Die Bronzen der Shang-Kultur gehören zu den bedeutendsten Funden der chinesischen Archäologie, darunter Weinpokale, Pfeilspitzen, Löffel, die ersten Drei-Fuß-Gefäße und andere Behälter. Shang-Bronzen sind in vielen chinesischen Museen zu finden.

Das Herrschaftsgebiet der Shang erstreckte sich von Shaanxi im Westen bis nach Shandong im Osten und von Hubei im Norden bis hinunter zum Yangzi-Fluß (Changjiang).

Die Shang-Dynastie fand ihr Ende, weil sie sich durch brutale Herrschaft, Verschwendungssucht und Unfähigkeit den Zorn der Lehnsherren zuzog. Der Fürst von Zhou versammelte den Widerstand um sich und besiegte den letzten Herrscher der Shang.

Zhou-Dynastie (ca. 1100–221 v. Chr.)

Zhou war ein Vasallenstaat der Shang und lag westlich der Shang-Hauptstädte im Tal des Wei-Flusses. Als erster Herrscher des Zhou-Hauses wird **Qi** genannt. Er trug den Titel „Göttlicher Ackerbauer", denn er soll eine neue Art von Hirse kultiviert und die Kunst des Ackerbaus auf eine neue Stufe gehoben haben.

König Wen führte den Aufstand gegen Shang und eroberte mehrere Staaten. Sein Sohn, **König Wu,** beendete den Aufstand gegen Shang siegreich und etablierte die Dynastie der Zhou. Seine Hauptstadt gründete er in **Haojing,** nahe dem heutigen Xi'an. Chinesische Historiker nennen die Zeit von **1100 bis 771 v. Chr.** auch **Westliche**

Zhou, weil sich zu dieser Zeit die Hauptstadt im westlichen Teil des Zhou-Reiches befand. Das Zhou-Reich erstreckte sich entlang des Unterlaufes des Huanghe. Um das Reich verwalten zu können, vergab der Zhou-Kaiser Lehen an den Adel, die meist aus einer Art umwallter Stadtanlage mit umliegendem Akkerland bestanden. Eroberte Vasallenstaaten waren dem Herrscher von Zhou tributpflichtig.

Die Westliche Zhou verfestigte das System der patriarchalischen Hierarchie, der älteste Sohn erbte Titel und Eigentum seines Vaters. Die zentrale Vergabe von Lehen durch den Kaiser festigte die Stellung des Landadels, dessen Macht sich auf das Eigentum von Boden und Menschen gründete. Das Volk hatte auf den Lehen Fronarbeit zu verrichten. Die Arbeitsgeräte gehörten ihnen selbst, für ihren Lebensunterhalt hatten sie auf kleinen Privatparzellen selbst zu sorgen.

Im **8. Jhdt.** begann die Autorität des Kaisers zusehends zu zerfallen, die Macht der Fürsten und Lehnsherren stieg – begünstigt durch eine Schwäche des Hofes, der sich zudem von Fremdvölkern aus dem Norden bedrängt sah. **König Ping** verlegte daraufhin seine Hauptstadt nach **Luoyi,** dem heutigen Luoyang. Daher nennt man die **Zeit von 771 v. Chr. bis 221 v. Chr.** auch **Östliche Zhou.**

Im **6. Jhdt. v. Chr.** wurde das Eisen entdeckt und bearbeitet. Werkzeuge aus Eisen bewirkten einen sprunghaften Fortschritt in der Landwirtschaft, und Waffen aus Eisen verbesserten die Möglichkeiten der Kriegsführung. Städte entwikkeln sich, und bald waren Städte mit 10 000 Haushalten keine Seltenheit mehr. Die Landaristokratie machte sich selbständig und verweigerte dem Kaiser die Gefolgschaft. Früher war ihnen die Veräußerung der Lehen verboten, jetzt wurde auch der Boden zur käuflichen Ware, und es entstand eine Klasse von Gutsbesitzern, die ihren Landbesitz gegen eine Bodenrente an die Bauern verpachteten. Der Kaiser besaß somit nur noch seinen Titel, und es fehlten ihm sowohl die Gefolgsleute als auch eine Verwaltungsstruktur, die seine Autorität gestützt hätte.

Diese Lücke füllten die Gebildeten und Gelehrten, die sich aus dem ehemaligen Kriegerstand entwickelten. Die ersten Ansätze einer zentralisierten, bürokratischen Verwaltung, die von den Gelehrten besetzt wurde, machten sich sichtbar. Die Protektion der Fürsten gab dem Gelehrtenstand die materiellen Voraussetzungen und auch das soziale Prestige. Viele waren als Berater an den Höfen tätig. Andere gründeten Schulen, wie z. B. **Konfuzius** im Staat Lu, im heutigen Shandong gelegen.

Nach einer Chronik des Staates Lu nennt man die erste Periode der Östlichen Zhou auch **Frühlings- und Herbst-Periode (771–476).** Auch die nachfolgende Zeit ist nach einer historischen Chronik benannt: die **Zeit der Streitenden Reiche (476–221).**

Im Machtvakuum der Östlichen Zhou hatten sich mehrere Reiche herausgebildet, die untereinander um die Vorherrschaft kämpften. Das

Entstehen neuer sozialer Klassen der Bauern, der Handwerker und der Kaufleute förderte den Handel und den Austausch und drängte damit zu einer Vereinheitlichung des Reiches. Die Gelehrten lieferten hierzu die philosophischen Ideen und Systeme; der Konfuzianismus und der Daoismus entstanden in dieser Zeit und sollten noch für Jahrtausende Denken und Handeln der Menschen bestimmen.

Qin-Dynastie (221–206 v. Chr.)
Im Tal des Wei-Flusses hatte sich das Königreich Qin etabliert, das in kriegerischen Auseinandersetzungen mit sechs anderen Staaten – Han, Zhao, Wei, Chu, Yan und Qi – um die Hegemonie in China konkurrierte.

Im Jahre **246** war **Fürst Zheng** im Alter von dreizehn Jahren zum **König von Qin** geworden. Ihm gelang es, alle anderen Staaten zu unterwerfen. Seine Überlegenheit gründete sich dabei vor allem auf eine hoch entwickelte Kriegskunst, die gut ausgerüstete Infanterietruppen mit der hohen Beweglichkeit einer Kavallerie kombinierte. Das Reich der Qin reichte im Westen bis nach Gansu, wo es immer wieder zu Konfrontationen mit den nomadisierenden Stämmen aus der Steppe kam, deren Kriegstechnik zu Pferde der König von Qin übernahm.

221 v. Chr. gründete er den ersten zentralisierten, autokratischen Feudalstaat Chinas. Im Westen reichte dieser bis nach Gansu, im Norden bis nach Korea, im Südwesten und Süden bis nach Fujian und Vietnam. Seiner Dynastie gab er den Namen **Qin,** und sich selbst nannte er **Qin Shi Huang Di,** was soviel heißt wie „Erster Erhabener Kaiser von Qin". Tausend Jahre sollte seine Dynastie währen, und jeder nachfolgende Kaiser sollte seinen Namen übernehmen, mit fortlaufender Numerierung. So nannte sich später sein Sohn: **Qin Er Huang Di,** Zweiter Erhabener Kaiser von Qin.

Qin Shi Huang Di, der 1. Kaiser von China.

In seiner kurzen Regierungszeit verordnete Qin Shi Huang Di eine Reihe von Reformen zur Stützung der Zentralmacht und zum weiteren Bestand der Einheit des Reiches – Reformen die Jahrhunderte überdauerten und auch Grundlage für die Herrschaft späterer Dynastien waren.

Als erstes entmachtete er den Landadel, den er für die separatistischen Tendenzen verantwortlich machte. Die Adelsfamilien wurden zwangsumgesiedelt in seine Hauptstadt **Xianyang,** in der Nähe des heutigen Xi'an, wo sie der direkten Kontrolle des Hofes unterstanden. Andere wurden in die Grenzregionen verbannt oder zur Arbeit an der Großen Mauer zwangsrekrutiert.

Er schuf ein neues Verwaltungssystem; das Land wurde in 48 Kommandanturen eingeteilt; den Gouverneuren war ein Aufsichtsbeamter der kaiserlichen Zentralregierung beigeordnet.

Er vereinheitlichte die Maße und Gewichte, standardisierte sogar die Spurbreite der Transportwagen, schuf einen Kalender und vereinheitlichte die verschiedenen Schriften. All diese Reformen, vor allem auch die Einführung einer einheitlichen Währung, förderten den Handel und untergruben damit immer mehr die Machtstellung des alten Landadels.

Als Begründer des chinesischen Reiches hat Qin Shi Huang Di sich große Verdienste erworben, nichtsdestotrotz ging er als Tyrann in die Geschichtsbücher ein. Seine gewaltigen Vorhaben ließen sich nur durch Schreckensherrschaft und brutale Ausbeutung der Menschen verwirklichen.

Zum Schutz vor den kriegerischen Nomadenstämmen aus dem Norden ließ er die schon bestehenden Schutzmauern der früheren Reiche zu einer einheitlichen **Großen Mauer** zusammenfassen. Nahezu 300 000 Mann sollen an diesem Bauwerk tätig gewesen sein, durchweg Verbannte und Zwangsrekrutierte. 700 000 Bauarbeiter, Handwerker und Künstler waren über Jahrzehnte beschäftigt mit dem Bau von Palästen und seinem Mausoleum. Weitere Hunderttausende wurden eingesetzt, um große Überlandstraßen vom Zentrum aus bis in die entferntesten Grenzregionen zu bauen. Das Land war Privateigentum geworden, aber die besitzenden Bauern waren wegen der hohen Steuern gezwungen, ihr Land zu verkaufen. Die soziale Verelendung führte zu einem Widerstand, der sich explosiv und brutal entlud.

Zusätzlich hatte sich Qin Shi Huang Di die konfuzianischen Gelehrten zum Feind gemacht. Seine Berater waren Angehörige der Legalisten-Schule, die, im Gegensatz zu Konfuzius, den Menschen grundsätzlich für böse hielten und darauf eine Staatstheorie gründeten, in deren Zentrum eine starke, zentralisierte Staatsgewalt stand, die sich auf militärische Macht und ein rigides Strafsystem stützte.

213 v. Chr. ordnete Qin Shi Huang Di eine **große Bücherverbrennung** an – die erste in der Geschichte –, bei der alle konfuzianischen Schriften verbrannt wurden. Weil er die Konfuzianer wegen ihrer andersartigen Staatsauffassung und als Unterstützer des alten Landadels fürchten mußte, ließ er zur Abschreckung 400 von ihnen in der Hauptstadt öffentlich hinrichten. Somit hatte er fast alle sozialen Klassen des Reiches gegen sich aufgebracht. Diese versammelten sich nun um die Adelsfamilien der Han zum Widerstand. **Im Jahre 211** starb Qin Shi Huang Di während einer Inspektionsreise: die Macht legte er in die

Hände seines Sohnes, der als Zweiter Kaiser von Qin ein schwaches Regiment führte. **206 v. Chr.** wurde er von den Aufständischen unter Führung von **Liu Bang** besiegt und erhängt. Die Rebellen richteten in der Hauptstadt ein fürchterliches Massaker an. Paläste, Bibliotheken und das Mausoleum des Ersten Kaisers wurden in Brand gesteckt und die gesamte Herrscherfamilie ermordet. Das tausendjährige Reich des Qin Shi Huang Di überdauerte gerade 15 Jahre.

Han-Dynastie (206 v. Chr.–220 n. Chr.)

Liu Bang, ehemals ein kleiner Beamter, der vom Han-Adel zum Fürsten ernannt worden war, konnte die mächtigen Qin besiegen und ernannte sich selbst zum **Kaiser Gao Di** der Han-Dynastie. Seine Hauptstadt, das heutige Xi'an, trug den Namen **Chang'an** (Ewiger Friede).

Obwohl die Han im wesentlichen alle Reformen der Qin beibehielten und darauf ihre Macht stützten, waren sie doch gezwungen, den Bauern Erleichterungen zu verschaffen. Die verordneten Maßnahmen richteten sich vor allem gegen die Kaufleute, die durch Spektulationsgeschäfte die Marktpreise manipulierten und das Angebot verknappten.

Als Antwort darauf verbündeten sich diese mit separatistischen Kräften gegen die Zentralmacht. In der ersten Hälfte des **2. Jhdt. v. Chr.** gab es daher ständig Machtkämpfe und Konflikte, die erst Kaiser Jing Di beenden konnte. Unter seinem Nachfolger **Wu Di (140–87 v. Chr.)** erreichte die Han-Dynastie den Höhepunkt ihrer Macht. Unter Wu Di wurde der Konfuzianismus zur Staatsdoktrin und alle anderen Schulen verboten. **124 v. Chr.** wurden erstmals kaiserliche Prüfungen für die Gelehrten durchgeführt.

In den ersten Jahrzehnten der Han-Dynastie nahmen die Wirtschaft und der Handel einen raschen Aufschwung. Die Ausdehnung der Eisenproduktion förderte vor allem den Stand der Handwerker. Die Kaufleute konnten sich die bereits unter Kaiser Qin Shi Huang Di ausgebauten Verkehrswege, Straßen und Kanäle zunutze machen. Der florierende Handel verstärkte die Integration der einzelnen Regionen. Kaiser Wu Di hatte bereits in Fujian und Guangdong neue Präfekturen errichtet, und seine Nachfolger betrieben die Ausdehnung des Reiches nach Nordwesten. Dort, in der heutigen Provinz Xinjiang, herrschten die **Xiongnu** (Hunnen), ein kriegerisches Volk, das ständig die Nordgrenzen des Reiches bedrohte. Wu Di hatte die Erschließung dieser Regionen vorbereitet. Im Jahre **138 v. Chr.** sandte er **Zhang Qian** zu einer Expedition nach Westen. Im Bündnis mit anderen Völkern konnten die Xiongnu besiegt und die Handelswege nach Westen entlang der Seidenstraße geöffnet werden. Bereits in der Han-Dynastie gelangte auf diesem Weg die Seide nach Indien, Persien und bis in die großen Handelstädte des Römischen Reiches, das die Chinesen **Da Qin** (Großes Qin-Reich) nannten.

Unter den Nachfolgern Wu Dis zerfiel das Reich zusehends. Palastintrigen, an denen sich zunehmend die Kaiserinnen und die Konkubinen beteiligten, eine starke Konzentration des Eigentums an Boden und die hohe Steuerlast für die Bauern hatten die sozialen Konflikte so verschärft, daß es zu Bauernaufständen kam. Als dann etwa **30 v. Chr.** Naturkatastrophen die Lage drastisch verschlechterten, sah sich **Kaiser Wang Mang** zu einschneidenden Reformen veranlaßt: Alles Land sollte zukünftig dem Kaiser gehören, Privateigentum und Verkauf von Land wurden verboten. Kaiserliche Beamte sollten die Preise überwachen und die Bauern vor Wucherzinsen und überhöhten Steuern schützen. Salz- und Eisenproduktion wurden verstaatlicht und eine Währungsreform wurde durchgeführt. Doch sein Einschreiten kam zu spät. Unter der Führung einer Bande, die sich „Rote Augenbrauen“ nannte, eroberten Bauernheere die Hauptstadt, stürzten Wang Mang und beendeten damit die **Ära der Westlichen Han-Dynastie.**

Einem Landaristokraten aus dem Hause der Han, **Liu Xiu,** gelang es, den Bauernaufstand niederzuschlagen und die Han-Dynastie wieder zu etablieren.

Als **Kaiser Guang Wu Di** verlegte er seine Hauptstadt ins weiter östliche Luoyang, weshalb die Historiker dieser Periode den Namen **Östliche Han-Dynastie** gaben.

Er verteilte das Land neu unter die Bauern und befreite diejenigen, die sich aus Verzweiflung als Sklaven verkauft hatten, um zu überleben. Die verfallenen Bewässerungssysteme wurden repariert, und die Landwirtschaft nahm einen neuen Aufschwung. Durch **Cai Luns Erfindung des Papiers im Jahre 105 n. Chr.** und das **Aufkommen von Porzellanmanufakturen** bildeten sich vollkommen neue Handwerksberufe heraus. Guangzhou (Kanton) und Xuwen in der Provinz Guangdong wurden Häfen und Handelsplätze. Die Xiongnu, die die Handelswege nach Westen immer wieder bedroht hatten, wurden endgültig zerrieben, und neue Expeditionen nach Westen gesandt. Dem Beamten **Ban Chao** gelang es, zahlreiche Völker im Westen und Norden durch Tributverpflichtungen an den Kaiserhof zu binden. Einem anderen Emissär, **Gan Ying,** gelang es, bis zum Persischen Golf vorzudringen und Kontakte mit dem Römischen Reich herzustellen.

Die erfolgreiche Expansion nach Westen wurde mit einem Verlust an innerer Sicherheit teuer erkauft. Tributpflichtige Stämme in der Gegend von Gansu rebellierten gegen die chinesische Vorherrschaft. Sie blockierten die Seidenstraße und zwangen den Han einen **vierzigjährigen Krieg** auf.

Die Kriegslasten wurden wie immer auf den Rücken der Bauern geladen, aber selbst junge Gelehrte und Studenten lehnten sich gegen die Vetternwirtschaft am Hofe und die Übermacht der Eunuchen auf. **Im Jahre 184** kam es zu einem **nationalen Aufstand** unter Führung der **Gelben Turbane**, einem Geheimbund aus Sichuan.

Das zersplitterte Reich (220–589)

Der Aufstand der „Gelben Turbane“ hatte die Herrschaft der Han beendet. Der Kaiser konnte sich zwar noch einige Jahrzehnte halten, mußte aber **220 n. Chr.** abdanken. Das

Land war heruntergekommen, die Bevölkerung dezimiert; Bauern, die ihr Land verloren hatten, vagabundierten als Banden durch die Lande, und verfeindete Familien kämpften um die Herrschaft im Reich. Drei Feldherren, die diese Kämpfe überlebten, gründeten jeder ein Reich. Die chinesische Geschichtsschreibung nennt diese Periode von **220 bis 265** daher **die Zeit der Drei Reiche** (Sanguo). Im Tal des Huanghe (Gelber Fluß) gründete **Cao Cao** das **Königreich Wei** mit **Luoyang** als Hauptstadt, in **Chengdu** regierte **Liu Bei** über das **Reich Shu**, das in etwa dem heutigen Sichuan entsprach, und in **Nanjing** herrschte **Sun Quan** über das **Reich Wu**, zu dem die Regionen am Unterlauf des Yangzi gehörten.

Die Forderung nach Wiedererrichtung eines vereinigten Großreiches hatte sich die Adelsfamilie **Sima** auf ihre Fahnen geschrieben. Es gelang ihnen, zunächst Shu und Wei zu unterwerfen, woraufhin sie eine neue Dynastie ausriefen, die **Jin (265–316). 280** konnten sie sich auch das Wu-Reich unterwerfen, und die **Einheit des Reiches** schien wieder hergestellt. Doch die Macht der Jin stand auf tönernen Füßen. Ständige Übergriffe der Nordvölker, aber auch innere Rivalitäten, untergruben die Autorität der Jin-Herrscher. Im **4. Jahrhundert** eroberten mehrere Stämme die Nordregionen des Reiches und gründeten eigene Staaten. **311** hatten die **Xiongnu Luoyang** und **316** die alte Hauptstadt **Chang'an** erobert. Die Jin-Herrscher und mit ihnen viele Grundbesitzer, Adlige und Beamte flohen nach Süden und errichteten in **Nanjing** ihre Hauptstadt. Noch bis **420** konnten sie als **Östliche Jin-Dynastie** den Süden Chinas beherrschen.

Die Zeit von **304–439** wird **die Zeit der Sechzehn Königreiche** genannt. Zwischen den Nomadenvölkern, die den Norden Chinas annektiert hatten, kam es ständig zu Auseinandersetzungen und Kriegen, insgesamt sechzehn Königreiche hatten sich herausgebildet, denen aber allen eine nur kurzlebige Existenz beschieden war. Unter anderem beherrschten erstmals die **Tibeter** fast den gesamten Norden. Der Versuch, auch den Süden unter ihre Herrschaft zu zwingen, scheiterte allerdings. Die Herrschaft der Nomadenvölker über Nordchina hatte die Handelswege nach Westen wieder geöffnet, und über Turkestan drang der aus Indien kommende **Buddhismus** verstärkt nach Nordchina ein. Im **4. und 5. Jahrhundert** entstanden die großen buddhistischen Kultstätten in den Grotten von Dunhuang, Longmen bei Luoyang und Yungang in der Nähe von Datong. Der Konfuzianismus wurde zwar verdrängt, wohl aber umgaben sich viele Herrscher dieser Nordstaaten mit chinesischen Beamten, einige übernahmen sogar chinesische Namen, Kleidung und Gebräuche.

386 gelang es den **Toba,** den zersplitterten Norden zu erobern und ihre **Nördliche Wei-Dynastie** zu errichten. Als kriegerische Nomaden konnten sie sich vor allem auf ihre bewegliche und kampfstarke Kavallerie stützen. Ihre Hauptstadt hieß **Pingcheng**, das heutige Datong. Die Wei-Kaiser selbst betrieben ihre eigene Sinisierung: Sie umgaben sich mit chinesischen Beamten, gaben sich chinesische Namen und zwangen sogar ihre Frauen, in chinesische Adelsfamilien einzuheiraten; selbst das Benutzen ihrer eigenen Sprache wurde unter Strafe gestellt.

Zwischen **386 und 589** waren es insgesamt **neun Dynastien**, die sich die Herrschaft über China teilen mußten. Vier davon zählen zu den südlichen Dynastien, fünf etablierten sich in Nordchina.

Die Sui-Dynastie (581–618)

581 gelang es dem Han-Chinesen **Yang Jian,** der zuvor als Kanzler der Nördlichen Zhou-Dynastie den Toba gedient hatte, die Macht zu erobern und die Süd-Dynastien dem Reich wieder einzugliedern. Als **Kaiser Wen Di** regierte er in Chang'an. Er linderte die Not der Bauern, indem er die Zwangsarbeit verringerte und die Steuern senkte. Als Folge verbesserte sich die Situation in der Landwirtschaft und erstmals seit Jahrhunderten wuchs die Bevölkerung wieder an. Zur Förderung des Handels mußte er Reformen durchführen, die schon 800 Jahre zuvor Qin Shi Huang Di verordnet hatte: Einführung einer einheitlichen Währung, Standardisierung aller Maße und Gewichte. Sein Nachfolger **Yang Di** verkündete ein gewaltiges Aufbauprogramm. 2 Millionen Arbeiter mußten die verwüstete Stadt Luoyang wieder aufbauen, eine Million wurde zum Ausbau und zur Reparatur der Großen Mauer beordert, denn die Angst vor den nördlichen „Barbaren" saß verständlicherweise tief. Und er ordnete den Bau des Großen Kanals an, der die Stadt Beijing (damals Zhuojun) mit Hangzhou im Süden verbinden sollte.

Militärische Expedition sandte er nach Westen, wo Turkvölker die Grenze unsicher machten, und nach Korea, weil deren Herrscher den Tribut verweigerten. Die ersten Bauern begannen, gegen die neuerlichen Lasten zu rebellieren. Yang Di reagierte, ließ alle Waffen einsammeln und stellte deren Besitz unter strengste Strafe. Doch der Aufstand war nicht mehr zu stoppen. Gerade 27 Jahre überlebte die Sui-Dynastie. Dennoch ist ihre historische Bedeutung der der Qin-Dynastie gleichzusetzen. Nach fast 400 Jahre währenden Wirren und Zersplitterung gelang es den Sui, das Reich wieder zu einen und eine **Zentralgewalt** zu etablieren. Sie bereitete damit der **Tang-Dynastie** den Boden, in der die chinesische Kultur einen unvergleichlichen Aufschwung nahm.

Tang-Dynastie (618–907)

Li Yuan, unter dem letzten Sui-Kaiser Provinzgouverneur, setzte sich an die Spitze des Aufstands und übernahm den Thron, **618** begründete er in Chang'an als **Kaiser Gao Zu** die Tang-Dynastie, jedoch war es mehr sein Sohn **Li Shimin,** der die Herstellung der Reichseinheit durch Unterwerfungsfeldzüge betrieb. Er wurde als Nachfolger seines Vaters einer der mächtigsten Tang-Kaiser, **Tai Zong (627–649).** Unter seiner Herrschaft kam das Land durch wirtschaftlichen Aufschwung zu innerem Frieden. Eine neuerliche Landverteilung an die Bauern und die Verbesserung des Bewässerungssystems ließ die landwirtschaftlichen Erträge steigen. Der Staat gründete viele

Manufakturen, u. a. für Brokatseide, Teppichweberei, Färberei und metallverarbeitende Werkstätten. Kuriersysteme und Postkutschen förderten den Handel, und der **Große Kanal** wurde fertiggestellt. Die großen Städte wurden zu Handelsplätzen, religiösen und künstlerischen Zentren. **Chang'an** entwickelte sich zur **größten Stadt der Welt** mit über 1,5 Mio. Einwohnern. In dieser Stadt, am Beginn der Seidenstraße, trafen sich die Kaufleute aus Europa, aus Vorder- und aus Zentralasien. Fremde Religionen wie die der Nestorianer, der Islam, das Judentum und der Manichäismus drangen nach China ein und konnten dort Gemeinden bilden.

Die Tang-Kaiser unterwarfen sich wieder Turkestan, das heutige Xinjiang, und bauten in den Handelszentren und Karawansereien entlang der Seidenstraße ihre Garnisonen, so in Kuqa, Hotan und Kashi, dem früheren Kashgar, am Fuße des Pamir-Gebirges. Der **Seidenhandel** nach Westen **florierte** wie nie zuvor; in Chang'an wohnten zeitweilig vier- bis fünftausend ausländische Kaufleute.

Zur gleichen Zeit etablierte sich jedoch im Südwesten auf dem **Tibet/ Qinghai-Plateau** erstmals ein starkes Staatswesen unter dem tibetischen **König Srongtsan Gampo,** der versuchte, sein Reich auch nach Osten hin auszudehnen. Die Tang-Dynastie begegnete dieser Bedrohung mit einer geschickten Diplomatie, die schon zu Zeiten der Han-Dynastie bei der Befriedung nördlicher Stämme erfolgreich war: Sie boten dem tibetischen König eine Prinzessin zur Frau. Mit großem Stab und vielen Geschenken machte sich **Prinzessin Wen Cheng** auf den Weg nach Lhasa. Dieses Ereignis wird noch heute von den Chinesen bemüht, wenn sie die Zugehörigkeit Tibets zu China begründen.

Nach Nordosten hin dehnte sich die chinesische Kultur bis nach Korea und Japan aus. Unzählige japanische Mönche studierten in Chang'an. Diese sorgten auch dafür, daß in Japan die Stadt Kyoto exakt nach dem Muster Chang'ans erbaut wurde.

Erste Zerfallserscheinungen deuteten sich bereits unter dem Nachfolger Tai Zongs an. Wieder einmal waren es vor allem von Konkubinen angezettelte Palastintrigen, die die Macht des Kaiserhauses erschütterten. Der Konkubine **Wu Zhao** gelang es, nach dem Tode des **Kaisers Gao Zong** dessen Familie von der Macht auszuschalten und selbst den Kaisertitel zu erwerben. Als **einzige Kaiserin in der chinesischen Dynastiengeschichte** herrschte sie unter dem Namen **Wu Zetian** fast zwei Jahrzehnte über ein Reich, dessen Wertvorstellungen bereits seit mehr als tausend Jahren von den strengen Regeln des Patriarchats, die der große Philosoph Konfuzius begründet hatte, bestimmt waren. Da sie sich nicht auf die kaiserliche Familie und den Adel stützen konnte, benutzte sie vor allem den Buddhismus und die Kaste der Gelehrten, um ihre Macht auszubauen. Buddhistische Mönche verbreiteten, sie sei eine Inkarnation des Buddha Maitreya, des Buddhas also, der das kommende Weltzeitalter beherrschen sollte. Bei den Grotten von Longmen wurde eine 17 m hohe Buddhastatue errichtet, die die Gesichtszüge Wu Zetians tragen soll. Die kaiserlichen Examen wurden in größerem Umfang durchgeführt, um loyale Beamte im Regierungsapparat zu haben. Aber letztlich hatte sie doch dem Druck vieler Minister nachgeben müssen: sie trat den Thron an ihren Sohn ab. Doch dieser ließ sich abermals von einer Konkubine ausbooten, so daß erst **im Jahre 712** ein neuer Kaiser mit Autorität und Stärke regierte; **Xuan Zong.** Er knüpfte an die Blütezeit des **Kaisers Tai Zong** an. Zunächst sagte er der Verschwendungssucht am Hofe den Kampf an und beschnitt damit den Einfluß der Familien und der Konkubinen. Konsolidierung der Staatsfinanzen und Straffung der Verwaltung brachten die Wirtschaft wieder in Schwung. Einen Namen machte sich Xuan Zong allerdings als Förderer der Künste. Er holte Maler, Dichter, Sänger und Gelehrte an seinen Hof und betätigte sich selbst als Dichter und Komponist. Doch schließlich vernachlässigte auch er wegen seiner Liebe zu den Musen die Staatsgeschäfte. Eine entscheidende Rolle soll dabei wieder einmal eine Konkubine gespielt haben: **Yang Guifei.** Ihre Schönheit ist oft besungen worden, und noch heute ist Yang Guifei fast Synonym für außerordentliche Schönheit. Der Tang-Poet Bai Yuji schrieb: „Wenn sie sich umdreht, ihr Lächeln der hundert Entzückungen zeigend, verblassen alle Schönen der sechs Palasthöfe." Doch sie wußte ihre Schönheit einzusetzen und brachte völlig unfähige und inkompetente Angehörige in wichtige Posten, so z. B. ihren Neffen **Yang Guozhong,** der als ihr Günstling zum Kanzler avancierte.

Dies veranlaßte einen Konkurrenten zur Rebellion, in deren Verlauf Yang Guifei am Galgen endete.

An Lushan, ein Kommandeur aus Youzhou, nutzte die Schwäche des Palastes und marschierte in Chang'an ein. Kaiser Xuan Zong floh nach Sichuan. Mit Hilfe der **Uighuren** gelang es zwar, den Aufstand niederzuschlagen, doch Xuan Zong sah sich zum Rücktritt gezwungen.

Die Rebellion des An Lushan hatte das Land schwer erschüttert, sowohl wirtschaftlich als auch politisch. Wirtschaft und Handel lagen in den von dem Aufstand betroffenen Städten darnieder, und Provinzgouverneure und Militärs nutzten das politische Machtvakuum, um eigene Machtpositionen auszubauen. Sie führten keine Steuern mehr an den Hof ab, finanzierten daraus eigene Armeen, und einige von ihnen lösten sich vollkommen vom Kaiserhof.

Im Palast selbst herrschten inzwischen die Eunuchen. Sie ernannten die Beamten, beherrschten das Militär und hatten sogar soviel Einfluß, daß insgesamt acht von neun Nachfolgern des Xuan Zong auf Intervention der Eunuchen hin inthronisiert wurden.

Das Land wurde nun ständig von **Bauernrevolten** erschüttert. Als Sündenbock mußte der Buddhismus herhalten. Nachdem er in der Hochzeit der Tang-Dynastie wertvolle Impulse für Politik und Kunst gegeben hatte, wurde er nach und nach wieder von Daoismus und Konfuzianismus verdrängt. Kaiser Wu Zong erließ **845** ein Edikt, in dem er die Buddhisten für den Niedergang des Reiches verantwortlich machte; er beschuldigte sie der Ausbeutung und Verschwendung, der Arbeitsscheue und Sittenlosigkeit. Sein Edikt bewirkte die **schlimmste Buddhistenverfolgung** in **der chinesischen Geschichte.** Tempel und Klöster wurden niedergebrannt, die Mönche wurden versklavt oder zumindest wieder der Steuerpflicht unterworfen. Zehntausende flüchteten in die Provinz Sichuan.

Fünf Dynastien und Zehn Reiche (907–960)

Im Jahre **907** stürzte **Zhu Wen** die Herrschaft der Tang-Dynastie und gründete die **Spätere Liang (907–923).** In rascher Folge bildeten sich vier weitere Dynastien: **Spätere Tang (923–937), Spätere Qin (937–946), Spätere Han (947–950) und Spätere Zhou (951–960).** Durch ihre Namensgebung – alles Übernahmen alter Dynastiennamen – gaben sie zum Ausdruck, daß der Gedanke der Einheit des Reiches nach wie vor lebendig war und die Wiedervereinigung der zersplitterten Nation ihr politisches Ziel blieb. Diese fünf Dynastien beherrschten im wesentlichen aber nur das Gebiet um den Huanghe.

Zur selben Zeit existierten vor allem **im Süden 10 weitere Staaten,** die von Militärgouverneuren beherrscht wurden. Erst der letzten dieser Dynastien, den Zhou, gelang es, fast ganz Nordchina wieder zu einen und einige andere Regionen in Sichuan und in der Yangzi-Region zurückzuerobern.

Im Nordosten, in den heutigen Provinzen Liaoning und Jilin am Liao-Fluß, hatten die **mongolischen Khitan** ein starkes Reich gegründet, das mehr als zwei Jahrhunderte bestehen sollte. Sie eroberten Präfekturen in Shanxi und Nord-Hebei, machten **Yanjing** (das heutige Beijing) zu ihrer Hauptstadt und nannten ihre **Dynastie Liao.**

Als Ergebnis der seit dem Zerfall der Tang-Dynastie schon Jahrzehnte dauernden Kriege war **Nordchina verwüstet.** Es heißt, daß die Einwohner von Chang'an in die Berge geflüchtet waren und die Felder verödeten. Chang'an selbst war wie viele andere Städte auch nur noch eine Ruine; nur wenige Paläste und Gebäude hatten die Feuerstürme überstanden. In der alten Kaiserstadt sollen nur noch einige Hundert Haushalte übrig geblieben sein.

Die Herrscher der kurzlebigen Dynastien und der regionalen Staaten mußten sich zur Absicherung der Herrschaft nach innen und außen auf eine starke Militärmacht stützen, die sie nur durch verschärfte Ausbeutung der Bauern, höhere Steuern und immer mehr Zwangsarbeit finanzieren konnten.

Der Süden war weit weniger von Kriegen erschüttert, und so konnten sich in dieser Zeit einige mittel- und südchinesische Städte zu Metropolen entwickeln: Chengdu, Nanjing, Fuzhou, Hangzhou, Guangzhou und Changsha. Das wirtschaftliche und kulturelle Leben konzentrierte sich in den Städten – auf Kosten der Vernachlässigung des Landes.

Song-Dynastie (960–1279)

960 wurde erstmals ein General von seinen Offizieren zum Kaiser gewählt: **Zhao Kuangyin.** Ihm war es als General der Späteren Zhou gelungen, diesem Haus die Macht zu entreißen. Er begründete die **Song-Dynastie;** von seiner Hauptstadt **Kaifeng** aus betrieb er die **Wiedervereinigung des Reiches.** Nach und nach unterwarf er die Zehn Reiche im Süden Chinas, während er nach außen hin eine Politik der friedlichen Koexistenz betrieb. Im Nordosten herrschte immer noch die **Liao-Dynastie** der Khitan und westlich davon, am Unterlauf des Huanghe, lag der von Turkmenen und Tibetern bevölkerte **Xixia-Staat.** Durch umfangreiche Tributzahlungen – hauptsächlich in Form von Gold und Seide – versuchte Zhao Kuangyin, diese Nachbarreiche zu beschwichtigen.

Im Innern hatte er mit viel Geduld die Streitigkeiten um die rivalisierenden Adelsfamilien beseitigt und konnte sich somit voll auf die Wiederherstellung der inneren Ordnung konzentrieren. Die übermächtigen Militärs, deren separatistische Bestrebungen eine Ursache des Zerfalls der Tang-Dynastie waren, wurden schrittweise entmachtet und alle militärischen Angelegenheiten einer zivilen Kontrolle unterworfen. Am Hofe wurde ein **Geheimer Staatsrat** etabliert, auch die Finanzverwaltung wurde den regionalen Herrschern entzogen und der Zentralregierung unterstellt.

Zur Förderung der Landwirtschaft wurde das Bewässerungssystem erneuert und ausgebaut; die vagabundierenden Bauern wurden bei der Kultivierung von Neuland gefördert. Es gelang jedoch nicht, die starke Konzentration des Bodens in den Händen der Adligen, der Beamten, Gutsbesitzer und Kaufleute zu entflechten. Eine neu eingeführte Bodensteuer wußten sie meistens geschickt zu hinterziehen.

Die Industrie entwickelte sich jedoch rasch. Gold, Silber, Kupfer, Eisenerz und Zinn wurden gefördert; Kohle war als Brennstoff weitverbreitet und wurde auch zum Schmelzen von Eisen verwendet. Die Technik des Schiffsbaus machte große Fortschritte, der Kompaß wurde für die Navigation verwandt, und das Schießpulver war erfunden worden. Der bereits in der Tang-Dynastie entwickelte Buchdruck bekam neuen Auftrieb durch die Erfindung der beweglichen Lettern, fast 400 Jahre, bevor Gutenberg den Buchdruck in Europa erfand.

Unter der Herrschaft **Zhen Zhongs (998–1022)** wurde erstmals in großem Stile Papiergeld verwand, sogar Wechsel kursierten und waren als Geld akzeptiert.

Zur gleichen Zeit hatte sich jedoch die Lage der Bauern, vor allem wegen der ständig höheren Tributforderungen der Khitan und der **Westlichen Xia,** dramatisch verschlechtert. Hungersnöte befielen ganze Regionen, und zusätzlich zur Bedrohung von außen sahen sich die Song-Herrscher plötzlich wieder einer inneren Bedrohung gegenüber. Der sechste Song-Kaiser **Shen Zong** mußte somit einem umfangreichen Programm von Sozialreformen zustimmen, das sein erster Berater Wang Anshi vorgeschlagen hatte. Dazu gehörte eine Neuvermessung und Verteilung des Bodens, Staatsdarlehen zu niedrigen Zinsen für die Bauernschaft, Gesetze und administrative Maßnahmen zur Preiskontrolle, Besteuerung der Großgrundbesitzer. Mit diesem Reformprogramm sollte in erster Linie die Bauernschaft vor zu harter Ausbeutung geschützt werden, um Stabilität und Ordnung im Innern wiederherzustellen. Zur Stärkung des Militärs und der Verteidigungsbereitschaft wurde das Heer reorganisiert und mit neuen Waffen ausgestattet, dazu gehörte auch eine staatliche Pferdezucht für die Kavallerie. Nördlich des Gelben Flusses wurden zur Abwehr der Khitan und der Xia 36 Garnisonen errichtet.

Doch letztlich erwiesen sich all diese Maßnahmen als nutz- und erfolglos; die Chinesen konnten dem ständig anwachsenden Sturm der Nomadenvölker aus dem Norden auf die Dauer nicht widerstehen.

Die Khitan waren die ersten, die das chinesische Song-Reich ernsthaft bedroht hatten. Die Song-Herrscher mußten sich den Frieden an ihren Grenzen teuer erkaufen. Nach dem **Friedensvertrag von 1004** verpflichteten sie sich zu einem jährlichen Tribut von 100 000 Unzen Silber und 200 000 Ballen Seide.

Den Khitan folgten die **Nüzhen** (Dschurdschen). Sie kamen aus den Tälern des **Heilongjiang** und gründeten dort **1115** ihr **Königreich Jin.** Nur wenige Jahre später, **1126,** eroberten sie **Kaifeng,** die Hauptstadt des Song-Reiches, nachdem sie zuvor auch die Liao-Dynastie der Khitan unterworfen hatten. Das Land war somit wieder in zwei große Reiche zerfallen. Im Norden regierte die Jin-Dynastie der Nüzhen, während die Song-Herrscher sich in den Süden zurückgezogen hatten. Die folgende Periode in der chinesischen Dynastiengeschichte wird demnach **Südliche Song-Dynastie** genannt **(1127–1279).**

Doch auch diese Ära war geprägt durch den ständigen Kampf gegen die nördliche Jin-Dynastie der Nüzhen. Während die Song-Regierung bereit war, den Forderungen der Nüzhen nachzugeben, um sich damit den Frieden an den Nordgrenzen zu erkaufen, versammelten sich die kämpferischen Patrioten unter der Führung des Generals **Yue Fei.** Er leitete die Feldzüge gegen die Jin-Dynastie und war fest entschlossen, militärisch Widerstand zu leisten. Besiegt wurde er von eigenen Leuten, die ihn des Verrats bezichtigten und hinrichteten. Noch heute wird er verehrt, in Hangzhou besucht man noch heute seine Grabstätte, und er gilt in China als Synonym für den chinesischen Patriotismus. Hangzhou, damals **Linan,** diente den Song-Herrschern als Hauptstadt. Und in dieser Zeit entwickelten sich die Städte in der Nähe der Yangzi-Mündung und einige südchinesische Städte zu wichtigen Handelsplätzen. Neue Märkte blühten auf, und über die Küstenstädte im Süden entwickelte sich der Überseehandel.

Yuan-Dynastie (1271–1368)

Doch schon gegen **Ende des 12. Jhdts.** entstand eine neue Bedrohung im Norden, die nicht nur China sondern den gesamten asiatischen Kontinent und Europa heimsuchen sollte.

Porzellan-Vase aus der Yuan-Epoche.

Erstmals war es einem mongolischen Khan gelungen, durch Unterstützung vieler mongolischer und türkischer Völker ein mongolisches Großreich zu schaffen. **Dschingis Khan (1155–1227)** war ihr Großherrscher und leitete die **in der Geschichte der Menschheit vielleicht größte Expansion** ein.

Zwischen **1218 und 1253** eroberten die wegen ihrer Beweglichkeit und Grausamkeit gefürchteten Reiterhorden der **Mongolen** ganz Zentralasien, Rußland und einige osteuropäische Völker. Das Mongolenreich reichte schließlich von der Mandschurei bis nach Polen und Ungarn, von Sibirien bis nach Südchina und in den Persischen Golf.

1234 stürzten sie die den Norden Chinas beherrschende Jin-Dynastie.

46 Jahre lang bedrohten sie die Südliche Song-Dynastie. Bevor sie **1276** die Hauptstadt Linan (Hangzhou) eroberten, hatten sie das Land von Westen vollkommen eingekreist. Zunächst drangen sie über Qinghai nach Tibet, später nach Yunnan und Sichuan ein. Die Unterwerfung war das Werk **Kublai Khans,** eines Enkels des Dschingis Khan. Unter dem Namen **Shi Zu** wurde er **erster Kaiser der Yuan-Dynastie.** Das heutige **Beijing** hatte er zu seiner Hauptstadt erkoren; sie trug den Namen **Khanbalik** (Stadt des Khan) oder im Chinesischen **Dadu** (Große Hauptstadt). **1279 hatten die Mongolen** mit der Provinz Guangdong **China vollständig erobert.**

Die Zeit der Mongolenherrschaft war für die Chinesen nicht nur eine Periode der sozialen Unterdrückung. Die soziale Hierarchie wurde entlang der Volkszugehörigkeit neu errichtet. Die herrschende und privilegierte Klasse waren die Mongolen. Alles Land und aller Staatsbesitz wurden konfisziert und unter die mongolischen Adligen verteilt. Ihnen zur Seite standen Angehörige anderer Völker Zentralasiens, gefolgt von den nördlichen Han-Chinesen, die schon länger Kontakt mit den Mongolen hatten. Auf der untersten Stufe der sozialen Hierarchie wurden die Südchinesen angesiedelt, wohl weil sie bis zum Schluß Widerstand geleistet hatten. Alle Chinesen waren zunächst von hohen politischen und militärischen Ämtern ausgeschlossen. Unter der Aufsicht von Mongolen konnten sie bestenfalls lokale Ämter einnehmen; das Waffentragen und der Besitz von Waffen war ihnen generell untersagt. Das Reiterheer der Mongolen verschlang riesige Ressourcen, die die chinesischen Bauern bereitstellen mußten. In den wenigen Jahren der Mongolenherrschaft sollen insgesamt 700 000 Pferde konfisziert worden sein, daneben noch unzählige Boote und Transportkarren. Die Landenteignung und Verteilung unter die mongolischen Adligen und die lamaistischen Klöster führten zur raschen Verarmung der Bauernschaft, die darüber hinaus noch horrende Steuern zu zahlen hatte.

Die Religionspolitik der Mongolenherrscher war durchaus tolerant und liberal, obwohl sie dem tibetischen Buddhismus (Lamaismus) eine besondere Förderung angedeihen ließen. Aber auch der Islam, der Nestorianismus und andere Religionen konnten sich frei entwickeln, wodurch allerdings der Konfuzianismus und der Daoismus etwas in den Hintergrund gedrängt wurden.

Sehr bald mußten die Mongolenherrscher erkennen, daß ihre eigenen Erfahrungen, die sich ja bisher fast nur auf kriegerische Eroberungen beschränkten, zur Verwaltung eines solchen Großreiches nicht ausreichten. Ein chinesischer Mönch, der den Khans als Berater diente, soll damals in einem Memorandum formuliert haben: Man kann zu Pferde zwar ein Großreich erobern, aber man kann es vom Pferderücken aus nicht regieren.

So bedienten sich die Mongolen sehr bald der Verwaltungserfahrung der chinesischen Beamten und Gelehrten. In ihren eigenen Reihen machte sich jedoch nach dem Tode des Kublai Khan der Verfall bemerkbar. **Zwischen 1307 und 1333** hat es allein **acht Yuan-Kaiser** gegeben. Gewalttätige Auseinandersetzungen unter den Prinzen am Hofe und Putschversuche waren sehr schnell eher die Regel als die Ausnahme.

Unter Kublai Khan erlebten vor allem das Handwerk und der Außenhandel einen neuen Aufschwung. Die Landwirtschaft lag zwar sehr bald darnieder, aber Handwerk und Kunsthandwerk mußten für die mongolische Herrscherklasse die entsprechenden Konsum- und Luxusgüter herstellen. So erblühten vor allem die staatlichen und die privaten Manufakturen, die Gold, Silber, Eisen, Jade, Edelsteine und Porzellan zu Luxusartikeln verarbeiteten. Daneben mußte eine aufwendige Rüstungsindustrie betrieben werden.

Einen unvergleichlichen Aufschwung nahm der Außenhandel. Da die Mongolen alle Länder entlang der Seidenstraße unter ihre Kontrolle gebracht hatten, konnte der Handel auf diesen schon über 1 000 Jahre alten Verkehrswegen zwischen Europa und Asien ungehindert florieren.

1275 kam über diesen Weg der venetianische Kaufmann **Marco Polo,** begleitet von seinem Vater und seinem Onkel, nach Khanbalik. Fasziniert und begeistert von der Fremdartigkeit, aber auch der hohen Entwicklung der Kultur dieses Reiches, verbrachte er siebzehn Jahre in den Diensten des Khans und unternahm mehrere Reisen durch das

Land. Zuhause hielt man seine Erzählungen zunächst für Phantastereien und Spinnereien. Im Gefängnis hat er seine Reiseerlebnisse diktiert.

Vermittelt über den Handel, befruchteten sich Ost und West auch in kulturellen Dingen. Vorderasien und Europa lernten die Seide, das Porzellan, Papiergeld und auch das Schießpulver kennen, während die Mongolen Interesse an den im arabischen Raum hochentwickelten Wissenschaften der Astronomie und der Mathematik zeigten.

Der chinesische Aufstand gegen die Fremdherrschaft der Mongolen war langwierig und gewaltig. Soziale Not und die nationale Unterdrükkung und Diskriminierung gaben diesem Aufstand seine Kraft. Durch die rasche Verarmung der Bauern hatten sich überall im Lande Räuberbanden gebildet, die nicht selten ganze Landstriche unter ihrer Kontrolle hatten. Einer der besten Abenteuerromane Chinas „Die Räuber vom Liangshan-Moor", spielt in dieser Zeit. Die Widerständler aus der Schicht der Landbesitzer und Gelehrten hatten sich in unzähligen Geheimgesellschaften zusammengeschlossen. Zentrum des Aufstands war die dicht besiedelte Provinz Anhui. Hier war es dem Sohn eines Landarbeiters, dem Mönch **Zhu Yuanzhang,** gelungen, die Aufständischen unter seinem Kommando zu versammeln. Mit den Truppen der **Geheimgesellschaft Rote Turbane** gelang ihm nach und nach die Eroberung ganz Zentralchinas. **1368** fiel Khanbalik und damit die Yuan-Dynastie. Im selben Jahr rief Zhu Yuanzhang die **Ming-Dynastie** aus und ernannte sich selbst zum ersten Kaiser der Ming. Er war somit der erste und einzige „Bauernkaiser" Chinas.

Ming-Dynastie (1368–1644)

Zhu Yuanzhang erschien zunächst der Süden sicherer zu sein. Er legte seine Hauptstadt nach Nanjing und betrieb von dort aus die endgültige **Vertreibung der Mongolen.** Nach der Ausschaltung seiner Rivalen und der Hinrichtung einiger der Verschwörung bezichtigten Generäle konzentrierte er alle Macht in seinen Händen und schuf erstmals in China

ein streng absolutistisches System. Militärische und politische Angelegenheiten wurden verwaltungsmäßig streng getrennt. Es gab sechs Ministerien, die nur ihm allein und direkt verantwortlich waren. Das schon in der Han-Zeit eingerichtete und bis dato unveränderte Kanzleramt ließ er abschaffen, um die Politik wie auch das Militär persönlich kontrollieren zu können. Weil er den Gelehrten und Beamten wenig traute, wurden nach und nach immer mehr die Eunuchen, ursprünglich nur als Gesinde am Hofe, in die Regierungsangelegenheiten hineingezogen. In der Ming-Dynastie entwickelten sie sich unter den Nachfolgekaisern zu heimlichen Herrschern am Hofe, die mittels Geheimdossiers, Intrigen und Komplotten Einfluß auf die Politik nahmen, wobei sie auch vor Morden nicht zurückschreckten.

Der dritte Ming-Kaiser, **Cheng Zu,** der den legitimen Thronfolger ausgeschaltet hatte, verlegte die Hauptstadt des chinesischen Reiches als erster chinesischer Kaiser nach **Beijing.** Zuvor hatten nur die Stämme aus dem Norden, zuletzt die Mongolen, Beijing als Hauptstadt benutzt. Die alten Kaiserstädte Xi'an und Luoyang verloren ihre alte Vormachtstellung. Von Beijing aus hoffte **Kaiser Yongle** die Mongolen besser kontrollieren zu können; zur Abwehr ihrer Angriffe wurde die Große Mauer ausgebaut. **1407** wurde in Beijing mit dem Bau des Kaiserpalastes begonnen, der auf den Ruinen des zerstörten Khanbalik errichtet wurde.

Unter Kaiser Yongle erreichte das Ming-Reich den Höhepunkt seiner Macht, und auf den Weltmeeren zeigte sich **erstmals** eine **chinesische Flotte.** Unter dem Kommando des Eunuchen **Zheng He** segelte die Flotte zu mehreren Exkursionen in die Südsee und den Indischen Ozean. Dabei wurden **Handelsverbindungen** geknüpft, und die **ersten Chinesensiedlungen im Ausland** entstanden. Die Flotte erreichte sogar die Ostküste Afrikas. Wahrscheinlich aus Geldmangel wurde dieser Überseeverkehr später

wieder eingestellt. Die Angriffe der Mongolen währten bis ins 15. Jhdt. Der sechste Ming-Kaiser, **Zhengtong,** der sich persönlich an die Front begeben hatte, wurde von den Mongolen gefangengenommen und acht Jahre festgehalten.

Die Landwirtschaft profitierte von den Förderprogrammen des ersten Ming-Kaisers: Land-Kultivierung wurde subventioniert, die Bewässerung verbessert und erstmals in weiten Regionen Baumwolle angepflanzt. Die Steuern waren gesenkt und teilweise sogar Befreiungen von der Bodensteuer verordnet worden, das Saatgut konnte frei gehandelt werden. Gegen Ende der Dynastie hatte sich die Situation auf dem Lande allerdings wieder drastisch verschlechtert, Landkonzentration bei wenigen Gutsbesitzern, Abgabenerhöhung und die Einführung der Geldsteuer anstelle von Naturalabgaben führten zu Verschuldung der Bauern, und wie so oft in der chinesischen Geschichte deuteten die Bauernaufstände wieder das Ende einer Dynastie an.

Das Handwerk hatte einen neuen Aufschwung zu verzeichnen. Befreit aus der sklavischen Knebelung, konnte es auf Privatbasis wirtschaften, und in der Zeit der Mongolenherrschaft eingeführte Techniken aus westlichen Ländern verbesserten die Produktion. In den Druckereien in Bilin und Suzhou wurden bereits bewegliche Lettern aus Blei oder Holz verwandt. Guangdong und Fujian wurden zu Zentren des Schiffsbaus. Die Textilfabriken in Suzhou und Hangzhou waren im ganzen Land berühmt, und in den großen Porzellanfabriken in Jingdezhen in der Provinz Jiangsu wurde das später als Ming-Porzellan berühmte, mit blauem Dekor versehene Porzellan hergestellt.

Die Kaufleute hatten ihre eigenen Organisationen gegründet – als zunftähnliche Zusammenschlüsse, oder auch nur in Form von Herbergen, die den Kaufleuten einer Region auf ihren Reisen Unterkunft anboten. Zwischen den Kaufleuten und den Spinnern und Webern auf dem Lande bildeten sich die ersten kapitalistischen Marktbeziehungen heraus. Die Kaufleute versorgten die Spinner und Weber mit Ausrüstung und Rohstoffen und entlohnten diese in Geld.

Anfang des **16. Jhdts.** begann der **Überseehandel** mit europäischen Nationen. **1516** erreichten die ersten portugiesischen Schiffe Guangzhou (Kanton) und eröffneten einen ständigen Seeverkehr zwischen China und Europa, gefolgt von den Spaniern, den Holländern und den Engländern. Den Händlern folgten wieder die Missionare. Kamen sie in früheren Jahrhunderten noch über die Seidenstraße nach China, so führte ihr Weg jetzt über die Meere direkt an die Ostküste Chinas und damit ins Zentrum des Landes. Der Italiener **Matteo Ricci** wird oft als Begründer der katholischen Mission in China benannt. In den modernen Wissenschaften sehr bewandert, gelang es ihm als erstem Jesuiten, als Berater an den kaiserlichen Hof zu kommen. Ihm folgte als erster deutscher Jesuit **Adam**

Schall von Bell. Die Missionare blieben zwar mit ihrem eigentlichen Anliegen, der Verbreitung der christlichen Lehre, erfolglos, aber ihre wissenschaftlichen Kenntnisse nahmen die Chinesen gerne in Anspruch. Chinesische Wissenschaftler begannen sich mit in China bis dahin wenig entwickelten Disziplinen zu beschäftigen: Mathematik, Astronomie, dem Kalender, der Mechanik und der Physiologie.

Mit Mißtrauen begegneten die Konfuzianer diesen Missionaren aus dem Westen. Da diese den Ahnenkult der Chinesen als Götzenverehrung ablehnten und nur den einzigen, wahren Gott predigten, sahen die chinesischen Herrscher in dieser Lehre eine große Gefahr für den Staat.

Innerhalb der herrschenden Schicht waren es jedoch die Eunuchen am Hofe, die durch ständige Intrigen die kaiserliche Autorität untergruben. Zu Beginn des **17. Jhdts.** mußten die Steuern wieder drastisch angehoben werden, denn im Norden etablierte sich eine neue Großmacht: die Manzhu (Mandschu). Im Jahre **1628** brachen abermals große Bauernrevolten aus, die das Reich der Ming auch innerlich erschütterten.

Qing-Dynastie (1644–1911)

Die **Manzhu,** ein Stamm aus dem Volk der Nüzhen, die schon 500 Jahre zuvor in Nordchina die große Dynastie der Jin errichtet hatten, lebten im Nordosten Chinas auf dem Gebiet der heutigen Provinz Heilongjiang, dort, wo der Songhua und der Mudan zusammenfließen. Sie betrieben wie in früheren Zeiten Viehzucht, hatten aber auch schon den Ackerbau übernommen. Bereits **1580** war es ihrem Fürsten **Nurhaci** gelungen, andere Stämme zu unterwerfen, so daß er **1616** den Staat Jin, in Anlehnung an die alte Dynastie der Nüzhen, gründen konnte, und Nordchina unter seinen Einfluß bekam. In den darauf folgenden Jahren nahm er die Städte Liaoyang und Shenyang, eroberte die Mongolei und weitere Gebiete und Städte im Nordosten.

Mit Hilfe eines Generals der Ming-Armee gelang den Manzhu schließlich auch die Überwindung der Großen Mauer am Shanhaiguan-Pass, wo die Große Mauer bis an die Meeresküste reicht. Dem Manzhu-Prinzen **Fu Lin** gelang dann die Eroberung Beijings, woraufhin er sich als ersten Kaiser der **Qing-Dynastie** inthronisieren ließ und Beijing zu seiner Hauptstadt machte.

Der innere Zerfall der Ming-Dynastie drückte sich auch im Verhalten gegenüber den neuen Herrschern aus. Nicht wenige hohe Beamte und Gelehrte wie auch Militärs kollaborierten bereitwillig mit den neuen Manzhu-Herren, insbesondere Nordchinesen, denen die Manzhu ja keine Fremden mehr waren. Andere jedoch zogen sich immer weiter nach Süden zurück und lieferten den Qing-Truppen noch einige Jahrzehnte hindurch erbitterte Gefechte. Der Versuch, eine Südliche Ming-Dynastie zu etablieren, scheiterte an inneren Streitereien.

Bis zum Jahre **1683** sollte es dauern, bis die Qing das gesamte China, einschließlich der Insel Taiwan, erobern konnten. Den Höhepunkt ihrer Macht erreichten sie Mitte des **18. Jhdts.,** als sie mit über 11 Mio. qkm ein Territorium beherrschten, das weder zuvor noch danach jemals so groß war. Auch die Bevölkerung wuchs erstmals auf über 400 Mio. an.

Unter **Kaiser Qianlong** unterwarfen die Qing die Dsungarei und die Uighuren und faßten diese Gebiete unter dem Namen Xingjiang (Neue Territorien) zu einer Provinz zusammen.

Per kaiserlichem Dekret erneuerte man die Souveränität über Tibet, und zu dessen Verwaltung wurden Kommissare, sogenannte Ambane, nach Tibet geschickt. Die Unterwerfung Tibets war eingeleitet worden mit einer prolamaistischen Kampagne. Der 6. Dalai Lama war bereits **1652** mit großem Pomp in Beijing empfangen und von Qing-Truppen nach Tibet zurückgeleitet worden. 80 Jahre später ließ der **Kaiser Yong-Zheng** seinen früheren Prinzenpalast im Nordosten Beijings in ein lamaistisches Kloster umbauen, das man noch heute in Beijing besichtigen kann. Im Nordosten konnten die Qing ihr Territorium bis über den Heilong-Fluß (Amur) hinaus ans Ochotskische Meer ausdehnen. Benachbarte Staaten im Süden, Nepal, Burma und Vietnam, und einige andere mußten die Oberheit Chinas als stärkste asiatische Macht anerkennen.

Die letzten Jahre der 60-jährigen Regierungszeit Qianlongs waren von Mißwirtschaft und Korruption geprägt, und als sein Nachfolger Jia Qing den Thron bestieg, befand sich das Land schon wieder in Aufruhr. **1774** hatte **Wang Lun,** ein Bauernführer aus Shandong, die erste große Rebellion zustandegebracht. In kurzer Zeit folgten die Hui in Gansu, eine moslemische Minderheit, und das Miao-Volk in Hunan und Guizhou. Die Geheimgesellschaften bekamen neuen Zulauf und führten mehrere Bauernaufstände an; ihren Einfluß in Hebei, Sichuan und Shaanxi konnten sie verstärken. Diese Aufstände nahmen kein Ende, bis sie schließlich Mitte des **19. Jhdts.** zur großen **Taiping-Revolution** führten.

Für die Han-Chinesen war die Qing-Dynastie eine Zeit der Fremdherrschaft. Wie schon die Mongolen, setzten auch die Qing-Kaiser auf eine strenge Hierarchie entlang der nationalen Zugehörigkeit. Bestimmte einflußreiche Posten waren den Manzhu vorbehalten. Andere Verwaltungsposten konnten zwar von Han-Chinesen besetzt werden, diese bekamen jedoch einen mandschurischen Aufsichtsbeamten zur Seite gestellt. Landbesitz der Ming-Kaiser und der kaiserlichen Familie wurde ebenso wie der Besitz Han-chinesischer Adliger konfisziert und unter die Familien der Qing-Herrscher verteilt. In der Hauptstadt gab es eine Chinesenstadt südlich des Kaiserpalastes, während die nähere Umgebung des Palastes nur den Manzhu als Wohngebiet erlaubt war. In die Zeit der Qing-Herrscher fallen auch die Vorschriften, daß Chinesen und Manzhu untereinander nicht heiraten durften und die Männer zum Zeichen der Unterwerfung **Zöpfe** tragten mußten. Diese Diskriminierungen und das Auftreten als Herrenrasse förderten den nationalen Haß auf die Fremdherrscher.

Das ganze Land war der **strengen militärischen Kontrolle durch die Banner** unterworfen, streng hierarchisch gegliederte militärische Organisationen. Die Inneren Banner standen nur den Manzhu und Dschurdschen (Nüzhen) offen, in den Äußeren Bannern waren kollaborierende chinesische Truppen versammelt.

In der Staatsverwaltung führten die Qing-Kaiser den Absolutismus der Ming fort. Zentrales Gremium war der **Große Rat,** der unter der direkten Aufsicht des Kaisers alle politischen und militärischen Angelegenheiten entschied. Die Minister waren zu ausschließlich exekutiven Personen degradiert.

Den Konfuzianismus benutzten auch die Qing-Herrscher als Staatsdoktrin. Die kaiserlichen Prüfungen wurden aufgewertet und die sogenannten **Heiligen Eide** verkündet, die in knappen Merksprüchen das Verhalten jedes Bürgers zu Familie, Ahnen, Staat und Kaiser formulierten. Überall im ganzen Land wurden die Regeln ständig verlesen. Die ursprüngliche konfuzianische Ethik, die Treue, Gehorsam und Loyalität als große humanistische Tugend lehrte, war damit allerdings herabgewürdigt zu einer billigen Herrschaftslegitimation und zu einer Moral der widerspruchslosen Unterwerfung.

Was die Eunuchen der Ming-Zeit auf eigene Faust betrieben, nämlich die Bespitzelung und das Anlegen von Dossiers, machten die Qing-Herrscher ganz bewußt selbst; der Beamtenapparat wurde durch anonyme Spitzel überwacht, was letztlich jede Initiative aus Angst vor Verfolgung erstickte.

Die wirtschaftliche und kulturelle Blütezeit der Qing-Dynastie fiel in die Regierungszeit des **Kaisers Qianlong.** Nach wie vor war die wichtigste Grundlage des chinesischen Reiches die Landwirtschaft, daneben machten aber gerade in dieser Zeit Handwerk, Industrie und Handel ungeahnte Fortschritte. Gold, Silber, Kupfer, Zinn, Blei und Kohle wurden in vorher nie erreichten Mengen abgebaut. Allein in der Provinz Guangxi soll es einem Bericht zufolge mehr als 10 Bergwerke gegeben haben, von denen jedes über 10 000 Arbeiter beschäftigte. In Yunnan gab es 45 Bergwerke, die in staatlichem, aber auch schon in privatem Besitz waren.

Sichuan war das Zentrum der Salzgewinnung. In den Porzellanmanufakturen in Jiangxi, die bereits in der Ming-Zeit erstaunliche Mengen produzierten, schritt die Arbeitsteilung auf hohem Niveau voran. In Guangdong gab es große Teeaufbereitungs-Manufakturen, die mehr als 500 Arbeiter beschäftigten, darüber hinaus waren über 50 000 Menschen als Spinner und Weber in Lohn.

Größte ökonomische Macht besaßen vor allem die Salzhändler und die neu entstandenen Geldhäuser der Shanxi. Sie nahmen damals schon mehrere Aufgaben wahr, die auch heute noch zu den Tätigkeiten einer Bank gehören: Sie sammelten Einlagen, handelten mit Wechseln, vergaben Kredite und zogen im Auftrag des Staates auch Steuern ein.

Zu den beachtenswertesten Entwicklungen dieser Zeit gehört der

Aufschwung des Handels, insbesondere des Außen- und des Überseehandels.

Doch gerade dieser Aufschwung sollte das Ende der Qing-Dynastie einläuten und China in eine dunkle Periode seiner Geschichte hineinführen: in die der Demütigung und Unterwerfung unter verschiedene ausländische Mächte.

Die schon in der Ming-Zeit begonnenen Handelsbeziehungen mit Portugiesen, Holländern und Engländern erreichten nun eine neue Stufe – sowohl was den Umfang der Geschäfte anbetraf, als auch hinsichtlich der Aggressivität, mit der die europäischen Mächte in den chinesischen Markt vorzudringen suchten.

1685 eröffneten die Engländer in Guangzhou ein Handelsbüro, und über die Ostindische Kompanie begannen sie ihre geschäftlichen Aktivitäten zu erweitern. **1793** verlangten die Engländer erstmals vom kaiserlichen Hofe den Zugang zu anderen Häfen, wie Zhoushan, Ningbo und Tianjin im Norden, also schon vor den Toren Beijings. Die Qing-Herrscher, um den Bestand ihrer feudalen Herrschaft fürchtend, betrieben jedoch eine **Politik** des Protektionismus, **der Verschlossenen Tür,** und beschränkten die Handelserlaubnis zunächst auf den Hafen Guangzhou (Kanton).

Vor allem die Engländer konnten sich mit dieser Situation nicht abfinden; sie hofften, den riesigen chinesischen Markt für ihre billigen Manchesterstoffe zu erschließen und gleichzeitig den kostbaren Tee und die noch wertvollere Seide nach Europa zu bringen. Da sie diese Waren nicht in hartem Silber bezahlen wollten, begannen sie, sich im **Opiumhandel** zu engagieren. In dem zerrütteten Land gab es zahlreiche Abnehmer für das Rauschgift, und als Bezahlung akzeptierten sie bald nur noch harte Silberdollar. Der illegale Abfluß dieser Silberwährung brachte in kurzer Zeit den kaiserlichen Finanzhaushalt an den Rand des Bankrotts, und die Regierung sah sich zum Handeln gezwungen. Ein Teil der Regierung war zwar bereit, den englischen Forderungen nachzugeben, aber die Linie des patriotischen Widerstandes setzte sich zunächst durch. **1839** wurden in der Nähe von Guangzhou 1 000 t beschlagnahmten Opiums verbrannt.

Die Engländer reagierten mit militärischen Aggressionen: In kurzer Zeit besetzten sie die Häfen entlang der Südostküste und drangen von dort aus auch ins Landesinnere vor. Der Widerstand des Kaiserhauses war von nur kurzer Dauer. Am **29. August 1842** trat China im **Vertrag von Nanjing** Hongkong an die Briten ab, Guangzhou, Xiamen, Fuzhou, Ningbo und Shanghai wurden offene Häfen, und die Qing-Regierung mußte sich zur Zahlung von 21 Mio. Silberdollar Entschädigung verpflichten. Darüber hinaus wurde erstmals die Zollautonomie Chinas durchbrochen; alle Tarife mußten zukünftig mit den Engländern vereinbart werden. Zu guter Letzt sicherten sich die Briten noch die **Meistbegünstigungsklausel,** was bedeutete, daß alle Zugeständnisse, die anderen Regierungen gemacht wurden, gleichzeitig auch für die Briten galten.

In der Folge dieses Vertrages erzwangen auch andere Mächte ähnlich ungleiche Verträge, darunter Frankreich, Belgien, Norwegen, Schweden, die USA und später auch Deutschland.

Die Expansion der ausländischen Mächte beschränkte sich nicht auf die Küstenstädte. Bald verlangten sie Sonderrechte für die Yangzi-Schiffahrt; Kanonenboote sorgten für die nötige Erpressung. Der Opiumhandel nahm kein Ende, und das Eindringen billiger Massenware aus den europäischen Manufakturen zerstörte das dörfliche Handwerk Chinas und damit die Lebensgrundlage von Millionen Bauern.

Britannien nutzte einen Zwischenfall, um den **Zweiten Opiumkrieg (1856–1860)** zu beginnen, der mit weiteren ungleichen Verträgen endete. Zusätzliche Häfen und Binnenhäfen wurden dem freien Handel geöffnet, Ausländer verwalteten das chinesische Zollamt, und ausländische Kriegsschiffe durften chinesische Häfen anlaufen; sogar der Opiumhandel wurde legalisiert. **1860** waren französische und englische Truppen bis nach Beijing vorgedrungen und verwüsteten u. a. den Sommerpalast in Beijing. Der Kaiser floh nach Jehol (Chengde).

Nach den beiden Opiumkriegen war das einstmals große China, die größte Macht ganz Asiens, auf den Status eines verarmten, halbkolonialen Landes herabgesunken. Die ausländischen Mächte hatten gar kein Interesse an einem Sturz der Qing-Regierung, die sich zunehmend bereitwilliger den Forderungen der ausländischen Mächte beugte, schließlich mit Hilfe ausländischer Truppen sogar Aufstände im eigenen Lande niederschlug.

An den Rand des Zusammenbruchs wurde das Reich von den **Taiping-Rebellen** gedrängt. Unter der Last der erhöhten Steuern, die für die Entschädigungszahlungen an die ausländischen Mächte verwendet wurden, schlossen sich nicht nur Bauern, sondern auch Handwerker und Kaufleute in **Geheimgesellschaften** zusammen. Der allgemeine Aufruhr kulminierte schließlich in der das ganze Land erfassenden **Taiping-Rebellion,** deren Führer ein aus bäuerlichen Verhältnissen stammender Dorfschullehrer, **Hong Xiuquan,** aus der Provinz Guangdong war. Neben den Lehren der verschiedenen Geheimgesellschaften hatte ihn vor allem das von den Missionaren gepredigte Christentum beeindruckt. Im Namen Jesu Christi forderte er soziale Gerechtigkeit und Gleichheit aller Menschen. In nur wenigen Jahren wuchsen seine Streitkräfte von 10 000 Mann auf über 1 Million. Binnen drei Jahren hatten sie den halben Süden erobert und waren von der Provinz Guangxi bis nach Nanjing vorgedrungen, wo sie eine Regierung etablierten. Möglicherweise war es ein entscheidender Fehler, daß sie versäumten, auch die Hauptstadt Beijing einzunehmen. So hatte der Hof Zeit, Truppen zu mobilisieren, die gemeinsam mit den Truppen ausländischer Mächte die Rebellion niederschlugen. Zahllose Aufstände, vor allem auch unter den ethnischen Minderheiten, begleiteten oder folgten der Taiping-Rebellion.

Im **Chinesisch-Japanischen Krieg 1894–95** mußte China weitere Landverluste hinnehmen. Im **Ver-**

trag von Shimonoseki fielen die Liaodong-Halbinsel, die Penghu-Inseln und Taiwan an die Japaner, darüber hinaus erhielten diese die Erlaubnis, überall in den Hafenstädten eigene Industrien aufzubauen.

Über das Instrument der Meistbegünstigungsklausel fiel dieses Recht nun auch den meisten anderen Mächten zu; ein neues Wettrennen um Einflußsphären begann. Japan beanspruchte Taiwan, die Provinz Fujian, und hatte ein Auge auf den gesamten Nordosten geworfen, das russische Zarenreich reklamierte alle Gebiete nördlich der Großen Mauer für sich, Britannien konzentrierte sich auf die Yangzi-Region, das Wilhelminische Deutschland hatte Shandong erhalten, und die Franzosen stritten sich in den Südprovinzen Yunnan, Guangxi und Guangdong mit den Engländern.

Aber auch moderne Ideen und Wissenschaften kamen mit den Kanonenbooten und den Maschinen der ausländischen Mächte nach China, und unter **Kang Youwei** formierte sich die erste bürgerliche Reformbewegung Chinas, der es sogar gelang, Gehör bei dem jungen **Kaiser Guangxu** zu finden. Bei Kang Youwei, der immerhin auf eine Gefolgschaft von mehr als 1000 weiteren Gelehrten verweisen konnte, verbinden sich asiatische Gleichheits- und Gerechtigkeitsvorstellungen des Buddhismus und Konfuzianismus mit christlichen Vorstellungen des Abendlandes, aber auch mit neuen Erkenntnissen und Ideen der Naturwissenschaften zu einer neuen Gesellschaftsidee, in der alle Rassen- und Klassenschranken überwunden und Wohlstand, Frieden und Glück für alle Mitglieder der Gesellschaft erreicht sind.

Die eigentliche Reformperiode dauerte nur 103 Tage; in der Geschichte wird sie daher als **Reform der Hundert Tage** bezeichnet. Kaiser Guangxu hatte zwar eine Reihe von Forderungen der Reformer zum Gesetz erhoben, darunter die Einführung westlicher Schulen, die Gründung akademischer Gesellschaften, die freie Publikation von Zeitschriften und die Errichtung von Banken und Eisenbahngesellschaften, doch die Realisierung blieb diesen Reformen versagt. Die eigentliche politische und militärische Macht lag bei der **Kaiserinwitwe Ci Xi,** die einerseits hartnäckig an den feudalen Vorstellungen und Strukturen festhielt, auf der anderen Seite aber auch bereitwillig den Forderungen der ausländischen Mächte nachgab. Sie ließ den jungen Kaiser Guangxu festnehmen und hielt ihn jahrelang im Sommerpalast unter Hausarrest. Am **21. September 1898** ernannte sie sich selbst zur Regentin.

Die Unfähigkeit oder auch Unwilligkeit des Qing-Herrscherhauses zu der Durchführung von umfassenden Reformen, um der ständig wachsenden sozialen und politischen Probleme Herr zu werden, besiegelte das schnelle Ende der dynastischen Herrschaft in China. Der Unmut im Volke über die nachgiebige Haltung der Kaiserinwitwe Ci Xi gegenüber den Ausländern entlud sich in wachsendem Fremdenhaß und schließlich in der **Yi He Tuan-Bewegung,** die von den Europäern **Boxerbewegung** genannt wurde, weil ihre Mitglieder sich in chinesischen Kampfsportarten, dem chinesischen Boxen, übten. Der Aufstand nahm seinen Anfang in der Provinz Shandong und griff sehr schnell auf Tianjin und Beijing über. Die Ermordung des deutschen Gesandten und eines japanischen Legationssekretärs provozierte das militärische Eingreifen und die brutale Niederschlagung des Aufstands durch ausländische Truppen. Das der Regierung aufgezwungene **Friedensprotokoll von 1901**, das China zu weiteren 450 Mio. Silberdollar an Entschädigungszahlungen verpflichtete, trug sicherlich nicht zur Befriedung bei, eher förderte es die um sich greifende antiimperialistische Bewegung und trug zum raschen Verfall der Qing-Dynastie bei. Nach dem Tode des Kaisers Guangxu war es der Kaiserinwitwe Ci Xi kurz vor ihrem Tode noch gelungen, den dreijährigen **Pu Yi** auf den Thron zu bringen. **1909** auf den Thron gekommen, mußte er schon zwei Jahre später wieder abdanken. Die republikanische Revolution hatte gesiegt.

Die Republik und die Zeit der revolutionären Bürgerkriege (1911–1949)

Die republikanische Idee hatte ihre Anhänger zunächst nur in westlich orientierten Zirkeln der Intelligenz. Ihr Zentrum war Tokio, wo viele junge chinesische Intellektuelle zum Studium weilten – unter ihnen **Sun Yatsen** (1866–1925), ein junger Mediziner, der in Macao geboren war, in Hongkong studiert hatte, abwechselnd sowohl in Hongkong als auch in Honolulu lebte und praktizierte, bis er sich entschloß, der revolutionären Bewegung beizutreten und nach Tokio ging. Dort wurde er sehr bald zum Führer der **Revolutionären Liga Chinas** gewählt, die sich u. a. an den Ideen der französischen Revolution orientierte. Sturz der Manzhu-Dynastie, Gründung einer demokratischen Republik und gleiche Landverteilung waren ihre Ziele. Er selbst formulierte die **Drei Volksprinzipien: Nationalismus, Demokratie und Wohlstand.**

Zwischen **1906** und **1911** initiierte er mehrere Aufstände in Guangdong, die aber alle erfolglos blieben. Trotzdem bekam die republikanische Bewegung sehr schnell Zulauf, nicht nur von Arbeitern, Bauern und Intellektuellen; auch Soldaten der Qing-Armeen schlossen sich der Bewe-

Dr. Sun Yatsen (1866–1925), erster Präsident der Republik.

gung an, und weitsichtige Politiker der kaiserlichen Regierung verhielten sich bereits vorsichtig und standen den möglichen neuen Herrschern abwartend gegenüber.

Den **Untergang der Dynastie** provozierte die Qing-Regierung selbst. Der Unmut über den Ausverkauf chinesischer Ressourcen war bereits groß genug, entlud sich aber vollends, als die kaiserliche Regierung einen Plan zur Verstaatlichung aller Eisenbahnlinien vorlegte, den sie mit ausländischen Anleihen finanzieren wollte. Da diese Gesellschaften eine wichtige Einnahmequelle der Provinzen bedeuteten, verweigerten diese in einer konzertierten Aktion die Gefolgschaft. Binnen kurzer Zeit hatten mehr als 15 Provinzen ihre Loyalität zum Kaiser aufgekündigt und provisorische Revolutionsregierungen gebildet. Ihre Delegierten trafen sich in Nanjing und wählten dort **Dr. Sun Yatsen zum ersten Präsidenten der Republik China.**

Die junge Republik besaß jedoch noch keinerlei Machtinstrumente, auch keine Armee. Zum mächtigsten Mann im Lande hatte sich schon seit einiger Zeit der Kommandeur der Nordarmee, **Yuan Shikai,** entwickelt; dadurch hatte er auch das Kaiserhaus in der Hand. Yuan erzwang die Abdankung des Kaisers und akzeptierte das Angebot Sun Yatsens, die Präsidentschaft der Republik zu übernehmen.

Eine mehr als zweitausend Jahre alte Monarchie war gestürzt, die alten Zöpfe fielen – und dies im wahrsten Sinne des Wortes: Im ganzen Land schnitten die Chinesen sich die verordneten Zöpfe ab und demonstrierten damit die Befreiung von der Fremdherrschaft.

Die Republik war allerdings nicht lebensfähig, zu schnell war dieser Wandel gekommen, und eine zweitausendjährige Kultur und Tradition ließ sich nicht in einigen Jahren umwälzen.

Yuan Shikai, der Präsident der Republik, entschied sich für die Wiedereinführung der Monarchie und beabsichtigte, sich selbst zum Kaiser zu ernennen.

Sein früher Tod im Jahre **1916** verhinderte diesen Plan. Im Norden fiel die Macht an rivalisierende Militärmachthaber, die das Land in anhaltende Bürgerkriege stürzten. Sun Yatsen, der zwischenzeitlich nach Japan geflohen war, gründete später im Süden Chinas eine eigene Republik. Er opponierte gegen die feudalen Militärmachthaber und sammelte den Widerstand in der Nationalen Volkspartei, der **Guomindang.**

Der Einfluß der ausländischen Mächte blieb, von einer kurzen Unterbrechung während des ersten Weltkrieges einmal abgesehen, ungebrochen. Der **Versailler Vertrag,** in dem Deutschland als Verlierer des Weltkrieges die Gebiete in Shandong an die Japaner abgeben mußte, erzeugte in China eine Welle des antiimperialistischen Protestes unter den Studenten, der im ganzen Land große Symphatie genoß. Sie verlangten die Rückgabe dieser Gebiete an China. Diese in China als 4. Mai-Bewegung bekannte Revolution brachte eine radikale Neuorientierung unter der jungen Intelligenz, die ihre gedanklichen Anregungen jetzt auch aus der in Rußland siegreichen Oktoberrevolution bezog. In der Beijinger Universität gründeten sich die ersten **marxistischen Zirkel,** zu denen auch schon der junge **Mao Zedong** zählte. **1921** trafen sich dreizehn kommunistische Delegierte in Shanghai, die gerade 50 Mitglieder vertraten, zum Gründungskongreß der Kommunistischen Partei Chinas. Inspiriert von den proletarischen Revolutionen in Europa und hoffend auf die wachsende Arbeiterklasse Chinas, konzentrierten sie ihre Aktivitäten zunächst auf die Städte. Alle versuchten Aufstände wurden jedoch niedergeschlagen und mußten mit großen Opfern bezahlt werden. Eine erste pragmatische Umorientierung, die sich an den politischen Realitäten Chinas orientierte, wurde schon **1923** vorgenommen. Man beschloß die Zusammenarbeit mit der Guomindang unter Sun Yatsen und dessen Schwager **Tschiang Kai-shek,** um zunächst die Militärmachthaber im Norden zu besiegen. Kommunisten und Nationalisten gründeten eine gemeinsame Militärakademie zur Ausbildung von Offizieren; einer der stellvertretenden Direktoren war **Zhou Enlai.** Viele Kommunisten waren gleichzeitig Mitglied der Guomindang. Dem neuen Oberkommandierenden der Nationalen Volksarmee, Tschiang Kai-shek gelang schließlich der Sieg über die abtrünnigen Nordarmeen, und es gelang ihm, das Reich unter seiner Führung zu einigen. **Nanjing** wurde Sitz der neuen republikanischen Regierung. Zuvor, bereits **1911,** hatten sich allerdings das unter englischen Einfluß geratene Tibet und die von Rußland bedrängte Mongolei vom Reich losgesagt, so daß das Territorium der

Mao Zedong (1893–1976), Gründer der Volksrepublik China

neuen Republik wesentlich kleiner war als das der Qing-Dynastie.

Nach seinem Sieg wandte sich Tschiang Kai-shek gegen die Kommunisten, und **es kam zu schweren Massakern** in den Städten, insbesondere in Shanghai, wo Kommunisten, Arbeiter und Intellektuelle öffentlich enthauptet wurden.

Trotz vieler Widerstände und immer wieder aufflackernder Kriege gelang es Tschiang, eine funktionierende Verwaltung aufzubauen, ein neues Rechtssystem nach europäischem Vorbild zu etablieren und die Wirtschaft zu fördern. Seine Hinwendung zur Hochfinanz, symbolisiert durch seine Heirat mit der Tochter eines einflußreichen Bankiers, und die Suche nach ausländischer Unter-

stützung gegen die Kommunisten, zeichneten den inneren Bruch der Republik voraus. Insbesondere die unterbliebene Landreform ermöglichte den Kommunisten einen ständig wachsenden Einfluß bei der Landbevölkerung, die immerhin mehr als 80% der Gesamtbevölkerung ausmachte.
Um den ständigen Verfolgungen und Vernichtungsfeldzügen durch die Guomindang auszuweichen, begaben sich die Kommunisten auf den legendären **Langen Marsch. Mehr als 12 000 km legte die Rote Armee auf ihrem Weg durch 11 Provinzen zurück.** Die Verluste an Menschen und Material waren unvorstellbar groß, doch das Ansehen und der Einfluß der Kommunisten wuchsen von Tag zu Tag. Überall im Lande entstanden **revolutionäre Basen,** die unter kommunistischer Verwaltung standen und viele Kleinstaaten im Staate darstellten. Als Ergebnis des Langen Marsches ist auch festzuhalten, daß Mao Zedong sich endgültig gegen die dogmatische Linie derer durchsetzte, die immer noch das Konzept der Arbeiteraufstände verfolgten. **Für Mao Zedong wurden die Bauern zur wichtigsten Kraft in der chinesischen Revolution und der bewaffnete Guerillakampf zur allgemeinen Taktik des militärischen Kampfes.** In **Yan'an,** dem Endpunkt des Langen Marsches, wo die Kommunisten ein neues revolutionäres Stützpunktgebiet gründeten, bekamen sie ständigen Zulauf, vor allem von Intellektuellen aus den Städten.

Während der chinesischen Bürgerkriege hatten die **Japaner** Schritt um Schritt ihren Einfluß in China ausgebaut und immer mehr Territorium an sich gerissen. **1931** hatten sie **Mukden** (Shenyang) und weite Gebiete des gesamten Nordostens erobert. Ein Jahr später gründeten die Japaner den Marionettenstaat **Manzhuguo** (die Mandschurei) und ernannten den letzten Qing-Kaiser **Pu Yi** zum Kaiser und Staatsoberhaupt. **1932** überfielen sie Shanghai und eroberten weitere Gebiete im Norden. Ein von Japanern inszenierter Zwischenfall an der Marco-Polo-Brücke bei Beijing im Jahre **1937** führte zum Chinesisch-Japanischen Krieg.

Ein Jahr zuvor hatten zwei Generäle vom linken Flügel der Guomindang ihren Parteiführer Tschiang Kai-shek festgesetzt und zu Verhandlungen mit den Kommunisten gezwungen. Diese befürworteten schon seit längerem eine Nationale Einheitsfront gegen die Japaner. Nach den Verhandlungen mit Tschiang unterstellten sie große Teile der Roten Armee einem gemeinsamen Kommando und verzichteten zeitweise auf Durchführung ihres revolutionären Programms.

Das Land war durch den Bürgerkrieg und die Invasion der Japaner vollkommen zerrissen. Vier Hauptstädte beherbergten die rivalisierenden Machtgruppen: in Mukden (Shenyang) regierte der letzte Qing-Kaiser Pu Yi den von Japan abhängigen Staat Mandschurei; in Nanjing bildete ein Guomindang-Führer eine weitere Marionettenregierung Japans, Tschiang Kai-shek mußte sich vor den Japanern nach Chongqing zurückziehen und in Yan'an saß Mao Zedong.

Eine entscheidende Wende trat erst mit der Bindung der japanischen Kräfte in den großen Seeschlachten im Pazifik ein: den vereinten chinesischen Armeen gelang es trotz immer wieder aufflackernder interner Auseinandersetzungen, die Japaner aus dem Land zu drängen. Mit der **Kapitulation** der Japaner am Ende des **II. Weltkrieges** zerbrach auch das Bündnis der chinesischen Parteien, der dritte große **Bürgerkrieg** flammte auf. Die Kommunisten, die schon die Hauptlast des antijapanischen Krieges getragen hatten, obwohl die materielle Hilfe des Auslands, insbesondere die Waffenlieferungen, fast ausschließlich der Guomindang zugeflossen waren, marschierten relativ ungehindert von der Mandschurei in südlicher Richtung bis zum Yangzi-Fluß, wo die Guomindang eine entscheidende Schlacht verlor. **Tschiang Kaishek floh** daraufhin mit dem Rest seiner Armee und etwa 2 Mio. Chinesen **auf die Insel Taiwan.** Unter dem Schutz der **USA** rief er dort am **1. März 1950 die Republik China** aus. Ein halbes Jahr zuvor hatte Mao Zedong vom Tor des Himmlischen Friedens vor dem Kaiserpalast aus, die **Gründung der Volksrepublik China** verkündet, **am 1. Oktober 1949.**

Entscheidend für den Sieg der Roten Armee war in erster Linie, daß sie **als einzige chinesische Partei** ein überzeugendes **Programm für die Landreform** vorlegen konnte, das die Abschaffung der feudalen Verhältnisse und jedem Bauer Land versprach. Darüberhinaus hatten sich die Rotarmisten, ganz im Gegensatz zu den Guomindang-Soldaten, durch **strenge Disziplin, Uneigennützigkeit, Hilfsbereitschaft und Idealismus** das Vertrauen der Bevölkerung erworben. In dieser Hinsicht **unterschied sich die Rote Armee tatsächlich von allen anderen Armeen,** die fast die gesamte erste Hälfte des 20. Jhdts. China mit Krieg überzogen hatten.

Die Volksrepublik China (1949–1984)

Eine der ersten Aufgaben der jungen Volksrepublik war die Landreform, schließlich waren nun etwa eine **halbe Milliarde Menschen** zu ernähren, darüberhinaus waren die Schäden jahrzehntelanger Kriege und Katastrophen zu überwinden. Aller Grundbesitz wurde nun enteignet und verstaatlicht. In der Enteignungskampagne wurden Hunderttausende, vielleicht auch mehr, Grundbesitzer vor **Volkstribunalen** angeklagt und die meisten zum Tode verurteilt.

Das konfiszierte Land wurde unter die Bauern verteilt, und zunächst konnte jeder privat wirtschaften. In Fragen der Landwirtschaft kannten die kommunistischen Funktionäre sich aus, hatten sie doch schon viele Jahre zuvor, in den revolutionären Stützpunktgebieten, sich mit Fragen der Landwirtschaft und auch der wirtschaftlichen und politischen Organisation beschäftigen müssen. Weitaus schwieriger war es da schon in Angelegenheiten der Industrie. Hier versuchte man zunächst eine Politik der sogenannten **Neuen Demokratie,** ein von Mao Zedong formuliertes **Klassenbündnis zwi-**

schen Arbeitern, Bauern und nationalen Kapitalisten, solchen also, die nicht mit ausländischen Imperialisten zusammengearbeitet hatten. Diese durften sowohl ihre Fabriken als auch deren Leitung behalten.
Auf der Grundlage dieser Politik gelang es relativ gut, die ersten Jahre mit ansehnlichen wirtschaftlichen Erfolgen zu überstehen.

1954 trat der erste Fünfjahresplan in Kraft und damit auch eine **Übernahme sowjetisch-stalinistischer Wirtschaftspolitik.** Schwerpunktmäßige Förderung der Schwerindustrie war zentrales Ziel dieses Plans, Ergebnis einer sozialistischen Utopie, die sich in Tonnen von Stahl messen ließ, und bezahlen mußten diese Politik die Bauern. Ihr Lebensstandard stagnierte oder ging in gewissen Zeiten sogar zurück.

Ersten Unmutsäußerungen der Bauern begegnete man mit einer beschleunigten Kollektivierung. Zunächst hatte man schon **1953** die Bauern angeregt, sich in Gruppen zu gegenseitiger Hilfe zusammenzuschließen, Eigentumsverhältnisse blieben dabei unberührt. Sehr schnell ging man aber dann zur allgemeinen Kollektivierung über, landwirtschaftliche **Produktionsgenossenschaften** wurden gegründet, und schon wenige Jahre später, **1958,** entstanden die ersten **Volkskommunen,** die nach einem positiven Votum Mao Zedongs dann im ganzen Land eingeführt wurden. Zur damaligen Zeit erschien den Chinesen die Volkskommune als die höchste Stufe der Kollektivierung und als Eintritt in die kommunistische Gesellschaft. Das wirtschaftliche Ergebnis war allerdings weniger begeisternd, es war eher katastrophal. Die sich in den Kommunen entwickelnde Bürokratie erstickte jede Initiative der Bauern.
Schon **1957** hatte man den **Großen Sprung** begonnen, eine der ersten großen Massenbewegungen, mit denen man die Initiative der Massen anstacheln wollte. Tausende und Hunderttausende wurden zu großen Arbeitsprojekten zusammengefaßt, und eine bis dato einzigartige **Propagandawelle** überschwemmte das Land.

In der Industrie war bis **1957** die Verstaatlichung aller privaten Wirtschaftsunternehmen abgeschlossen. Vielerorts durften die früheren Besitzer das Management ihrer früheren Betriebe weiterführen, auch geschah die Enteignung gegen eine finanzielle Entschädigung in Form einer Jahresrente.

Mitte der fünziger Jahre bekam die Kommunistische Partei auch erstmals größeren Ärger mit den Intellektuellen. In der von Mao angeregten Kampagne **Laßt hundert Blumen blühen** äußerten sich nicht wenige äußerst kritisch zur Politik der Partei. Als einige dann begannen, die Führungsrolle der Partei überhaupt in Frage zu stellen und ein **demokratisch-parlamentarisches System** mit mehreren Parteien forderten, drehte die Partei den Spieß um. Was als vermeintliche Demokratisierung und Liberalisierung begonnen hatte, endete in brutalen Repressionen. Viele der damals Verurteilten und Verfolgten sind erst Ende der siebziger Jahre rehabilitiert worden.

Das Scheitern dieser Bewegung – wie auch die katastrophalen Folgen

des „Großen Sprungs“ und der Volkskommunebewegung – hatten Maos Führungsposition innerhalb der Partei ins Wanken gebracht. Mao, der **1954,** nach Verabschiedung der ersten Verfassung der Volksrepublik China, zu deren erstem Staatspräsidenten gewählt worden war, mußte diesen Posten **1959** an **Liu Shaoqi** abgeben, seinen großen Widersacher, der als Verfechter eines pragmatischen Kurses galt. Schon **1956** hatten die Technokraten und Bürokraten in der Partei versucht, den Rebellen Mao aus der täglichen Politik zu verdrängen.

Außenpolitisch hatte die Volksrepublik China in den ersten Jahren Erfolge zu verzeichnen. **Tibet, Xinjiang** und die **Innere Mongolei,** die nach dem Sturz der Qing-Dynastie nur noch in loser Verbindung zum Reich bzw. zur Republik gestanden hatten, wurden zurückgewonnen und als **autonome Regionen** der Volksrepublik eingegliedert. Die **Mandschurei,** kurz vor Kriegsende von der Sowjetunion besetzt, war zurückgegeben worden, und auch in **Yunnan,** Einflußgebiet der Franzosen, marschierte die Rote Armee ein. Innerhalb der Dritten Welt konnte China zunehmend mehr Einfluß geltend machen.

Doch schon Ende der fünfziger Jahre bahnte sich ein neuer großer Konflikt an, der die Außenpolitik Chinas zwei Jahrzehnte lang dominieren sollte: der **Bruch mit der Sowjetunion.** Am **22. April 1960** veröffentlichten die Chinesen zum 90. Geburtstag Lenins eine Streitschrift, die der Welt den Konflikt offenkundig machte. Was in den folgenden Jahren als ideologischer Konflikt ausgetragen wird, ist letztlich doch eine harte politische Auseinandersetzung um die Führungsrolle im Lager der internationalen kommunistischen Bewegung. Beide bezichtigen sich gegenseitig des Verrats an den Lehren Lenins und den Zielen der proletarischen Revolution. Zuvor hatte die **Sowjetunion** China den Zugang zur Atombombe verweigert und nun zog sie auch all ihre Experten ab und **stellte jegliche Wirtschaftshilfe ein.**

Die Mitte der sechziger Jahre ausbrechende **Große Proletarische Kulturrevolution** ist sowohl eine Folge des ideologischen Konflikts mit der Sowjetunion als auch unausweichliche Konsequenz der innerparteilichen Fraktionierungen.

Mao Zedong, der gegenüber den Pragmatikern Liu Shaoqi und Deng Xiaoping zunehmend an Einfluß in der Partei verloren hatte, bezichtigte diese des Revisionismus, das meinte die Absicht, in China den Kapitalismus wieder einzuführen, und entfachte eine **Massenbewegung der Rotgardisten** gegen das vermeintliche „bürgerliche Hauptquartier“.

Die Revolution geriet schnell außer Kontrolle, überall im Lande brachen bewaffnete Auseinandersetzungen aus. Unzählige Politiker und vor allem Intellektuelle verschwanden in Gefängnissen, wurden aufs Land verbannt oder schlimmstenfalls ermordet. Die Partei setzte schließlich die Armee ein, deren Chef **Lin Biao** dadurch an Stärke gewann und seit dem **9. Parteitag, 1969,** dann als **designierter Nachfolger Maos** fungierte. Die Kämpfe innerhalb der Partei wurden immer unübersichtlicher. Schließlich ver-

Die Kaiser der Ming-Dynastie

Kaisertitel	Kaisername	Regierungsperiode	Zeitraum
Taizu	Zhu Yuanzhang	Hongwu	1368–1398
Huidi	Zhu Yunwen	Jianwen	1399–1402
Chengzu	Zhu Di	Yongle	1403–1424
Renzong	Zhu Gaochi	Hongxi	1425
Xuanzong	Zhu Zhanji	Xuande	1426–1435
Yingzong	Zhu Qizhen	Zhengtong	1436–1449
Daizong	Zhu Qiyu	Jiangtai	1450–1456
Yingzong	Zhu Qizhen	Tianshun	1457–1464
Xianzong	Zhu Jianshen	Chenghua	1465–1487
Xiaozong	Zhu Youtang	Hongzhi	1488–1505
Wuzong	Zhu Houzhao	Zhengde	1506–1521
Shizong	Zhu Houcong	Jiajing	1522–1566
Muzong	Zhu Zaihou	Longqing	1567–1572
Shenzong	Zhu Yijun	Wanli	1573–1620
Guangzong	Zhu Changluo	Taichang	1620
Xizong	Zhu Youxiao	Tianqi	1621–1627
Sizong	Zhu Youjian	Chongzhen	1628–1644

schwand Lin Biao, er soll bei einem Fluchtversuch in die Sowjetunion über der Mongolischen Volksrepublik abgestürzt sein. Mit ihm bzw. nach ihm stürzten viele andere politische und militärische Führer. **1973** kehrte Deng Xiaoping in die Politik zurück, er wird wichtigster Mitarbeiter **Zhou Enlais.** Gleichzeitig formierte sich in **Shanghai** eine neue Gruppierung, die später als **Viererbande** bekannt und verteufelt wurde.

Der **Unmut der Bevölkerung** über die politische Führung **entlud sich** erstmals im Januar **1976 beim Tode Zhou Enlais** und am Totengedenktag im darauffolgenden April. Erstmals seit **1949** wurde die Hauptstadt Beijing Zeuge von spontanen, unorganisierten **Massendemonstrationen,** an denen sich einige Hunderttausend beteiligten. Kritisiert wurden in Reden und Gedichten vor allem **Maos Frau Jiang Qing** und die Viererbande, aber auch Mao Zedong blieb von der Kritik nicht verschont. Zunächst behielten die Radikalen die Obermacht, **Deng Xiaoping** wurde für die Demonstrationen verantwortlich gemacht und verlor zum zweitenmal seine Ämter, diesmal allerdings nur für wenige Monate. **Am 9. September 1976 starb Mao Zedong,** und in den Führungsgremien der Partei brach der Machtkampf aus. Am 7. Oktober wurden Jiang Qing, Yao Wenyuan, Zhang Chunqiao und Wang Hongwen, die führenden Köpfe der Radikalen, verhaftet; **Hua Guofeng,** Kompromißkandidat nach dem Tode Maos, hatte sich auf die Seite der Gemäßigten gestellt.

Die Kaiser der Qing-Dynastie

Kaisertitel	Kaisername	Regierungsperiode	Zeitraum
Shizu	Aisin-Gioro Fu Lin	Shunzhi	1644–1661
Shengzu	Aisin-Gioro Xuan Ye	Kangxi	1662–1722
Shizong	Aisin-Gioro Yin Zhen	Yongzheng	1723–1735
Gaozong	Aisin-Gioro Hong Li	Qianlong	1736–1795
Renzong	Aisin-Gioro Yong Yan	Jiaqing	1796–1820
Xuanzong	Aisin-Gioro Min Ning	Daoguang	1821–1850
Wenzong	Aisin-Gioro Yi Zhu	Xianfeng	1851–1861
Muzong	Aisin-Gioro Zai Chun	Tongzhi	1862–1874
Dezong	Aisin-Gioro Zhi Tian	Guangxu	1875–1908
(ohne Titel)	Aisin-Gioro Pu Yi	Xuantong	1909–1911

Mit der Entmachtung dieser Radikalen begann in der Tat eine in vielen Bereichen vollkommen neue Politik. Kernstück der **innenpolitischen Reformen** war die neue **Landwirtschaftspolitik.** In weiten Teilen des Landes wurden die Volkskommunen abgeschafft, die Bauern arbeiteten wieder privat verantwortlich auf der Basis von Verträgen, die sie mit dem Staat abschlossen. Dies und die schrittweise Erhöhung der staatlichen Ankaufspreise für landwirtschaftliche Güter wie auch die **Zulassung freier Märkte** ließen die Einkommen der Bauern sprunghaft ansteigen. Gleichzeitig verbesserte sich auch merklich die Versorgungslage. Die Investitionen – vor allem im Bereich der Schwerindustrie – wurden zurückgenommen.

Heute erhofft man sich eine Ankurbelung der Wirtschaft über höhere Einkommen und dadurch steigende Nachfrage.

Die Förderung der Leichtindustrie soll die Versorgung mit langlebigen Konsumgütern verbessern. **Privater Besitz** ist nicht mehr generell untersagt, lediglich limitiert, auch **Privatgeschäfte** im Handel und Dienstleistungssektor sind erlaubt.

Liberalisierungen gab es auch im Bereich der Religionspolitik, die vor allem für die in den Grenzregionen lebenden **nationalen Minderheiten** von Bedeutung sind, und in

Die chinesischen Dynastien

Xia	2100–1600 v. Chr.
Shang	1600–1100
Westliche Zhou	1100– 770
Östliche Zhou oder Frühlings- und Herbstperiode	770– 476
Streitende Reiche	476– 221
Qin	221– 207
Westliche Han	206– 24 n. Chr.
Östliche Han	25– 220
Drei Reiche (Wei, Shu und Wu)	220– 265
Westliche Jin	265– 316
Östliche Jin	317– 420
Nord- und Süd-Dynastien	420– 589
Sui	581– 618
Tang	618– 907
Die Fünf Dynastien	907– 960
Song (Nördliche und Südliche)	960–1279
Liao (Khitan)	916–1125
Westliche Xia	1038–1227
Jin	1115–1234
Yuan (Mongolen)	1271–1368
Ming	1368–1644
Qing (Mandschu)	1644–1911

der Kulturpolitik. In letzterer ist die Politik allerdings sehr wechselhaft. Zeiten der Liberalisierung wechseln mit Zeiten stärkerer Kritik oder Repression.

Die Partei hat verschiedentlich deutlich gemacht, wo sie die Grenzen zieht. **Grundlagen des Marxismus-Leninismus, vor allem die uneingeschränkte Führungsrolle der Partei dürfen keinesfalls in Frage gestellt werden.**

Außenpolitisch war dieser neue Kurs mit einer **Öffnung nach Westen** verbunden. Der Konflikt mit der Sowjetunion und die selbstverantwortete Isolierung in den Zeiten der Kulturrevolution hatten die außenpolitische Beweglichkeit der Volksrepublik China stark reduziert. Anfang der siebziger Jahre begannen die ersten Kontakte mit den **USA,** es folgten die **Aufnahme diplomatischer Beziehungen** mit vielen westlichen Ländern und die ersten größeren **Handelskontakte.**

Nach den ersten euphorischen Übertreibungen auf beiden Seiten haben sich diese Wirtschaftsbeziehungen mit dem Westen stabilisiert. Von dieser neuen Position aus versucht man jetzt auch eine Normalisierung in den Beziehungen mit der Sowjetunion und mit den Ländern Osteuropas zu erreichen.

Ziel dieser neuen Politik Chinas sind die Vier Modernisierungen: Modernisierung der Landwirtschaft, der Industrie, der Wissenschaft und Technik und der Landesverteidigung. Heute ist man bereit, und hält es für unumgänglich, dies auch mit ausländischer Hilfe zu verwirklichen.

Die Volksrepublik China

– Staat, Verwaltung und Partei –
Am 1. Oktober 1949 verkündete der Vorsitzende der Kommunistischen Partei Chinas, Mao Zedong, von der Tribüne des Tiananmen (Tor des Himmlischen Friedens) vor dem Kaiserpalast **in Beijing die Gründung der Volksrepublik China.**

Es dauerte einige Jahre, bis auch die Randgebiete Chinas unter der Kontrolle der neuen Herrscher waren, und das Land sich 1954 eine erste Verfassung geben konnte. Sie wurde einige Male verändert; die jetzt gültige wurde vom V. Nationalen Volkskongreß am 4. Dezember 1982 verabschiedet.

Die **Staatsflagge** ist eine rote Fahne mit fünf Sternen in der linken oberen Ecke. Der zentrale, große Stern symbolisiert die Führungsrolle der Kommunistischen Partei, die vier kleineren Sterne, die den großen Stern umgeben, stehen für die revolutionären Klassen, die an der Revolution beteiligt waren.

Das **Staatswappen** zeigt – ebenfalls auf rotem Grund – in der Mitte das von fünf Sternen überstrahlte Tor des Himmlischen Friedens, Tiananmen, umgeben von einem Ährenkranz, darunter ein Zahnrad.

Hauptstadt der Volksrepublik China ist seit ihrer Gründung **Beijing.**

Die Verfassung bestimmt die Volksrepublik als einen sozialistischen Staat unter der demokratischen Diktatur des Volkes. **Führende Klasse** ist die Arbeiterklasse, in engem Bündnis mit den Bauern.

Verwaltungsmäßig ist das Land unterteilt in 22 Provinzen, einschließlich Taiwan, 5 autonome Gebiete (Innere Mongolei, Xinjiang, Tibet, Ningxia und Guangxi) sowie drei regierungsunmittelbare Städte (Beijing, Shanghai, Tianjin). Die Provinzen und autonomen Gebiete sind in autonome Bezirke, in Kreise, in autonome Kreise und in Städte unterteilt. Die Kreise wiederum unterteilen sich in Gemeinden und Ortschaften.

Autonome Gebiete sind Regionen, in denen vornehmlich Angehörige nationaler Minderheiten leben, die in bestimmten Angelegenheiten Autonomie-Rechte besitzen.

Die Städte sind unterteilt in Bezirke und Kreise.

Die Verfassung von 1982 sieht erstmals die Errichtung von **Sonderverwaltungsgebieten** vor, von denen es schon einige in der Umgebung von Guangzhou und in der Provinz Fujian gibt. Diese Sonderzonen sind vorgesehen für ausländische Investoren, deren wirtschaftliches Engagement von Sondergesetzen geregelt wird. Es ist auch beabsichtigt, nach dem Auslaufen des Pachtvertrages für Hongkong, dies zu einer Sonderzone zu machen. Eine ähnliche Regelung haben die Chinesen auch nach einer Wiedereingliederung für die Provinz Taiwan in Aussicht gestellt.

Oberstes Machtorgan des Staates sind der Nationale Volkskongreß (NVK) und die lokalen Volkskongresse auf allen Verwaltungsebenen, die durch Wahlen zusammengesetzt werden. Die Volkskongresse auf den lokalen Ebenen bestimmen oder wählen die Delegierten für den Volkskongreß der nächsthöheren Ebene; demokratische Wahlen, unter Beteiligung aller Bürger, gibt es demnach nur für den Volkskongreß auf Kreisebene.

Der Nationale Volkskongreß (NVK) wird für fünf Jahre gewählt, zusätzlich zu den Delegierten aus den Provinzen, Autonomen Gebieten und den regierungsunmittelbaren Städten sendet die Armee eigene Delegierte. Die ethnischen Minderheiten genießen Sonderrechte, so daß auch die kleinste Minderheit (mit nur etwa 600 Angehörigen) durch einen Abgeordneten vertreten ist. Die Amtszeit des NVK beträgt 5 Jahre, in der Vergangenheit hat man sich allerdings nicht immer daran gehalten. Während der Kulturrevolution in den Jahren 1964–1975 tagte er kein einziges Mal. Auch nach der neuen Verfassung besteht unter besonderen Umständen die Möglichkeit, daß mit zwei Drittel der Stimmen die Amtszeit des NVK verlängert wird. Der NVK tagt jährlich einmal. Seine Aufgaben sind:

- Änderung und Genehmigung der Verfassung sowie deren Überwachung;
- legislative Aufgaben;
- Wahl des Vorsitzenden der VR China (früher: Staatspräsident) und dessen Stellvertreter;
- Berufung des Ministerpräsidenten und des Staatsrats;
- Wahl des Vorsitzenden der Zentralen Militärkommission, des Präsidenten des Obersten Volksgerichts und des Generalstaatsanwalts;
- Beratung und Bestätigung der Volkswirtschaftspläne und des Staatshaushalts;
- Entscheidung über Krieg und Frieden u. a.

Zwischen den jährlichen Tagungen nimmt der Ständige Ausschuß des NVK dessen Aufgaben wahr.

Exekutives Organ ist der Staatsrat, der vom Ministerpräsidenten geleitet wird. Er besteht neben dem Ministerpräsidenten aus vier Stellvertretern, Staatskommissaren, Ministern, Kommissionsvorsitzenden, aus dem Präsidenten der Oberrechnungskammer und einem Generalsekretär. Seine Amtszeit beträgt fünf Jahre und entspricht damit der Amtsperiode des Nationalen Volkskongresses. Nach einer neuen Bestimmung sollen diese Posten nicht länger als zwei Amtsperioden von ein und derselben Person besetzt werden.

Der Staatsrat übernimmt alle Regierungs- und Verwaltungsaufgaben und muß hierüber dem Nationalen Volkskongreß Rechenschaft ablegen.

Die ebenfalls vom NVK eingesetzte Zentrale Militärkommission leitet die Streitkräfte des Landes.

Die Verfassung regelt auch die Pflichten und Rechte der Bürger. In 24 Artikeln sind diese festgeschrieben: z. B. Freiheit der Rede, der Publikation, der Versammlung, der Vereinigung, Glaubensfreiheit, Freiheit der Korrespondenz, Unverletzlichkeit der Wohnung, Freiheit der Kritik der Staatsorgane und die Gleichstellung von Mann und Frau in der Gesellschaft. Einige dieser Rechte sind schon in der Verfassung selbst wieder relativiert, so z. B. das Recht auf Freiheit der Korrespondenz. Es gilt dann als aufgehoben, wenn Sicherheitsorgane zwecks Aufklärung eine Zensur vornehmen müssen. Andere Regelungen werden durch Gesetze und Verordnungen ergänzt. So ist. z. B. das Recht auf Freiheit der Rede und der Publikation in der Vergangenheit immer wieder durch das Verbot „konterrevolutionärer Angriffe auf das sozialistische System" eingeschränkt worden.

In der Präambel ist die Zukunftsaufgabe der sozialistischen Modernisierung der Volkswirtschaft festgeschrieben, wie auch die führende Rolle der Kommunistischen Partei. Fast alle Führungspersonen im Staatsapparat bekleiden gleichzeitig höchste Ämter in der Partei; diese personelle Verflechtung reicht hinunter bis in die untersten Gliederungen.

Die Kommunistische Partei wurde am 1. Juli 1921 in Shanghai von nur 13 Delegierten, die insgesamt 50 Mitglieder repräsentierten, gegründet. In nur 28 Jahren gelang ihr die Machteroberung, gestützt auf eine Politik, die den Interessen und Bedürfnissen der Bauern und Arbeiter entsprach, auf eine außerordentliche Disziplin, die ihr im Gegensatz zur korrupten Guomindang-Regierung das Vertrauen der Bevölkerung einbrachte. Nach der Niederlage der Japaner im Zweiten Weltkrieg gelang es ihr am schnellsten, das entstandene Machtvakuum auszufüllen. Ihr Aufbauprogramm des Landes, insbesondere die Landreform, fanden zunächst breite Unterstützung im Volk.

Heute wird nicht selten von führenden Mitgliedern der Partei eingestanden, daß sie durch verheerende Fehler in der Vergangenheit – z. B. der Politik des Großen Sprungs Ende der fünfziger Jahre oder durch die Kulturrevolution in den sechziger und siebziger Jahren – viel an politischem Kredit und Glaubwürdigkeit verloren habe.

Zu dem schlechten Ansehen der Partei haben sicherlich auch die zahlreichen Fraktionskämpfe beigetragen, die ab Mitte der sechziger Jahre die Arbeit der Partei lahmgelegt hatten und für die Bevölkerung undurchschaubar waren. In der **nachmaoistischen Ära** hat es wichtige Veränderungen auch in der Organisation des Parteiapparats gegeben. Nach der Abschaffung des Personenkults, der sich in fast religiöser Art auf die Person Maos konzentriert hatte, entschied man sich für die Wiedereinführung einer mehr kollektiven Führung. Die Allmacht des Parteivorsitzenden und des Ständigen Ausschusses des Politbüros wurde durch die Etablierung eines Sekretariats beim Zentralkomitee beschnitten.

Formal **oberstes Organ der Partei** ist der alle fünf Jahre stattfindende Parteitag. Er wählt die Mitglieder und Kandidaten des Zentralkomitees (ZK), die Zentrale Disziplinkommission und die Zentrale Beraterkommission. Letztere ist eine Übergangsregelung, die den alten Funktionären das Ausscheiden aus der tagespolitischen Arbeit schmackhaft machen soll, um eine Verjüngung des Führungskaders durchzusetzen. Die Zentrale Disziplinkommission überwacht die Einhaltung des Parteistatuts und den Arbeitsstil der Partei.

Die Führungsgremien behalten auf die Entscheidungen des Parteitags aber Einfluß, weil sie die Zahl der Delegierten und das Wahlverfahren der Delegierten festlegen, wie auch den Termin. Dieses Vorgehen ist legitimiert durch das Parteistatut, welches den „demokratischen Zentralismus“ als Organisationsprinzip der Partei festschreibt. Es verlangt die Unterordnung aller Mitglieder und Gremien unter die höchsten Führungsorgane.

Das jährlich tagende ZK-Plenum wählt das Politbüro, dessen Ständigen Ausschuß, das ZK-Sekretariat und den Generalsekretär der Partei und ernennt auch die Mitglieder der ZK-Militärkommission, dem höchsten Führungsorgan der Streitkräfte. **Mächtigstes Organ** ist der ständige Ausschuß des Politbüros, der die Grundsatzentscheidungen für die laufende Arbeit der Partei fällt. Ihm gehören derzeit sechs Mitglieder an:
Hu Yaobang, gleichzeitig Generalsekretär der Partei;
Chen Yun, auch Vorsitzender der Zentralen Disziplinkommission;
Deng Xiaoping, Vorsitzender der Zentralen Militärkommission und des Zentralen Beratergremiums;
Li Xiannian, Vorsitzender der VR China (Staatspräsident);
Ye Jianying, Vorsitzender des Nationalen Volkskongresses;
Zhao Ziyang, gleichzeitig Ministerpräsident.

Die Durchführung der laufenden Arbeit, die Leitung des Verwaltungsapparates, obliegt allerdings dem ZK-Sekretariat, das vom Generalsekretär, Hu Yaobang, geführt wird. Dem Sekretariat unterstehen das Hauptbüro mit mehreren Abteilungen und Forschungsbüros sowie die Parteischule.

Das dargestellte Organisationsschema gilt analog auch für die unteren Parteigliederungen auf Provinz- und Kreisebene.

Neben der Kommunistischen Partei gibt es einige sogenannte „demokratische Parteien“, darunter ein linker Ableger der Nationalen Volkspartei (Guomindang) oder die Demokratische Liga, die in der Politischen Konsultativkonferenz zusammengefaßt sind. In ihr sind außerdem bekannte und führende Personen des öffentlichen Lebens, auch Chinesen aus Hongkong, vertreten. Diese Institution besitzt keinerlei Machtfunktionen, sie tagt parallel zum Nationalen Volkskongreß und soll vor allem den Zweck verfolgen, alle Kräfte des Landes unter der Führung der Kommunistischen Partei zu versammeln.

Auch die verschiedenen Massenorganisationen wie die Gewerkschaft, der Frauenverband oder Jugendverband werden von der Kommunistischen Partei geführt. Die **Organisationsform** des alltäglichen Lebens ist die Einheit, die **Danwei.** Dies kann eine Fabrik sein, ein Krankenhaus, eine Universität, ein Büro oder ein Stadtviertel. **Jeder Chinese gehört einer solchen Einheit an, sie ist Teil seiner Identität.** Das geht so weit, daß bei entsprechenden Gelegenheiten zunächst nach der Einheit einer Person gefragt wird, bevor man sich nach dem Namen erkundigt. **Die Einheit ist**

Arbeits- und Lebensorganisation zugleich. Neben dem Arbeitsplatz stellt sie die Wohnungen zur Verfügung, verteilt die Lebensmittelkarten, gibt die Zustimmung zu Heiraten, versorgt die Alten und die Kinder, gibt Urlaub, Prämien und Belobigungen, oder sie bestraft in Bagatellfällen, wo Polizei oder Gerichte nicht eingeschaltet werden. Ja, sie entscheidet heute sogar darüber, welche Familie wann ein Kind bekommen soll. Denn die Durchführung der neuen Bevölkerungspolitik, **die Ein-Kind-Familie,** obliegt der Einheit. Will man bestimmte Privilegien in Anspruch nehmen, z.B. verreisen oder in Devisenläden einkaufen, ein Fahrrad kaufen oder man braucht dringend Möbel und kann auf die Zuteilung nicht warten, dann hilft ein Empfehlungsschreiben der Einheit.

Das **Leitungskomitee** einer solchen Einheit wird von einem Parteisekretär geführt. Er ist ohne Zweifel ein mächtiger Mann, von dessen Autorität, Einfluß und Wohlwollen das Wohlergehen der gesamten Einheit beeinflußt wird.

Was uns dabei als Bevormundung, Gängelung und unerbetener Eingriff in die Intimsphäre vorkommt, empfinden durchaus nicht alle Chinesen so. Die Einheit ist zugleich auch ein bequemes Nest und ersetzt für viele die in Auflösung begriffene Großfamilie, den Clan, der früher ziemlich genau das Gleiche tat, was heute die Einheit übernimmt.

Doch auch dieses **Organisationsnetz** wird durch die neue pragmatische Politik der Partei aufgebrochen. Vor allem junge Leute und Intellektuelle fühlen sich in der Einheit zu sehr gegängelt. Die Indoktrination durch politische Schulungen ist weitgehend eingestellt, bleiben wird aber zunächst ihre Funktion als soziales Netz. Selbst auf dem Lande verliert die Einheit als Kollektivorganisation ihre Funktion, denn die neue Landwirtschaftspolitik erlaubt den Bauern die private Bewirtschaftung ihnen zugeteilter Ländereien, so daß Eigeninitiative, Selbstverantwortung und Selbstbestimmung mehr in den Vordergrund treten.

Geographie

China bedeckt den östlichen und südöstlichen Teil des asiatischen Kontinents und hat eine **Gesamtfläche** von 9 560 900 qkm. Nach den UdSSR und Kanada ist es das **drittgrößte Land der Erde,** etwa so groß wie Europa. China reicht vom **Heilong-Fluß** im hohen Norden der ehemaligen Mandschurei bis zu den **Nansha-Inseln** im Südchinesischen Meer und vom **Wusuli-Fluß** (Ussuri), der Ostgrenze zu Sibirien, bis zum **Pamirgebirge** im Grenzgebiet mit Afghanistan. Die Nord-Süd-Ausdehnung beträgt etwa 5 500 km und erstreckt sich über 49 Breitengrade, während die Ausdehnung in Ost-West-Richtung etwa 5 200 km ausmacht und über 60 Längengrade reicht.

Übertrüge man die Grenzen Chinas auf den europäischen Raum, so würde dies ein Gebiet von Portugal bis zum Ural und von der Nordsee bis zur Sahelzone in Afrika bedekken.

China grenzt an 12 Länder: **Korea, Sowjetunion, Mongolei, Afghanistan, Pakistan, Indien, Nepal, Sikkim, Bhutan, Burma, Laos und Vietnam.** Diese Landgrenze erstreckt sich über eine Länge von ca. 28 000 km.

Im Osten und Süden hat China eine fast 18 000 km lange Küste, mit der **Bohai-Bucht** östlich von **Beijing,** dem **Gelben Meer** vor den Provinzen **Shandong** und **Jiangsu,** dem **Ostchinesischen Meer** vor **Zhejiang, Fujian** und **Taiwan** und dem **Südchinesischen Meer** vor der **Provinz Guangdong,** mit der Insel **Hainan** und vielen tausend kleineren Inseln. China erklärte bereits 1958 eine Zone von 12 Seemeilen vor der Küste zu seinem Hoheitsgebiet.

Bei der riesigen Ausdehnung dieses Landes überrascht die Vielfalt des Landschaftsbildes nicht: sibirische Kälte und tropisches Klima, Wüsten und fruchtbare Lößebenen, Senken und die höchsten Berge der Welt.

Geographisch läßt sich China in fünf große Regionen einteilen:

Der Nordosten

„Dongbei" nennen die Chinesen dieses Gebiet nordöstlich von **Beijing;** es umfaßt die Provinzen **Heilongjiang, Jilin** und **Liaoning,** die Region also, die bei uns oft noch als **Mandschurei** bezeichnet wird, ein Name aus der Zeit der japanischen Invasion in den dreißiger Jahren.

Im Zentrum dieser Region liegt die **Nordostchinesische Tiefebene,** eine der Kornkammern Chinas, die an drei Seiten von Gebirgen eingegrenzt und nur zur Bohai-Bucht hin offen ist. Der Nordosten ist die Schnee- und Eisregion Chinas mit strengen, kalten Wintern wie in Sibirien. In den Bergregionen wohnen vor allem **mongolische und tungusische Stämme,** während die Tiefebene hauptsächlich von **Han-Chinesen** besiedelt ist, die sehr viel früher als die nördlichen Stämme den Ackerbau betrieben haben.

Die Wüstenregionen

Der Norden und Nordwesten Chinas, das sind die Provinzen **Innere Mongolei, Ningxia, Gansu** und **Xinjiang,** sind hauptsächlich Steppen- und Wüstengebiete.

Jahrhundertelang dienten die Steppen in der **Gobi** den **nomadisierenden Mongolenvölkern** als Weideland. Wegen der kargen Vegetation konnten hier aber immer nur Schafe oder Ziegen weiden. Da es im Norden keinen natürlichen Schutz gibt, fegen im Winter die kalten sibirischen Winde über die Gobi. In den Wintermonaten tragen sie den Wüstensand bis nach Beijing, dort färben sich dann alle Dächer lößgelb. Mit 16 Einwohnern pro qkm ist die Innere Mongolei sehr dünn besiedelt, 80% davon sind **Han-Chinesen,** die in den letzten Jahrzehnten dort angesiedelt wurden. Die einzig fruchtbaren Gebiete gibt es entlang des **Gelben Flusses** (Huanghe), der in einer großen Nordschleife durch den Westteil der Inneren Mongolei fließt, bevor er sich nach Süden in die Provinzen **Shaanxi** und **Shanxi** wendet. In jüngster Zeit versucht man, dem Steppenboden mehr und mehr Ackerland abzugewinnen. Durch **Waldanpflanzungen** auf einigen Mio. ha Fläche will man eine „Grüne Mauer" errichten, die die Erosion stoppen soll.

Nach Westen hin erstrecken sich die Wüsten- und Steppengebiete dann über die Provinzen Ningxia und Gansu nach Xinjiang, das frühere **Turkestan.**

Im Norden der Provinz Xinjiang liegt das **Junggar-Becken,** einigen vielleicht eher unter dem Namen **Dsungarei** bekannt. Diese etwas feuchtere Steppenregion wird im Nordosten vom **Altai-Gebirge** zur **Mongolischen Volksrepublik** hin abgegrenzt, im Nordwesten bildet das **Tarbagatai-Gebirge** eine natürliche Grenze zur Sowjetunion. Von dem im Süden gelegenen **Tianshan-Gebirge** ergießen sich einige Schmelzwasserflüsse in das auf etwa 270 m Höhe liegende Junggar-Becken.

Die höchsten Gipfel des Tianshan, des Himmelsberges, ragen über 6 000 m hinaus. Südlich dieses in Ost-West-Richtung verlaufenden Gebirges liegt das große Tarim-Becken mit der **Taklimakan-Wüste,** die mit über 300 000 qkm eine der größten Flugsandwüsten der Erde ist. An der Südgrenze der Provinz Xinjiang leitet das **Kunlun-Gebirge** zum **tibetischen Hochplateau** über.

Trotz dieser unwirtlichen und unfruchtbaren Verhältnisse ist das **Tarim-Becken** schon seit den ersten Jahrhunderten v. Chr. zu der entscheidenden „Schaltstelle" zwischen den vorderasiatischen, der europäischen und der chinesischen Kultur geworden. An den Rändern des Tarim-Beckens hatten die wenigen Flüsse aus dem Tianshan und aus dem Kunlun-Gebirge frühe **Oasenkulturen** entstehen lassen, die zu Karawansereien und Handelsplätzen wurden, auf denen vor allem die **chinesische Seide** nach Vorderasien und Europa transportiert wurde. Zwei Routen gab es, eine nördlich des Tarim-Beckens, am Südrand des Tianshan, die andere südlich des Tarim-Beckens, am nördlichen Rand des Kunlun-Gebirges, umgingen die Wüste, trafen in Kashgar wieder zusammen und führten von dort aus über das **Pamir-Gebirge** nach Westen.

Auch die großen Religionen, der Buddhismus, der Islam und das Christentum, darunter vor allem die nestorianische Sekte, fanden ihren Weg durch dieses Gebiet nach China. Südöstlich der Provinzhauptstadt **Urumqi** liegt die fruchtbare **Turfan-Senke,** mit 154 m unter dem Meeresspiegel die tiefste Stelle Chinas. Zwischen dieser Senke und dem höchsten Berg Tibets, dem **Qomolongma** (Mount Everest), liegen mehr als 9 000 m Höhendifferenz.

Das Tibet/Qinghai-Plateau

Mit mehr als 2 Mio. qkm Fläche ist das zwischen 4 000 und 5 000 m hohe Plateau die **größte Hochlandregion der Erde.** Zwei Drittel der Gesamtfläche Chinas entfallen auf Hochregionen und Hochgebirge. Das Hochplateau wird im Norden vom **Kunlun-Gebirge** und dem **Qilian Shan** begrenzt, im Süden erhebt sich der gewaltige **Himalaya** mit den höchsten Bergen der Erde. Westlich schließen sich das **Karakoram** und das **Pamir-Gebirge** an. Im Osten sind es der **Tanggula Shan** und der **Daxue Shan,** die das Hochplateau zum **Roten Becken** in **Sichuan** abgrenzen.

Das Tibet-/Qinghai-Plateau ist Quellgebiet der größten Flüsse Chinas und Indochinas: der **Yarlung Zangbo** entspringt im Westen Tibets, fließt entlang des Himalaya fast 1 500 km in östlicher Richtung, bevor er sich am östlichen Rand des Himalaya seinen Weg nach Süden bahnt und dann als **Brahmaputra** in den **Golf von Bengalen** mündet; der **Lancang-Fluß** fließt in südlicher Richtung durch die Provinz Tibet, bildet als **Mekong** die Grenze zwischen Thailand und Laos, bevor er südlich von **Ho-Tschi-Minh-Stadt,** dem ehemaligen **Saigon,** ins **Südchinesische Meer** fließt. Auch der **Changjiang** (Yangtsekiang) entspringt auf diesem Plateau als **Jinsha,** was auf deutsch Goldsand-Fluß bedeutet. Der **Gelbe Fluß** hat ebenfalls seine Quelle in Qinghai. Mit 4 200 qkm ist der **Qinghai-See,** anderen besser bekannt als **Koko-Nor,** der größte Binnensee Chinas.

Auf dem Dach der Welt, in Tibet und Qinghai, leben nur etwa 5,8 Mio. Menschen, was eine Besiedlungsdichte von weniger als 3 Menschen pro qkm ausmacht. Die Siedlungen konzentrieren sich in Tibet im Flußtal des Yarlung Zangbo und in **Chamdo,** dem östlichen Teil Tibets, wo die großen Flüsse auf ihrem Weg nach Süden und höhere Niederschlagsmengen das Land bewässern und Ackerbau ermöglichen. Aus demselben Grund konzentrieren sich die Siedlungen in Qinghai im Ostteil der Provinz, wo der Gelbe Fluß entspringt.

Zentralchina

Zentralchina umfaßt mehrere Gebiete, **die Nordchinesische Tiefebene, die Zentralchinesischen Lößgebiete, das Rote Becken in Sichuan und die Tieflandregion des Changjiang** (Yangtsekiang). Sie sind hier zusammengefaßt, weil sie in ihren klimatischen und Boden-Bedingungen ähnlich günstig sind, was in diesem Gebiet bereits vor mehreren tausend Jahren die ersten Hochkulturen hervorbrachte.

Das zentralchinesische Lößgebiet umfaßt im wesentlichen die beiden Provinzen **Shaanxi und Shanxi.** Zwischen beiden Provinzen verläuft der **Gelbe Fluß** und in Shaanxi selbst der **Wei-Fluß,** der die eigentliche Wiege der chinesischen Kultur darstellt. Der weiche, fruchtbare Lößboden, der durch den Flugsand aus der Gobi entsteht, schuf schon vor Jahrtausenden günstige Bedingungen zur Ernährung der Menschen. Hier entstanden **die ersten Ackerbaukulturen.** Weil der Löß aber ständig von Erosion bedroht ist, erfordert er kollektive Arbeit an Terrassen, Bewässerungssystemen und Befestigungen sowie die Solidarität der Bauern. Aus diesem Zwang zu gemeinsamem Handeln bildeten sich in dieser Region **die ersten chinesischen Gemeinwesen** und Staaten heraus.

In der näheren Umgebung der Stadt **Xi'an** findet man die Überreste früher Hauptstädte. Fast dreitausend Jahre lang war diese Region das Zentrum Chinas. Reichliche Niederschläge, die sich hier in den Sommermonaten konzentrieren, wie auch der Gelbe Fluß bringen zwar das für die Landwirtschaft unerläßliche Wasser, gleichzeitig hat es in all diesen Jahrtausenden immer wieder zu großen Naturkatastrophen geführt.

Die Nordchinesische Tiefebene umfaßt die südlich von Beijing gelegenen Provinzen **Hebei, Shandong, Henan, Anhui und Jiangsu.** Die Nordchinesische Tiefebene ist zum großen Teil ein Werk des **Huanghe,** der seinen Namen (Gelber Fluß) ja daher hat, daß er auf seinem Weg durch die Mongolei und das Zentralchinesische Lößgebiet Unmengen von Löß und Sand mit sich schleppt, die er im Lauf von Jahrtausenden in der Nordchinesischen Tiefebene abgelagert hat. Mehrmals hat er seinen Lauf und sein Mündungsgebiet gewechselt und dadurch die Tiefebene in der **Shandong-Halbinsel** vergrößert. Doch nicht nur fruchtbarer Boden war das Ergebnis dieses Prozesses. Der Huanghe selbst lagert die Sedimente in seinem Flußbett ab, wodurch sich dieses ständig erhöht, und der Fluß immer wieder über die Ufer tritt. Noch in diesem Jahrhundert haben Überschwemmungskatastrophen das Leben Hunderttausender gekostet. Mit mehr als 300 Mio. Menschen wohnt hier ein Drittel der chinesischen Bevölkerung, bei einer Dichte von etwa 420 Einwohnern pro qkm.

Der **Changjiang** (Langer Fluß) ist mit 6 300 km Chinas längster Fluß und nach dem Amazonas und dem Nil der drittlängste der Welt. Von **Sichuan** kommend, zwängt er sich durch die **Yangzi-Schluchten,** an deren Ausgang bei **Yichang** die **Tieflandregion** beginnt. Sie erstreckt sich entlang des Flußlaufes bis nach **Shanghai** mit zwei Zentren an der großen Seenplatte südwestlich von **Wuhan** und um den **Poyang Hu** bei **Nanchang.** Die vielen Seen spielen eine wichtige Rolle bei der Regulierung der gewaltigen Wassermassen, die der Fluß mitführt: 20mal mehr als der Huanghe. Diese Region muß man als die Reiskammer Chinas bezeichnen, denn dieses Getreide dominiert hier, während im Norden hauptsächlich Weizen angebaut wird. Die Region des **Yangzi** ist für China auch verkehrspolitisch von höchster Bedeutung. Im Einflußgebiet des Yangzi und all seiner Nebenflüsse leben fast 400 Mio. Menschen; wegen der vielen Wasserverkehrswege haben sich unzählige Großstädte herausgebildet. Seeschiffe können bis nach Wuhan fahren, Binnenschiffe durchqueren heute die Yangzi-Schluchten und gelangen bis weit nach Sichuan hinein. Gleichzeitig teilt der Yangzi das Land in Nord und Süd, eine Teilung, die ihre Wirkung bis in die Verwaltung hinein zeigt: nördlich des Yangzi stattet man die Gebäude mit Heizungen aus, südlich ohne – dies sogar mitten in einer Stadt wie Wuhan, die der Yangzi durchfließt.

Die letzte große Kornkammer in Zentralchina ist das **Rote Becken** in Sichuan. In prähistorischen Zeiten war hier ein riesiges Binnenmeer, von dessen rötlichen Ablagerungen das Becken seinen Namen hat. Rundherum umgeben von hohen Gebirgen, bildet das Rote Becken das Zentrum der mit über 100 Mio. Einwohnern volkreichsten Provinz **Sichuan.** Das Becken wird landwirtschaftlich intensiv genutzt. Das gute Klima erlaubt in dem 300 m bis 700 m hoch gelegenen Becken zwei bis drei Ernten pro Jahr, selbst an den Hängen werden Terrassenfelder angelegt. In der **Ebene von Chengdu** kann man Chinas älteste und größte Bewässerungsanlage, **Dujiangyan,** besichtigen, die heute noch genutzt wird. Schon vor 2 000 Jahren wurden die natürlichen Gegebenheiten in geschickter Weise zur Bewässerung des gesamten Beckens ausgenutzt.

Südchina

Das Rote Becken wird im Süden vom **Yunnan-Guizhou-Plateau** begrenzt, ein Hochland auf durchschnittlich 2 000 m Höhe. Der Ostteil der Provinz **Yunnan** mit der Hauptstadt **Kunming** ist durch hohe Gebirge vor den kalten Nordwinden geschützt und hat daher ein mildes Klima. Nach Westen hin, vor allem in der Provinz **Guizhou,** liegen die **großen Karstgebiete,** Überbleibsel riesiger Binnenmeere und durch Wind zu Kegelkarst erodiert, der vielen Touristen von **Guilin** her bekannt ist. Die Bedingungen für die Landwirtschaft sind ungünstig, nur etwa 10% der Fläche sind nutzbar. Beide Provinzen sind von vielen nichtchinesischen Minderheiten bewohnt. Zum südöstlichen Teil zählen die Provinzen **Guangdong, Fujian** und **Taiwan.** Dieses Gebiet ist wieder sehr dicht besiedelt und bietet in den großen Tälern und den Flußmündungen, begünstigt durch das subtropische Klima, hervorragende Bedingungen für die Landwirtschaft. Bis zu drei Ernten können jährlich eingebracht werden.

Klima

Bei der Größe Chinas – dessen südlichste Regionen, die Inseln im Südchinesischen Meer, in Äquatornähe liegen, während man die nördlichsten Gebiete in der Provinz Heilongjiang klimatisch schon dem sibirischen Teil des asiatischen Kontinents zuordnen muß – überrascht die klimatische Vielfalt nicht. Wenn im Nordosten Chinas eiskalte Winterstürme über das Land fegen, der Boden monatelang mit Frost bedeckt ist, dann wachsen zur gleichen Zeit in den Südgebieten die tropischen Pflanzen. Der nördliche Teil des Tibetischen Hochlands kennt fast das ganze Jahr über nur den Winter, während nur etwa 1 000 km nördlich die Turfan-Senke zu den wärmsten Gebieten Chinas zählt.

Drei Faktoren sind es vor allem, die diese klimatischen Unterschiede bewirken:

Das horizontale Gefälle. Zwischen der Nord- und Südgrenze im Südchinesischen Meer liegen 49 Breitengrade, vom Heilong-Fluß bis zur Insel Hainan im Golf von Tonking immerhin noch 35 Breitengrade.

Das vertikale Gefälle. Grob betrachtet gleicht China einer Treppe, die von Westen nach Osten in mehreren Stufen zum Meer hin abfällt. Im Westen und Südwesten liegen die Hochlandregionen von Tibet/Qinghai und Yunnan/Guizhou, Zentralchina ist Berg- oder Hügelland, mit Ebenen an den Flußtälern durchsetzt, während sich die Tieflandregionen entlang der Küste konzentrieren.

Die Lage an der Nahtstelle zwischen den riesigen Landmassen des asiatischen Kontinents und dem nicht minder großen Pazifischen Ozean. Diese mit unterschiedlichen Fähigkeiten zur Wärmespeicherung ausgestatteten Regionen bewirken die für Chinas Klima entscheidenden Monsunwinde, die nicht endenden Luftströmungen von Hochdruck- zu Tiefdruckregionen.

Im Winter formieren sich diese Hochdruckgebiete über Sibirien und der Mongolischen Volksrepublik, und deren kalte Luftmassen strömen dann an ihrer Ostflanke südwärts nach Zentral- und Ostchina. Je nach Lage dieser nördlichen Hochdruckgebiete werden Temperaturen und Niederschläge beeinflußt. Liegt das Hochdruckgebiet weiter westlich, bewirken die trockenen und kalten Luftmassen niedrige Temperaturen ohne Niederschläge. Verlagert sich das Hochdruckgebiet nach Osten, strömen die abfließenden Luftmassen an der Küste entlang, erwärmen sich und transportieren feuchte Luftmassen nach Südchina. Weniger kalte, aber regenreiche Winter an den südlichen und südöstlichen Küstenregionen sind dann das Ergebnis dieser Konstellation. Unter diesen Bedingungen liegen die Wintertemperaturen in Guangzhou (Kanton) dann bei 10° bis 15°C. Kommen die kalten Luftmassen allerdings über Land, dann kann auch schon mal das Thermometer auf 0°C abfallen. Der größte Teil Chinas ist daher im Winter trocken und kalt und stellt damit unter all den Ländern dieser Breite eine Ausnahme dar.

Im Sommer herrscht maritimes Klima vor. Die Kontinentalmassen erwärmen die Luft sehr schnell. Über dem Pazifik und dem Indischen Ozean bilden sich die Hochdruckgebiete mit feuchten Luftmassen, diese drängen nach China hinein. Es sind diese Sommermonsune aus Südost und Südwest, die China den wichtigen Regen bringen. Der Südostmonsun beeinflußt die östliche Hälfte Chinas, die Tieflandregionen entlang der Küste also, während der Südwestmonsun, vom Indischen Ozean kommend, in den Süden und Südwesten hineinwirkt. Die Niederschläge konzentrieren sich daher in fast allen Teilen Chinas in den Sommermonaten. Die ersten Niederschläge fallen bereits an den Südhängen der großen Gebirgsketten, in Zentralchina treffen die feuchten Luftmassen dann auf trockene Luft aus dem hohen Norden und bewirken starke Regenfälle. Der Sommermonsun ist allerdings nicht immer zuverlässig. Treiben die Winde die feuchte Luft sehr schnell nach Zentral- und Nordchina, bleibt die mittlere Yangzi-Region ohne Regen, während der Norden in Wassermassen ertrinkt. Verhindern die Luftströme aus dem Norden ein weiteres Vordringen des Sommermonsuns, regnet sich dieser bereits in Mittelchina ab, und die nördlichen Provinzen leiden unter der Trockenheit. Diese klimatischen Unwägbarkeiten sind mit ein Grund dafür, daß die Chinesen schon sehr früh die hohe Kunst der Bewässerung und auch den Bau großer Bewässerungssysteme beherrschten.

Da die warmen Sommermonsune fast das ganze Land beeinflussen, sind die Temperaturunterschiede im Sommer weit geringer, als dies im Winter der Fall ist. Die durchschnittliche Julitemperatur liegt im Süden in Guangzhou bei 29 °C, in Shanghai bei 28 °C und in Beijing immerhin noch bei 26 °C. Selbst in der nördlichsten Provinz, Heilongjiang, liegt dieser Wert noch bei 20 °C.

In Bezug auf die vertikale Gliederung gibt es allerdings signifikante Unterschiede. Pro 1 000 m Höhendifferenz fällt die durchschnittliche Temperatur um 5° bis 6 °C. So bleibt selbst im Hochsommer im nördlichen Tibet-Plateau die Durchschnittstemperatur unter 10 °C.

Die zuvor vorgenommene geographische Gliederung Chinas läßt sich auch unter klimatischen Gesichtspunkten wiederholen:

Der Nordosten hat kurze und warme Sommer, die Wachstumsperiode beträgt 4 bis 5 Monate, und wenig Niederschläge. Die Winter sind entsprechend lang und extrem kalt.

Die Wüstenregionen in Xinjiang und der Inneren Mongolei haben heiße und trockene Sommer mit gelegentlichen starken Winden. Die Winter sind kalt und trocken.

Auf dem **Tibet-/Qinghai-Plateau** sind die kurzen Sommer wegen der Höhenlage (4 000 m bis 5 000 m) gemäßigt warm, die Winter sehr kalt und die Niederschläge das ganze Jahr über gering. Die Temperaturunterschiede sind aber zwischen Tag und Nacht oft sehr groß.

Zentralchina hat durchweg heiße und feuchte Sommer mit reichlich Niederschlägen in den Spätsommermonaten. In den Tieflandregionen des Yangzi sind die Winter etwas milder als in der Nordchinesischen Tiefebene oder dem zentralchinesischen Lößbergland, ebenso in Sichuan, das wegen seiner von Gebirgsketten eingeschlossenen Lage milde und feuchte Winter hat. Die Wachstumsperiode beträgt hier bis zu 11 Monaten, während sie in den übrigen Regionen Zentralchinas 8 bis 9 Monate andauert.

Das Yunnan-Guizhou-Plateau hat ausgesprochen mildes Klima, warme Sommer und kühle Winter. Die Hauptstadt der Provinz Yunnan, Kunming, trägt daher auch den Beinamen „Stadt des Frühlings". Die Niederschlagsmengen sind gering, und trotz der Höhenlage (1 000 bis 2 000 m) gibt es selten Frost.

Südchina kennt keinen Winter, hier folgt der Frühling auf den Herbst und die Wachstumsperiode dauert das ganze Jahr über. Die Niederschläge sind über das ganze Jahr verteilt. Der Sommer ist sehr heiß mit hoher Luftfeuchtigkeit, der Winter mild, fast warm, mit etwas weniger Niederschlägen als im Sommer.

Durchschnittliche monatliche Temperaturen (°C)												
Monat / Stadt	1	2	3	4	5	6	7	8	9	10	11	12
Harbin	–19,7	–15,4	– 5,1	6,1	14,3	20,0	22,7	21,4	14,3	5,9	– 5,8	–15,5
Hohhot	–13,5	– 9,3	– 0,4	7,7	15,2	20,0	21,8	19,9	13,8	6,5	– 3,0	–11,4
Beijing	– 4,7	– 2,3	4,4	13,2	20,2	24,2	26,0	24,6	19,5	12,5	4,0	– 2,8
Taiyuan	– 7,0	– 3,3	3,6	11,2	17,5	21,7	23,7	21,9	16,1	9,8	1,8	– 5,1
Jinan	– 1,7	0,9	7,3	15,1	21,9	26,3	27,6	26,3	21,7	15,8	7,8	0,8
Qingdao	– 2,6	– 0,5	4,6	10,9	16,7	20,9	24,7	25,4	20,5	14,3	7,4	0,5
Nanjing	1,9	3,8	8,4	14,7	20,0	24,5	28,2	27,9	22,9	16,9	10,7	4,5
Shanghai	3,3	4,6	8,3	13,8	18,8	23,2	27,9	27,8	23,8	17,9	12,5	6,2
Hangzhou	3,6	5,0	9,2	15,1	20,3	24,3	28,7	28,2	23,5	17,4	12,1	6,1
Fuzhou	10,4	10,6	13,4	18,1	22,2	25,3	28,7	28,2	26,0	21,6	17,8	13,1
Nanchang	4,9	6,3	10,9	17,0	22,0	25,7	29,7	29,4	25,1	18,9	13,1	7,3
Wuhan	2,8	5,0	10,0	16,0	21,3	25,8	29,0	28,5	23,6	17,5	11,2	5,3
Changsha	4,6	6,2	10,9	16,7	21,7	26,0	29,5	28,9	24,5	18,2	12,5	7,0
Guangzhou	13,4	14,2	17,7	21,8	25,7	27,2	28,3	28,2	27,0	23,8	19,7	15,2
Guilin	8,0	9,0	13,1	18,4	23,1	26,2	28,3	27,8	25,8	20,7	15,2	10,1
Nanning	12,9	13,9	17,3	21,9	26,0	27,4	28,3	27,9	26,7	23,3	18,9	14,8
Chongqing	7,5	9,4	14,0	18,8	22,2	25,2	28,6	28,4	24,0	18,4	13,9	9,4
Chengdu	9,1	11,4	16,6	22,0	25,3	28,1	29,7	30,1	24,9	20,8	15,4	11,1
Kunming	7,8	9,8	13,2	16,7	19,3	19,5	19,9	19,2	17,6	15,0	11,5	8,3
Lhasa	– 2,3	0,8	4,3	8,3	12,6	15,5	14,9	14,1	12,8	8,1	1,9	– 1,9
Xi'an	– 1,3	2,1	8,0	14,0	19,2	25,3	26,7	25,4	19,4	13,9	6,5	0,6
Lanzhou	– 7,3	– 2,5	5,3	11,7	16,7	20,5	22,4	21,0	15,9	9,4	1,6	– 5,7
Turpan	– 9,5	– 2,0	9,6	18,9	25,9	31,2	33,0	30,7	23,6	12,6	1,5	– 7,2
Urumqi	–15,2	–12,2	0,7	10,8	18,9	23,4	25,7	23,8	17,4	8,2	– 2,6	–12,0

Durchschnittliche Niederschlagsmenge (mm)

Monat / Stadt	1	2	3	4	5	6	7	8	9	10	11	12	ganzes Jahr
Harbin	4,3	3,9	12,5	25,3	33,8	77,7	176,5	107,0	72,7	26,6	7,5	5,9	553,7
Hohhot	2,4	6,1	10,1	19,9	28,4	46,2	104,4	136,9	40,4	24,1	5,9	1,4	426,2
Beijing	2,6	7,7	9,1	22,4	36,1	70,4	196,6	243,5	63,9	21,1	7,9	1,6	682,9
Taiyuan	2,9	5,3	9,9	25,7	37,0	46,5	124,6	99,3	65,8	32,4	14,8	2,3	466,5
Jinan	6,2	10,4	16,1	36,1	36,8	73,7	214,0	147,9	60,9	33,0	28,9	8,2	672,2
Qingdao	7,8	11,4	12,5	33,3	48,7	92,2	209,7	155,2	108,2	45,5	34,8	9,7	768,8
Nanjing	31,8	52,9	78,6	98,3	97,3	140,2	181,7	121,7	101,2	44,1	53,1	30,2	1031,1
Shanghai	44,3	63,0	80,5	111,1	129,3	156,6	142,4	116,0	145,9	46,8	54,3	39,2	1129,4
Hangzhou	64,3	84,4	116,7	130,4	185,8	191,6	131,6	135,5	183,0	67,0	61,2	49,1	1400,6
Fuzhou	52,6	79,9	121,4	136,2	210,0	223,5	118,5	142,2	155,3	31,0	28,8	28,7	1328,1
Nanchang	59,1	93,8	170,2	221,1	306,5	277,3	127,0	93,8	85,1	57,2	62,2	44,9	1598,2
Wuhan	35,5	60,5	104,5	144,4	161,2	218,0	119,0	133,4	80,6	53,2	56,6	33,5	1200,4
Changsha	53,1	87,2	152,3	199,2	244,5	184,5	123,2	106,3	69,3	84,8	69,9	48,1	1422,5
Guangzhou	39,1	62,5	91,5	158,5	267,2	299,0	219,6	225,3	204,4	52,0	41,9	19,6	1680,6
Guilin	55,6	76,0	133,8	279,7	318,7	316,2	224,0	167,2	65,7	97,3	83,1	58,4	1875,7
Nanning	40,0	41,6	62,8	84,0	183,1	241,3	180,0	203,5	109,6	66,6	43,5	24,9	1280,9
Chongqing	18,8	20,9	43,2	72,3	155,4	165,4	156,7	141,0	132,3	99,2	51,2	24,7	1081,1
Chengdu	5,0	11,4	21,8	51,2	88,3	119,4	228,9	265,8	113,5	47,9	16,5	6,4	976,0
Kunming	10,0	9,8	13,6	19,6	78,0	181,7	216,4	195,2	122,9	94,9	33,7	15,9	991,7
Lhasa	0,2	0,1	1,5	4,4	20,6	73,1	141,7	149,1	57,3	4,8	0,8	0,3	453,9
Xi'an	7,6	10,3	24,7	53,0	62,3	57,6	105,9	80,1	100,2	61,5	34,0	7,1	604,3
Lanzhou	1,4	1,8	7,4	19,0	40,0	33,0	59,3	85,6	51,0	26,9	4,9	1,5	331,8
Turfan	1,0	0,1	1,7	0,4	0,6	3,6	2,5	3,7	0,9	0,5	0,5	1,1	16,6
Urumqi	5,6	4,0	18,8	22,6	25,1	29,1	16,4	18,9	14,2	17,2	15,2	7,4	194,6

Beginn, Ende und Dauer der Jahreszeiten in den verschiedenen Regionen

Jahreszeiten / Stadt	Frühling			Sommer			Herbst			Winter		
	Beginn	Ende	Dauer	Beginn	Ende	Dauer	Beginn	Ende	Dauer	Beginn	Ende	Dauer
Harbin	26.4	25.6	61	26.6	15.8	51	16.8	10.10	56	11.10	25.4	197
Hohhot	26.4	15.7	81	16.7	25.7	10	26.7	30.9	67	1.10	25.4	207
Taiyuan	21.4	10.6	51	11.6	20.8	71	21.8	20.10	61	21.10	20.4	182
Beijing	1.4	25.5	55	26.5	5.9	103	6.9	25.10	50	26.10	31.3	157
Qingdao	11.4	5.7	86	6.7	15.9	72	16.9	15.11	61	16.11	10.4	146
Jinan	26.3	15.5	51	16.5	20.9	128	21.9	15.11	56	16.11	25.3	130
Nanjing	21.3	25.5	66	26.5	20.9	118	21.9	20.11	61	21.11	20.3	120
Shanghai	26.3	5.6	72	6.6	25.9	112	26.9	25.11	61	26.11	25.3	120
Hangzhou	21.3	25.5	66	26.5	30.9	126	1.10	30.11	61	1.12	20.3	110
Wuhan	16.3	15.5	61	16.5	30.9	138	1.10	30.11	61	1.12	15.3	105
Changsha	6.3	10.5	66	11.5	30.9	143	1.10	30.11	61	1.12	5.3	95
Chongqing	21.2	5.5	74	6.5	30.9	148	1.10	5.12	66	6.12	20.2	77
Chengdu	26.2	10.5	74	11.5	15.9	128	16.9	30.11	76	1.12	25.2	87
Kunming	1.2	10.12	313							11.12	31.1	52
Guangzhou				21.4	5.11	199	6.11	20.4	166			
Guilin	21.2	30.4	69	1.5	20.10	173	21.10	5.1	77	6.1	20.2	46
Nanning				16.4	10.11	209	11.11	15.4	156			
Xi'an	21.3	25.5	66	26.5	5.9	103	6.9	10.11	66	11.11	20.3	130
Urumqi	16.4	5.7	81	6.7	20.7	15	21.7	5.10	77	6.10	15.4	192

Die Jahreszeiten wurden nach den Durchschnittstemperaturen eingeteilt:

Frühling und Herbst: 10 ° bis 22 °C
Winter: unter 10 °C
Sommer: über 22 °C

Boden, Bodenschätze und Ackerbau

Jedem Chinareisenden wird die stark unterschiedliche **Färbung der Böden** auffallen, besonders in Zentralchina. So wird er beispielsweise in der Umgebung der Stadt **Xi'an** den **lößgelben Boden** vorfinden, und in den **Yangzi-Provinzen,** etwa in **Hunan,** wird ihm der stark **rötlich gefärbte Boden** in die Augen stechen. Die Chinesen unterscheiden schon seit dem 14. Jahrhundert ihre Böden entsprechend ihrer Farbe.

In **Nordostchina** gibt es die **Schwarzerde, Weiß** nennt man **die Wüsten- und Steppenböden in Nord- und Nordwestchina, Gelb** ist der Boden in **Zentralchina.** Südlich des **Yangzi** findet man die **Roterde** (Podsol- und Lateritböden), und **Blau** oder auch **Grün** bezeichnet man die **Marschböden im Südosten.**

Diese Einteilung der Böden weist schon darauf hin, daß die fruchtbaren und landwirtschaftlich nutzbaren Regionen im Süden und Osten Chinas liegen, während der Norden und der Westen von Weideflächen bedeckt sind. Hier liegt der Ursprung der jahrhundertelangen **kriegerischen Auseinandersetzungen,** die sich im wesentlichen immer zwischen den Ackerbau betreibenden Chinesen und den nomadisierenden Viehzüchtern im Norden und Nordwesten abspielten.

Nur etwa **40% der Gesamtfläche Chinas sind** land- oder forstwirtschaftlich **nutzbar,** die restlichen **60% sind Ödland.** Die **10% Waldflächen** liegen vor allem im hohen Nordosten, im westlichen Sichuan, am Fuße des tibetischen Hochlandes und an der Westgrenze Yunnans, die ca. **18% Weideflächen** liegen in der Mongolei und in den Steppenregionen Xinjiangs und Tibets. Nur **11% der Gesamtfläche** sind für den **Ackerbau** nutzbar. Dieser Anteil ist sehr niedrig. Indien z. B. besitzt eine landwirtschaftlich nutzbare Ackerbau-Fläche von 50%. Um die 1 Mrd. Chinesen ernähren zu können, muß die Landwirtschaft sehr intensiv betrieben werden. Getreide ist das wichtigste landwirtschaftliche Produkt. Im Norden herrscht der Weizen vor, die Tieflandregionen um den Yangzi-Fluß lassen sich als Mischregionen bezeichnen, hier wird im Wechsel Weizen und Reis angebaut, während im Süden der Naßreisanbau dominiert. Im Norden gehören zu den wichtigsten Produkten noch Hirse (Gaoliang), Baumwolle, Mais, Sojabohnen und Tabak. Im Süden werden neben dem Reis Raps, Tee und Zuckerrohr angebaut.

Die Ödlandgebiete im Norden und Nordwesten sind jedoch für die Zukunft Chinas von enormer Bedeutung. Hier liegen die **Energieressourcen** und **Bodenschätze,** die für Chinas Modernisierung unentbehrlich sind. China hat wahrscheinlich die **reichsten Kohlevorkommen der Welt.** sie verteilen sich im ganzen Land, mit Ausnahme von Tibet und Qinghai. Die größten Vorkommen gibt es im zentralchinesischen Lößbergland, in den Provinzen Shaanxi und Shanxi und in der Provinz Sichuan. In jüngster Zeit hat man verstärkt, auch mit ausländischer Hilfe, nach **Erdöl- und Erdgasvorkommen** gesucht. Nach chinesischen Angaben sollen vor allem **vor der Küste** der Provinz Guangdong (off shore) reiche Vorkommen gefunden worden sein. **Größere Ölfelder** gibt es auch unter dem Tarim-Becken, in Guizhou, an der Küste vor Beijing, Tianjin, im Nordosten zwischen Harbin und Shenyang und entlang der gesamten Ostküste. Diese Ressourcen an fossilen Energieträgern, ergänzt durch ein **gewaltiges Potential an Wasserkraft,** können die Energieversorgung Chinas auf Jahrzehnte hinaus sichern.

Die Prospektion der vorhandenen Bodenschätze ist noch lange nicht abgeschlossen, so bemüht man sich in den letzten Jahren vor allem um die Erschließung von Bodenschätzen in Tibet und Xinjiang. China hat Eisen, Blei, Zink, Kupfer, Zinn, Quecksilber, Antimon, Bauxit, Wolfram, Silber, Gold, Uran und Platin – genügend Bodenschätze, um aus eigener Kraft eine Industrialisierung voranzutreiben.

Das **größte Problem** ist allerdings **die infrastrukturelle Erschließung,** denn die Bodenschätze, gerade die Energieträger Öl und Gas, liegen zum großen Teil in den weniger dicht besiedelten, abseits gelegenen Regionen und müssen in die großen Wirtschaftszentren Zentralchinas transportiert werden.

Flora und Fauna

In China gibt es mehr als **30 000 Arten höherer Pflanzen,** darunter nahezu alle Arten, die man auf der gesamten nördlichen Hemisphäre der Erdkugel findet. Chinas Klima wird einerseits von den Kontinentalmassen im Norden und Nordwesten bestimmt, andererseits von den Monsunwinden aus dem Süden und Südosten. Demgemäß verlaufen die Vegetationszonen entlang dieser Südost-Nordwest-Achse, und entsprechend dem Wirkungsgrad der Monsunwinde haben wir im äußersten Süden und Südosten und auch entlang der Küste bis nach Norden zunächst die **feuchte Waldzone,** daran schließt sich die **Weidelandzone** und schließlich im Norden und Nordwesten die **Steppen- und Wüstenregion** an. Innerhalb der Waldregion finden wir im hohen Norden Chinas, im Hinggan-Gebirge, die **kalte Nadelbaumzone.** Hier in dieser Gegend, in der es in den Wintern eisig kalt wird, wachsen Lärchen, Fichten und Kiefern, aus deren Hartholz Boote, Karren, Musikinstrumente und Papier gemacht werden. Dieses Gebiet ist eines der wichtigsten Nutzholz-Reservate Chinas.

Das übrige Nordchina rechnet man zur **gemäßigten Laubbaumzone.** Hier gibt es Laubwälder wie in Europa oder Nordamerika, in denen Ulmen, Ahorn, Birken, Eschen und Eichen wachsen. Auf den Halbinseln Liaodong und Shandong gibt es ausgedehnte Eichenwälder und Mischwälder mit Eichen und Kiefern. Das Laub der Eichen kann als Futter für die Seidenraupen verwendet werden, die die „wilde Seide" liefern. Aber auch die Obstbäume der gemäßigten Region gedeihen in dieser Zone sehr gut: Äpfel, Birnen, Pfirsiche, Datteln und Dattelpflaumen, auch Walnüsse und Kastanien sowie Weintrauben. Die Ebenen dieser Region sind die wichtigsten Anbaugebiete für Weizen, Baumwolle und Getreide.

Die **subtropische Waldregion** reicht von der Ostküste in der Höhe von Shanghai bis Fujian, den Yangzi-Fluß entlang hinüber nach Westen bis in die Provinz Sichuan und Nord-Yunnan. Auf dieser Breite ist es die größte subtropische Waldregion auf dem Globus. Amerika, Afrika und Südwest-Asien haben auf dieser Breite meist sehr trockenes Klima und viele Wüstengebiete.
Allein in der fruchtbaren Provinz Sichuan wachsen über 10 000 verschiedene Pflanzenarten. Selbst Pflanzenarten, die während des Tertiärs vor mehreren Millionen Jahren über den ganzen Erdball verbreitet waren, findet man hier, darunter den **Ginkgo-Baum.** Einige dieser Bäume sind bereits über 1 000 Jahre alt. Das Holz des Ginkgo-Baums verwendet man als Baumaterial, für Schnitzereien und als Druckstöcke für den Holzdruck. Die Samen sind

eßbar und werden als Heilmittel gegen Bronchialerkrankungen eingesetzt. Auch der **Metasequoia-Baum,** den man an der Grenze zwischen Sichuan und Hubei findet, stammt in seiner Urform aus dem Tertiär.

Überall auf den Bergen wächst **Bambus,** und auf der roten Erde in Sichuan und Hubei hat man **Teeplantagen** angepflanzt. die **Ölbäume** in dieser Region sind wichtige Nutzbäume, darunter der **Tung-Ölbaum** und der **Lackbaum,** aus dessen Holz man viele Gebrauchsartikel und kunsthandwerkliche Produkte herstellt. Aus den Samen der **Talgbäume** wird Öl gepreßt. Außerdem wachsen hier **Orangen** und **Mandarinen** auf großen Plantagen, und die **chinesischen Koniferen** liefern wertvolles Nutzholz für die Bauwirtschaft. Auf 2 000 bis 3 000 m Höhe wachsen in der Provinz Sichuan riesige **Bambuswälder.** Die Bambusblätter und die jungen Sprossen dienen dem **Großen Panda** als Nahrung. Die **Berglandschaft** im Südwesten ist ein großer Naturgarten, hier wachsen **Azaleen, Primeln und Kamelien.**

Tropische Regenwälder gibt es im Süden der Provinz Guangdong, in Fujian, Taiwan, Yunnan und Guangxi. In dem feuchtheißen Klima wachsen verschiedene Baumarten, manche bis zu einer Höhe von über 40 m. Einige der dicken Baumstämme werden zusätzlich von mächtigen Wurzeln gestützt, die oft mehrere Meter hoch sind. Auf den Bäumen wachsen **epiphytische Farne und Orchideen.**

Mangrovenbäume bilden riesige **See-Wälder.** Ihr verflochtenes Wurzelwerk über dem Wasserspiegel stützt die Bäume und schützt sie vor Wind und Wasser, Wurzelspitzen ragen aus dem Wasser und versorgen die Wurzeln im Schlamm mit frischem Sauerstoff. Selbstverständlich gedeihen hier auch unzählige tropische Früchte, darunter **Bananen, Litschis, Mangos** und die **Bethelnuß. Kautschuk, Kokosnuß, Kaffee, Kakao und schwarzer Pfeffer und Ölpalmen** werden in den Brigaden und Kommunen angebaut, ebenso **Ananas, Zuckerrohr und Hanf.** Taiwan und Guangdong gehören zu den größten Produzenten von **Zuckerrohr** und **Kampfer,** einem Destillat aus dem Holz des Kampferbaumes, das in Medizin und Technik verwendet wird.

Die nordöstliche Ebene und der östliche Teil der Inneren Mongolei bilden eine großflächige **Steppenlandschaft** mit gemäßigtem, halbtrockenen Klima. Der Boden ist hauptsächlich mit **Ziegen- und Federgras** bedeckt. Obwohl man auch hier versucht, ständig mehr Ackerbau zu kultivieren, dominiert noch die Viehzucht von **Schafen, Ziegen, Rindern und Pferden.** In den kurzen Sommern zeigt sich die blühende Steppe in farbenprächtigem Gewand.

Zu den wichtigsten landwirtschaftlichen Produkten dieser Region zählen die **Sojabohne, das Sorghum (Getreideart) und die Zuckerrübe.** Das der Weidezone zuzuordnende nordchinesische Lößbergland ist inzwischen dank des fruchtbaren Bodens und der guten Bewässerungsmöglichkeiten weitgehend kultiviert.

Hochgebirgssteppen finden wir im östlichen und südlichen Teil des

Lotosblüte

Qinghai-Tibet-Plateaus. Hier auf durchschnittlich 4 000 m Höhe gibt es fast keine Sommer, aber in dieser kurzen Zeit bilden sich durch die Gletscherschmelze Flüsse, Bäche und Seen, die genügend Wasser für einen – wenn auch nur kargen – Bewuchs führen. Das **Yak-Rind,** Ziegen und Schafe begnügen sich mit diesen niedrigen und harten **Gräsern** an den Berghängen. In den Tälern dieser Region können **Wintergetreide,** vor allem **Gerste,** und **Erbsen** angebaut werden.

Xinjiang, Gansu und das Qaidam-Becken in der Provinz Qinghai zählen zur **Wüstenregion.** In diesen Sand- und Steinwüsten gibt es nur eine spärliche, streckenweise sogar gar keine Vegetation.

Unter den wenigen Pflanzen, die in diesem extremen Klima noch gedeihen, finden sich der **Wermut** und die **Tamariske,** ein Baum oder Strauch, aus dessen Rinde und Früchten früher ein Mittel gegen Magenkrankheiten gewonnen wurde. In der Steinwüste wachsen **Zygophyllum, Anabasis und Ephedra,** eine dem Schachtelhalm ähnliche Pflanze, die das in der Heilkunde vielfältig verwendete, dem Adrenalin ähnliche Alkaloid Ephedrin enthält. Die meisten dieser wenigen Gräser dienen den Kamelen als Futter. Einige Pflanzen besitzen meterlange Pfahlwurzeln, die tief in den Boden reichen, um an Wasser zu kommen.
Dort, wo das Grundwasser nahe der Oberfläche liegt, findet man auch die **Euphrat-Pappel,** eine besondere Spezies, die zwei verschiedene Blattarten trägt: eine, die wie die Pappelblätter aussieht, eine andere Art, die den Blättern der Weide ähnelt. In den Oasen gedeihen sehr süße **Weintrauben, Wassermelonen** und die in Xinjiang bekannte **Hami-Melone.**

Im nordwestlichen Teil liegt auf 5 000 m Höhe eine **alpine Wüste.** Hier wachsen nur niedrige **Büsche, Kriech- und Kletterpflanzen.** An den Ufern der Schmelzwasserseen findet man die **Myricaria,** eine gegen Kälte und Trockenheit resistente Pflanze, die im kurzen Sommer grüne Blätter und leuchtend rote Blüten trägt.

Die Vielzahl der Klima- und Vegetationszonen Chinas beschert dem Land eine Vielfalt der **Tierwelt:** Man zählt über 1 000 Vogelarten und über 400 verschiedene Säugetiere, von denen einige endemisch sind.

Der Panda

Der Panda-Bär – gelegentlich wird er auch Bambus-Bär genannt – gehört zu den „Markenzeichen“ der VR China; sogar einen Einsatz auf der diplomatischen Bühne hat er schon hinter sich.

So, wie die Chinesen die Aufnahme der diplomatischen Beziehungen zu den USA 1972 mit der Entsendung der besten Pingpong-Künstler einleiteten, so brachte der damalige Ministerpräsident Hua Guofeng auf seine Europareise 1979 Pandabären als diplomatische Geschenke mit. Die beiden Bären für die BRD kamen in den Berliner Zoo. Einer ist inzwischen gestorben.

Die beliebten Bären mit ihrem kuscheligen, schwarz-weiß gefleckten Pelz sind so richtig zum Anfassen – zumindest möchte man sie gerne wie einen Teddybär behandeln. Die Beliebtheit des Panda hat sich inzwischen auch der **World Wildlife Fund** (WWF) zunutze gemacht; sein Konterfei wirbt für diese Organisation. Pandas werden heute nicht mehr verschenkt, weil die Tiere in China schon vom Aussterben bedroht sind. Außerdem sind die sensiblen Tiere in Gefangenschaft nicht nur schwierig zu halten, sie verweigern dort meistens auch die Fortpflanzung.

1963 hat erstmals eine Pandamutter im Beijinger Zoo ein Junges zur Welt gebracht. Ein Panda-Junges ist nach der Geburt nicht größer als eine ausgewachsene weiße Maus und wiegt nur 100 g. Es ist ganz dünn mit weißem Haar bedeckt und kann in den ersten drei Monaten noch nicht krabbeln. Es wird in dieser Zeit ständig von der Mutter getragen.

Mit 6 Monaten macht es sich selbständig, und nach 6 bis 7 Jahren kann es sich fortpflanzen.

Ein ausgewachsener Panda wiegt zwischen 100 und 130 kg. Er mag weder große Hitze noch Kälte; am wohlsten fühlt er sich bei einer Temperatur zwischen 10 und 25 °C.

Zoologen nehmen an, daß der Panda während des Pleistozäniums vor 500 000 bis 600 000 Jahren in ganz Südchina verbreitet war. Später wurden aufgrund der Ausdehnung der menschlichen Zivilisation weite Landstriche mit Bambushainen abgeholzt und kultiviert. Nach und nach wurde er auf immer engerem Raum und in höheren Regionen zusammengedrängt. Heute lebt er nur noch in Sichuan und angrenzenden Regionen, in Shaanxi und Gansu. Inzwischen hat er auch durch die Verkümmerung der Zähne die Fähigkeiten eines Raubtieres weitgehend verloren. Zwar frißt er gelegentlich noch kleine Tiere, zu seiner Hauptnahrung ist aber der Bambus geworden. Er frißt die Bambusblätter und die jungen Sprossen, wie auch die Rinde der chinesischen Tanne. Der von den Pandas bevorzugte Pfeilschwertbambus hat die Eigenart, alle 50 bis 60 Jahre zu blühen und dann zu verwelken. Regelmäßig sind dann in diesen Zeiten Pandas vom Hunger bedroht. Ein ausgewachsenener Bär frißt täglich fast 20 kg Bambusblätter.

Heute bemüht man sich – mit internationaler Hilfe – um die Erhaltung dieser Art. Die Jagd ist strengstens verboten; wer hungernde Pandabären auffindet und ernährt, erhält sogar staatliche Prämien. Die Lebensräume der Bären sind alle zu Naturschutzgebieten erklärt worden.

Im Nordosten Chinas finden wir Tiere, die das kalte Klima gewöhnt sind. Unter den **Nagetieren** sind das das **Eichhörnchen** und das **Chipmunk** (eine nordamerikanische Eichhörnchenart). Zu den großen Pflanzenfressern zählen der **Elch,** der **Sika-** und der **Wapiti-Hirsch** und das **Reh.** So finden auch die Raubtiere reichlich Nahrung, von denen die wichtigsten der **Nordchinesische Tiger, der Leopard,** der **Fuchs** und verschiedene **Wiesel,** unter anderem der **Zobel,** sind.

Unter den **Vögeln** kommen das **Haselhuhn,** der **Fasan** und das **Rebhuhn** am meisten vor.
In Nordchina, einschließlich der Flußtäler des Huanghe und des Huaihe sowie der Lößebene finden wir unter den Nagetieren viele Ernteschädlinge, darunter die **Feldmaus,** der **Maulwurf** und der **Hase.**

Die Wälder dieser Region sind von vielen Generationen in der Vergangenheit planlos abgeholzt worden, daher gibt es heute kaum noch größere Waldtiere in diesen Gebieten, höchstens **Rehe** und **Wildschweine.** Auch unter den Raubtieren findet man nur kleine Arten wie **Dachs** und **Wiesel.** Unter den Vögeln gibt es einige besondere Arten, die nur in dieser Region leben, so der **Langschwanz-Fasan** und das **Felsrebhuhn.**

Die Innere Mongolei und Xinjiang wie auch Teile von Gansu und Ningxia haben ausgesprochen trockenes Klima und **Steppen- und Wüstengebiete.** Am meisten verbreitet sind hier Nagetiere, z. B. die **Sandratte,** und verschiedene Huftiere. Die **Mongolischen Gazellen** und die **Kropfgazellen** ziehen in großen Herden über die weiten Steppen. Die **Saiga-Antilope** im westlichen Grenzgebiet der Provinz Xinjiang wird wegen ihrer Hörner, die man zu Medizin verarbeitet, sehr geschätzt. Nur in dieser Region finden wir den **Asiatischen Wildesel,** die **Tarpan-Wildpferde** und das **Baktrische Kamel.** Der **Grauwolf** und der **gelbbraune Kittfuchs** sind die am meisten vorkommenden Raubtiere.

Besondere Vogelarten sind die **Große Trappe,** das **Sandhuhn** und die **Sandlerche** sowie eine Dohlenart, auch **Kraniche** und **Fasane** gibt es.
Nur im mongolischen Altai-Gebirge, das bis in die Provinz Xinjiang reicht, findet man den **Mongolischen Biber,** dessen Pelz sehr wertvoll ist.

In der kalten und unwirtlichen Tibet-Qinghai-Region bietet die spärliche Vegetation nur wenig Lebensraum für Tiere. Das **Yak-Rind** und die **Tibetische Antilope** können

Pandas bevorzugen Mahlzeiten in entspannter Haltung.

sich von den spärlichen Gräsern ernähren. Unter den Nagern findet man eine **Hasenart** mit sehr dichtem, flauschigem Fell und das **Himalaya-Murmeltier,** dessen Pelz ebenfalls begehrt ist. **Schneeleoparden** und der **Tibetische Sandfuchs** sind äußerst seltene Raubtiere.

Unter den Vogelarten sollen besonders **Geier, Schneehühner, Sandhühner** und der **Schneefink** erwähnt werden.

Die Bergwelt im Südwesten Chinas, in den Provinzen Sichuan, Yunnan und im Osten Tibets ist die Heimat des **Großen Panda.** Er lebt in 2 500 bis 3 500 m Höhe und gilt als ein Vegetarier unter den Raubtieren, denn er braucht zum Leben den **Pfeilspitzenbambus.** Diese Bambusart blüht alle 50 bis 60 Jahre einmal und verwelkt dann. Dies ist in diesem Jahr (1984) in weiten Gebieten gerade der Fall, und so sind die wenigen noch in freier Wildbahn lebenden Pandas vom Hungertod bedroht. Mit Hilfe internationaler Organisationen bemüht sich die chinesische Regierung um den Erhalt dieser seltenen Art. Neben ihr gibt es noch den **Kleinen Panda,** eine Katzenart, und den **Goldhaaraffen.** Hoch in den Bergen leben auch **Murmeltiere, Moschushirsche, Haselhühner** und in etwas niedrigeren Regionen die **Große Indische Zibetkatze** und über zehn **Fasanenarten.**

Zentralchina umfaßt die mittlere und untere Yangzi-Region einschließlich seiner Nebenflüsse. Hier finden auch die Tiere aus Südchina noch angenehme klimatische Bedingungen. Unter den besonderen Arten sind der **Kurzschwanzaffe,** die **Zibetkatze,** der **Chinesische Pangolin** (ein ameisenfressendes Schuppentier), der **Silberreiher** und der

Specht zu nennen. Selten ist auch eine blaugefiederte **Elster.**

Auch der **Chinesische Flußhirsch,** der **Chinesische Flußdelphin,** das **Bambusrebhuhn** und der **Goldfasan** sind besondere Arten dieser Region.

Im Süden, in den tropischen Regenwäldern im Süden Yunnans, im südlichen Guangdong und Fujian, wie auch auf den südchinesischen Inseln gibt es die meisten Tierarten Chinas. Auf den Bäumen der Urwälder leben die **Baumspitzmaus, Fledermäuse,** der **Plumplori** (ein Halbaffe) und der **Gibbonaffe.** Besondere Raubtiere sind der **Südchinesische Tiger,** die **Zibetkatze** und der **Leopard.** In den südlichsten Gebieten Yunnans leben **indische Elefanten.** Unter den Vögeln gibt es solch seltene Arten wie **Sittiche, Nashornvögel** und **Honigsauger.** In Süd-Yunnan leben der **Grüne Pfau** und das **Dschungelhuhn,** der Urahn des chinesischen Haushuhns. Auf den südchinesischen Inseln leben die **Tölpel,** deren Exkremente einen hervorragenden Dünger abgeben.

Bevölkerung

Wieviele Chinesen gibt es? Hat ihre Zahl schon die Milliardengrenze überschritten? Diese Frage bewegte die Wissenschaftler und Politiker in den siebziger Jahren. Nicht, daß es von großer Bedeutung gewesen wäre. Aber neugierig war man doch.

Seit Juli 1982 steht es fest: Es gibt mehr als 1 Mrd. Chinesen. Am 1. Juli 1982, Zeit 0 Uhr, lebten 1 031 882 511 Chinesen, diese Zahl enthält Taiwan und Hongkong sowie die Inseln zwischen der Provinz Fujian und Taiwan. Auf dem Festland selbst wurden 1 008 175 288 gezählt. (Ende 1983: 1,024 Mrd.). **Damit lebt in China, auf 6,4% der Erdoberfläche, ein Viertel der Menschheit.**

Gewaltige Anstrengungen waren erforderlich, um diese Zählung durchzuführen. Drei Jahre dauerten die Vorbereitungen, internationale Organisationen wie die UNO, unterstützten dieses Projekt. In 29 Großcomputern wurden die Daten verarbeitet, mehrere Millionen Zähler waren unterwegs gewesen, um die Leute nach ihren persönlichen Daten, nach Religion, Beruf und Ausbildung zu fragen.

So wurde auch ermittelt, daß der **Anteil der Analphabeten** und Halbalphabeten immer noch **23,5%** beträgt (1964 noch 38,1%), etwa 6 Mio. besuchen eine Hochschule oder haben einen solchen Abschluß, 66 Mio. haben die obere Mittelstufe absolviert, 178 Mio. dagegen nur die untere Mittelstufe und 355 Mio. besitzen nur eine Grundschulausbildung.

China hat einen **Überschuß an Männern.** 51,5% der Bevölkerung sind männlich, 48,5% weiblich.

Die Han-Chinesen machen 93,3% der Bevölkerung aus, der Rest gehört den Nationalen Minderheiten an. Ein Fünftel der Chinesen lebt in den Städten, somit 80% auf dem

Lande. Gegenüber der letzten Schätzung von 1964 ist die Zahl der Stadtbewohner um 62,5% gewachsen.

Die **größten Städte** sind **Shanghai** mit 11,8 Mio., **Beijing** mit 9,2 Mio. und **Tianjin** mit 7,7 Mio. Einwohnern. Im internationalen Vergleich muß man allerdings beachten, daß die chinesischen Städte verwaltungsmäßig sehr groß sind, so daß zur Stadt und damit auch zu deren Einwohnerzahl immer noch etliche Landkreise dazugehören. So leben zum Beispiel im eigentlichen Stadtbereich Beijing nur etwa 6 Mio., während die restlichen über 3 Mio. sich auf die der Stadt angegliederten Landkreise verteilen.

So hat man jüngst in der Provinz Sichuan eine **Großverwaltungseinheit** geschaffen, die mehr als 13 Mio. Menschen umfaßt. Nach dieser Verwaltungsreform gehört nun auch z. B. das 180 km entfernte Dazu zur Verwaltungseinheit Chongqing.

Die durchschnittliche **Bevölkerungsdichte** von **108 Einwohnern pro qkm** ist für China eine **untaugliche Kennziffer,** denn es gibt wohl nur wenige Länder auf der Erde, die eine solch **ungleiche Bevölkerungsverteilung** aufweisen wie China. So leben **in Shanghai fast 2000 Menschen auf 1 qkm, in Tibet hingegen nur 1,5.** Die dichtest besiedelten Regionen sind die **Nordchinesische Tiefebene** mit den Provinzen **Shandong, Jiangsu** und **Henan** sowie die Provinz **Sichuan** im Innern Chinas. Ebenfalls dicht besiedelt sind die Regionen am Unterlauf des Yangzi-Flusses. Fazit: Etwa 80% der Gesamtbevölkerung Chinas leben in den östlichen und südöstlichen Regionen des Landes auf nur einem Fünftel des Territoriums.

Die **Nordchinesische Tiefebene** gehört wie auch die **Lößregion am Gelben Fluß** zu den **Wiegen der chinesischen Kultur.** Die historische und archäologische Forschung hat hier die ersten Siedlungsstätten entdeckt. Im Tal des Wei-Flusses, einem Nebenfluß des Huanghe (Gelber Fluß), entstanden die ersten Dynastien. Die erste historisch nachgewiesene Volkszählung fand in China bereits **im Jahre 2 n. Chr.** statt. **57,6 Mio. Menschen** wurden damals im Reichsgebiet der Han-Dynastie gezählt. Zählungen wurden auch in späteren Dynastien vorgenommen. Anders als in der feudalen Kleinstaaterei Europas spielte in China die staatliche Zentralgewalt schon früh eine große Rolle. Motive für die immer wieder durchgeführten Zählungen waren zunächst die Heranziehung der Untertanen zu Fronarbeit und Militärdienst, später die Eintreibung der Steuern.

Die Bevölkerungsentwicklung Chinas ist auch immer wieder beeinflußt worden von den kriegerischen Nomadenstämmen an den Nordgrenzen des Reiches. Deren ständige Eroberungsfeldzüge haben die Chinesen im Laufe von Jahrhunderten immer weiter nach Süden getrieben, nur hier fanden die Bauern günstige Bedingungen für die Landwirtschaft. Dabei drängten sie wiederum andere Völker an den Rand der heutigen Grenzen oder sinisierten sie im Laufe von Jahrhunderten. Die **Zeit der Mongolenstürme,** die Eroberungs-

feldzüge des Dschingis Khan und seiner Nachkommen, hatten eine **enorme Dezimierung der Bevölkerung** zur Folge. Erst im 17. und 18. Jh. wuchs die Bevölkerung wieder merklich an.

Den größten Sprung, eine wahre **Bevölkerungsexplosion,** hat China aber erst **in der Neuzeit** zu verzeichnen. Bei der letzten Zählung **1953,** der ersten nach Gründung der VR China, kam man auf **583 Mio. Festlandbewohner.** Vergleicht man dieses Ergebnis mit der Zählung von 1982, so läßt sich feststellen, daß **sich die Bevölkerung Chinas seit Gründung der Volksrepublik 1949 nahezu verdoppelt hat.** Dies ist für die Entwicklung der chinesischen Volkswirtschaft möglicherweise ein noch größeres Problem als das Fehlen moderner Technologie. Die Ursachen dieser Explosion liegen in der verbesserten sozialen und medizinischen Versorgung, was die Kindersterblichkeit merklich zurückgehen ließ, und in einem sprunghaften Anstieg der durchschnittlichen Lebenserwartung. Auch der Hunger und die Naturkatastrophen waren besiegt – Faktoren, die in der Vergangenheit immer wieder auf brutale Weise die Bevölkerung um Millionen dezimiert hatten.

In den ersten Jahrzehnten des Bestehens der Volksrepublik hatte man dieses Problem sträflich mißachtet. Zwar gab es mahnende Stimmen, aber durchgesetzt hatte sich die Auffassung Mao Zedongs, daß die vielen Menschen der größte Reichtum Chinas seien.

Heute versucht man mit einer sehr **rigiden Bevölkerungspolitik** die Fehler der Vergangenheit wieder auszumerzen. **Jede chinesische Familie soll nur noch ein Kind haben;** damit hofft man, die Wachstumsrate der Bevölkerung merklich reduzieren zu können. Die Absichten der chinesischen Planer laufen darauf hinaus, die Bevölkerung nicht über 1,2 Mrd. anwachsen zu lassen, um in späteren Jahrzehnten wieder unter die Milliardengrenze zu kommen.

Akzeptiert wird diese Ein-Kind-Familie von den Städtern, bei den Bauern stehen jedoch oft hartnäckige traditionelle Vorstellungen im Wege. Für viele von ihnen bedeuten viele Kinder immer noch Glück, Wohlstand und vor allem eine sichere Altersversorgung. Materielle Anreize auf der einen Seite, finanzielle Belastungen und Bestrafungen auf der anderen, sollen dieser neuen Politik der Familienplanung zum Durchbruch verhelfen.

Nationale Minderheiten

Im politischen Sprachgebrauch heißen alle Bürger der Volksrepublik China **Zhongguoren,** wörtlich: Menschen aus dem Reich der Mitte.

Doch was die ethnische Zugehörigkeit anbetrifft, so bezeichnet man den größten Teil der Bevölkerung, die eigentlichen Chinesen, als **Han.**

Dieser Begriff ist der 2000 Jahre alten Han-Dynastie entlehnt. Die **Han-Chinesen** machen heute **93,3%** der Gesamtbevölkerung Chinas aus.

Die restlichen **6,7%** das sind etwa 68 Mio. Menschen, gehören insgesamt **56 ethnischen Minderheiten** an.

Diese 56 Nationalitäten sind staatlicherseits als Minderheiten anerkannt und genießen **Sonderrechte.** Die Minderheiten weisen kulturelle, soziale, sprachliche und psychologische Besonderheiten auf, die sie klar von ihrer Umgebung abgrenzen. In früheren Jahrhunderten hatten sie nicht selten eigene Königreiche gebildet, teilweise sogar das Reich der Mitte sich unterworfen, wie z. B. die Mongolen, die Mandschuren oder auch die Tibeter.

Kaiser verschiedner Dynastien waren auf die Gunst dieser an den Grenzen lebenden Völker angewiesen. Sie erwarben sie sich zum Teil durch militärische Unterwerfung, aber auch durch Geschenke, gelegentlich boten sie den fremden Herrschern sogar Prinzessinnen zur Frau an.

So wird noch heute oft darauf verwiesen, daß der tibetische König Srongtsan Gampo 641 die chinesische Prinzessin Wen Cheng geheiratet und damit die Zugehörigkeit Tibets zum Reich der Mitte besiegelt habe.

Nach der Gründung der VR China 1949 bekamen die Minderheiten **autonome Gebiete,** die von den Provinzen gleichgestellten Regionen über Bezirke und Kreise bis hinunter zu Gemeinden reichen. Zu den Autonomierechten gehören die selbständige Regelung der wirtschaftlichen, finanziellen und kulturellen Angelegenheiten, wie auch die Entsendung eigener Ageordneter in den Nationalen Volkskongreß. Auch die **eigene Sprache** wird gepflegt. Sie gilt als **zweite Amtssprache,** wird in den Schulen gelehrt, und es erscheinen Zeitungen in den Sprachen der Minderheiten. Während die großen Minderheiten wie die Tibeter, Mongolen, Manzhu oder Uighuren auf eine große eigene Kultur, Geschichte und Tradition zurückblicken können, gibt es im Süden, vor allem in der Provinz Yunnan, viele kleine Minderheiten mit nur einigen Zehntausend oder Hunderttausend Angehörigen, die bis in dieses Jahrhundert in primitiven Gesellschaftsformen lebten und nicht selten gar keine eigene Schriftsprache besaßen.

Zur Erforschung der Geschichte dieser Völker, aber auch zu deren Unterstützung, gibt es an mehreren Orten **Minderheiteninstitute.** Man hat auch versucht, eigene Schriftsprachen zu entwickeln. In den Instituten werden Angehörige der Minderheiten zu Kadern, Lehrern und Verwaltungsbeamten ausgebildet.

Sich um die Gunst dieser Minderheiten zu bemühen, ist auch ein sicherheitspolitisches Gebot für die Zentralregierung in Beijing. **Obwohl sie nur 6,7% der Gesamtbevölkerung ausmachen, bewohnen sie doch fast die Hälfte des Territoriums und fast alle Grenzregionen.** Über die Grenzen hinweg gibt es verwandtschaftliche Bindungen zu den eigenen Volksangehörigen. Im Norden grenzen die Autonomen Regionen der Mongolen und

Nationale Minderheiten in China

Name	Anzahl	Siedlungsgebiete	Sprache Religion
Mongolen	2,7 Mio.	Innere Mongolei, Liaoning, Xinjiang, Jilin, Heilongjiang, Qinghai, Hebei, Gansu	Mongolisch, Lamaismus
Hui	6,5 Mio.	hauptsächlich in Ningxia, Gansu und Shaanxi, aber noch in vielen anderen Provinzen	Chinesisch, weil religiöse Minderheit, Islam
Tibeter	3,5 Mio.	Tibet, Sichuan, Qinghai, Gansu, Yunnan	Tibetisch, Lamaismus
Uiguren	5,5 Mio.	Xinjiang	Uigurisch, Islam
Miao	4,0 Mio.	Guizhou, Yunnan, Guangxi	Miao, einige sind Christen
Yi	4,9 Mio.	Yunnan, Sichuan, Guizhou	Yi, keine
Zhuang	12,1 Mio.	Guangxi	Zhuang und Chinesisch, keine
Bouyei	1,7 Mio.	Guizhou	Bouyei und Chinesisch, keine
Koreaner	1,7 Mio.	Jilin, Heilongjiang, Liaoning, Innere Mongolei	Koreanisch, einige Buddhisten
Manzhu (Mandschu)	2,7 Mio.	Lianoning, Heilongjiang, Jilin, Hebei, Beijing, Innere Mongolei	Chinesisch, keine
Dong	1,2 Mio.	Guizhou, Hunan, Guangxi	Dong und Chinesisch
Yao	1,3 Mio.	Guangxi, Hunan, Yunnan, Guizhou, Guangdong	Yao und Chinesisch
Bai	1,1 Mio.	Yunnan	Bai und Chinesisch

der Uiguren an die Sowjetunion. Im Süden und Südwesten leben die Tibeter und viele Minderheiten in der Provinz Yunnan, die an Burma, Laos und Vietnam grenzt.

Nicht übersehen sollte man allerdings, daß die Zentralregierung auch Probleme mit diesen Minderheiten hat. Ende der sechziger Jahre, während der Grenzkonflikte mit der Sowjetunion, zogen viele Tausende aus der Autonomen Region Xinjiang hinüber in die Sowjetunion. In der Kulturrevolution hat es Kräfte gegeben, die eine schnelle Assimilierung der ethnischen Minderheiten betreiben wollten. So hat man Mitte der sechziger Jahre das Territorium der Inneren Mongolei um fast die Hälfte verkleinert, indem man Gebiete den Nordprovinzen Heilongjiang, Jilin und Liaoning und dem autonomen

Gebiet Ningxia im Westen zuschlug. Dies wurde erst vor einigen Jahren wieder korrigiert.

In Tibet haben die Chinesen selbst schwere Fehler zugestanden. Insbesondere die Unterdrückung der Religion und die Verschlechterung des Lebensstandards haben separatistische Bestrebungen unter den Tibetern gestärkt. Der Dalai Lama, der im indischen Exil lebt, wird von der tibetischen Bevölkerung immer noch als ihr Oberhaupt betrachtet, und die Spannungen werden wohl bleiben, solange es zwischen der chinesischen Regierung und dem Dalai Lama kein Arrangement gibt.

Die nachmaoistischen Führer haben aus diesen Schwierigkeiten und Fehlern Konsequenzen gezogen. Die Autonomie-Rechte wurden wieder in Kraft gesetzt oder erweitert, und die wieder garantierte Religionsfreiheit ist vor allem ein Zugeständnis an die meist buddhistischen Minoritäten.

Eine Ausnahme unter den Minderheiten bilden die Hui. Sie sind in ethnischer Hinsicht meist Han-Chinesen und werden nur wegen ihres moslemischen Glaubens als Minderheit betrachtet. Sie leben hauptsächlich in Gansu, Ningxia und Shaanxi, wo sie in der Hauptstadt Xi'an eine große Gemeinde und mehrere Moscheen besitzen.

In der Tabelle sind die 13 großen Nationalitäten mit mehr als 1 Mio. Angehörigen aufgeführt. Die kleinsten Minderheiten sind die Hezhen in der Provinz Heilongjiang mit nur 800 Angehörigen, und die nur 600 Mitglieder zählende Gemeinde der Russen in Xinjiang.

Schrift und Sprache

Eine der ältesten Kulturleistungen des Landes, **die Schrift,** ist es, die uns zugleich am meisten verwirrt und unsere Fremdheit spüren läßt. Ohne die vertrauten lateinischen Buchstaben erscheint uns die Umgebung wie ein undurchdringliches Labyrinth. Was tun, wenn man nicht mal den Namen einer Straße entziffern kann, wenn man auf der Suche nach einer Toilette nur Tafeln mit unentwirrbaren Pinselstrichen entdeckt.

Und wir wundern uns, wie Chinesen mit diesen Schriftzeichen zurechtkommen. Leicht fällt es auch denen nicht, im täglichen Leben benötigt man etwa 3 000 Schriftzeichen. 800 bis 1 000 Symbole genügen, um einfache Zeitungstexte zu verstehen. **Insgesamt hat die chinesische Schriftsprache im Laufe ihrer Entwicklung 50 000 Schriftzeichen hervorgebracht.** Die Kinder erlernen das Sprechen zwar ebenso schnell wie unsere, doch das Erlernen der Schriftzeichen erfordert viel Übung und mehr Zeit.

Ohne Zweifel hat die auf Bildsymbole zurückgehende Schrift auch ihre Vorteile. So fällt es den Chinesen vielleicht leichter, ihr eigenes Altchinesisch zu lesen und zu verstehen, obwohl es auch hier Wandlungen in der Sinndeutung gegeben hat. Nicht selten haben chinesische

Reiseführer Probleme, alte Texte in Tempeln oder Gräbern zu deuten. Zwar vermögen sie sie zu lesen, doch nicht immer zu begreifen.

Auch Chinesen untereinander können sich, wenn sie verschiedene Dialekte sprechen, über das Schriftzeichen verständigen. Gelegentlich sieht man Gesprächspartner beieinanderstehen, und einer malt Schriftzeichen mit dem Zeigefinger in den Handteller. Das genügt, und man versteht. Selbst Japaner können Dinge verstehen oder erahnen, wenn sie das entsprechende Schriftzeichen sehen.

Schulkinder müssen zwar viele Schriftzeichen erlernen, und auch deren Aussprache kann man nur „pauken", haben dafür aber kaum grammatische Probleme, denn das Chinesische kennt keinerlei Flexionen. Achten muß man lediglich auf korrekte Satzstellung, und um andere Zeitkonstruktionen zu gebrauchen, bedient man sich einiger Hilfswörter, oder besser Hilfssilben.

So bedeutet z. B. das Wort chi – essen. Chi le ma? ist eine übliche Begrüßungsformel, die wörtlich übersetzt heißt: Schon gegessen? Das Wort oder die Silbe chi hat sich dabei in keiner Weise verändert. Um die Vergangenheit anzudeuten, benutzt man die Hilfssilbe le, und das ma zeigt die Frageform an.

Ausländer erlernen daher viel leichter die gesprochene Sprache als die Schrift.

Erschwerend kommt allerdings hinzu: **die Intonation.** Der Gebrauch von 4 verschiedenen Tönen bei der Aussprache erweitert den Lautstamm von 400 Silben auf etwa 1600.

Der erste Ton ist ein hoher, aber gleichmäßig flach gesprochener und wird in der lateinischen Lautumschrift mit einem geraden Strich angedeutet, z. B. Chī. Der zweite Ton ist ansteigend, Chí, der dritte fallend und ansteigend, Chǐ, der vierte abrupt fallend, Chì. **Für das Verständnis einzelner Wörter ist die richtige Betonung unerläßlich, denn jeder Ton ergibt eine andere Bedeutung.** In längeren Sätzen läßt sich die Bedeutung oft leichter aus dem Zusammenhang erkennen.

Nicht selten haben gleiche Silben mit gleicher Betonung nochmals unterschiedliche Bedeutungen. Bleiben wir bei dem Wort Chi:

Chī (erster Ton) kann heißen:
Geister, Eule, essen, dumm
Chí (zweiter Ton) kann heißen:
Teich, festhalten, rennen, langsam
Chǐ (dritter Ton) kann heißen:
ausziehen, verschwenderisch, Scham, Zahn
Chì(vierter Ton) kann heißen:
brennen, Flügel, rot, befehlen.

Selbstverständlich ist das Schriftzeichen jedesmal ein anderes.

Über die Nachteile dieser auf Bildsymbolen aus der natürlichen Umgebung basierenden Schriftsprache klagen vor allem die Wissenschaftler. In der Tat gibt es dabei eine Reihe von Problemen. Die Wissenschaft produziert täglich neue Erkenntnisse und Kreationen, die nach neuen Begriffen verlangen. Und wie soll man z. B. komplizierte Säuren oder andere chemische Verbindungen ins Chinesische übertragen? Es gibt nur die

Wahl zwischen neuen Zeichen oder der Bildung von aus mehreren Silben zusammengesetzten Wörtern, bei denen jede Silbe isoliert aber eine andere Bedeutung hat. **Schriftzeichen lassen sich nicht wie ein Alphabet formelartig ständig zu neuen Wortschöpfungen zusammensetzen.**

Und wie soll man im Zeitalter der neuen, computerisierten Informationstechniken mit einigen Tausend Schriftzeichen operieren? Zwar haben chinesische Wissenschaftler damit experimentiert, und es scheint möglich zu sein, auch über Computer mit Schriftzeichen zu operieren. Nichtsdestotrotz braucht man dazu viel mehr teure und kostbare Speicherkapazitäten.

Schon seit Anfang dieses Jahrhunderts hat es deshalb immer wieder Reformbestrebungen gegeben, die auch in jüngster Zeit wieder verstärkt verfolgt werden, doch eine Lösung scheint noch nicht in Sicht. Die radikaleren Reformen liefen darauf hinaus, möglichst schnell das lateinische Alphabet einzuführen. **Mittlerweile lernen die Schüler neben den alten Schriftzeichen auch eine lateinische Umschrift, das Hanyu pinyin.** Immer öfter sieht man auch in den Städten auf den Straßenschildern, den Werbetafeln und Informationswänden diese Umschrift. Für einige Minderheiten, die ja oft ganz andere Sprachen sprechen, ist sie schon seit längerem im Gebrauch, um ihnen das Verständnis des Chinesischen zu erleichtern. Der generelle Gebrauch des lateinischen Alphabets scheiterte aber bisher immer wieder am passiven Widerstand der Bevölkerung. Nicht verwunderlich in einem Land, wo die Mehrheit der Bevölkerung vor einigen Jahrzehnten noch Analphabeten waren.

Öfters reformiert wurden aber die Schriftzeichen, die mehrmals vereinfacht wurden. So schreibt man Zeichen, die früher aus 15 oder 20 Strichen bestanden, heute nur noch mit 5, 6 oder 7 Pinselstrichen.

Die chinesische Schrift ist schon mehr als 4 000 Jahre alt. Erste Aufzeichnungen in Form von Symbolen und Strichen fand man schon auf den neolithischen Töpfereien der Yangshao und Longshan-Kultur. Aus der Shang-Dynastie (1600–1100 v. Chr.) sind die geschnitzten Orakelsprüche auf Knochen und Schildkrötenpanzern bekannt.

Der Kaiser Qin Shi Huang Di (221–206) ließ erstmals eine Schriftreform mit dem Ziel der Vereinheitlichung der Schrift durchführen. Sein Kanzler Li Si erstellte ein Verzeichnis von etwa 3 000 Schriftzeichen in Siegelschrift.

Dem Qin-General Meng Tian wird die Einführung des Schreibpinsels zugeschrieben, und der Eunuch Cai Lun entdeckte 105 n. Chr. die Herstellung des Papiers. Doch mit der Entwicklung des Staatswesens und der fortschreitenden Polarisierung der sozialen Klassen, entwickelte sich die Schriftsprache immer mehr zur exklusiven Kunst der Gelehrten, während die gemeinen Leute Analphabeten blieben und sich mit dem gesprochenen Wort begnügen mußten.

Die klassische Schriftsprache, in der jede Silbe ein Wort bedeutete, und deren Verständnis viel Interpretationsvermögen erforderte, blieb dem gemeinen Volk unverständlich, ein Buch mit sieben Siegeln. Erst in der Yuan-Zeit, der Mongolendynastie, wurde Literatur auch in der gesprochenen Umgangssprache verfaßt. Sie blieb aber bis in dieses Jahrhundert hinein verpönt.

Einen entscheidenden Durchbruch zur gesellschaftlichen Anerkennung gelang der Umgangssprache erst durch die Kultur- und Literaturrevolution der 4. Mai-Bewegung 1919. Es waren vor allem Studenten und junge Intellektuelle, die dem Volk den Zugang zur Schriftsprache verschaffen wollten.

Das moderne Chinesisch hat mit der Klassischen Schriftsprache nicht mehr viel gemein. Sichtbarer Ausdruck dieser Reform ist z. B. die Tatsache, daß man in China heute von links nach rechts (horizontal) schreibt. Die alte Schreibweise von oben rechts nach unten links verwenden Kalligraphen oder Lyriker aber heute noch.

Die Reform der Schriftsprache wird zusätzlich erschwert durch die verschiedenen Dialekte. So unterscheiden sich beispielsweise der nordchinesische und der Kanton-Dialekt so sehr voneinander, daß eine Verständigung nur durch die gemeinsame Schrift ermöglicht wird.

In der Region der Yangzi-Mündung spricht man den Shanghai- oder Wu-Dialekt, in Fujian den Hokkien-Dialekt. Es gibt insgesamt acht bedeutende Dialekte und mehr als 100 lokale Dialekte. Die Regierung hat Versuche zur Einführung einer allgemeinen Hochsprache, die schon in der Phase der Republik unternommen worden waren, vorangetrieben. **Als Hochsprache, putong hua, ist heute der nordchinesische Dialekt, das Mandarin, gebräuchlich.**

Unter den nur etwas mehr als 6% der Gesamtbevölkerung umfassenden nationalen Minderheiten sind eine Reihe großer Sprachgruppen vertreten. Die Sprachen der Minderheiten im Südwesten und in Tibet zählen zur sino-tibetischen Sprachgruppe.

Altaische Sprachen verwenden die Nationalitäten in Xinjiang, darunter die Uighuren, Kasachen, Usbeken und Kirgisen sowie die Mongolen und Mandschu. Die Tadschiken und die Russen, von denen einige auch in China leben, zählen zur Gruppe der indo-europäischen Sprache.

Bei den Ausländern stiften die unterschiedlichen Transkriptionen viel Verwirrung. Schreibt man Peking oder Beijing; Mao Zedong oder Mao Tse-tung; Guangzhou, Guangchou oder Kanton? Der Jesuitenpater Matteo Ricci, der sich zwischen 1583 und 1610 in China aufhielt, hatte als erster eine Transkription mit lateinischen Buchstaben entworfen. In den folgenden Jahrhunderten entstand eine ganze Reihe anderer und verschiedener Umschriften.

Jedes europäische Land verwendet eine ihrer nationalen Sprachen und deren Aussprachereglungen angepaßte Umschrift.

In diesem Reiseführer wird in der Regel die von der chinesischen Regierung am 1. Januar

1979 eingeführte Hanyu-Pinyin-Umschrift verwendet, weil man diese inzwischen in allen neueren chinesischen Publikationen wiederfindet, und einem diese Umschrift auch in China ständig begegnet.

Keine Umschrift kann die richtige Aussprache im Chinesischen exakt wiedergeben, daher soll hier abschließend eine Aussprachehilfe gegeben werden, die der chinesischen Aussprache **annähernd** gerecht wird.

In der folgenden Aufstellung sind den Lauten des chinesischen phonetischen Alphabets gleich oder ähnlich klingende deutsche Laute zugeordnet:

1. Die Konsonanten

chinesisch	**deutsch**
b (o)	**B**ad
p (o)	**P**appel
m (o)	**M**eile
f (o)	**F**ahrt
d (e)	**D**ach
t (e)	**T**ag
n (e)	**N**ame
l (e)	**l**allen
g (e)	Re**g**en
k (e)	**K**unst
h (e)	**h**alten
j (i)	wie englisch **J**eep (dji)
q (i)	wie englisch **ch**eer (tji)
x (i)	i**ch**
zh (i)	**Dsch**ungel
ch (i)	deu**tsch**
sh (i)	**Sch**wert
r (i)	ein Laut zwischen r und j, ähnlich wie **J**ournalist, (Zunge nach oben gekrümmt, ohne Gaumen zu berühren)
z (i)	Lan**ds**berg
c (i)	ste**ts**
s (i)	Ki**s**te (stimmlos)
y (i)	**i**ch
w (u)	**W**rack, oder noch besser wie englisch **w**hy, **w**hisky

2. Vokale

chinesisch	**deutsch**
a	R**a**t
o	**O**fen
e	Rud**e**r
i (nach z, c, s, zh, ch, sh, r)	i wird nicht gesprochen, der Anlautkonsonant wird lang und fast summend gesprochen
i	m**i**r
u	M**u**t
ü	f**ü**hren
er	wird gesprochen fast wie **ar**, das r wie im Englischen
ai	K**ai**
ei	Eh**e**, fast wie der englische Laut **a**
ao	B**au**m
ou	das **o** wird kurz, das **u** länger gesprochen
an	K**an**ne
en	Nam**en**
ang	G**ang**
eng	wird nasal gesprochen
ong	L**ung**e
ia	as**ia**tisch
ie	j**e**tzt
iao	**Jau**che
iu	**Ju**ni
ian	**Jän**ner
in	**in**
iang	**Yang**zi-Fluß
ing	s**ing**en (g ist stimmlos)

ion	(g ist stimmlos)	
ua	**Wa**hrheit	
uo	**Wo**nne	
uai	**wei**t	
ui	**we**ben	
uan	**wan**n	
un	**wun**derbar	
uang	**Wang**e	
üe	**ü** ganz kurz, dann **e** wie bei j**e**der	
üan	wie zuvor, **ü** kurz, dann an	
ün	gr**ün**	

Für alle Vokale die mit u beginnen, gilt, daß das u nur ganz kurz angedeutet wird, dann geht man zu dem anhängenden Laut über, der ebenfalls nur kurz gesprochen wird.

Die drei letzten mit ü beginnenden Vokale werden in der Hanyu-Pinyin-Umschrift ohne Umlautpünktchen geschrieben. Es gilt, daß ein den Konsonanten j, q, x und y folgendes u wie ein ü gesprochen wird: **yun** (Wolke) wird also wie **yün** gesprochen.

Philosophien und Religionen

Konfuzianismus

Das chinesische Denken hat sich im Gegensatz zu vielen anderen Kulturen nie in einer Religion manifestiert. Ein dem Christentum, dem Buddhismus oder dem Islam vergleichbares religiöses System und eine kirchliche Organisation hat es in China nicht gegeben – es sei denn, sie kamen von außerhalb, aus anderen Kulturkreisen.

Der Konfuzianismus ist eine diesseits bezogene, realistische Moral- und Sittenlehre, die zwar ähnlich vielen Religionen das Leben und Denken der Chinesen zweitausend Jahre lang bestimmte, aber eben als **eine Anleitung zur Vervollkommnung des Lebens und der menschlichen Natur,** nicht aber als Verheißung auf eine Existenz nach dem Tode, zu begreifen ist. **Kong Fuzi** – der Name bedeutet in etwa „Großer Meister Kong", und Konfuzius ist ja nur eine bei uns übliche Transkription – wurde 551 v. Chr. in Qufu im Staate Lu geboren. Als Sohn einer begüterten Familie konnte er eine umfassende Bildung erwerben. Wie viele Gelehrte seiner Zeit, zog auch er, zunächst im Lande umher und versuchte, Anstellung bei einem der Fürsten zu finden. Die große Zhou-Dynastie war bereits vom Zerfall bedroht, und es bildeten sich überall kleine, selbständige Fürstentümer. Später sammelte er Schüler um sich, die er unterrichtete. Von Konfuzius selbst sind keine Schriften erhalten. Was uns überliefert ist, wurde von seinen Schülern aufgezeichnet. **Vier kanonische Schriften – das Yijing** (I Ging), ein Orakelbuch, **das Shijing** (Buch der Lieder), **das Liji** (Buch der Riten), **das Shujing** (Buch der Schriften) – und **das Chunqiu** (die Frühlings- und Herbstannalen), eine Chronik des Staates Lu werden ihm zugeordnet, wenngleich der historische Beweis nicht immer erbracht werden kann. Jahrhundertelang mußten alle chinesischen Gelehrten diese Schrif-

Staatsbeamter der Kaiserzeit. Das europäische Wort „Mandarin" stammt aus dem Sanskrit und bedeutet „Ratgeber".

ten studieren und beherrschen, bevor sie die kaiserlichen Examen ablegen durften. Am authentischsten scheint das **Lunyu,** Aufzeichnungen von Gesprächen des Konfuzius, die seine Schüler vorgenommen hatten.

Ausgangspunkt der konfuzianischen Philosophie ist die Annahme, daß der Mensch von Natur aus gut sei, und daß es ihm durch bestimmtes Verhalten gelingen könne, seine menschliche Natur zu vervollkommnen. Durch Menschlichkeit im Umgang mit Anderen, die sich in den fünf Kardinalstugenden Liebe, Rechtschaffenheit, Weisheit, Aufrichtigkeit und Sittlichkeit ausdrückt, könne jeder Mensch zu einem edlen werden. **Den edlen Menschen erkennt man nicht an seiner sozialen Stellung, sondern an seinem Verhalten.** Zur Erlangung der menschlichen Vollkommenheit ist aber die Befolgung gewisser Regeln unerläßlich. Konfuzius formulierte diese sittlichen Normen in Bezug auf die sozialen Beziehungen des Menschen. Danach hat die Frau sich dem Mann unterzuordnen, der Sohn dem Vater zu gehorchen, der jüngere Bruder dem älteren zu folgen usw. Die Beziehungen, die die Harmonie in der Familie, dem Mikrokosmos der Gesellschaft, herstellen, haben auch für die Gesellschaft als ganze zu gelten. Folglich **fordert Konfuzius strikte Loyalität der Untergebenen gegenüber den Herrschern.** Diese wiederum sollen ihre Herrschaft nicht auf Tyrannei sondern auf Vertrauen stützen.

Moderne Historiker haben Konfuzius gerade wegen dieses Aspekts seiner Philosophie oft als Reaktionär bezeichnet, weil er zur Beibehaltung und Stützung der Sklavenhalterordnung in der Zhou-Dynastie beigetragen habe. Diese in der Kulturrevolution von linken Historikern oft erhobene Beschuldigung wird heute nicht mehr so radikal vertreten. Man verweist auch auf die in seiner Lehre angelegte Forderung nach Humanität und Gleichheit.

Der Konfuzianismus wurde unter der Han-Dynastie zur Staatsdoktrin erhoben; dennoch mußte er sich immer wieder gegen andere Lehren und Religionen durchsetzen: den Daoismus, den Moismus und vor allem gegen den Buddhismus. Nach der Verfolgung der Buddhisten in der Tang-Dynastie erlebte der Konfuzianismus eine Renaissance. Der Gelehrte **Zhu Xi** (1130–1200) gilt als Begründer des **Neo-Konfuzianismus.** Er formulierte ein über allen Dingen stehendes oberstes Prinzip, das **Große Höchste.** Dies verwirkliche sich in den Dingen und Menschen durch die Kraft. Je nachdem wie diese Kraft verteilt sei, neige der Mensch zu gutem oder bösem Handeln. Moralische und sittliche Anstrengung können ihm aber dazu verhelfen, auch in sich das Große Höchste zu erreichen und ein Edler zu werden.

Der Konfuzianismus ist als idealistische Philosophie den Herausforderungen der materialistischen Naturwissenschaften nicht mehr gewachsen, dennoch haben sich die die sozialen Beziehungen bestimmenden sittlichen und moralischen Normen bis in die Neuzeit gehalten: Die Unterdrückung der Frau auf dem Lande, der Wunsch nach einem erstgeborenen Sohn bei den Bauern, aber auch das loyale, zum Teil unterwürfige Verhältnis zu Vorgesetzten, verraten mehr an konfuzianischer Tradition als dies auf den ersten Blick scheinen mag.

Moismus

Mozi (oder Mo Ti) lebte etwa hundert Jahre nach Konfuzius im Staate Song. Seine Philosophie war radikaler als die des Konfuzius und konnte wahrscheinlich deswegen nur wenige Anhänger in den gebildeten Kreisen, was damals eben fast nur Adelsfamilien waren, gewinnen. **Im Zentrum seiner Philosophie steht die Verurteilung des Krieges, und seine pazifistischen Essays sind vielleicht die ersten in der Geistesgeschichte.** Den Krieg verurteilte gelegentlich zwar auch Konfuzius, wenn auch nicht in dieser ausführlichen und entschiedenen Form. Wichtigster Unterschied ist jedoch, daß Konfuzius den Krieg als eine Untugend betrachtete, während Mozi den Angriffskrieg aus rationalen Erwägungen ablehnte, weil er dem Volk schade. Ihm ist nicht die Tugend entscheidend, sondern **alles Handeln, insbesondere das der Herrscher, habe sich danach zu richten, ob es dem Volk nütze oder nicht.** Der Angriffskrieg schade dem Volk, weil es am meisten darunter zu leiden habe, und sei deshalb verwerflich. Auch hielt er den Herrschern die Doppelmoral vor, die das Stehlen eines Pfirsichs aus dem Nachbargarten verurteile, die Okkupation anderer Länder aber bejubele. **Sein Moralbegriff ist radikaler als der des Konfuzius:** die Menschen seien von Natur als Gleiche geschaffen, folglich könne auch die Moral und die Tugend nur eine gleiche sein. Die hierarchische Ordnung der sozialen Beziehungen ist bei ihm nicht zu finden, dagegen hält er den Herrschern ihre Verschwendungssucht und ihren Aufwand bei den Riten vor, so ist ein Essay von ihm z. B. betitelt: Die Einfachheit bei den Begräbnissen. **Richtschnur allen**

Handelns soll nach Mozi der Wille des Himmels sein. Dieser verlange **Gerechtigkeit, Menschlichkeit und Wohlstand für alle.** Unrechte Taten bestrafe der Himmel, indem er sich aktiv in das irdische Geschehen einschalte. Die Absage an die Schicksalsgläubigkeit soll dem Volk Mut machen, nicht alles als gegeben hinzunehmen und **selbst aktiv in die Geschicke des Lebens einzugreifen.** Die Moisten kritisierten die Konfuzianer wegen deren konservativer Haltung, die sich auf die Unumstößlichkeit der sozialen Hierarchie gründet.

Legalismus

Die erste und größte Bedrohung für die Konfuzianer ging von den Legalisten aus. Als Vorläufer des Legalismus gelten **Guanzi** (7. Jhdt. v. Chr.), der als erster die Idee eines durch ein System von Gesetzen regierten Rechtsstaates entworfen hatte, und **Shang Yang** (390–338 v. Chr.), der ein System von Gesetzen, Strafen und Belohnungen erstellt hatte. Als bedeutendster Gelehrter der Legalistenschule gilt **Han Feizi** (280–233 v. Chr.). Er faßte die Ideen seiner Vorgänger zusammen und entwickelte sie zu einer geschlossenen Staatstheorie, der er im Staat Qin auch zur politischen Geltung verhelfen konnte.

Die Legalisten vertrauen nicht auf das Gute im Menschen, sie halten ihn für von Natur aus schlecht, auch das Vertrauen sei keine gute Grundlage für die Autorität und Stärke des Herrschers. Wenn die Gesetze schwach seien, so sei auch die Herrschaft schwach. **Und wer anderen traue, der werde selbst beherrscht.** Der Herrscher soll nach Vorstellung der Legalisten mit einem System strenger Gesetze herrschen, das jedem einzelnen sein Handeln vorschreibe. Verstöße gegen die Gesetze sollten hart bestraft werden.

Da sie den Landadel als hauptsächliche Ursache für die Zersplitterung des Reiches betrachteten, stützten sie ihre Macht auf die Beamten, Bauern und Soldaten.

Über dem Gesetz steht nur der Herrscher selbst, und dieser muß die Zügel fest in der Hand halten; er regiert mittels seiner Beamten. **Die Macht selbst ist in den Händen des Herrschers allein konzentriert.**

In Kaiser Qin Shi Huang Di fanden die Legalisten einen Herrscher, der bereitwillig ihre Ideen aufnahm. Die tyrannische Staatsauffassung paarte sich mit einer **Verachtung der Kultur und Literatur.** 213 v. Chr. veranstalteten sie die erste Bücherverbrennung in der Geschichte der Menschheit. Alle konfuzianischen Schriften fielen den Flammen zum Opfer. Doch dies war nicht genug: Den Forderungen nach einer strengen Bestrafung aller Gesetzesbrecher folgend, wurden in der Hauptstadt Xianyang 400 Konfuzianer öffentlich hingerichtet.

Der Streit zwischen Konfuzianern und Legalisten spielte in der Kulturrevolution nochmal eine Rolle. Mit ihrer Kritik an Konfuzius wollten die Radikalen die Gemäßigten um Zhou Enlai treffen. Die Forderung der Legalisten nach einem straffen, zentralisierten Staatsapparat deckte sich mit der Forderung nach einer allseitigen proletarischen Diktatur der Viererbande, und dies erklärt auch, warum sie die Legalisten für ihre Propaganda benutzten und nicht den „kommunistischen“ Mozi, der den Idealen des Kommunismus sehr viel näher gekommen war.

Volksglaube

Die philosophischen Schulen fanden selbstverständlich nur Verbreitung in den gebildeten Schichten; dem Volk blieben sie unzugänglich. Auch **in China mündete das Bedürfnis nach Erklärung der Naturerscheinungen und der sozialen Phänomene in einen archaischen Kult und Glauben,** der sich in Animismus, Schamanismus und Ahnenkult ausdrückte.

Der Ahnenkult zählt zu den wichtigsten Elementen des Volksglaubens; er geht zurück bis in die mythischen Anfänge der chinesischen Geschichte. Die Ahnenverehrung war eine private Angelegenheit jeder Familie, ein Priesterstand konnte sich daher nicht entwickeln. **Die offiziellen Ahnenverehrungen wurden von den Kaisern selbst vorgenommen.** Der Wunsch der Bauern nach einem erstgeborenen Sohn – noch heute auf dem Lande weit verbreitet – erklärte sich daraus, daß **nur der älteste Sohn die Verehrung der Ahnen fortsetzen kann.** Jedes Haus besaß einen eigenen Ahnenaltar. In den besser gestellten Familien der Feudalherren begann der Tag mit einer allmorgendlichen Ahnenzeremonie. Diese Verehrung war notwendig, weil man an die Existenz von Geistern glaubte, die die Geschicke der Menschen bestimmen konnten.

Die Seelen der Menschen trennen sich nach dem Tode von den Körpern und existieren als Geister weiter, wobei man gute und böse Geister unterscheidet. Die Seelen der Ahnen, die schlecht gehandelt hatten oder denen Unglück widerfahren war, verwandelten sich in böse Geister, die man durch die täglichen Zeremonien zu beschwichtigen suchte, in der Hoffnung, daß sie irgendwann ihre Ruhe finden und zu guten Geistern werden. Die guten Geister ersuchte man um Fürbitte bei den Göttern.

Die Zahl der Naturgottheiten ist unübersehbar. Überall wurden Fluß- oder Berggötter verehrt, Götter der Sonne, des Windes, des Donners und des Regens. In allen Regionen hatten sich **lokale Kulte** entwickelt. Mancherorts wurden Götter verehrt, die nur in einem einzigen Dorf bekannt waren. Schamanen sorgten für die Heilung der Kranken, beteten Regen herbei, befreiten Familien von langem Unglück oder sorgten für eine gute Ernte.

Ein immer existenter Gott war der **Küchengott.** Er lebte sozusagen über jedem Herd und beobachtete die Handlungen und Taten der Familie. Einmal im Jahr stieg er zum Himmel auf, um Bericht zu erstatten. An diesem Festtag veranstaltete man verschiedene Zeremonien, um den Küchengott zu einem positiven Bericht zu bewegen.

Alte Wohnhäuser haben noch heute ihre **Geistermauer,** die das Eindringen böser Geister verhindern sollte, denn diese können sich angeblich nicht um Ecken herumbewegen. Die gleiche Funktion erfüllten die hohen Schwellen an den alten

Palastbauten wie auch in einfachen Häusern.

Daneben wurden als gottgleich viele **mythische Figuren** oder auch **authentische Personen,** die Großes vollbracht haben, verehrt. Einer dieser Gottheiten ist der **Kriegsgott Guandi.** Guandi war ein General in der Östlichen Han-Dynastie, dessen glorreiche Taten in dem Roman „Geschichte der Drei Reiche" festgehalten sind. Man findet ihn heute noch oft auf Bildern dargestellt, in feiner Brokatrobe und mit tiefrotem Gesicht, welches symbolisch für Loyalität, Aufrichtigkeit und Tapferkeit steht.

Sehr oft begegnet man auch dem **Jadekaiser** oder der **Königlichen Mutter des Westlichen Himmels.**

Tin Hai, die Königliche Mutter des Westens.

Daoismus

Der Daoismus entstand etwa zur gleichen Zeit wie der Konfuzianismus. Während Konfuzius bekannt ist, gibt es immer noch keine schlüssigen Beweise über die Existenz von **Laozi,** dem angeblichen Begründer des Daoismus. Laozi heißt lediglich „Alter Meister". Er wird heute als uralter, barhäuptiger Mann mit hoher, runder Stirn dargestellt. In der linken Hand hält er einen Pfirsich der Unsterblichkeit. Einige halten es für möglich, daß die Lehre des Daoismus nicht nur auf einen Gelehrten sondern auf mehrere Personen zurückgeht. **Es entspräche durchaus daoistischer Auffassung, wenn der Begründer und Lehrer selbst auf jegliche Bekanntheit und Berühmtheit verzichtet hätte.**

Um so mehr Legenden haben sich um sein Leben gesponnen. Die bekannteste handelt von der Niederschrift des **Daodejing** (Buch vom Weg und der Tugend). Auf dem Weg nach Westen in die Emigration soll ein Zöllner den auf einem schwarzen Ochsen reitenden Laozi gebeten haben, ihm doch etwas Schriftliches zu hinterlassen. Daraufhin habe Laozi das 5 000 Schriftzeichen umfassende Daodejing verfaßt.

Dao ist meist mit **„Weg"** übersetzt worden, andere meinen eine bessere Übertragung sei **„Vernunft"** oder **„Sinn"**, während **De,** meist als **„Tugend"** übersetzt wird, aber auch **„Natur"** oder **„Wesen"** meint.

Das Dao ist ein den Dingen innewohnendes ewiges, kosmisches Prinzip. **Im Mittelpunkt der daoistischen Lehre steht** nicht der Mensch wie bei Konfuzius, sondern **die Natur** selbst. Alles Handeln des Menschen soll sich darauf konzentrieren, in vollkommener Harmonie und Übereinstimmung mit der Natur zu leben. In diesem Sinne ist Nicht-Handeln die beste Tat des Daoisten. Durch Begierdelosigkeit und meditative Versenkung kann der Mensch spontan und ohne rationales Handeln in Harmonie mit der Natur leben. Das Erkennen der Natur, des Dao, setzt eine Abkehr von den diesseits orientierten Bestrebungen und Begierden voraus. **Der Daoist bevorzugt die Meditation und die Einsamkeit.** Auch in der Staatslehre empfiehlt der Daoismus den Herrschern als oberste Maxime das Nichtstun. Die beste Regierung sei die, von der das Volk nichts merke, heißt es im Daodejing. **Während der Konfuzianismus den zentral verwalteten Beamtenstaat schuf, entspräche dem Ideal des Daoismus eher ein Nebeneinander von friedlichen, kleinen Gemeinwesen.** Zu den daoistischen Legenden gehören immer wieder die Erzählungen, in denen Gelehrte die Verantwortung politischer Aufgaben standhaft ablehnen.

Gewisse Übereinstimmungen gab es **mit dem Buddhismus,** dessen Erlösungslehre ebenfalls auf der Überwindung der menschlichen Leidenschaften und Begierden basiert. Wenngleich das Dao nicht dem Nirwana der Buddhisten entspricht, so waren sie sich doch einig darin, daß irdisches Streben zu Disharmonie, Übel und Unglück führe. Aus der Berührung dieser beiden Lehren entstand schließlich der **Chan-Buddhismus,** der besonders **in Japan,** dort **bekannt als Zen-Buddhismus,** Verbreitung fand.

Der Daoismus hat auch eine auf **magische Praktiken** orientierte Strömung hervorgebracht. Schon sehr früh versuchten daoistische Alchimisten Unsterblichkeitselixiere zu finden. Die Einnahme solcher Mittel oder Drogen sollte die Lebenskraft im Körper bewahren und die Organe erhärten. Andere versuchten dem gleichen Ziel durch strenge Meditation, Askese, Atemübungen oder Sexualpraktiken näherzukommen.

Die Popularisierung des Daoismus bewirkte auch hier das Entstehen eines Pantheons. Zu den wichtigsten Gottheiten zählen **Pangu,** der Weltenschöpfer, der **Jadekaiser** und **Laozi** selbst. Die daoistischen Tempel sind weitaus schlichter als ihre buddhistischen Pendants. Während man aber in konufzianischen Tempeln lediglich Weise und gute Herrscher verehrt, gibt es in den daoistischen Kultstätten auch farbenprächtige Zeremonien.

In der Politik hat der Daoismus keine große Rolle gespielt, sicher wegen seiner als negativistisch verstandenen Forderung nach Nicht-Handeln, die den Herrschern selbstverständlich keine brauchbare Ideologie war.

Buddhismus

Der Buddhismus ist für die Chinesen eine Fremdreligion. Die von dem historischen **Siddharta Gautama** geschaffene Heilslehre gelangte in der Form des **Mahayana-Buddhismus** von Indien über zentralasiatische Völker nach China. Der **Hinayana-Buddhismus,** die Lehre vom „Kleinen Fahrzeug", verehrt nur den historischen Buddha und fordert von jedem Einzelnen geistige und religiöse Anstrengung, um ins **Nirwana** zu kommen, das weniger als ein Pardies, viel mehr als endgültige Erlösung von allem irdischen Leid verstanden werden muß. Der Hinayana-Buddhismus verzichtet auch in der religiösen Kunst auf die menschliche Darstellung des Buddha. Hier findet man **lediglich Symbole,** wie das **Rad der Lehre** oder den **Bhodi-Baum** der Erkenntnis. Der Mahayana-Buddhismus kann bereits als eine populistische Form der Lehre begriffen werden. Neben Buddha spielen hier eine wichtige Rolle die **Bodhisattvas.** Bodhisattvas haben die höchste Stufe der Erkenntnis bereits erreicht, sie verzichten aber auf das Eingehen ins Nirwana, um sich als Erlöser der ganzen Menschheit zu betätigen.

Der Buddhismus teilt die Erdengeschichte in verschiedene Weltzeitalter ein, von denen jedes Einzelne von einem Buddha beherrscht wird. In der Regel findet man in den Klöstern und Tempeln eine **Buddha-Trinität** dargestellt, die neben dem **Buddha Sakyamuni** den **Buddha der Vergangenheit, Kasyapa,** und den **Buddha der Zukunft, Maitreya,** umfaßt. Einzelne Sekten kennen 5 oder 7 Weltzeitalter und entsprechend viele Buddhas. Jeder irdische Buddha hat in der Lehre des Mahayana eine himmlische Entsprechung, das ist für den Buddha Sakyamuni der **Buddha Amitabha,** der Buddha des unendlichen Lichts.

Kopf eines Bodhisattva (Tang-Dynastie, um 760).

Über allen Buddhas steht als höchstes Urprinzip der **Adibuddha.**

Auf den Altären werden Buddhas und Bodhisattvas oft noch von Schülern des Buddha Sakyamuni flankiert, darunter taucht immer wieder der Lieblingsschüler Buddhas, **Ananda,** auf.

Weiterhin findet man in allen Tempeln **Lohans,** die im Sanskrit **Arhats** heißen. Lohans sind Heilige, oder Weise der höchsten Erkenntnisstufe. Ursprünglich wurden derer meist nur 18 dargestellt, in fast allen chinesischen Klöstern findet man dagegen 500 Lohans, oft mit sehr seltsamen Aussehen. Einige haben sehr lange Arme, andere drei Augen, wieder andere schauen besonders grimmig oder auch sehr belustigt. Im chinesischen Buddhismus kennt man zu jedem Lohan Legenden, die meist sehr scherzhaft, dennoch mit belehrendem Charakter von deren Taten erzählen.

Der Buddhismus wird in den historischen Schriften erstmals im Jahr 65 n. Chr. erwähnt. Kaiser Meng Di der Östlichen Han-Dynastie soll demnach eine Traumvision gehabt haben, die von seinen

Traumdeutern als ein Buddha erkannt worden war. Er schickt daraufhin zwei Emissäre nach Westen, um Erkundigungen über diesen Gott einzuholen.

Vermutlich gelangten sie bis in das westlich des Pamirgebirges gelegene Baktrien. Dort trafen sie auf zwei indische Mönche, die sie mit nach Luoyang nahmen. Der Sage nach sollen sie dort auf zwei Schimmeln angekommen sein und buddhistische Schriften mitgebracht haben. Das **Kloster des Weißen Pferdes, Baimasi,** bei Luoyang, soll zur Erinnerung an dieses historische Ereignis gegründet worden sein. Es gilt als das **älteste Kloster Chinas.** In den folgenden Jahrhunderten findet ein relativ reger Verkehr zwischen China und Indien statt. Anfang des 5. Jhdts. kam der **indische Mönch Kamarajiva** nach China, und einen bedeutenden Beitrag zur Verbreitung des Buddhismus leistete auch der **chinesische Mönch Xuanzong,** der im 7. Jhdt. eine lange Studienreise nach Indien unternommen hatte und nach seiner Rückkehr nach Xi'an ein bedeutendes Übersetzungswerk hinterließ.

Zunächst verbreitete sich die neue Religion allerdings bei den an Chinas Nordgrenzen lebenden Nomadenvölkern. Alle drei großen historischen Kultstätten des Buddhismus findet man im Norden Chinas. Zuerst entstanden die **Mogao-Grotten** bei Dunhuang, in der zweiten Hälfte des 4. Jhdts., es folgten die **Yungang-Grotten** bei Datong und die **Longmen-Grotten** bei Luoyang. **Seine Blütezeit erlebte der Buddhismus unter den ersten Tang-Kaisern im 7. und 8. Jhdt.** Doch schon 843 erlitten sie gegen die Konfuzianer eine große Niederlage, die die Buddhisten für den Zerfall des Reiches verantwortlich machten. Sie beschuldigten sie der Verschwendung, der Arbeitsscheue und der Subversion. Kaiser Wuzong erließ 843 ein Edikt, in dessen Folge 40 000 Klöster zerstört wurden und mehr als 250 000 Mönche in den Laienstand versetzt und wieder der Steuerpflicht unterworfen wurden.

Zehntausende flohen damals nach Sichuan, wo sie weiterhin Förderer fanden und eine neue **riesige Kultstätte** anlegen konnten, die **Grotten von Dazu** in der Nähe von Chongqing.

Der Buddhismus verdankt seine schnelle Verbreitung in China in erster Linie seiner eigenen Toleranz; er verzichtet auf den Anspruch der Absolutheit und Ausschließlichkeit, akzeptiert auch andere Götter und Religionen, aber er verdankt es auch der Kraft der chinesischen Kultur zur Aufnahme und Sinisierung fremder Einflüsse.

Einige Besonderheiten zeichnen die chinesische Form des Mahayana-Buddhismus aus. Obwohl der Buddhismus ursprünglich keine Göttinnen kennt, ist eine der am meisten verehrten Gottheiten die **Göttin der Barmherzigkeit, Guanyin.** Sie ist eine Emanation des **Bodhisattva Avalokiteshvara.** Diesen findet man meist als Gottheit mit elf Köpfen und tausend Armen dargestellt, meist nur symbolisch angedeutet. In der Mitte des obersten Kopfes findet man eine kleine Buddha-Statue. Der Legende nach soll Avalokiteshvara über die Erfolglosigkeit seiner Erlösungsbemühungen so betrübt gewesen sein, daß sein Kopf und sein Körper zersprangen. Buddha nahm seinen Liebling auf, setzte ihn wieder zusammen und stattete ihn mit tausend Armen und elf Köpfen aus, damit er fürderhin seinen Aufgaben besser gerecht werden könne. Aus diesem Bodhisattva ist in China die Göttin Guanyin geworden, zu der vor allem Frauen für den häuslichen Segen und eine reiche Nachkommenschaft beten.

Eine andere Figur, die typisch für den chinesischen Buddhismus ist, ist **Mi Le.** Die sitzende Figur mit fettem Bauch und einem Lächeln um die Lippen findet man in jedem Tempel, schon in der zweiten Halle, hinter den Himmlischen Tempelwächtern. Er stellt den Buddha des zukünftigen Weltalters dar. Der Legende nach unterlag er dem Buddha Sakyamuni, also dem Regenten des jetzigen Zeitalters in einer Prüfung. Seine Konzentrations- und Meditationsfähigkeit waren zu schwach; er ließ sich von Kindern zum Lachen bringen und muß deshalb auf das nächste Weltalter warten.

Auch das Nirwana hat im populären buddhistischen Glauben eine andere Bedeutung. Die Erlösung im Aufgehen oder im Nichtsein ist für die meisten Gläubigen eben eine wenig faßbare Vorstellung. Folglich glaubt man lieber an die Wiedergeburt im Paradies des Westlichen Himmels, über das der Amitabha-Buddha herrscht. Daneben existiert auch eine Vorstellung von Hölle. Aber selbst dort sind die Unglücklichen nicht verlassen, denn der Herr der Hölle, **Bodhisattva Ksitigarbha,** wacht über sie, um sie nach der Läuterung ins **Westliche Paradies** zu führen. Letzte Vorstellung geht zurück auf die schon im 5. Jhdt. entstandene Sekte des **Reinen Landes.** In ihr findet auch der Unwissende die Möglichkeit zur Erlösung. Es genügt dazu die möglichst oft vorzunehmende Anrufung des Buddha Amithaba.

Zwar gibt es noch viele buddhistische Klöster und Tempel in China, aber die Religion findet auch nach der wieder gewährten Religionsfreiheit kaum Zulauf von jungen Leuten. Bei einigen konzentriert sich das Interesse eher auf exotische Ableger wie das im **Kloster Shaolin** von Mönchen entwickelte **Kungfu-Boxen.**

Lamaismus

Der Begriff Lamaismus ist zwar sehr gebräuchlich, gleichwohl ungenau und unzutreffend. Der **Lama** ist in Tibet ein vollgeweihter Mönch. Die Glaubensschule in Tibet bezeichnet man am besten mit **Vajrayana,** was übersetzt das **Diamant-Fahrzeug** bedeutet. **Der Vajrayana-Buddhismus, der neben Tibet auch in der Mongolei, in Nepal, Sikkim und Bhutan verbreitet ist, kann als eine Mischung aus Mahayana-Buddhismus, hinduistischem Shiva-Kult, tibetischer Naturreligion (Bonpo) und tantrischen Praktiken bezeichnet werden.** Die tantrischen Mönche benutzen für ihre Meditation eine Reihe magischer Praktiken, die ihnen das Aufgehen in einer bestimmten Gottheit ermöglichen soll. Dazu zählen die **Mandalas** (Zauberkreise), **Dharanis** (Zauberformeln) und die **Mantras** (magische Silben).

Wichtigstes Symbol dieser Lehre ist der Donnerkeil, der **Vajra.** Zentrale Gottheit ist der **Bodhisattva Avalokiteshvara,** er gilt auch als Schutzgott Tibets, und der Dalai Lama wird als eine Inkarnation desselben verehrt. Neben dem **Dalai Lama,** dem geistigen Oberhaupt der tibetischen Buddhisten und zugleich weltlicher Herrscher, gibt es noch die Institution des **Pantschen Lama.** Dieser gilt als eine **Wiedergeburt des Buddha Amitabha.** In der religiösen Hierarchie stünde er sogar höher als der Dalai Lama, historisch war seine Rolle aber immer weniger einflußreich.

Neben den Buddhas und Bodhisattvas kennt der Vajrayana-Buddhismus eine Vielzahl weiterer Gottheiten, die zum Teil nur Adaptionen von Gottheiten der **tibetischen Bon-Religion** sind. Dazu gehören die **Dakinis** (Hexen), **Dharmapalas** (schrecklich aussehende Schutzgottheiten), **Yidams** (persönliche Schutzgötter) und die heiligen Lamas. Schutzgottheiten findet man meist in Yab-Yum-Stellung dargestellt, in sexueller Vereinigung mit dem weiblichen Gegenpart. Dies weist weniger auf sexuelle Vorstellungen hin, mehr auf den Glauben an eine Große Harmonie, die durch Verschmelzung der Gegensätze entstehen soll.

Der Vajrayana-Buddhismus entstand im 5. Jhdt. in Nordindien und gelangte dann allmählich nach Tibet. Wichtigster Lehrer dieser Schule war der **indische Mönch Padmasambhava,** der im 8. Jhdt. nach Tibet kam und sehr erfolgreich missionierte. Die Gottheiten des tibetischen

Der Donnerkeil (Vajra), das wichtigste Symbol des Lamaismus.

Bon-Glaubens integrierte er kurzerhand als konvertierte Götter in den buddhistischen Pantheon und übertrug ihnen die Aufgabe von Schutzgottheiten. Neben ihm werden vor allem **Atisha** (958–1054), ebenfalls ein indischer Lehrer, und **Tsongkhapa,** der als Begründer der in Tibet überwiegenden **Gelugpa-Sekte** (Gelbmützen) gilt, verehrt. Ein Lama kann durch Anwendung tantrischer Praktiken einen direkten Weg zur Erlösung finden. Berichte von Lamas, die sich zur Meditation jahrzehntelang haben einmauern lassen, sind nicht selten. Dem unwissenden Volk bleibt hingegen lediglich die Hoffnung, im ewigen Kreis der Wiedergeburten nicht hinabzufallen, sondern möglichst auf einer höheren Stufe wiedergeboren zu werden.

Dies hängt allerdings vom **Karma** ab, der Summe aller bösen und guten Taten.

Andere Religionen

Neben dem Buddhismus ist der **Islam** vor allem im Nordwesten verbreitet. Er gelangte während der Tang-Dynastie im 7. bis zum 10. Jhdt. über die Seidenstraße nach China. Dem Islam gehören vor allem einige nationale Minderheiten in Xinjiang an, und die Hui, Chinesen, die aber aufgrund ihrer Religionszugehörigkeit zum Islam als eigene Nationalität anerkannt sind. Ningxia ist eine Autonome Region der Hui.

Die christliche Religion konnte in China nie Fuß fassen. Erste christliche Gemeinden errichteten die **Nestorianer,** die den Marienkult ablehnten und sich deshalb im 4. Jhdt. abspalteten, im 6. und 7. Jhdt. Heute spielen sie in China keine Rolle.

Nach der Reise des jungen Marco Polo kamen die ersten christlichen Missionare nach China, meist **Jesuitenpriester.** Zur Erinnerung an deren Tätigkeit findet man zwar in einigen Städten Chinas christliche Kirchen, sogar kleine Gemeinden, aber **wirkliche Verbreitung gelang dem Christentum nie.** Es wurde vor allem von den Konfuzianern bekämpft und auch von den Menschen wenig verstanden, weil es den Ahnenkult als Götzenverehrung ablehnte und damit von seinen Anhängern verlangte, aus ihrem eigenen Kulturkreis herauszutreten. Allerdings fanden die Jesuiten höchste Beachtung bei Hofe, was ihren wissenschaftlichen Kenntnissen zu verdanken war. Die Kaiser stellten sie daher gerne als Berater ein. Dadurch konnten die Jesuiten als erste verläßliche Informationen aus dem Reich der Mitte nach Europa tragen.

Kunst und Kultur

Literatur

Chinesische Literatur ist bei uns relativ wenig bekannt, obwohl es schon in den zwanziger und dreißiger Jahren, auch noch später, eine große Übersetzungsarbeit deutscher Sinologen gegeben hat. Die klassische Literatur ist das ureigenste Feld der Sinologen, die neuere chinesische Literatur wird von jüngeren Sinologen, die nach der Öffnung Chinas in den siebziger Jahren dort studieren konnten, übersetzt und bekannt gemacht. Die wichtigsten Werke der modernen Literatur sind inzwischen auch in deutscher Sprache erschienen.

Der folgende Überblick über das chinesische Literaturschaffen erhebt keinen Anspruch auf Vollständigkeit, er kann nur einen kleinen Einblick vermitteln; er orientiert sich an Schriftstellern und Werken, die auch bei uns bekannt und erhältlich sind.

Zu den ältesten literarischen Werken Chinas zählen die vier kanonischen Bücher, die als konfuzianische Klassiker gelten:

– das **Shijing** ist eine Sammlung von Liedern aus der Zhou-Dynastie;
– das **Yijing** (I Ging) ein Wahrsagebuch mit Orakeltexten, die bis in die Shang-Zeit zurückreichen;

– das **Shujing** enthält historische Dokumente und Reden von Herrschern aus der Zhou-Zeit;
– das **Liji** beschreibt die klassischen Riten, und das
– **Chunqiu**, die erste historische Chronik; das als „Frühlings- und Herbstannalen“ bekannte Werk zeichnet die Geschichte des Staates Lu aus der Zhou-Dynastie nach und hat einer historischen Epoche den Namen gegeben: die Frühlings- und Herbstperiode (770–476 v. Chr.).

Erwähnt werden muß noch das **Lunyu,** die Aufzeichnung der Gespräche des Konfuzius. Einer der ältesten Dichter ist **Qu Yuan** (330–295 v. Chr.), ein Beamter, der seinen Posten aber aufgrund von Intrigen und wegen persönlicher Enttäuschung aufgab und sich dann der Schriftstellerei widmete. Seine Werke sind von persönlicher Wehmut, Trauer und Enttäuschung über den Niedergang des Landes geprägt. Auch das Schreiben half ihm nicht über seine Depressionen hinweg; er beging schließlich Selbstmord. Noch heute gedenken die Chinesen mit dem Drachenbootfest, am fünften Tag im fünften Mondmonat, dieses Dichters.

Sima Qian ist der erste bedeutende Historiograph Chinas. Er lebte von 145 bis 86 v. Chr. in der Westlichen Han-Dynastie und führte das Werk seines Vaters zu Ende, der begonnen hatte, die gesamte Geschichte Chinas aufzuzeichnen.

Die literarische Kunst erlebte einen Höhepunkt in der Tang-Dynastie, in der sich nicht wenige Kaiser den Künsten gewidmet und als Förderer betätigt hatten. **Li Bai** (oder Li Taibo) war nur wenige Jahre am Hofe tätig, dann zog es ihn auf die Wanderschaft. Neben der Natur soll er vor allem den Wein über alles geliebt haben, was er auch in seinen Gedichten offen beschrieb. Es ist überliefert, daß er in einer Mondscheinnacht in tiefem Rausch aus dem Boot fiel, als er den Mond umarmen wollte, der sich im Wasser spiegelte.

Eine enge Freundschaft verband ihn mit **Du Fu,**, der längere Zeit in Chengdu lebte und dort einen großen Teil seines Werkes schuf. Seine Dichtkunst ist sehr sozialkritisch und widmet sich dem Leben und Leid der einfachen Leute. Als einer der größten Dichter in der folgenden Song-Dynastie gilt **Su Dongpo;** er beeinflußte nachhaltig das Schaffen späterer Literaten.

In der Ming-Dynastie entstanden die ersten großen Romanwerke. **Die Prosa benutzte erstmals auch die dem nicht konfuzianisch gebildeten Publikum zugängliche Umgangssprache.**

Berühmt ist der Roman **Die Räuber vom Liangshan-Moor.** Er spielt in der Nördlichen Song-Zeit (10.–12. Jhdt.) und handelt von unerschrockenen, verwegenen Räubergestalten, die aber einen Sinn für Gerechtigkeit behalten haben, und ähnlich Robin Hood den armen Leuten in ihrem Leid beistehen und helfen. Dieser Roman wird heute noch oft in China gelesen, es soll auch einer der Lieblingsromane Mao Zedongs gewesen sein.

In der Ming-Zeit entsteht auch das große Werk **Die Reise nach dem Westen,** das die historische Reise des Mönches Xuanzong mit den Legenden des Affenkönigs Sun Wukong verwebt. Sun Wukong ist auch heute noch allgegenwärtig. In jüngster Zeit wird er sogar zum Werbeträger für neue Produkte. In dem strengen Korsett der konfuzianischen Ethik repräsentiert der Affenkönig das Bedürfnis nach Individualität, Aufruhr und Anarchie. Sun Wukong ist ein mit magischen Kräften ausgestatteter Affe, der keinerlei Respekt vor allen Göttern und Kaisern kennt und in seiner rebellischen Art den ganzen Himmel in Aufruhr versetzt.

Im frühen 17. Jhdt. erscheinen die **ersten erotischen Romane,** die inzwischen im Ausland zu den bekanntesten Werken der chinesischen Literatur zählen dürften. Das **Jin Ping Mei** zählt zu den berühmtesten Werken dieser Gattung. Hinter den in blumigen Formulierungen, die aber nichts an Deutlichkeit offenlassen, beschriebenen sexuellen Ausschweifungen der priviligierten Schichten verbirgt sich eine Kritik am Lebensstil der Herrschenden und Begüterten, in dem Intrigen, Korruption, Leidenschaft und selbstsüchtige Sinneslust zum Alltag gehören.

Der **Traum der Roten Kammer** entstand im 18. Jhdt. und spielt ebenfalls in einer reichen feudalen Familie. Um eine rührende Liebesgeschichte herum wird der Untergang der Familie beschrieben. Seit seinem Erscheinen ist dieser Roman die Lieblingslektüre von jungen Leuten.

Die Literaturrevolution vom 4. Mai 1919 brachte den Durchbruch für die moderne Literatur. Die jungen Intellektuellen kritisierten den starren, konservativen Konfuzianismus und machten ihn für den Niedergang Chinas verantwortlich. Mittels der Literatur, die sich in allgemein verständlicher Sprache den sozialen und politischen Problemen des Landes widmen sollte, wollten sie sich dem Volk verständlich machen. Überall in den Städten entstanden **literarische Zirkel,** und unzählige Zeitschriften erschienen in den Städten, die in ihren Namen oft ein Wort gemeinsam hatten: Neu.

Zu den bedeutendsten Schriftstellern der neueren Literatur zählt **Lu Xun.** Er wollte ursprünglich in Japan Medizin studieren, widmete sich aber sehr bald der Schriftstellerei. In seinen Essays und Erzählungen nahm er Partei für die Unterdrückten und Armen und kritisierte die korrupte Herrschaft der feudalen Kaiser und der herrschenden Klassen. Vehement kämpfte er gegen den Aberglauben und Fatalismus, aber auch gegen die Dummheit und Arroganz vieler Intellektueller. Politisch ergriff er Partei für die Kommunisten und Mao Zedong, war aber niemals Parteimitglied. Seine unabhängige Stellung als Intellektueller und Künstler bewies er auch durch seine offene Kritik an den Kommunisten. Er starb im Alter von 55 Jahren nach einer schweren Krankheit; sein Werk hat überlebt und ist heute – das kann man ohne Übertreibung sagen – Bestandteil der Weltliteratur geworden.

Große Romanwerke, die den Niedergang des feudalen China und das Aufkeimen neuer, moderner Auffassungen und Ideen beschreiben, schufen **Mao Dun** und **Ba Jin**.

Bekanntestes Werk Mao Duns ist **Shanghai im Zwielicht,** das im Aufstieg und Fall einer großen Familie alle gesellschaftlichen Prozesse und Entwicklungen integriert. Die Personen sind Verkörperungen geistiger Dekadenz und sozialen Abstiegs auf der einen Seite, Träger neu aufkeimender Hoffnungen auf der anderen.

Auch Ba Jin beschreibt Familien in seiner Romantrilogie **Die Familie, Frühling** und **Herbst.** Der Roman **Die Familie** handelt von der Befreiung eines jungen Mannes aus den Fesseln der konfuzianischen Tradition. Seine Bücher haben eine ganze Generation junger Leute begeistert und inspiriert.

Nicht weniger bekannt ist **Lao She,** ein Schriftsteller, der in seinen naturalistischen Erzählungen nicht davor zurückschreckte, den derben Dialekt der Beijinger zu benutzen. Er schrieb viele Erzählungen, die vom Elend der Ausgestoßenen handeln.

Zu seinen berühmtesten Werken gehört **Der Rikschakuli**, eine Person, die mit naivem Glauben an die Gerechtigkeit verzweifelt versucht, ihren Platz in der Gesellschaft zu finden, dabei aber immer wieder ins Elend hinabgestoßen wird.

Architektur

Grundzüge chinesischer Baukunst lassen sich sehr gut z. B. im **Kaiserpalast in Beijing** studieren. Er enthält alles in Vollendung, was zu den Elementen der chinesischen Architektur gehört. Eine Palastanlage, aber auch Wohnanlagen begüterter Familien, betritt man immer durch ein Flügeltor in der die Anlage umgebenden Mauer.

Hinter dem Eingangstor versperrt die **Geisterwand** die Sicht auf den Hof und die Hauptgebäude. Geister können angeblich nicht um die Ecke gehen und werden somit von der Mauer am Eindringen gehindert.

Große Bauten, wie z. B. die drei großen Hallen im Kaiserpalast, stehen auf einer Terrasse. Die Terrasse ist das Fundament des Baus. Sie erfüllt einen praktischen Zweck, weil sie das Gebäude vor Feuchtigkeit schützt, hat aber auch eine symbolische Bedeutung: Sie steht für die Erde, während das Dach den Himmel symbolisiert.

Die Chinesen bevorzugen schon seit früher Zeit **Holz** als Baumaterial; andere Materialien waren wenig verfügbar oder aber schwer zu transportieren und zu bearbeiten. Im Laufe der Zeit entwickelte sich der komplizierte und kunstvolle **Skelettbau.**

Das Dach wird nur von den Holzsäulen getragen. Auf den Säulen liegen die Querbalken und raffiniert gegliederte Konsolensysteme, die die Dachbalken tragen. Bei den Palastbauten in Beijing sind die meisten Hallen ohne Zuhilfenahme von Nagel oder Leim gebaut. Die Dächer sind von innen manchmal offen, so daß man die Konsolensysteme gut sehen kann, meist bestehen sie aber aus bemalten Holzkassetten.

Das Dach ist mit glasierten Ziegeln gedeckt, die im Kaiserpalast gelb sind, was die Farbe des Kaisers ist, oder aber im Himmelstempel blau, der Farbe des Himmels. Die Dächer sind an den Gratenden geschwungen, was die schwere Konstruktion sehr leicht, schwingend erscheinen läßt. Auf den Gratenden finden sich Tierfiguren, die das Haus vor Unglück bewahren sollen.

Eine andere Dachkonstruktion kann man am Rundbau des Himmelstempels sehen. Das dortige Dach besteht aus drei Stufen, diese Bauweise sieht man auch oft bei viereckigen Dächern.

Die Wände haben keine tragenden Funktionen und können daher als Zierwände gestaltet werden. Typisch sind die mit verschiedenen Mustern durchbrochenen Holzeinsätze. Dem daoistischen Ziel folgend, Harmonie von Mensch und Natur zu erreichen, wird das Äußere, die Natur, in den Bau mit einbezogen. Sehr oft geschieht dies bei **Pavillons** und im Gartenbau, wo der Holzbau Teil einer künstlerischen Landschaftsgestaltung ist.

Im Palastbau sind aus Stein und festen Materialien meist nur die Mauern und die die Terrassen abschließenden Balustraden, die im Kaiserpalast aus weißem Marmor gemeißelt sind.

Den Holzskelettbau findet man auch bei den meisten Sakralbauten. Die Anlage eines Klosters hat zwar anderen Grundsätzen als beim Palastbau zu folgen, für die Gebäude hat man aber meist die gleiche Bauart verwandt.

Verschiedene Pagodenstile. Von links nach rechts: Grabpagode, Stockwerkpagode, Ringpagode, Galerienpagode, Glasurpagode.

Augenfällig sind für den Besucher die **Pagoden,** ohne die China so unvorstellbar wäre, wie ein deutsches Dorf ohne Kirche. Die Pagode geht zurück auf indische Ursprünge. Dort wurden Fürsten und Könige in Kuppelbauten auf einem quadratischen Sockel beerdigt. Über der Kuppel erhob sich ein Schaft, der an seiner Spitze einen Schirm, die **chatra,** trug. Entwicklungsgeschichtlich entspricht diesen ursprünglichen Formen am ehesten der tibetische **Tschörten,** den man auch Urnenpagode nennt.

Die chinesische Pagode ist eine überdimensionierte Weiterentwicklung des Schaftes. Die Schirme werden zu Stockwerken. Je mehr sich der Pagodenbaustil von seinen Ursprüngen entfernt, desto mehr verliert auch die Pagode ihren eigentlichen religiösen oder kultischen Gehalt.

Für den frühen Pagodenbau finden wir typische Baustile in Xi'an. Die in der Tang-Zeit entstandenen Stufenpagoden im Massivbau, die **Große und Kleine Wildganspagode,** gehören zu den bedeutendsten Pagoden Chinas. In späterer Zeit benutzt man den Holzskelettbau auch für den Pagodenbau. Um den hohen Pagoden Stabilität zu geben, hat man oft auch einen massiven Kern aus Lehmziegeln gebaut und die Holzkonstruktion drumherum gelegt. Diese Scheinpagoden haben nach außen meist mehr Stockwerke als innen tatsächlich vorhanden sind.

In Tempel, Palast- oder Parkanlagen stößt man immer wieder auf **Schmucktore,**die im Chinesischen **pailou** genannt werden. Sie sind meist im Holzskelettbau gebaut und bestehen aus ein, drei oder fünf Torbögen.

Zu den interessantesten Leistungen chinesischer Architektur ist auch der **Gartenbau** zu zählen, der bei allen Palastbauten zu sehen ist und heute zu den wichtigsten touristischen Attraktionen in Suzhou und Wuxi gehört. Suzhou entwickelte sich schon vor einigen Jahrhunderten zu einem Paradies für pensionierte Beamte, reiche Kaufleute und begüterte Künstler. Sie ließen sich in Suzhou auf engstem Raum herrliche Gartenlandschaften gestalten. Natur und Architektur gehen hier eine harmonische Verbindung ein. Durch Pavillons, Hallen, Teiche, Brücken, Torbögen und Wandelgänge versuchte man, den begrenzten Raum optisch zu erweitern. Fast mit jedem kleinen Standortwechsel erhält man neue Perspektiven, die Landschaft erscheint in ständigem Wandel. Gleichzeitig werden immer wieder Ruheplätze angeboten, die zum Verweilen, Betrachten und Ruhen einladen. Die im Holzskelettbau errichteten Pavillons mit offenen Wänden erscheinen wie ein Element der Natur selbst. Der Bau schließt den Menschen nicht ein, sondern bettet ihn in seine natürliche Umgebung.

Malerei

Auch die chinesische Malerei hat in einer über 2 000jährigen Entwicklung verschiedene Stilrichtungen hervorgebracht, und **die Malerei der Neuzeit experimentiert auch mit europäischen Formen und Techniken.**

Doch die traditionelle chinesische Malerei unterscheidet sich in Formen und Techniken wie auch in der

Auswahl der Motive und den Ausdrucksmitteln von der europäischen Malerei.

In der Han-Dynastie entstand unter dem Einfluß der konfuzianischen Ethik eine **Porträtmalerei,** die eine pädagogische Funktion erfüllen sollte. Bedeutende Persönlichkeiten wurden als Vorbild porträtiert; gemalt wurden auch Legenden und historische Ereignisse, vorzugsweise solche, die patriotische Gesinnung und staatsbürgerliche Loyalität vermittelten.

Unter dem Einfluß des Buddhismus entsteht eine **religiöse Figuralmalerei,** die man in den alten buddhistischen Kultstätten, z. B. in den Mogao-Grotten von Dunhuang, sehen kann. Ihre Vollkommenheit erreicht diese Malerei in der Tang-Dynastie, wo sie insbesondere als **Wandmalerei** in den Grabanlagen eingesetzt wird.

Nachhaltigeren Einfluß auf die chinesische Malerei hatte allerdings der Daoismus, der nicht den Menschen, sondern die Natur in den Mittelpunkt rückt. Bevorzugte Motive dieser Stilrichtung sind **Landschaften, Pflanzen, Tiere.** Auf solchen Bildern erscheinen Menschen nur als der Natur untergeordnetes Element, meist in großer Ruhe, innerer Versammlung und Einsamkeit.

In der Maltechnik kommt es auf den Pinselstrich an, der die Gefühle des Künstlers ausdrücken soll. Ein chinesischer Künstler verbringt Jahre mit dem Betrachten seiner Sujets, immer wieder studiert er Berge, Landschaften, Pflanzen und Tiere. **Nie aber wird er ein naturgetreues Abbild geben.** Zum Akt der kreativen Schöpfung begibt man sich ins Atelier und malt ein Bild aus dem Gedächtnis, wo **nicht der Gegenstand selbst abgebildet wird, sondern der Begriff, den sich der Künstler davon gemacht hat.** Ein Kriterium dieser Kunst ist es, die den Dingen innewohnende „Kraft" oder deren „Atem", wie sich der Daoismus ausdrückt, wiederzugeben. **Gemalt wurde meist auf Reispapier mit Pinsel und Tusche.** Mit dem Pinsel drückt der Künstler seine Gefühle aus, der Strich ist kräftig oder zart, sanft oder hart, dynamisch oder ruhig. Perspektive erreicht man durch die unterschiedlichen Schattierungen der Tusche.

Die traditionellen Maler schaffen ein Bild in wenigen Minuten und mit wenigen Strichen, Verwischungen oder Tupfern. Zur Beherrschung dieser Kunst benötigt man aber jahrelanges Studium und viel Übung.

Ein wesentliches Element dieser Malerei ist **die Leere,** ein Begriff, der auch in der chinesischen Philosophie eine große Rolle spielt. Dieser als „unbewohnt" bezeichnete Teil eines Bildes ist unverzichtbarer und dynamischer Bestandteil des Gemäldes. Die leere weiße Fläche in der Landschaftsmalerei kann Nebel, Wolken, einen Fluß oder anderes andeuten. Mit dieser Technik erzielt man zugleich eine Tiefenwirkung.

Die Landschaftsmalerei nennt man im Chinesischen „Zeichnen von Bergen und Wasser". Diese Naturelemente bedeuten dem Chinesen mehr als nur zwei Pole der Natur, sie symbolisieren auch die Übereinstimmung der beiden Pole des menschlichen Fühlens, Begreifens, den Verstand und das Herz.

Oft tragen Künstler einen Beinamen, der sich nach ihren bevorzugten Motiven richtet, z. B. der Pferdemaler, der Eselsmaler etc. Ein chinesischer Maler begnügt sich nicht mit der einmaligen Schöpfung, der einmaligen Wiedergabe eines Gegenstandes. Da er sein Bild nicht als naturgetreue Wiedergabe begreift, sondern als Ausdruck eines Gefühls oder einer aktuellen Stimmungslage, kann er ein Motiv immer wieder malen und wird dennoch jedesmal ein anderes Werk geschaffen haben. Einer der bekanntesten Maler dieses Jahrhunderts ist der bereits verstorbene **Qi Baishi.** Neben Landschaften, Pflanzen und Tieren, bevorzugte er vor allem Krabben. Sein Schüler **Li Keran** wird gelegentlich auch Büffelmaler genannt. Ein Zeitgenosse Qi Baishis, der ebenso berühmte **Xu Beihong,** ist durch seine Pferdebilder bekannt.

In der Technik sehr verwandt mit der traditionellen Tuschmalerei ist die **Kalligraphie,** das kunstvolle Zeichnen chinesischer Schriftzeichen, das jeder Gelehrte studieren mußte. Ein Kalligraph muß alle Schriftstile beherrschen. Die eigentliche Kunst besteht in der Entwicklung eines eigenen, unverwechselbaren Schreibstils, der **sowohl ästhetischen Kriterien genügen muß als auch den eigenen Charakter und Gefühle ausdrücken soll.**

Die Kalligraphie wird bis in die Neuzeit gepflegt und anerkannt. Selbst Mao Zedong, dessen klassische Bildung oft übersehen wird, kalligraphierte seine eigenen Gedichte, die er nach klassischen Vorbildern schuf.

Bevorzugte Schreibstile sind die **Siegelschrift,** die auf die Shang-Dynastie zurückgeht, und die **Kursiv-** oder die **Grasschrift.** Die Siegelschrift verwenden die meisten Künstler für ihr eigenes Siegel, das mit roter Stempelfarbe auf jedes Gemälde gedrückt wird. **Xingshu,** das ist die Kursivschrift, heißt im Chinesischen „Flüssige Hand", noch beliebter ist allerdings die Vollkursivschrift, **Caoshu,** meist Grasschrift genannt. Bei diesem Schreibstil werden die vielen einzelnen Pinselstriche eines Schriftzeichens zu einem schnellen Schriftzug zusammengezogen. Dieser Stil bietet den Künstlern die besten Möglichkeiten zu eigener Kreativität.

Dichtung, Malerei und Kalligraphie sind in der chinesischen Kunst unzertrennliche Elemente. Aus der Vereinigung dieser drei Künste entstand in der Tang-Dynastie die **Literatenmalerei;** sie entwickelte sich bis in die Neuzeit hinein zur wichtigsten Strömung in der chinesischen Malerei. Diese Kunst integriert in einem Bild alle drei Elemente. Die Inspiration liefert oft ein Gedicht, das in ein Bild übertragen wird. Das Gedicht selbst bekommt einen wohlbedachten Platz in der Komposition des Gemäldes, und beim Schreiben desselben drückt der Künstler seine Gefühle auch in der Kalligraphie aus.

Einer der größten Meister dieser Literatenmalerei war der Songzeitliche Künstler **Su Dongpo** (1035–1101).

Der sozialistische Realismus, der nach der Gründung – orientiert an dem Vorbild der Sowjetunion –

staatlicherseits gefördert, nicht selten auch gefordert wurde, konnte die traditionelle Malkunst nicht verdrängen. Seit der Liberalisierung nach dem Tode Mao Zedongs und der Entmachtung der sogenannten Viererbande genießt sie wieder hohe Achtung und hat ihren alten Stellenwert zurückgewonnen.

Keramik

Die Keramik gehört in der Geschichte Chinas zu den bedeutendsten Künsten, die auch im Ausland Anerkennung gefunden hat.

Die **älteste Tonware** ist aus dem **Neolithikum** erhalten. Die Töpfer der jungsteinzeitlichen Yangshao-Kultur in den Tälern des Huanghe schufen eine Tonware von Hand, die mit geometrischen Mustern und Tierzeichnungen versehen war. In der zur gleichen Zeit existierenden Longshan-Kultur im heutigen Shandong kannte man bereits die Töpferscheibe. Sie bevorzugten Keramik mit schwarzem Grundton, deren Oberfläche poliert war.

Diese frühe Irdenware besaß einen weichen und porösen Scherben. Aber schon in spätneolithischer Zeit wurden kaolinhaltige oder **Porzellanerde** bei 1 000 °C gebrannt. Die bis dahin gefertigten Erzeugnisse hatten durchweg Gebrauchscharakter. Es waren Eßgefäße, Vorratsbehälter oder Urnen für verstorbene Kinder.

Die **Glasur** ist vermutlich auch in China zufällig entdeckt worden, möglicherweise dadurch, daß alkalihaltige Asche glänzende Flecken auf dem Brenngut hinterließ. Die Glasur machte die Oberfläche glatter, das Material dichter und schuf nun die **Möglichkeit neuer künstlerischer Gestaltung.**

Die vor 3 000 Jahren in der Shang-Dynastie hergestellten **Seladone** sind im wesentlichen schon mit dem späteren Porzellan identisch. In die Shang-Zeit fällt die Entdeckung der Bronze, was die Herstellung von Tonwaren etwas in den Hintergrund drängte.

In der Qin- und Han-Dynastie wird Irdenware vor allem zu **Grabkeramik** verarbeitet. Die Herrscher verzichteten erstmals auf die Mitnahme von Menschenopfern, Hausstand und Tieren in die Gräber. Sie begnügten sich mit Tonware.

Für den ersten Qin-Kaiser wurden noch **lebensgroße Menschen und Tierfiguren** produziert. Doch schon in der Han-Dynastie beschränkte man sich auf kleine **Statuetten.** Die Figuren wurden in Formen hergestellt, gebrannt und meist mit **Mineralfarben** kalt bemalt.

Bis ins 6. Jhdt. konnte der Brennvorgang wesentlich verbessert werden, womit auch glattere Oberflächen erreicht wurden. In dieser Zeit entwickelten sich die Seladone, meist zartgrüne Glasuren, die über verschiedene Grünschattierungen bis zu Blau und Grau reichen. Die Farben entstehen durch einen Überzug aus eisenhaltiger, verflüssigter Tonerde, der vor dem Glasieren aufgetragen wird.

In der Tang-Dynastie entstand die weltberühmte **Drei-Farben-Glasur** (braun, grün, rot), die durch Zusetzen von Kupfer, Eisen und Kobalt entstand. Die Farben wurden meist nebeneinander aufgetragen, so daß sie beim Brennen ineinanderliefen.

Hervorragende Exemplare der Tang-Keramik findet man in den Museen Zentralchinas. Beliebtestes Motiv war das Pferd. Tang-Pferde sind auch im Ausland bekannt, und sie werden heute überall kopiert und angeboten. Das Tang-Pferd weist auf den florierenden Seidenhandel hin, dem das Pferd als Lasttier diente. Die Adelsschicht der Tang-Zeit vergnügte sich bei einem aus Persien importierten Spiel zu Pferde, dem Polo.

Die folgende Song-Dynastie markiert einen **Höhepunkt in der Keramikkunst.** In dieser Zeit bevorzugt man **monochrome Glasuren.** Das grünliche Seladon wurde, zur Vollkommenheit entwickelt, von den Manufakturen sogar ins asiatische Ausland geliefert.

Daneben muß auch die **Ding-Keramik** erwähnt werden, die in Dingzhou in der Provinz Hebei hergestellt wurde. Sie bevorzugte **zarte, cremefarbene Glasuren** mit dezenten Dekors.

Weltberühmtheit erlangte auch das **Ming-Porzellan mit** seinen **blauen Dekors auf weißem Grund.**

Jingdezhen in der Provinz Jiangxi wurde die berühmteste Porzellanmanufaktur Chinas, die hauptsächlich blauweißes Porzellan, aber auch rotes Porzellan produzierte. Nachdem Jingdezhen während des Taiping-Aufstands zerstört worden war, wird es heute wieder zum Zentrum der chinesischen Keramikkunst ausgebaut.

Ming-Vase aus Porzellan mit dem typischen blauen Dekor.

In der Qing-Zeit entwickelte man in Jingdezhen das **famille-rose-Porzellan.** Es handelt sich dabei um emailliertes Porzellan, in dem aus Goldchlorid gewonnenes **Rosenrot** vorherrschte.

Bronzen

Schon vor 4 000 Jahren wurde die Bronze in China entdeckt. Die Blütezeit der Bronzekunst fällt in die Dynastien Shang, Zhou und Han, also **vom 16. Jhdt. v. Chr.** bis etwa um die Zeitenwende.

In der **Shang-Dynastie** wurden aus Bronze vor allem **Opfer- und Kultgefäße** gefertigt, daneben noch **Waffen, Gerätschaften,** und in der **Han-Dynastie** vor allem **Bronze-Spiegel.**

Zentren der Bronzekunst in der Shang-Dynastie lagen bei Zhengzhou und Anyang in der Provinz Henan, dort, wo die Shang-Herrscher ihre Hauptstadt hatten. Die **Ritualgefäße** der Shang sind meist sehr robust, weisen aber im Guß schon **reiche Verzierungen** auf. Bevorzugt wurden dazu Tiermotive. Immer wieder sieht man die sogenannte **Teufelsfratze, Taotie.** Sie ist aus zwei symmetrisch gegenüberstehenden dämonischen Fratzen gebildet. Daneben findet man viele **Tiermotive, Drachen, Tiger und Schildkröten.** In der späten Shang-Zeit nehmen die Gefäße sogar die Formen der Tiere an. Shang-Bronzen enthalten innen, oder später auch sichtbar außen angebracht, **Inschriften,** die Auskunft über den Hersteller, den Auftraggeber und den Zweck des Gegenstandes geben. Diese Inschriften haben den Wissenschaftlern reiches Material für ihre Forschungen geliefert. Für die Shang-Zeit typisch sind die **Ding-Gefäße,** schwere runde Töpfe, die auf drei Füßen stehen.

In der **Zhou-Dynastie** wurden aus Bronze **große Glockenspiele** hergestellt.

1978 hat man in der Nähe von Wuhan ein 2 300 Jahre altes Fürstengrab entdeckt, in dem man ein großes, sehr gut erhaltenes Bronzeglockenspiel fand. Es besteht aus 65 kleinen und großen Glocken, die auf einem Holzgestell angebracht waren. Die größte Glocke wiegt über 200 kg. Angeschlagen wurden die Glocken mit Holzklöppeln, die größeren mit langen Holzstangen. In der **Han-Dynastie** erlangte die **Bronzespiegelproduktion** besondere Bedeutung. Sie dienten sowohl als Gebrauchsgegenstand, als Schmuck, als auch als Grabbeigaben. Die Spiegelseite ist glatt polierte Bronze, interessant sind aber mehr die Rückseiten, die oft reiche und feine Verzierungen aufweisen.

Peking-Oper

Kaum etwas ist für Ausländer schwerer zu verstehen als eine chinesische Oper, und noch unverständlicher scheinen die Reaktionen des chinesischen Publikums. Sie klatschen schon, wenn ein Akteur die Bühne betritt, ohne daß er ein einziges Wort gesagt hätte. Nach aufregenden akrobatischen Einlagen bleiben sie stumm, während Ausländer in wahre Klatschorgien ausbrechen. Da läuft ein alter Mann auf der Bühne im Kreis, schüttelt in schnellen Bewegungen und ausdauernd den Kopf, und die Chinesen fallen in wahre Verzückung.

Chinesen, es sind meist ältere Männer, kennen ihre Opern, die Gesänge, die Monologe, die Handlung. Mit durchschnittlichen Darbietungen sind sie nicht mehr zu begeistern. Sie gehen in die Oper, weil sie einen bestimmten Darsteller oder ein Ensemble sehen wollen, sie erkennen die Feinheiten, die besonderen Fähigkeiten und Leistungen eines Schauspielers.

Die **Peking-Oper,** nur eine von etwa hundert Stilrichtungen in der chinesischen Oper, eignet sich für Ausländer, die von Sprache und Gesang und daher auch vom Inhalt meist wenig verstehen können, besonders gut, weil in ihr neben Gesang und Rezitation auch Pantomime und Akrobatik eine große Rolle spielen. Mit etwas Aufmerksamkeit und Phantasie lassen sich auch die vielen pantomimischen Elemente verstehen, wenn man über ihren Einsatz und Bedeutung einige Vorkenntnisse besitzt. Das Bühnenbild kommt fast ohne Dekoration und Requisiten aus. Dinge und Geschehnisse werden mit pantomimischen Mitteln dargestellt. **Jede Handbewegung, jedes Zupfen am Bart, das Aufschlagen der Ärmel, das Heben eines Fußes, all dies ist exakt vorgeschrieben, folgt uralten Mustern und ist jedem chinesischen Zuschauer sofort verständlich.**

So bedeutet zum Beispiel das Heben einer Peitsche, daß der Akteur reitet, ein Ruder oder oft auch nur Ruderbewegungen deuten eine Bootsfahrt an, laufen die Akteure einmal im Kreis, dann legen sie einen langen Weg zurück, streicht man langsam seinen Bart, dann denkt man nach, zwei Fahnen mit Rädern stellen eine Kutsche dar, vier Generäle und vier Soldaten stehen für eine Armee von tausend Soldaten usw. usw. Dies alles geschieht auf einer fast leeren Bühne, ein Tisch und einige Stühle dürfen schon als reichliche Bühnenausstattungen gewertet werden.

Die üppigen und farbenprächtigen Gewänder erfreuen besonders das Auge des Zuschauers. Auch hier können von der Farbe eines Gewandes Rückschlüsse auf die soziale Stellung des Trägers gezogen werden. So ist die Farbe Gelb ausschließlich dem Kaiser vorbehalten, Rot trägt der Adel, und Schwarz ist die Farbe der Banditen.

Charakterschauspieler der Peking-Oper.

Vier Rollentypen kennt die Peking-Oper: **Dan,** das sind die weiblichen Rollen, die früher nur von Männern gespielt werden durften; **Sheng** heißen die männlichen Rollen; **Chou,** das ist der Spaßmacher, der Narr oder ein naiver Tölpel, jedenfalls eine Figur, die das Lachen besorgt; und schließlich die **Jing,** die grell bemalten Masken, die sich je nach Farbe der Maske wieder in positive und negative Charaktere unterteilen. Überwiegend rote Maske kennzeichnet einen tapferen und treuen Mann, Schwarz steht für grobe, strenge aber dennoch aufrichtige Charaktere, Blau kennzeichnet den Grausamen, Gelb den Falschen und Weiß den Listigen. Gelegentlich tauchen auch Geister auf, die dann goldene oder silberne Masken tragen.

Dank der ausgeprägten Symbolik ist ein Verstehen der Sprache kaum noch notwendig. Eine Feststellung, die durchaus ihre Berechtigung hat. Da im Pekinger Dialekt gesprochen und gesungen wird, haben vor allem Südchinesen Verständnisprobleme. Wenn mit den hohen Kehlkopfstimmen gesungen wird, wird der Text an die Seitenwände der Bühne projiziert.

Es empfiehlt sich, in normaler Freizeitkleidung oder im normalen Straßenanzug die Oper zu besuchen, es könnte sonst sein, daß man in exklusiver Abendrobe beim chinesischen Publikum mehr Aufmerksamkeit erzeugt als die Akteure auf der Bühne.

Chinesische Medizin

Die chinesische Medizin ist in Europa vor allem durch die **Akupunktur** bekannt geworden, eine Therapie, die Krankheiten mit Nadelstichen an bestimmten Punkten des Körpers heilt. Heute sind 780 solcher Nadelpunkte am menschlichen Körper bekannt. Diese Punkte sind durch 14 Meridiane (Körperlinien) miteinander verbunden.

Jeder Nadelpunkt ist genau definiert, sowohl in seiner Lage als auch in seiner Wirkung. Die Nadeln werden verschieden tief eingestochen und verbleiben dann einige Minuten bis zu einer halben Stunde im Körper. Eine besondere Stimulation kann durch das Drehen der Nadel oder durch elektrische Impulse geschehen.

Die Akupunktur ist eine Erfahrungsmedizin, die in China vermutlich schon fast 5 000 Jahre existiert. Die frühen historischen Aufzeichnungen nennen den legendären Kaiser Huang Di als Erfinder der Akupunktur. Schon in der Han-Dynastie existierte ein medizinisches Werk, das Neijing, welches auf Kaiser Huang Di zurückgehen soll. Es enthält Beschreibungen der Nadelpunkte, der Meridiane, der therapeutischen Wirkung und der Anwendung der Nadeln.

Archäologische Funde haben gezeigt, daß man schon in der Steinzeit Steinnadeln zum Aderlaß, Eiterableiten und anderen Zwecken benutzte. Später gab es Knochen- und Bambusnadeln. An deren Stelle traten später Kupfer- und Eisennadeln. Heute werden die feinen Nadeln aus Gold, Silber oder Stahl hergestellt.

Die Akupunktur beruht nicht auf einer naturwissenschaftlichen Theorie sondern lediglich auf einer empirischen Basis, weswegen sie von Schulmedizinern oft als unwissenschaftlich abgetan wird. Noch heute streiten die Wissenschaftler über die Funktionsmechanismen dieser Therapie. Unstrittig ist, daß mittels Akupunktur Schmerzzustände gemildert werden können. Auch allergische Erkrankungen und funktionelle Störungen lassen sich behandeln.

Grundlage der chinesischen Medizin ist ein ganzheitliches Denken, das auf den alten Prinzipien der chinesischen Philosophie beruht. In der Han-Dynastie begannen Gelehrte, die Akupunkturtherapie in ein theoretisches Ordnungssystem einzufügen.

Die **Polarität von Yin und Yang,** das kosmische Prinzip der chinesischen Philosophie, dessen Wirken die Harmonie schafft, wurde nun auf die Medizin übertragen. Demnach wurden alle Organe und Körperteile des Menschen in Yin und Yang eingeteilt. Die Krankheit des Menschen wird als eine Störung des Gleichgewichts dieser beiden Pole begriffen; die Therapie zielt folglich auf eine Wiederherstellung dieser Harmonie.

Aufgrund einer Untersuchung, die in der traditionellen Medizin aus Betrachten, Hören und Riechen, Fragen und Pulsfühlen besteht, gelangt der Arzt zu der Diagnose, welches Organ in seiner Funktion gestört ist. Die Therapie muß dann an den für die Stimulation dieses Organs festgelegten Nadelpunkten ansetzen.

Durch die Art des Nadelstichs – mehr oder weniger tief – und die Art der Stimulation – einfach stechen oder drehen – erreicht der Arzt entweder eine Beruhigung oder eine Anregung des betreffenden Organs.

Meist müssen solche Akupunkturbehandlungen mehrmals über einen längeren Zeitraum vorgenommen werden, um eine befriedigende Wirkung zu erzielen.

Die Akupunktur ist schmerzfrei; an den Einstichstellen spürt man lediglich eine leichte Wärme.

Auf dem Lande ist die Akupunktur noch weit verbreitet, weil sie einfach, ohne Nebenwirkung und ohne große Ausrüstung durchgeführt werden kann.

Sehr umstritten, auch in China, ist die Akupunktur-Anästhesie. In der

Kulturrevolution erlebte die Akupunktur als traditionelle chinesische Medizin einen Aufschwung, während die westliche Medizin abgelehnt wurde. Aus dieser Zeit stammen auch die Bilder von aufsehenerregenden Operationen, bei denen die Patienten lediglich mit Akupunktur anästhesiert worden waren und, das Rote Buch studierend, bei vollem Bewußtsein die Operation miterlebten. Inzwischen haben auch chinesische Ärzte aufgedeckt, daß dies mehr zu Propagandazwecken veranstaltet worden sei. Eine Akupunktur-Anästhesie erscheint möglich, es gibt jedoch keine gesicherten Erkenntnisse, wie sie auf einzelne Patienten wirkt.

Eine weit größere Bedeutung kommt der **Heilkräutermedizin** zu, eine ebenfalls empirische Medizin, die erst sehr viel später von dem Yin-und-Yang-Denken erfaßt wurde. In der Vergangenheit waren Heilkräuter für die arme Landbevölkerung meist die einzige verfügbare Medizin. Heilkräutermedizin spielt auch heute noch eine große Rolle, nicht zuletzt weil sie viel billiger ist als westliche Medizin.

Die **Moxibustion** ist eine Form der Akupunktur mit Heilkräutern. Statt durch Nadelstiche, werden die Körperpunkte dabei durch Wärme stimuliert: Über den angegebenen Punkten werden kegelförmig gepreßte Heilkräuter abgebrannt.

Chinesischer Kampfsport

Überall in den chinesischen Städten, auf den Plätzen, in Parks oder auf Hinterhöfen sieht man in den frühen Morgenstunden Leute zusammenkommen, um sich mit **Gymnastik** für den Arbeitstag frisch zu machen. Obwohl einige junge Leute inzwischen auch gerne dem Laufen frönen, sieht man doch zumeist das traditionelle **Schattenboxen.** Der Bund (die Hafenpromenade) in Shanghai verwandelt sich am frühen Morgen in einen riesigen Sportpark, in dem man fast alle Stile der chinesischen Kampfkunst beobachten kann. Ältere Leute bevorzugen die ruhigen, fließenden Bewegungen des Schattenboxens, die Jüngeren begeistern sich an den harten, aggressiveren Stilen des **Kungfu,** das auch mit Waffen betrieben wird.

In China nennt man diese Kampfsportarten **Wushu.** Was heute als gymnastische Übung betrieben wird, hat vor vielen Jahrhunderten als kriegerischer Ernst begonnen.

In der Westlichen Zhou-Dynastie (1100–771 v. Chr.) galt das Wushu neben dem **Bogenschießen und Reiten** schon als Wehrsport. In der Han-Dynastie pflegte man das **Xiangpu,** einen Ringkampf. Vermutlich im 5. Jhdt. entwickelten die Mönche des Shaolin-Klosters bei Luoyang das **Shaolin-Boxen.** Dem ersten Tang-Kaiser dienten sie als Leibwache und verhalfen ihm zum Thron, indem sie bei der Ausschaltung eines Rivalen kräftig mitmischten.

In späterer Zeit verlor diese Art des Kämpfens durch das Aufkommen der Schußwaffen an Bedeutung. Das Wushu überlebte als gymnastische Übung, und es gibt davon inzwischen eine fast unübersehbare Zahl von Arten und Stilen.

Man unterscheidet zwei Hauptrichtungen. Die „äußere" Kampfkunst ist aggressiv und darauf ausgerichtet, einen Gegner zu besiegen. Folglich sind für die Kampfstile der „äußeren" Richtung Schnelligkeit, Reaktionsvermögen, Beweglichkeit, Härte und Kraft wichtig. Die bekannteste Kampfart dieser Richtung ist das Shaolin-Boxen, das im Ausland meist als Kungfu bezeichnet wird und durch die Filme aus Hongkong bekannt wurde.

Die Bewegungsformen des Shaolin-Boxens sind Nachahmungen von Tierbewegungen, das Reißen des Tigers, die Geschmeidigkeit der Schlange, die Sprungkraft des Leopards usw. Gekämpft wird mit den Fingern, den Fäusten und den Füßen. Schnelle Bewegungen, Drehungen, Sprünge und blitzschnelle Schläge kennzeichnen diese Boxart. Sie setzt ein hartes Training voraus, das früher damit begann, daß man die gespreizten Finger über Jahre und Jahrzehnte hinweg tagtäglich in die Rinde eines Baumes schlug. Ein Meister des Shaolin-Boxens, vor einigen Jahrzehnten noch Abt des Klosters, beherrschte in hohem Alter noch den Stand auf zwei Fingern. Die Legenden erzählen von alten Meistern, die übernatürliche Kräfte besaßen: das Richten des Fingers auf den Gegner genügte, um ihn zu töten.

Während der Ming-Dynastie gelangte das Shaolin-Boxen nach Japan und vermischte sich mit dortigen Kampfstilen zu dem bekannten **Judo.**

Die Kampfstile der „inneren" Richtung werden meist von älteren Leu-

ten bevorzugt. Nicht nur weil es langsamer, sanfter und weicher ist. Nein, auch, weil man für diese Kampfstile oft eine große Fähigkeit zur geistigen Sammlung und Konzentration benötigt. Hauptstil der „inneren" Richtung ist das **Taijiquan,** das Schattenboxen. **Das Taiji** geht zurück auf daoistische Vorstellungen und **zielt auf die Einheit aller Kräfte des Menschen,** seiner körperlichen, geistigen und spirituellen Kräfte. Die Bewegungen sind langsam und sanft, erfordern aber Ausgeglichenheit, innere Ruhe und viel Konzentration. Die fließenden Bewegungen müssen im Einklang mit der Atmung stehen. So gibt es schließende Bewegungen, bei denen man einatmet, öffnende, bei denen ausgeatmet wird. Seine Vollendung findet das Taiji in der Partnerübung. Bei dieser nicht leicht zu erlernenden Übung fließen die Bewegungen nicht nur ineinander, sondern auch von einer Person zur anderen. Öffnende Bewegungen des Einen werden vom Partner aufgenommen und in kreisförmigen Bewegungen neutralisiert.
Diese Art des Schattenboxens versinnbildlicht am deutlichsten die Übereinstimmung mit dem philosophischen Denken der Chinesen, das auf dem Gegensatz von Yin und Yang, den zwei Polen des Lebens, die sich in allen Dingen wiederfinden, fußt.

Neben diesen beiden Hauptstilen gibt es eine Reihe anderer, von denen einige noch erwähnt werden sollen.

Das **„lange Boxen"** bevorzugen junge Leute, weil es Geschicklichkeit, Elastizität und Schnelligkeit verlangt.

Gleiches gilt für das **Nanquan, das Südboxen,** das am ehesten daran zu erkennen ist, daß die Kämpfer ihre Angriffsbewegungen mit lauten Schreien unterstützen. Hier werden auch viel mehr die Beine eingesetzt als in anderen Stilen.

Dem Shaolin-Boxen ähnlich sind einige ausgefallene Stile, wie das **Ziuquan, das Betrunkenenboxen.** Das Imitieren eines Betrunkenen soll den Gegner täuschen. Überraschend und überaus schnell wechselt der Kämpfer die taumelnden Bewegungen mit schnellen, zielgerichteten Angriffen.

Das **Affenboxen** imitiert die Bewegungen eines Affen. Das **Kranichboxen** ist ebenfalls ein sehr ausgefallener Stil. Neben diesen Faustkampfarten gibt es eine Reihe von Stilen, die mit Waffen arbeiten, sowohl mit „kurzen" als auch mit „langen".

Zu den kurzen Waffen zählen Dolche, Kurzschwerter und Haken. Lange Waffen sind der Stock, der Langspeer und das Breitschwert. Darüber hinaus gibt es noch die Gliederwaffen, die Hammerkette, einen dreiteiligen Stock und die neungliedrige Peitsche. Heute verwendet man selbstverständlich nur Holzimitationen.

In jüngster Zeit sind diese Sportarten wieder sehr populär geworden, und allerorten organisiert man Wushu-Sportfeste, die meist auch im Fernsehen übertragen werden.

Die chinesische Küche

Ohne Zweifel gehört die chinesische Küche zu den berühmtesten und besten der ganzen Welt. China-Restaurants findet man in fast allen Teilen der Welt. Doch was Sie aus den heimischen China-Restaurants kennen, sollte man nicht unbedingt mit chinesischer Küche gleichsetzen. Es sind die Kunden, die den Restaurants bestimmte Gerichte und Zubereitungsarten aufzwingen. Auch ist es bei einem chinesischen Festessen unüblich, daß man sich nur mit einer oder zwei Speisen begnügt.

Das Essen gehört zu den nachdrücklichsten Erlebnissen von China-Touristen, für einige auch zu den nachhaltigsten, im positiven wie im negativen Sinne. Aufgeschlossenheit und Neugier und Lust an Gaumenfreuden sind die Voraussetzung, um ein chinesisches Essen genießen zu können.

Vergessen Sie alle Vorurteile und das Gerede von Hunden, Katzen, Schlangen und faulen Eiern, denn Hunde und Katzen werden nur sehr selten gegessen, Schlangen können sehr gut schmecken, und auch die „faulen Eier" sind alles andere als faul.

Vielleicht hilft es Ihnen zu wissen, daß Chinesen ähnliche Vorurteile gegenüber unserem Essen haben. Für sie ist nämlich Käse nichts anderes als faule Milch und das Steakessen ein Relikt barbarischer Unkultur.

Man ißt in China meistens mit acht Personen an einem runden Tisch. Serviert werden mehrere Gänge, jedoch mindestens soviel, wie Personen am Tisch sitzen. Zu einem normalen Essen gehören kleine Vorspeisen, Fleischgerichte, verschiedene Gemüse, eine Suppe und Nachspeisen.

Reis wird oft erst zum Schluß serviert. Bei einem guten Essen erwartet der Gastgeber, daß man sich an den guten Gerichten satt ißt und des Reises nicht mehr bedarf. Suppen sind in China keine Vorspeisen, sie werden mittendrin oder am Ende aufgetischt.

Für die Reihenfolge der Speisen gibt es sehr komplizierte Regeln, die bei einem normalen Essen nicht immer eingehalten werden. Aber wahre Gaumenfreuden bereitet erst die gut abgestimmte, richtige Folge der Speisen. So wechseln „feste" mit „weichen" Gerichten, scharfe mit milden, süße mit sauren, nach Geflügel sollte ein Fisch oder Fleisch folgen, niemals aber Huhn und Ente hintereinander usw.

Zutaten und Zubereitungsarten sind stark von den natürlichen Bedingungen geprägt. Die wichtigsten Getreidearten sind Reis, Hirse und Weizen. Im Süden wächst mehr Reis, deswegen bevorzugt man hier dieses Getreide, während man im Norden mehr Nudeln ißt.

Den knappen Ackerboden, nur etwa 11% der Gesamtfläche, kann man nicht für Viehzucht verschwenden. Daher spielt Rindfleisch in der chinesischen Küche keine besondere Rolle, dafür umso mehr Schweinefleisch und Geflügel, denn diese Tiere lassen sich leicht im Hof und ohne großen Aufwand halten. Auch Milchprodukte sind daher so gut wie unbekannt.

In der Natur entdeckten die Chinesen viele verzehrbare Pflanzen – wie Wurzeln, Knollen, Tang, Meerespflanzen, Wasserkastanien, Bambus, ja sogar Blumen.

Da der Ackerboden schon immer sehr intensiv genutzt wurde, fehlte es auch an Brennmaterial. Folglich war man gezwungen, energiesparend zu kochen. Fleisch wird deshalb in kleine Würfel oder Streifen gehackt und im **Wok,** der chinesischen Bratpfanne, nur einige Minuten gebraten. In gleicher Weise verfährt man mit dem Gemüse. Selbst Geflügel wird nur kurz angekocht, dann läßt man es in der Kochflüssigkeit ohne Feuer weitergaren. Energiesparendes Dämpfen kann man oft bei den Garküchen am Straßenrand beobachten. Da werden mehrere Bambusdämpfer, runde Körbe, zu hohen Türmen aufeinandergeschachtelt und über das Feuer gestellt.

Probleme bereitete auch die Konservierung der Zutaten. Noch heute gibt es in kaum einem Haushalt Kühlschränke. Hausfrauen und Köche müssen daher alles frisch vom Markt besorgen. Geflügel wird erst kurz vorm Kochen geschlachtet. Das ist zwar alles sehr aufwendig, aber frische Zutaten schaden keiner Küche, im Gegenteil.

Was aufbewahrt werden soll, wird meist an der Luft getrocknet, vor allem das Gemüse, aber auch Fleisch und Geflügel. Auch das Pökeln gehört zu den Konservierungsmethoden.

Selbstverständlich entwickelte sich die chinesische Küche vorzugsweise in der Oberschicht. Das gemeine Volk mußte sich oft mit einer Handvoll Reis begnügen. Auch heute noch sind Reis und Nudeln, zusammen mit Gemüse, Hauptbestandteil der täglichen Ernährung. Fleisch gibt es nicht alle Tage.

Die reiche Oberschicht aber verlangte gutes Essen und abwechslungsreiches Essen. Besonders in den Palästen waren die Köche daher zu immer neuen Kreationen gezwungen, die Auswahl der Zutaten blieb aber beschränkt. Gewürze zur Verfeinerung, geschmacklichen Verbesserung oder Veränderung sind daher in der chinesischen Küche unverzichtbar.

An den großen Festtagen laden auch die Chinesen Gäste aus der Verwandtschaft oder Nachbarschaft zum großen Essen ein. Dann müssen gleich mehrere den ganzen Tag einkaufen gehen, um frische Zutaten zu bekommen. Gäste kommen meist früher als zur geladenen Zeit, denn es ist ein Gebot der Höflichkeit, daß man dem Gastgeber seine Hilfe bei der Zubereitung anbietet. Zu tun ist wahrlich genug, denn vor dem Kochen muß alles gewaschen, gesäubert und geschnitten werden.

Beim Essen gilt es als unhöflich, wenn man einen Gang nicht probiert; man beschränkt sich daher auf kleine Häppchen von jedem. Zum Essen gehören Ruhepausen, bei denen oft auch geraucht wird.

Größte Schwierigkeiten bereitet den Ausländern das Essen mit den Stäbchen. Messer und Gabel werden zwar meist angeboten, doch Sie sollten nicht allzu früh aufgeben, denn alle Speisen sind mundgerecht zugeschnitten und lassen sich daher problemlos mit den Stäbchen aufnehmen.

Wichtig ist, daß man von Anfang an die richtige Handhabung erlernt:

Man faßt das erste Stäbchen etwa in der Mitte, und legt es in die Daumenbeuge, das vordere Ende liegt auf der Fingerkuppe des Ringfingers. Dieses Stäbchen muß festliegen, denn es wird bei der Handhabung nicht bewegt.

Das zweite Stäbchen nimmt man zwischen Daumen, Zeigefinger und Mittelfinger. Mit einem Druck des Zeigefingers läßt sich das obere Stäbchen leicht gegen das untere bewegen. Auf diese Weise werden die Speisen zwischen den vorderen Enden der Stäbchen festgeklemmt. Drücken Sie nicht zu fest, sonst rutschen die Speisen wieder 'raus.

Es bedarf einiger Übung, aber am Ende der Rundreise beherrschen Sie diese Kunst perfekt.

Die chinesische Küche ist nicht einheitlich, sie besteht aus vielen regionalen Küchen. Im Westen ist meist die Kanton-Küche bekannt, weil die meisten Auslandchinesen aus der Südprovinz Guangdong oder aus Hongkong stammen.

Die Kanton-Küche ist mild; sie verwendet wenig Salz und Gewürz. Oft wird jedoch eine kräftige Hühnerbrühe verwendet. Gebratene Ente, geräuchertes Schweinefleisch oder Schweineklößchen und mit Fleisch oder Süßigkeiten gefüllte Teigwaren sind Gerichte aus der Kanton-Küche.

Vor allem wird in Kanton viel gedämpft. Meerestiere und -pflanzen sind reichlich vorhanden und tauchen daher auch oft auf der Speisekarte auf. Hummer, Austern, Muscheln, Abalone und Seegurken zählen zu den Spezialitäten. Die Kantonesen sind selbst in China dafür berüchtigt, daß sie alles essen, was auch nur im entferntesten eßbar erscheint. Auf den Märkten findet man daher auch Frösche, Kröten, Salamander, Schlangen, Katzen, Eulen und allerlei Fisch und Seegetier.

Die Peking-Küche ist auch mild, aber etwas schwer. Zu den Grundnahrungsmitteln zählen Nudeln und Dampfklöße. Es wird viel gebraten; wegen der Nähe des Weidelandes im Norden findet man hier öfter Rindfleisch, ja sogar Lamm. Zwiebeln, Knoblauch, Schalotten und Lauch werden viel verwendet.

Die 600 Jahre lange Anwesenheit des kaiserlichen Hofes ist natürlich auch auf die Peking-Küche nicht ohne Einfluß geblieben. Es wäre hier nicht genügend Platz, all die Spezialitäten dieser Küche aufzulisten. Am bekanntesten ist die Peking-Ente (siehe Kasten).

Die Shanghai-Küche ist sehr schmackhaft, viele Gerichte sind

Peking-Ente

Wer nach Beijing kommt, möchte selbstverständlich die berühmte Peking-Ente genießen. Da dies für fast alle Touristen gilt, ist ohne Vorbestellung kein Platz zu bekommen. Wer Beijing schon kennt, der weiß, daß es am schönsten im alten **Quanjude-Pekingenten-Restaurant** am Qianmen-Tor ist. Das Restaurant hat seit einigen Jahren eine Filiale in der Hepingmen-Straße, das **3 000 Gäste** aufnehmen kann, was leider auf Kosten der Atmosphäre und der Gemütlichkeit geht.

Peking-Enten müssen in Beijing gemästet sein. Das Restaurant bezieht seine Enten von den Mastfarmen am Stadtrand. Die Enten sind reif für den Grill, wenn sie etwa 65 Tage alt sind und 2 kg wiegen. Die letzten 20 Tage bekommen sie spezielles Futter und dürfen sich möglichst nicht mehr bewegen; dadurch wird das Fleisch zart und die Haut dünn.

Die Enten werden ausgenommen, abgebrüht und mit Zuckerwasser begossen, dadurch wird die Haut beim Grillen dattelrot und knusprigsüß. Vor dem Grillen wird die Ente mit kochendem Wasser gefüllt und zugenäht. Danach wird sie etwa 30 bis 40 Minuten über offenem Feuer gegrillt; nur Dattel-, Pfirsich- und Birnbaumholz dürfen hierfür genommen werden.

Die fertige Ente wird in dünne Streifen geschnitten und – mit Lauch und Soße in Weizenfladen eingerollt – verzehrt.

Für eine komplette Ententafel werden aus allen Teilen der Ente – aus Innereien, Zunge, Kopf, Flügel und Schwimmhäuten – Vorspeisen angerichtet; bis zu 100 sind davon möglich.

Üblicherweise trinkt man dazu den chinesischen Bankettschnaps Mao Tai, der mit seinen mehr als 60% Alkoholgehalt für eine hervorragende Verdauung sorgt.

süß zubereitet oder werden mit süßen Soßen serviert. Das Hinterland Shanghais gehört zu den fruchtbarsten Gebieten des Landes, und das Meer liefert Fische, Garnelen, Krabben und Meerespflanzen. Haifischflossen oder Riesengarnelen mit Ingwer sind typische Shanghaier Spezialitäten.

Die Sichuan-Küche ist wegen ihrer scharfen Speisen berühmt. Einige sind für unsere Gaumen ungewohnt scharf, die meisten aber sehr pikant und schmackhaft. Zum Würzen verwendet man viel Bergpfeffer, der bei uns als Sichuan-Pfeffer bekannt ist. Bekannte Spezialität ist die Sichuan-Ente. Zu den typischen Gerichten zählt eine scharfe, aber schmackhafte Nudelsuppe.

Selbstverständlich gibt es in diesem riesigen Land noch eine Reihe lokaler Küchen (Fujian, Hunan usw.) und berühmter Spezialitäten.

In Pekinger Restaurants kann man oft mongolischen Feuertopf

oder Hammelspieße aus Xinjiang essen.

In Yunnan gibt es viele tropische Früchte, eine Spezialität dort sind fritierte Bienen.

Der Tee ist der Chinesen **Nationalgetränk.** Mit Tee beginnt man den Tag, Tee trinkt man zwischen und zu den Mahlzeiten, mit Tee begrüßt man seine Gäste, und abends läßt man sich im Teehaus nieder.

Doch den Tee mußte China importieren. Etwa im 4. Jhdt. gelangte er von Assam nach China. Seither wird vor allem in Südchina Tee angebaut, denn der Teestrauch benötigt viel Wärme und Feuchtigkeit und gedeiht daher am besten in den tropischen und subtropischen Regionen.

Die Qualität des Tees wird neben den klimatischen Bedingungen auch von der Bodenbeschaffenheit, dem Zeitpunkt der Ernte und der Art der Verarbeitung, wie auch von dem verwendeten Wasser bestimmt.

Chinesen bevorzugen den **grünen Tee.** Für den grünen Tee erntet man die jungen Spitzenblätter und trocknet sie zunächst in der Sonne, später dann von Hand oder maschinell in einem Trockenhaus. Die erste Ernte im Jahr, meist im April, bringt den besten grünen Tee.

Die jungen Blätter werden wie gesagt zunächst in der Sonne getrocknet und später von Hand in kleinen Pfannen weitergetrocknet. Diese handgetrocknete Sorte gilt als die beste Qualität.

Eine der berühmtesten Sorten ist der **Longjing,** Drachenbrunnentee, aus Hangzhou.

Man gibt einige Blätter in eine Tasse und gießt heißes Wasser darüber. Die Blätter entfalten ihr Aroma und sinken dann auf den Boden der Tasse. Traditionell trinken die Chinesen ihren Tee aus einer Schale, die auf einer Untertasse steht und mit einem Deckel zugedeckt wird. Zum trinken lüftet man den Deckel etwas und schlürft den heißen Tee. Der Deckel hält dabei auch die Blätter zurück.

Für **schwarzen Tee,** der in China seltener getrunken wird, pflückt man die Blätter später, wenn sie schon dürr geworden sind. Vor der Trocknung werden sie fermentiert.

Eine andere Sorte ist der **Wulong-Tee,** ein halbfermentierter Tee. Die Blätter werden nur teilweise getrocknet und der Fermentierungsprozeß vorher unterbrochen. Der Wulong-Tee hat eine goldene, bernsteinähnliche Farbe.

Beliebt sind in China auch die Blütentees, von denen der **Jasmintee** am bekanntesten ist. Den Teeblättern werden später getrocknete Blüten beigemengt.

Heißes Wasser in Thermoskannen zum Aufgießen von Tee findet man in China überall; in den Wohnungen, den Büros, in Zügen und in Hotelzimmern, mag man gelegentlich einiges entbehren müssen, nie aber wird eine Thermoskanne mit heißem Wasser fehlen.

Pidan

Diese legendären „Hundert-Jahre-“ oder „Tausend-Jahre-Eier“ – **Pidan** oder auch **Choudan** (Stinkeier) genannt – werden aus frischen Enteneiern hergestellt. Damit aus einem Ei ein Pidan wird, muß es einen bestimmten Prozeß durchlaufen: Das Ei wird in ein Gemisch aus feuchtem Lehm, ungelöschtem Kalk und Spreu eingehüllt. Durch die Feuchtigkeit wird aus dem ungelöschten Kalk gelöschter, und die dabei auftretende Wärmeentwicklung verwandelt das Eiweiß in eine gallertartige, dunkelgrüne bis schwarze Masse, aus dem Eigelb wird „Eigrün“. Man kauft die Pidan nicht fertig, sondern läßt auf dem Markt frische Eier bei speziellen Händlern an Ort und Stelle in die Lehmmasse einpacken. Das Mischungsverhältnis der verschiedenen Zutaten ist das Geheimnis des Händlers. Zu Hause legt man die Eier in feuchtgehaltene Tonkrüge. Nach zwei bis drei Wochen sind sie fertig, danach werden sie ungenießbar.

Pidan riechen in keinster Weise unangenehm, schon gar nicht faul, und ihr leicht süßlicher Geschmack ist ausgesprochen delikat.

Weine gibt es in China wenige; China ist kein Weinland. Die aus der Provinz Xinjiang stammenden Weine sind meist sehr süß, und viele Weine schmecken eher nach Likör. Herbe oder trockene Weine sind nur selten zu bekommen.

Wein heißt chinesisch **jiu,** doch wer jiu sagt, meint meist einen der vielen **Getreideschnäpse,** die durchweg sehr hochprozentig sind.

Aus Weizen, Hirse, Reis, Sorghum und anderen Getreiden werden Schnäpse gebrannt. Zu den berühmtesten Sorten gehören die aus der Provinz Sichuan stammenden **Wuliangyie,** ein Schnaps aus fünf Getreidearten, und **Daqu.** Als die beste Marke gilt in China der **Maotai,** auch „Bankettschnaps“ genannt, weil er dort nie fehlen darf. Dieser Schnaps ist sehr teuer (ca. 15 Yuan) und für Chinesen kaum erschwinglich. Maotai wird in der gleichnamigen Region, in der Provinz Guizhou gebrannt.

Weizen, Sorghum (Hirseart) und ein ausgezeichnetes Wasser aus dieser Gegend gehören zu den Zutaten.

Shaoxing Jiu ist der beste Reisschnaps. Er trägt den Namen eines kleinen Städtchens, Shaoxing, in der Provinz Jiangsu. Hergestellt wird er aus klebrigem Reis unter Verwendung des Wassers aus dem Jianhu-See. Man trinkt ihn kalt, aber auch warm, ähnlich dem japanischen Sake.

Das **Bier** ist inzwischen ein beliebtes Getränk geworden, wenngleich sich nicht alle diesen relativ teuren Genuß leisten können. Das chinesische Bier ist würzig und erfrischend. Es hat weit weniger Alkoholgehalt als unser Bier. Berühmteste Marke ist das **Qingdao Pijiu.** Die Qingdao-Brauerei war von deutschen Kolonisatoren erbaut worden und wurde nach deren Rückzug von Chinesen weiterbetrieben.

Bier wird den Touristen fast immer zum Essen gereicht, daneben gibt es Limonaden, die meist sehr süß sind, oder aber **Mineralwasser,** meist die Sorte **Laoshan,** benannt nach dem Berg bei Qingdao.

Seit einigen Jahren sind auch die im Westen bekannten Erfrischungsgetränke in China präsent, man erhält sie jedoch nur gegen Devisen bzw. die Devisenzertifikate. Die Hotelbars bieten seit einigen Jahren die weltweit bekannten Spirituosen und Erfrischungsgetränke an.

Chinas Wirtschaft

Die Volksrepublik übernahm bei ihrer Gründung 1949 ein desolates Land, das zuletzt unter der japanischen Invasion und den darauffolgenden vier Jahren Bürgerkrieg zu leiden hatte. Naturkatastrophen und Hungersnöte hatten Millionen von Bauern mit dem Leben bezahlen müssen.

Der Landwirtschaft galt die größte Aufmerksamkeit der neuen Regierung: 80% der Gesamtbevölkerung Chinas leben auf dem Lande. Dort hatte sich eine extrem ungleiche Verteilung herausgebildet: 10% der Landbevölkerung, Grundbesitzer und reiche Bauern, besaßen 70–80% des Bodens, während die restlichen 90% sich als Pächter oder Landarbeiter verdingen mußten. Die Steuerlast war zeitweilig so hoch, daß zwei Drittel der Ernte an den Gutsherren abgeführt werden mußten. Steuern wurden sogar für Jahre im voraus eingezogen, und die hohen Zinsen der Wucherer hatten viele Bauern in eine Schuldenspirale gezwängt, aus der es keinen Ausweg mehr gab.

In den Küstenstädten hatte sich eine Industrie entwickelt, die aber zum größeren Teil im Besitz von Ausländern war.

1950 verfügte die Regierung eine **Bodenreform.** Die Grundbesitzer wurden entschädigungslos enteignet und aller Boden unter die Bauern verteilt. Auf eine Kollektivierung wurde zunächst verzichtet.

Auch in der Industrie verzichtete man auf eine überschnelle Verstaatlichung und versuchte, die Kapitalisten für den Neuaufbau des Landes zu gewinnen.

Außenpolitisch hatten sich die im Zweiten Weltkrieg entstandenen guten Beziehungen zu den USA durch den Korea-Krieg und durch antikommunistische Strömungen in den USA merklich verschlechtert.

So wurde die UdSSR zum einzigen Partner der jungen Republik. Der erste Fünfjahresplan 1953–1958 entstand unter Mithilfe der sowjetischen Berater. In dieser Zeit wurde die Verstaatlichung vorangetrieben, die **Kollektivierung** eingeleitet und der zentralistische Planungsapparat perfektioniert.

Ende der 50er Jahre zeichnete sich bereits der Konflikt mit der Sowjetunion um die Führungsrolle in der internationalen kommunistischen Weltbewegung ab. China wollte mit dem „Großen Sprung" den Weg in den Kommunismus beschreiten. Überall im Lande entstanden die Hinterhof-Hochöfen, die den Grundstock für eine allumfassende Industrialisierung des Landes bilden sollten. In der Landwirtschaft wurden die **Volkskommunen** eingeführt. In manchen Orten wurden nicht nur Arbeitsmittel, sondern auch privates Kochgeschirr und andere persönliche Habe in gemeinschaftliches Eigentum verwandelt.

1961 war das wirtschaftliche Chaos unübersehbar, an vielen Orten litten die Bauern Hunger. **Mao Zedong** übernahm die Verantwortung und gab den Posten des Staatspräsidenten ab.

Ihm folgte **Liu Shaoqi,** ein Pragmatiker, der die übertriebene Kollektivierung zurücknahm und für die Menschen materielle Anreize schuf, um ihre Arbeitsmotivation zu erhöhen.

Der Gegenschlag folgte nur wenige Jahre später. Radikale Kräfte um Mao Zedong warfen den Pragmatikern um Liu Shaoqi, zu denen auch damals schon **Deng Xiaopong** gehörte, vor, den Kapitalismus restaurieren zu wollen. Um dies zu verhindern, setzten sie die **Große Proletarische Kulturrevolution** in Bewegung.

1976 erst wurde mit der Verhaftung der **Viererbande** diese Revolution beendet. Der 10jährige Fraktionskampf innerhalb der Partei hatte das Land an den Rand des Zusammenbruchs geführt.

Die Unzufriedenheit der Bauern war unübersehbar, in den Städten hatte sich die Versorgungslage drastisch verschlechtert, und die Intellektuellen, die man für den wirtschaftlichen Aufbau des Landes brauchte, hatten sich verängstigt und resigniert zurückgezogen.

Nach dem Sturz der Viererbande und dem Tode Mao Zedongs wurde von der neuen Führung das Ziel der sozialistischen Modernisierung des Landes verkündet. In den letzten Jahren hat es in der Wirtschaftsordnung und Verwaltung eine Reihe von Reformen gegeben, die eine radikale Abkehr von der zentralistischen Planwirtschaft bedeuten.

In der Landwirtschaft ist die Kollektivierung zurückgenommen worden, Volkskommunen wurden aufgelöst. Heute gilt das **private Verantwortlichkeitssystem.** Der Boden wurde unter die Bauernfamilien verteilt, diese schließen einen Vertrag mit der **Brigade,** in dem sie sich zur Abgabe von bestimmten Mengen an den Staat zu den staatlichen Aufkaufpreisen verpflichten. Die Bauern entscheiden selbst, was sie anbauen. Über das Mehrprodukt verfügt die Bauernfamilie selbst. Sie kann es zu höheren Preisen an den Staat oder aber auch auf den Freimärkten verkaufen.

Die Schaffung eines Marktes hat auf dem Lande die Versorgungslage und auch das Einkommen der Bauern wesentlich verbessert. Das Monopol der staatlichen Verteilung wurde durchbrochen.

Privates Eigentum ist erlaubt, das schließt Gebrauchsgüter, Privatparzellen und Haustiere ein, aber auch Häuser und Autos.

Die Regierung fördert den Unternehmergeist der Bauern.

Bauern, die ihr Land nicht selbst bearbeiten wollen oder können, dürfen dies auch an andere verpachten oder andere zur Bearbeitung des Bodens anstellen.

Auch in der Industrie hat es drastische Veränderungen gegeben.

Zunächst wurde die politische Leitung der Betriebe durch kompetente Direktoren ersetzt. Fachleute bekamen wieder verantwortungsvolle Aufgaben und höhere Entlohnung. Im Lohnsystem wurden materielle Anreize in Form von Prämien und Akkordentlohnung eingeführt.

Betriebe, die über längere Zeit nur Verluste gemacht hatten und für die eine Sanierung aussichtslos schien, wurden geschlossen.

Die Übernahme moderner Managementmethoden und die Einführung eines betrieblichen Rechnungswesens, in dem der Gewinn wieder zum Maßstab wurde, soll die Effizienz der Industriebetriebe erhöhen.

Entscheidungskompetenzen, die vorher bei übergeordneten Verwaltungsstellen lagen, wurden schrittweise in die Betriebe zurückverlagert. Neuerdings will man auch in der Industrie einen begrenzten Markt einführen. Was die Unternehmen über das Plansoll hinaus produzieren, können sie selbständig an andere Abnehmer verkaufen.

Um zusätzliche Anreize für die Unternehmen zu schaffen, wurde das System der Abgabe des Gewinns an den Staat abgeschafft. Für die meisten Unternehmen wird schon heute ein Steuersystem praktiziert: Die Gewinne verbleiben in den Betrieben, diese können darüber eigene Investitionsentscheidungen treffen, müssen aber eine Gewinnsteuer an den Staat bezahlen.

Entscheidend für die Modernisierung der Wirtschaft des Landes war auch das Abrücken von der autarken Wirtschaftsweise. Durch ein Festhalten an der Politik der Öffnung nach dem Westen will man die Modernisierung mit Hilfe westlicher Technologie vorantreiben. Allzu leichtgläubig begannen die Chinesen 1978 mit ausländischen Partnern zu verhandeln und Verträge abzuschließen. Die anfängliche Euphorie und der Glaube, es genüge, fortgeschrittene Technologie zu importieren, um die Industrie zu modernisieren, wich sehr bald einer Ernüchterung. Der Bau großer Industrieanlagen führte zu volkswirtschaftlichen Ungleichgewichten, und es fehlten die Devisen.

In den letzten Jahren hat man daher eine Regulierung der ursprünglichen Pläne vorgenommen. Die Schwerindustrie mußte zurücktreten; heute fördert man die Leichtindustrie, einmal, um der gestiegenen Kaufkraft der Bevölkerung ein entsprechendes Warenangebot gegenüberzustellen, zum anderen, um die Exportquote zu erhöhen.

Die wirtschaftlichen Leistungen der VR China sind trotz der vielen Rückschläge durch politische Kämpfe und Naturkatastrophen im Vergleich zu anderen Entwicklungsländern dennoch beachtlich. So konnte von 1949 bis 1980 die Produktion von Getreide von 113 Mio. t auf 318,22 Mio t gesteigert werden, Baumwolle von 445 000 t auf 2,7 Mio. t.

In der Industrie stieg im gleichen Zeitraum die Produktion von Kohle von 32 Mio. t auf 620 Mio. t, die Rohölproduktion von 120 000 t auf 106 Mio. t, die Stahlproduktion von 158 000 t auf über 37 Mio. t.

Die Einkommen sind in den letzten Jahren durch eine Umverteilungspolitik sprunghaft gestiegen. Das durchschnittliche Jahreseinkommen eines Bauern beträgt heute 310 Yuan. Das erscheint immer noch wenig, doch muß hierbei berücksichtigt werden, daß die Bauern sich aus ihren Privatparzellen zu einem Teil auch selbst versorgen können. In der Industrie beträgt das durchschnittliche Jahreseinkommen pro Kopf 826 Yuan. Zwischen 1982 und 1983 stieg das Einkommen der Bauern um 14,7%, das der Arbeiter und Angestellten lediglich um 3,5%.

Die Produktions- und Wachstumsziffern können sich durchaus sehen lassen, dennoch haben sie nicht im erhofften Maße zur Hebung des Lebensstandards der Bevölkerung beigetragen.

Das größte volkswirtschaftliche Problem ist in den vergangenen drei Jahrzehnten das explosionsartige **Bevölkerungswachstum** gewesen. 1949 betrug die Bevölkerung knapp über 500 Mio., in nur 35 Jahren hat sie sich fast verdoppelt; auf 1,008 Mrd. Festlandbewohner. Die maoistische Politik hatte die große Bevölkerung als größten Reichtum Chinas betrachtet und damit frühe Warnungen von Bevölkerungswissenschaftlern beiseite gewischt. Heute ist man sich dieses Problems bewußt und propagiert daher im ganzen Land – mit Ausnahme der Minderheitengebiete – die **Politik der Ein-Kind-Familie.** Wer sich daran hält, bekommt materielle Vorteile, wer dagegen verstößt, kann mit dem Verlust von Prämien oder der Zahlungspflicht für Kindergarten und Schule bestraft werden.

Diese verordnete Familienplanung mag als massiver Eingriff in die Privat- und Intimsphäre und als Einschränkung der persönlichen Freiheit begriffen werden, dennoch gibt es für China keinen anderen Weg, wenn es nicht eine darwinistische Bevölkerungsregulierung durch Hungerkatastrophen riskieren will.

Regionalteil

Regionen und Städte

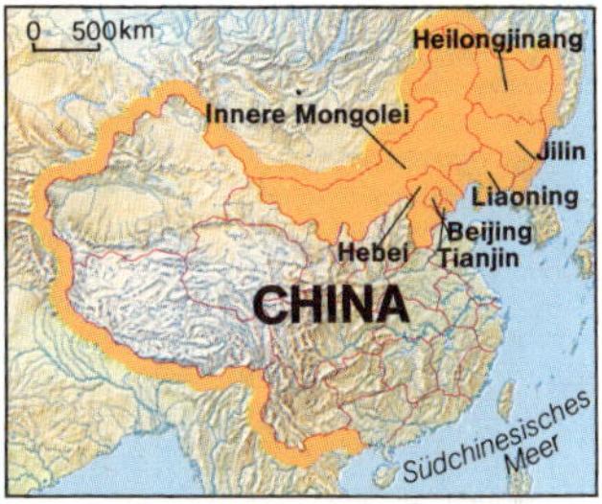

Beijing und der Norden

Beijing

Beijing – mit 16 800 qkm flächengrößte Stadt Chinas – hat heute mehr als 9 Mio. Einwohner. Es ist vor allem das politische Zentrum der Volksrepublik. Hier sitzen die Führungsgremien der Partei und des Staates. Der Nationale Volkskongreß tagt in Beijing, und die meisten zentralen Behörden, Ämter und Ministerien haben hier ihren Sitz.

Unter allen Kaiserstädten Chinas ist Beijing die jüngste; es rückte erst ins Zentrum des Landes, als die Mongolen den Norden und den Süden zu einem großen Reich zusammenschlossen. Erstmals wird die Stadt unter dem Namen Ji erwähnt; nach der Reichseinigung unter Kaiser Qin Shi Huangdi wurde sie Präfektur. In der Tang-Dynastie trug sie den Namen Youzhou. Etwa um 1000 n. Chr. wurde die Stadt unter verschiedenen Namen zur Hauptstadt der von den Nordstämmen gegründeten Dynastien. Es war Kublai-Khan, der Mongolenkaiser, der als erster eine große Palaststadt errichten ließ, die unter dem Namen Dadu oder auch Khanbalik Berühmtheit erlangte, u. a. auch durch die Berichte des jungen Marco Polo, der einige Jahre im Palast verbrachte. Der Palast wurde leider bei der Vertreibung der Mongolen durch die Ming-Kaiser restlos zerstört. Die heutige Kaiserstadt wurde unter dem dritten Ming-Kaiser erbaut, und sie blieb bis heute erhalten. 500 Jahre lang fungierte Beijing als Hauptstadt des Reichs der Mitte.

Die Struktur der unter dem Ming-Kaiser Zhu Di erbauten Stadt ist noch heute gut zu erkennen. In der nach strengen geometrischen Regeln gebauten Kaiserstadt liegen alle wichtigen Gebäude auf einer zentralen Nord-Süd-Achse. Viele der schachbrettartig angelegten Straßen sind seit der Herrschaft des Kublai-Khan unverändert.

Der Besucher Beijings wird sich zunächst auf den **Tiananmen-Platz** begeben; von hier aus sind alle wichtigen Anlagen in wenigen Minuten zu erreichen.

Der Tiananmen-Platz, **Platz des Himmlischen Friedens,** nach der siegreichen Revolution 1949 gebaut, ist mit 50 ha vermutlich der größte Platz dieser Art. In der Mitte des Platzes befindet sich das **Denkmal für die Helden des Volkes,** ein Obelisk, der Inschriften von Mao Zedong und Zhou Enlai trägt, und dessen Sockel Reliefs mit Szenen aus der Revolution zieren.

Blickt man von dieser Stelle aus nach Norden, liegt direkt hinter der von West nach Ost verlaufenden

KAISERPALAST

1. Wumen, Mittagstor
2. Taihe Men, Tor der Höchsten Harmonie
3. Taihe Dian, Halle der Höchsten Harmonie
4. Zhonghe Dian, Halle der Vollkommenen Harmonie
5. Baohe Dian, Halle der Erhaltung der Harmonie
6. Wenhua Dian, Halle der Literarischen Blüte
7. Wuying Dian, Halle der Militärischen Tapferkelt
8. Qianqing Men, Tor der Göttlichen Reinheit
9. Qianqing Gong, Palast der Göttlichen Reinheit
10. Jiaotai Dian, Halle der Berührung von Himmel und Erde
11. Kunning Gong, Palast der Irdischen Ruhe
12. Kunning Men, Tor der Irdischen Ruhe
13. Yuhua Yuan, Kaiserlicher Blumengarten
14. Qin'an Dian, Halle des Kaiserlichen Friedens
15. Palast Zhongcui Gong
16. Palast Jingyang Gong
17. Palast Chenqian Gong
18. Palast Yonghe Gong
19. Palast Jingren Gong
20. Palast Zhaigong
21. Halle Fengxian Dian
22. Palast Ningshou Gong
23. Tor Jingyun Men
24. Tor Xiqing Men
25. Jiulong Bi, Neun-Drachen-Mauer
26. Tor Huangij Men
27. Tor Ningshou Men
28. Halle Huangji Dian
29. Tor Yangxing Men
30. Halle Yangxing Dian
31. Halle Leshou Tang
32. Studio Yihe Xuan
33. Palast Chuxiu Gong
34. Halle Tihe Dian
35. Palast Yikun Gong
36. Palast Changchun Gong
37. Halle Tiyuan Dian
38. Halle Taiji Dian
39. Halle Yangxin Dian
40. Tor Shenwu Men
41. Tor Xihua Men
42. Tor Donghua Men
43. Pavillon zur Einübung der Zeremonien
44. Blumenausstellung
45. Stelen-Pavillon
46. Siyi-Pavillon
47. Wasserpavillon
48. Altar der Erde und Ernten
49. Sun Yatsen-Halle
50. Theater- u. Konzerthalle
51. Teehaus
52. Südtor
53. Südtor
54. Brunnenpavillon
55. Tor Daji Men
56. Tempel Taimiao
57. Mittlere Halle
58. Hintere Halle
59. Theater
60. Sportplatz
61. Kino
62. Osttor
63. Bibliothek

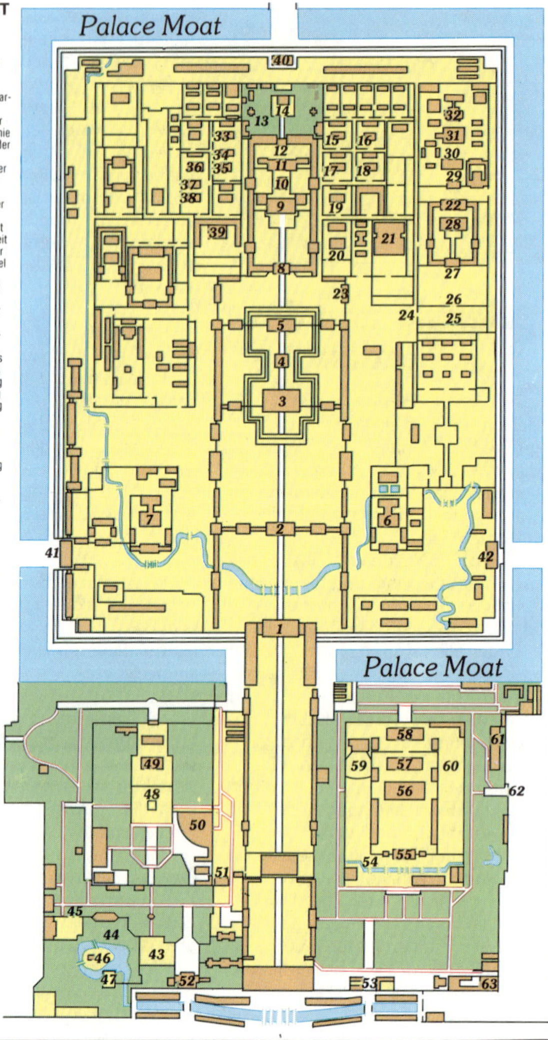

Chang'an Avenue das **Tor des Himmlischen Friedens,** Tiananmen. Es war das Tor zur Kaiserstadt, auch „Verbotene Stadt" genannt, weil dem gemeinen Volk der Zugang zu dieser Anlage verboten war. Das dahinter liegende **Wumen-Tor** ist der Eingang in den **Kaiserpalast.** Weit im Norden sieht man auch den Pavillon auf dem Gipfel des **Kohlenhügels.**

Nach Süden hin erblickt man zunächst das 1977 errichtete **Mao-Mausoleum,** dahinter das **Qianmen-Tor.**

An der Ostseite des Platzes steht ein großer Gebäudekomplex, der im Nordflügel das **Museum der Chinesischen Revolution** und im Südflügel das **Museum für Chinesische Geschichte** beherbergt.

In der **Großen Halle des Volkes** an der Westseite tagt der Nationale Volkskongreß Chinas in einer Versammlungshalle, die mehr als 10 000 Menschen Platz bietet. Hier finden auch große Staatsempfänge, Feierlichkeiten oder Bankette statt. Im Südflügel dieses Gebäudes befinden sich kleinere Versammlungsräume und die Büros des Staatsrats. Seit einigen Jahren ist diese Volkskongreßhalle auch für Besucher geöffnet. Interessant sind die 30 Empfangsräume – für jede Provinz Chinas einen –, die mit kunsthandwerklichen Schätzen aller Provinzen ausgestattet sind.

Das alte Beijing war in vier Städte unterteilt. Die Äußere Stadt war die Stadt des gemeinen Volkes. Das Qianmen-Tor südlich des Mao-Mausoleums begrenzte die Innere Stadt. Durch das Tiananmen-Tor betrat man die Kaiserstadt und das Wumen, das Mittagstor, war der Eingang zur Verbotenen Stadt, dem eigentlichen Kaiserpalast.

Der **Kaiserpalast** selbst bedeckt eine Fläche von 720 000 qm und ist von einer 10 m hohen Mauer umgeben, vor der sich noch ein 50 m breiter Wallgraben befindet.

Er soll 9 999 Räume enthalten, einen weniger als der Palast des Himmelskaisers, der der Sage nach 10 000 Räume umfaßt. Es muß dazu erwähnt werden, daß in der antiken Architektur Chinas jede von 4 Säulen umgebende Fläche als ein Raum galt. Doch auch die Zahl 9 999 scheint legendären Charakters zu sein, hat doch eine Zählung im Jahre 1958 nur eine Zahl von 8 886 Räumen ergeben. Jedenfalls ist der Palast so groß, daß eine umfassende Besichtigung in der dem Touristen verbleibenden kurzen Zeit unmöglich ist. In der Beschreibung müssen wir uns daher auf wesentliche Bauwerke beschränken.

Man betritt den Palast durch das U-förmige Wumen, das **Mittagstor.** Über der zinnoberroten U-förmigen Mauer erhebt sich in der Mitte ein Turm mit einem Doppeldach aus gelbglasierten Ziegeln, flankiert von 4 Pavillons, weshalb man das Tor auch „Turm der Fünf Phönixe" genannt hat. Während der Qing-Dynastie war es üblich, daß sich alle Beamten vor Tagesanbruch hier versammeln mußten, um auf die Audienz des Kaisers zu warten. Hat man das Tor passiert, führt der Weg dann über die **Goldwasserbrücke** aus weißem Marmor, deren mittlerer Weg ebenso wie das mittlere Tor des Wumen ausschließlich dem Kaiser vorbehalten war.

Es folgt das **Tor der Höchsten Harmonie,** Taihemen. Hinter diesem Tor folgt der größte Hof des Palastes. Auf dieser 30 000 qm großen Fläche finden fast 90 000 Menschen Platz. Während der großen Zeremonien hatten sich hier die Ehrengarde, Militärs und Beamte zu versammeln, um auf Knien dem Kaiser zu huldigen.

Die den Hof nach Norden begrenzende **Halle der Höchsten Harmonie,** Taihedian, ist die größte Halle des Palastes und gleichzeitig der größte Holzbau des alten China. Mit 37 m Höhe war sie in der Kaiserzeit auch der höchste Bau Beijings. Kein anderes Gebäude der Stadt durfte diese Höhe überschreiten, es wäre eine Mißachtung der kaiserlichen Autorität gewesen. 72 mächtige zinnoberrote Säulen stützen den Bau. Die mittleren sechs Säulen, die den Thron umgeben, sind mit goldlackierten Drachen verziert, dem Symbol der kaiserlichen Macht. Der Thron steht auf einer 2 m hohen, ebenfalls reich verzierten Plattform. Der Wandschirm wie auch die Decke sind mit Drachensymbolen dekoriert.

Man erreicht die Halle über breite Marmortreppen mit weißen Marmorbalustraden. Der mittlere Weg ist der Kaiserweg. Er besteht aus einer riesigen Steinplatte, in die Drachen- und Wolkenmuster geschnitzt sind; daneben befinden sich zu beiden Seiten schmale Treppen. Der Kaiser wurde in seiner Sänfte über die Steinreliefs getragen.

Die Halle der Höchsten Harmonie war für die größten Zeremonien vorgesehen, z. B. für die Feiern anläßlich der Thronbesteigung, für große Audienzen und für die Zeremonien an den Festtagen.

Es folgt dann die **Halle der Vollkommenen Harmonie,** Zhonghedian, ein kleinerer Bau, der fast das Aussehen eines Pavillons oder einer Gartenlaube hat. Hier ruhte der Kaiser vor den großen Zeremonien, probte seine Auftritte oder führte die letzten Besprechungen mit seinen Zeremonienmeistern. Auch diese Halle enthält einen Thron, Dreifüße und Räuchergefäße; zwei offene Sänften des Kaisers sind hier ausgestellt

Noch auf der gleichen Terrasse schließt sich dann die letzte der drei Großen Hallen an, die **Halle zur Erhaltung der Harmonie,** Baohedian. Hier empfing der Kaiser die Vertreter des Adels zu Banketten, die z. B. während des Neujahrsfestes gegeben wurden. Die Qing-Kaiser nahmen hier auch das kaiserliche Examen ab, das als Einstieg in die höheren Beamtenposten unerläßlich war. In der Mitte der Halle steht wieder ein großer Thron mit einer imposanten fünfteiligen und reich verzierten Rückwand. Bronzene Symbolfiguren, Räuchergefäße, Cloisonné-Vasen und Fächer aus Pfauenfedern umgeben den Thron.

In den Hallen an der West- und Ostseite werden heute Exponate aus der Schatzkammer des Palastes gezeigt, darunter Gemälde, Kalligraphien, Uniformen und Gewänder des Kaisers und der Kaiserin, wie auch Schmuck- und Gebrauchsgegenstände.

Die Halle zur Erhaltung der Harmonie verläßt man über eine große Marmortreppe. Der mittlere Weg über die drei Marmorterrassen besteht wieder aus **Steinreliefs.** Hier befindet sich der größte Stein des Palastes. Die 16 m lange Platte aus einem Steinblock wiegt annähernd 200 t.

Die nun folgende purpurfarbene Mauer mit dem **Tor der göttlichen Reinheit,** Qianqingmen, auf der zentralen Achse markiert die Grenzlinie zwischem dem Außenhof und den Inneren Gemächern. Vor dem Tor stehen vier vergoldete Bronzelöwen, entlang der Mauer noch etliche große Wasserkessel aus Bronze, die ebenfalls vergoldet waren. Deutlich sind Kratzspuren auf den Kesseln zu erkennen. Mehrfach haben ausländische Soldaten Ende des letzten Jahrhunderts bei ihren Plünderungen das hier aufgetragene Gold abgekratzt. In den Inneren Gemächern wohnten früher die kaiserliche Familie, die Hofdamen, Konkubinen und Eunuchen. Auf der Nord-Süd-Achse folgt hinter dem Tor zunächst der **Palast der Göttlichen Reinheit,** Qianqinggong, der von den Kaisern als Schlafgemach bevorzugt wurde. Die letzte kaiserliche Zeremonie, die der Palast erlebte, war die Hochzeit des letzten Kaisers Pu Yi im Jahre 1922, also schon 11 Jahre nach seiner Abdankung. Es folgt die **Halle der Berührung von Himmel und Erde,** Jiaotaidian. Hier thronten die Kaiserinnen, feierten ihre Geburtstage oder züchteten im Frühjahr die Seidenraupen. Unter Kaiser Qianlong wurde sie zur Siegelhalle umgewandelt. 25 kaiserliche Jadesiegel sind heute noch in dieser Halle ausgestellt.

Die letzte Halle der Inneren Gemächer ist der **Palast der Irdischen Ruhe,** Kunninggong, der den Kaiserinnen als Schlaf- und Aufenthaltsraum diente. Er enthält aber auch den nur in der Farbe Rot ausgestatteten Hochzeitsraum, in dem die kaiserlichen Hochzeitsnächte stattfanden.

Durch das **Tor der Irdischen Ruhe,** Kunningmen, gelangt man in den letzten Teil der Anlage, den **Kaiserlichen Garten,** der schon in der Ming-Zeit errichtet wurde. Miniaturlandschaften aus Stein, alte Kiefern und Zypressen, Teiche und Brücken, Pavillons und Terrassen, Bambus und Blumen bieten ein einmaliges Beispiel der chinesischen Gartenbaukunst.

Zu beiden Seiten der hinteren Paläste befinden sich im Westen die **Westlichen Sechs Paläste** und auf der anderen Seite die **Östlichen Sechs Paläste.** Auch sie dienten den Kaiserinnen, Konkubinen und Eunuchen als Wohnräume. In der Ming-Dynastie sollen zeitweise mehr als 1000 Konkubinen im Palast gelebt haben, wahrscheinlich noch mehr Eunuchen. Der Besucher nimmt meist den Weg durch die Östlichen Sechs Paläste, weil er hier zum **Schatzkammermuseum** gelangt. Es befindet sich in der **Halle der Charakterlichen Bildung,** Yangxingdian, die dem Kaiser Qianlong und der Kaiserinwitwe Ci Xi als Privatgemach dienten. Das Museum zeigt u. a. ein Goldglockenspiel, zwei kaiserliche Gewänder, Waffen des Kaisers und Schmuck der Kaiserin, Cloisonné- und Jadearbeiten, unschätzbar wertvolle religiöse Gegenstände, Buddhafiguren und Stupas, aus Gold und Edelsteinen. Zu sehen ist auch ein großer 5 t schwerer, beschnitzter Jadeblock.

Man verläßt den Kaiserpalast durch das hinter dem Kaiserlichen Blumengarten liegende **Tor der Göttlichen Kühnheit,** Shenwumen.

Gegenüber dem Nordtor des Kaiserpalastes erhebt sich der **Kohlenhügel,** Jingshan. Die Herkunft des Namens gibt einige Rätsel auf. Der Volksmund berichtet, daß hier früher die Kohle für den Palast gelagert habe. Bei gutem Wetter lohnt sich ein Aufstieg, denn dann genießt man einen herrlichen Blick über den Kaiserpalast, dessen goldgelbe Ziegeldächer im Gegenlicht glitzern. Im Norden blickt man auf den Glocken- und Trommelturm. Im Westen liegt der Beihai-Park mit der großen weißen Pagode, südlich davon Zhongnanhai, wo sich der Sitz des Zentralkomitees der Kommunistischen Partei befindet.

In den heißen Sommermonaten zog sich der Hof in die kühleren Gartenanlagen im **Sommerpalast** zurück. Mit dem Schiff gelangte man vom Kaiserpalast direkt in den Sommerpalast. Der Umzug gestaltete sich als prächtige Prozession; hunderte kleinerer Boote folgten dem großen Drachenboot des Kaisers.

Der **Sommerpalast** liegt im Nordwesten der Stadt. Bereits im 12. Jhdt. hatten die Kaiser der Jin-Dynastie auf diesem Gelände mit der Anlage der Gärten begonnen. Alle folgenden Kaiser bis zur letzten Dynastie, der Qing-, führten diese Arbeiten fort. Die jetzige Anlage geht in ihrer Struktur auf den Kaiser Qianlong (1736–1795) zurück, der die aufwendigsten Arbeiten anordnete. Mehrmals wurde die Anlage in der zweiten Hälfte des letzten Jahrhunderts zerstört, vornehmlich von ausländischen Truppen, die dann 1860 die gesamte Anlage in Schutt und Asche legten. Die jetzige Anlage ist 1903 errichtet worden. Der entlassene Kaiser Pu Yi durfte einige Zeit noch dort leben, bevor der Palast 1924 per Dekret der Republik der Öffentlichkeit zugänglich gemacht wurde.

Landschaftlich läßt sich die 290 ha große Fläche in zwei große Sektoren gliedern. Im Süden liegt der künstlich angelegte **Kunming-See;** während einer Bootsfahrt pas-

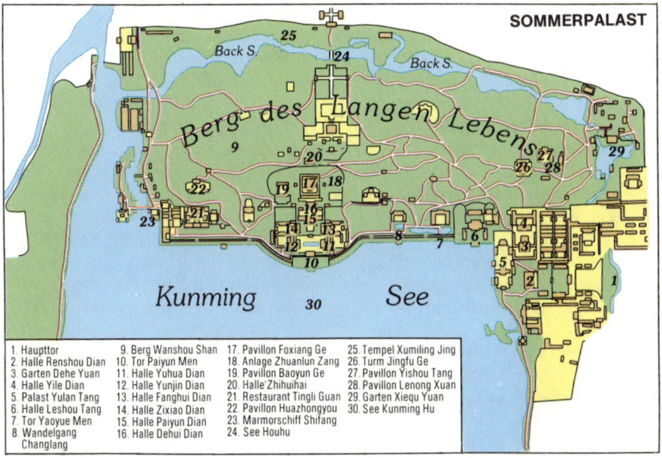

siert man die 150 m lange **Siebzehn-Bogen-Brücke** und die **Jadegürtelbrücke** aus Marmor, die den See noch einmal teilen. Letztere befindet sich auf dem **Westdeich,** der – ebenfalls künstlich – angelegt wurde, weil man die Landschaft des Westsees bei Hangzhou nachbilden wollte, wo sich ein ähnlicher Deich befindet.

Der zweite Teil ist der **Wanshou-Berg,** an dessen Hängen sich unzählige Gebäude befinden.

Man betritt den Palast durch das **Osttor,** Donggongmen, und kommt zunächst in das Viertel, das für die Erledigung der Staatsgeschäfte vorgesehen war. Die aus sieben Räumen bestehende **Halle des Wohlwollens und der Langlebigkeit,** Renshoudian, ist in diesem Teil das Hauptgebäude. Vor der Halle stehen Drachen und Phönixe aus Bronze sowie ein großes Fabeltier. In der Halle pflegten die Kaiserinwitwe Ci Xi und Kaiser Guangxu ihre Audienzen abzuhalten. Die Gebäude südlich und nördlich davon dienten den Ministerien und Behörden als Büros.

Hinter der Renshoudian folgt in westlicher Richtung das Wohnviertel mit der **Halle der Freude und der Langlebigkeit,** Leshoutang, wo die Kaiserinwitwe im Sommer wohnte, und der **Halle der Jadewellen,** Yulantang, die zuletzt der Kaiser Guangxu bewohnte. Nördlich der Renshoudian liegt der **Garten Deheyuan** mit der **Halle der Erheiterung,** Yiledian, zu der auch eine große, dreistöckige **Theaterbühne** gehört, die zum 60. Geburtstag der Kaiserinwitwe erbaut wurde.

Von einer Loge in der gegenüberliegenden **Halle Yiledian** aus verfolgte sie die Aufführungen. Fast alle

Hallen in diesem Teil sind noch in ihrem Originalzustand erhalten.

Am Nordufer des Kunming-Sees liegt das Erholungs- und Vergnügungsviertel. Ein 728 m langer, überdachter **Wandelgang,** dessen Decken und Deckenbalken mit Landschaften und Szenen aus alten Legenden bemalt sind, erstreckt sich am Ufer des Sees entlang von Ost nach West.

In der Mitte des Wandelganges steht direkt am Ufer ein großes Schmucktor, das **Wolkenzerstreuende Tor,** Paiyunmen. Hier beginnt man den Aufstieg zum Gipfel des Wanshou-Berges, auf dem sich der große **Pavillon des buddhistischen Wohlgeruchs,** Foxiangge, und der **Tempel des Weisheitsmeeres,** Zhihuihai, befinden. Auf dem Weg nach oben, der besonders im letzten Abschnitt etwas beschwerlich über Felssteintreppen führt, passiert man viele Hallen und Pavillons. Vom Gipfel hat man einen herrlichen Blick über den Vorder- und Rückhang des Berges und über den Kunming-See, bei gutem Wetter sogar bis zu den Westbergen. Der **Tempel des Weisheitsmeeres** ist ein rechteckiger Bau, dessen vier Seiten mit grünglasierten Ziegeln bedeckt sind, in deren Nischen kleine Buddhafiguren sitzen. Am Nordhang des Wanshou-Berges stehen Gebäude und Stupas, die tibetische Stilelemente enthalten.

Folgt man den Wandelgang weiter in Richtung Osten, so passiert man das **Restaurant Tingliguan** (das heißt: dem Gesang der Pirole lauschen), in dem nach kaiserlichen Rezepten ganz hervorragend gekocht wird. Leider ist es um die Mittagszeit oft überfüllt. Am Ende des Wandelganges steht das berühmte **Marmorboot,** das sich die Kaiserinwitwe aus einem Fond bauen ließ, der eigentlich zur Aufrüstung der Marine vorgesehen war.

Im Sommer zieht es viele Chinesen in diese herrliche Anlage, so daß besonders die Uferregionen des Kunming-Sees oft überfüllt sind. Wer Ruhe sucht, flüchtet sich an den Nordhang des Wanshou-Berges, an den **Hinteren See,** an dessen östlichem Ende der sehenswerte **Garten der Geselligkeit,** Xiequyuan, oft „Garten im Garten" genannt, befindet. Er ist auch vom Haupteingang, dem Osttor, schnell zu erreichen, wenn man direkt nach Norden geht. Der Garten ist im Stil einer südchinesischen Gartenlandschaft gebaut. Vier Gebäudekomplexe gruppieren sich um einen Lotosteich, dessen Ufer mit Weiden besetzt sind. Ein überdachter Wandelgang verbindet dreizehn Pavillons miteinander, Brücken über den Teich durchbrechen die Größe des Raumes und schaffen viele kleine Sektoren, von denen aus sich der Garten in ständig wechselnder Gestalt darbietet.

Auch im Winter lohnt sich ein Besuch; der flache Kunming-See ist mindestens zwei Monate gefroren und bietet Platz für viele Tausend Schlittschuhläufer. Viele, meist ältere Männer, nutzen die kalten Nordwinde, um ihre kunstvoll gearbeiteten Flugdrachen in den klaren, blauen Himmel aufsteigen zu lassen.

Zu den großen historischen Anlagen der Stadt zählt noch der größte Tempelkomplex Chinas überhaupt: der **Himmelstempel.** Mit 270 ha ist die Anlage dreimal so groß wie der Kaiserpalast, enthält jedoch nur wenige Gebäude.

Erbaut wurde die Anlage 1420 unter dem Ming-Kaiser Yongle. Zweimal im Jahr zogen die Ming- und Qing-Kaiser zum Himmelstempel, um den Himmelskaiser um eine reiche Ernte zu bitten oder ihm Ernteopfer darzubringen.

Gewöhnlich betritt man die Tempelanlage durch das **Westliche Himmelstor** und befindet sich dann direkt in einem großen Hof, in dessen Zentrum die **Halle der Ernteopfer,** Qiniandian, steht. Der Tempel mit dem einzigartigen dreistufigen Runddach mit blauen Ziegeln wurde 1420 gebaut und einige Male renoviert. 1889 schlug ein Blitz ein, und der Tempelbau brannte nieder. Er wurde danach originalgetreu wieder aufgebaut. Der Tempel mißt 30 m im Durchmesser und ist 38 m hoch; die Spitze des Daches ziert eine vergoldete Kugel. Die Halle ist ohne Zuhilfenahme von Stahlgerüsten und ohne einen einzigen Nagel gebaut; Säulen, Balken und komplizierte Konsolen tragen das Dach.

Die 28 zinnoberroten Holzsäulen haben symbolischen Charakter. Die vier mittleren Säulen sind die stärksten, goldene Drachen winden sich an ihnen hoch; sie symbolisieren die vier Jahreszeiten. Es folgen in kreisrunder Aufstellung zwölf weitere Säulen, die für die zwölf Monate eines Jahres stehen. Der äußere Ring von zwölf Säulen steht für die zwölf Stunden des Tages. Im Gegensatz zu heute teilte man im Kaiserreich den Tag in zwölf Abschnitte, also im Zwei-Stunden-Takt, ein. Die Decke ist mit herrlichen Schnitzereien und Malereien verziert. In der Mitte des Daches befinden sich wieder Drache und Phönix als Symbol für Kaiser und Kaiserin.

Man geht dann in südlicher Richtung und durchschreitet das **Tor der Ernteopfer,** Qinianmen. Über einen längeren, erhöhten Weg gelangt man nun zur **Halle des Himmelsgewölbes,** Huangqiongyu, eine runde Halle – ebenfalls mit einem Dach aus blauglasierten Ziegeln –, in der früher Zeremonialgegenstände wie die Gedenktafeln des Himmelsgottes aufbewahrt wurden. In dieser Halle gibt es keinen einzigen Querbalken; das Dach ruht lediglich auf einem besonderen System stufenförmiger Konsolen.

Diese Halle wird von der Echomauer umgeben. Sie ist so angelegt, daß man sich, selbst wenn man weit entfernt steht, bequem unterhalten kann, wenn man gegen die Mauer spricht. Der Partner muß selbstverständlich auch zur Mauer hin stehen. Viele Touristen erzeugen leider Wellensalat, so daß die Unterhaltung erschwert wird. Vor der Halle befinden sich im Boden noch drei Echosteine. Ruft man auf dem ersten Stein stehend, so vernimmt man ein einfaches Echo, vom zweiten Stein aus ein doppeltes und vom dritten ein dreifaches.

Es folgt als letztes Bauwerk der **Himmelsaltar,** Huanqui, eine runde, in drei Stufen erbaute Terrasse aus weißem Marmor. Die Gesamthöhe beträgt 5 m; die oberste Terrasse hat einen Durchmesser von 30 m. Die Platten der Terrasse wurden in symbolischer Bedeutung gelegt. Um den mittleren Stein folgt ein Kreis mit neun Platten, der nächste hat 18, der dritte 27 Platten usw., also immer ein Vielfaches von neun. Ungerade Zahlen galten im alten China als Glückszahlen; die höchste ungerade Zahl war dem Kaiser vorbehalten.

Den Altar umgeben zwei niedrige Mauern, die ebenfalls blaue Ziegel tragen. Die erste Mauer ist kreisrund, die zweite quadratisch – einer antiken kosmologischen Vorstellung folgend, nach der man sich das Himmelsgewölbe rund und die Erde als quadratische Scheibe vorstellte.

Den mittleren Stein auf der obersten Terrasse des Altars bezeichneten die Chinesen auch als Mittelpunkt der Erde. Wer auf diesem Stein stehend etwas laut vor sich hin spricht, vernimmt seine eigene Stimme schallverstärkt.

Chinesen behaupten, wer die **Große Mauer** nicht bestiegen habe, der habe China nicht besucht. Und in der Tat, es wird kaum einen Touristen geben, der während seiner China-Reise nicht auf der Großen Mauer steht. Es ist ohne Zweifel eines der imposantesten Bauwerke der Menschheit.

Schon vor 2 500 Jahren begannen die chinesischen Fürstentümer mit dem Bau von Schutzwällen, um die kriegerischen Nomadenstämme aus dem Norden aufzuhalten. Kaiser Qin Shi Huang Di (221–210 v. Chr.) ließ erstmals die verschiedenen Teilmauern zu einer einzigen Wehranlage zusammenfassen und ausbauen. Die Mauer verlief schon damals von der Provinz Gansu in östlicher Richtung durch die Innere Mongolei, Shaanxi, Shanxi, Hebei und endete im Osten der Provinz Liaoning. An diesem Verlauf hat sich bis heute wenig geändert, lediglich im Westen wurden später unter der Han-Dynastie einige hundert Kilometer angefügt.

Letztmals wurde die Große Mauer auf Befehl des Ming-Kaisers Taizu renoviert, aus Angst vor einer Rückkehr der Mongolen. Die bis dahin lediglich aus Erde bestehende Mauer wurde nun mit Ziegeln und Steinen befestigt.

Wan Li Chang Cheng nennen die Chinesen ihre Mauer, „10 000 Li Lange Mauer". 10 000 Li sind etwa 5 000 km. Die in der Ming-Zeit entstandene Mauer mißt jedoch etwas mehr: 6 350 km, ein unvorstellbar großes Bauwerk, das Kosmonauten aus dem Orbit mit bloßem Auge erkennen konnten.

Touristen fahren mit dem Bus oder dem Zug von Beijing nach **Badaling,** das vom Stadtzentrum etwa 80 km entfernt ist. Bei einer Busfahrt passiert man den **Juyongguan-Paß.** In der Mitte dieser Schlucht steht ein steinerner Torbogen mit der **Wolkenterrasse,** Yuntai. Interessant sind hier vor allem die Reliefs und Inschriften an den Innenseiten des Torbogens. Bei den Inschriften handelt es sich um buddhistische Texte in Chinesisch, Sanskrit, Tibetisch, Tungusisch, Uighurisch und Mongolisch. Der Paß Juyongguan war früher vom Norden her der wichtigste Zugang zur Hauptstadt.

Die Mauer bei Badaling ist bis in die Neuzeit mehrmals renoviert worden und daher gut erhalten. Geht man auf der Mauer spazieren – entweder in westlicher oder in östlicher Richtung –, gelangt man nach steilem Aufstieg zu den Wachtürmen mit Zinnen und Schießscharten. Auf etwas abgelegenen, erhöhten Gipfeln wurden Alarmfeuertürme errichtet, die weithin sichtbar waren. Bei Alarmsituationen zündete man Feuer an; auf diesem Wege konnten Meldungen sehr schnell bis in die nächste Kommandozentrale gegeben werden.

Die Mauer bei **Badaling** ist etwa 8 m hoch und unten fast 7 m breit. Nach oben verjüngt sie sich etwas, ist aber immerhin noch so breit, daß 6 Pferde nebeneinander laufen könnten. In Abständen befinden sich an den steilen Abhängen Treppen, über die man von außen auf die Mauer gelangt.

Neben dieser Großen Mauer sieht man heute noch in vielen Provinzen Überreste alter Teilmauern; sie alle summieren sich auf eine Länge von fast 50 000 km.

Auf dem Rückweg von der Großen Mauer besucht man die **Ming-Gräber,** Shisanling, die 50 km nordwestlich von Beijing liegen. 13 von insgesamt 16 Ming-Kaisern sind hier bestattet. Der dritte Ming-Kaiser, Zhu Di, wählte auf Vorschlag seiner Geomanten diesen Platz, weil er nach Westen, Norden und Osten hin durch natürliche Berge geschützt ist. Im Süden öffnet sich das Tal zur Hebei-Ebene, dort stehen der Drachen- und der Tigerberg, die als natürliche Pforte zur Grabanlage fungieren.

Man gelangt zunächst an ein **Ehrentor** aus weißem Marmor; direkt dahinter befindet sich das **Große Palasttor,** Dagongmen, mit rot getünchten Wänden, drei Durchgängen und einem Dach aus gelbglasierten Ziegeln. Zu beiden Seiten stehen Steintafeln mit der Inschrift: „Alle militärischen und zivilen Würdenträger müssen hier vom Pferd steigen." Die gesamte Anlage war früher von einer 40 km langen Schutzmauer umgeben, von der heute nur noch Reste zu sehen sind.

Hinter dem Haupttor steht ein kleiner Pavillon mit einer großen Steintafel, die auf dem Rücken einer Schildkröte steht. Hinter dem Pavillon beginnt der **Weg der Seelen,** auch Steinfigurenweg genannt: 24 steinerne Tierfiguren und 12 steinerne Menschenfiguren, militärische und zivile Würdenträger und hohe Beamte, deuten an, daß sie den Kaiser auch nach seinem Tode ehren und beschützen. Der Weg der Seelen wird vom **Drachen- und Phönix-Tor** abgeschlossen.

Zwei Gräber können besichtigt werden: Changling und Dingling. **Changling,** das erste Grab dieser Anlage für den dritten Ming-Kaiser Yongle, ist das größte, aber der Grabhügel ist noch nicht geöffnet. Daher besichtigen die meisten Besucher das **Grab Dingling** des Ming-Kaisers Wan Li, das 1956 geöffnet wurde. Über 6 Jahre hinweg sollen hier täglich 30 000 Menschen mit dem Bau des Grabes beschäftigt gewesen sein. Die Kosten entsprachen den Einnahmen aus der Bodensteuer des ganzen Landes von zwei Jahren.

Die Grabanlage ist von einer hohen Mauer umgeben; man gelangt durch ein Tor in den ersten Hof. Der Weg in den zweiten Hof führt über eine erhöhte Terrasse. Von der Opferhalle im zweiten Hof sind nur noch der Steinboden und Säulenstümpfe erhalten. Im dritten Hof stehen zu beiden Seiten zwei kleine Austellungshallen, in denen die Grabfunde gezeigt werden, darunter zwei kostbare Kronen aus Gold, Edelsteinen und Perlen.

Am Ende des dritten Hofes führen Treppen zum Stelenturm hinauf, hinter dem sich der Eingang befindet. Bei starkem Besucherandrang muß man allerdings auf der Rückseite des Grabhügels hinabsteigen und kommt dann vor dem Stelenturm wieder 'raus.

Der **Unterirdische Palast** besteht aus drei Haupt- und zwei Nebenhallen. Zwischen den drei Haupthallen befinden sich riesige Marmortüren: 3,3 m hoch und 1,7 m breit; jeder Türflügel wiegt 4 t.

Im mitteren Saal finden sich drei steinerne Thronsessel. Die Särge des Kaisers und seiner beiden Frauen stehen im hinteren Saal. Bei der Ausgrabung fand man hier noch 26 Truhen mit kostbaren Schätzen. Die beiden Nebenhallen sind leer.

Zu den Kaisergräbern von Beijing zählen noch die Westlichen und Östlichen Qing-Gräber.

Die **Östlichen Qing-Gräber** befinden sich 125 km von Beijing entfernt im Kreis Zunhua, Provinz Hebei. Die Anlage unterscheidet sich nur wenig von den Ming-Gräbern. Unter den 15 Gräbern ist das Grab der Kaiserinwitwe Ci Xi das größte und bedeutendste. Es ist inzwischen geöffnet und zur Besichtigung frei gegeben. Im Unterirdischen Palast finden sich an den Marmorwänden feine Reliefs und Inschriften buddhistischen Inhalts. Touristen kommen selten hierher, da sie oft nur wenige Tage in Beijing sind, und man eine besondere Genehmigung benötigt.

Die **Westlichen Qing-Gräber** liegen in Lianggezhuang, Kreis Yixian, ungefähr 100 km südwestlich von Beijing. Hier sind vier Qing-Kaiser, drei Kaiserinnen und drei Konkubinen sowie eine Reihe von Prinzen und Prinzessinnen begraben. Kein Grab in dieser Anlage ist bisher geöffnet.

Beijing besitzt herrliche Parkanlagen aus alter Zeit, von denen einige noch vorgestellt werden sollen. Westlich des Kaiserpalastes liegt der **Beihai-Park** (Nordsee-Park), auf dessen Gelände sich früher die Hauptstadt Dadu des Kublai-Khan befand. Das **Große Jadegefäß** in der **Runden Stadt** (Tuancheng) und die **Eiserne Wand** (Tieyingbi) am Nordufer des Sees stammen noch aus dieser Zeit. Hauptattraktion in der **Runden Stadt,** die sich am Südtor des Parks befindet und von einer 5 m hohen, ringförmigen Mauer umgeben ist, ist die 1,5 m große **Buddhafigur aus weißer Jade.** Das Gewand ist mit Rubinen und Smaragden besetzt. Das **Große Jadegefäß,** ein 60 cm hohes Bassin mit einem Durchmesser von 1,5 m, steht im Pavillon des Jadegefäßes. Es soll früher dem Kublai-Khan als Weingefäß gedient haben.

Geht man von der Runden Stadt aus in nördlicher Richtung, gelangt man über eine kleine Brücke auf die **Jadeblumen-Insel.** Auf dem Gipfel des Inselberges erhebt sich die **Weiße Dagoba,** Baita, eine Stupa im tibetischen Stil, die 1651 anläßlich des Besuches des Dalai Lama gebaut wurde. Am Nordufer der Insel zieht sich ein Wandelgang entlang, und hier befindet sich auch das **Fangshan-Restaurant,** in dem nach kaiserlichen Rezepten gekocht wird; auch die Preise sind fast kaiserlich, und es ist sehr schwer, eine Reservierung zu bekommen. Im Norden des Parks stehen die **Eiserne Wand** und die **Neun-Drachen-Mauer.** Sehenswert ist auch noch der **Palast der Zehntausend Buddhas,** Wanfolou, den Kaiser Qianlong zum 80. Geburtstag seiner Mutter bauen ließ. In dem dreistöckigen Gebäude sind 10 000 Nischen; in jeder befand sich früher eine vergoldete Buddhastatue.

Hinter dem Tor des Himmlischen Friedens, Tiananmen, noch vor dem Eingang des Kaiserpalastes, liegen zwei weitere große Parkanlagen. Der im westlichen Teil liegende **Zhongshan-Park** (Sun-Yatsen-Park) ist ein beliebtes Ausflugsziel der Beijinger Bürger, da er sich mitten im Stadtzentrum befindet. Hinter der großen Blumenanlage im vorderen Teil stehen sieben riesige Zypressen, die über 1 000 Jahre alt sein sollen. Im hinteren Teil des Parks befindet sich die Sun-Yatsen-Halle, wo Dr. Sun Yatsen, der erste Präsident der 1911 gegründeten Republik, nach seinem Tode aufgebahrt war.

Östlich des Tiananmen liegt der **Kulturpalast der Werktätigen.** Er enthält heute einen Basketballplatz, ein Freilichttheater, ein Kino und weitere Freizeitmöglichkeiten. Früher stand hier der Ahnentempel der Ming- und Qing-Kaiser. Im hinteren Teil ist die Terrasse des **Erde- und Ernten-Altars,** Shejitan, noch erhalten.

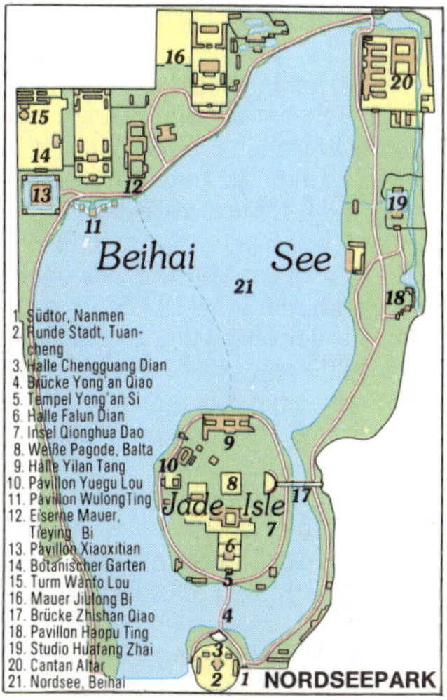

An den Wochenenden und Feiertagen fahren viele Beijinger gern in die 20 km von der Stadt entfernt liegenden Westberge. Der **Park des Duftenden Berges,** Xiangshan-Park, erlaubt ausgedehnte Spaziergänge in herrlicher Landschaft. Bereits vor 700 Jahren haben Kaiser sich hier Tempel und Pavillons errichten lassen. Im Nordteil des Parks steht der lamaistische **Tempel der Einsicht,** Zhaomiao, 1780 für den tibetischen Pantschen Lama gebaut. Westlich davon gibt es eine schöne, mit glasierten Ziegeln bedeckte achteckige Pagode, Linlita, mit sieben Stockwerken. Kupferne Glöckchen, die an jeder Ecke jedes Stockwerks angebracht sind, läuten ununterbrochen, beim geringsten Windhauch.

Nördlich des Parks, am Osthang des Duftenden Berges, steht der

Tempel der Azurblauen Wolken, Biyunsi, der gegen Ende der Yuan-Dynastie, im Jahre 1366, gebaut wurde. Sehenswert sind hier die Halle der 500 Lohans, vergoldete 1,5 m große Holzfiguren, und die Vajra-Stupa, auch **Diamantenpagode** genannt. Die beiden Stockwerke sind aus weißem Marmor, das obere ist rundum mit Reliefarbeiten verziert. Auf der oberen Plattform steht in der Mitte eine weiße Dagoba, die von zwei weiteren Dagobas und vielen kleineren Pagoden umgeben ist.

Ebenfalls in den Westbergen befindet sich der **Tempel des Schlafenden Buddha,** Wofosi; unter diesem Namen ist der Tempel allgemein bekannt, obwohl sein offizieller Name „Tempel des universalen geistigen Erwachens", Shifangpujue, lautet. Er wurde bereits im 7. Jhdt. n. Chr. errichtet. Die interessanteste Statue ist der **Schlafende Buddha** in der vierten Halle. Die etwa 54 t schwere Figur, die 1321 unter den Mongolenherrschern gegossen worden sein soll, stellt eine Legende dar, in der Buddhas Eingang ins Nirwana beschrieben wird. Die über 5 m lange Figur ist wohlproportioniert und natürlich gestaltet. Buddha liegt auf der Seite, seinen Kopf in die eine Hand stützend, während die andere auf dem Körper ruht. Umgeben ist die Figur von zwölf Statuen, die seine Schüler darstellen.

Die besterhaltene und wichtigste Tempelanlage Beijings ist der **Lamatempel Yonghegong** im Ostteil der Stadt. Die Anlage diente dem Kaiser Yongzheng vor seiner Thronbesteigung als Residenz. Nach seinem Tode wurde der Palast in ein Kloster umgewandelt. In der ersten Halle stehen die Vier Himmelskönige und ein Buddha Maitreya. In der folgenden Halle sind die Buddhas der drei Welten zu sehen: Buddha Sakyamuni, Kasyapa und Maitreya, flankiert von 18 Lohans an den beiden Seiten der Halle. Tsongkhapa, der große Reformator des Buddhismus und Begründer der lamaistischen Gelbmützensekte, wird in der vierten Halle verehrt. Die Bronzefigur des Tschongkhapa ist fast 6 m hoch und wirkt sehr imposant. Auf der Rückseite steht der Berg der 500 Lohans. Es ist eine Schnitzarbeit aus Sandelholz; die Lohan-Figuren sind aus Gold, Silber, Kupfer, Eisen und Zinn.

Die interessanteste Statue befindet sich in der letzten Halle, Dafolou, **Halle des Großen Buddha.** Im Zentrum des dreistöckigen Holzgebäudes steht eine 18 m hohe Statue des Buddha Maitreya, des Buddha der Zukunft, die aus einem einzigen Sandelholzstamm geschnitzt wurde. Die Figur ist ein Geschenk des 7. Dalai Lama; der Holzstamm wurde auf seine Anweisung aus der Provinz Sichuan nach Beijing geschafft.

In den Seitenhallen stehen noch viele Figuren aus dem schier unübersehbaren Pantheon des lamaistischen Buddhismus.

Beijing hat als kulturelles Zentrum eine Reihe von Theatern, Bühnen und Hallen. Da in Beijing wie in allen anderen Städten ein Abend- oder Nachtleben nicht stattfindet, sollte man eine Peking-Oper-Aufführung oder eine Akrobatikvorstellung besuchen, denn die Ensembles in Beijing zählen zu den besten des Landes.

Einkäufe erledigt man im **Freundschaftsladen** in der Nähe des Botschaftsviertels; es ist der größte dieser Art in China. Hier bekommt man chinesische Export- und ausländische Importwaren. Beijings größte Geschäftsstraße ist die **Wangfujing.** Sie verläuft östlich des Beijing-Hotels in Nord-Süd-Richtung.
Berühmt ist auch die **Liulichang,** Beijings Antiquitätengasse, die 1983 und 1984 im alten Stil restauriert wurde. Hier erhält man neben Antiquitäten noch Schmuck, Porzellan, Gemälde, Steinabreibungen, Rollbilder, Lackarbeiten und antiquarische Bücher. Auch im Ausland bekannt ist das **Rongbaozhai-Studio** im Haus Nr. 19, das wertvolle Originale und Reproduktionen verkauft und Restaurationen wertvoller Bilder vornimmt.

Tianjin

Tianjin gehört nicht unbedingt zu den touristischen Attraktionen Chinas, denn es hat an kulturhistorischen Sehenswürdigkeiten wenig zu bieten. In früheren Jahren lernten einige Touristen Tianjin unfreiwillig kennen, wenn sie wegen Überfüllung der wenigen Beijinger Hotels in Tianjin übernachten mußten. Nach dem Bau mehrerer Hotels in Beijing ist dies nicht mehr zu befürchten, aber wer mehrere Tage in Beijing bleibt, kann ohne weiteres einen Tagesausflug nach Tianjin unternehmen. Die mit 7,8 Mio. Einwohnern drittgrößte Stadt Chinas – neben Beijing und Shanghai eine der drei regierungsunmittelbaren Städte Chinas – ist von Beijing aus in zwei Stunden Bahnfahrt bequem zu erreichen.

Nur 120 km von Beijing entfernt, an der Bohai-Bucht mit dem größten künstlich gebauten Hafen Chinas gelegen, ist Tianjin eine der größten Industrie- und Handelsstädte Chinas. Seine günstige Lage am Meer, am Zusammenfluß von fünf Nebenflüssen des schiffbaren Haihe und an der Bahnlinie Beijing-Shanghai, hat Tianjin zu einem Verkehrsknotenpunkt in Nordchina werden lassen.

Den neuen **Hafen Xingang** nördlich der Haihe-Mündung können Schiffe bis zu 10 000 BRT anlaufen; kleinere Schiffe können auf dem Haihe direkt bis Tianjin verkehren. Die Stadt hat vor allem Schwerindustrie, Eisen- und Stahlwerke, chemische Betriebe und produziert Uhren, Fotoapparate und Elektrogeräte. Aufzüge aus Tianjin findet man in vielen Hochhäusern und Hotels Chinas.

Ausgrabungen belegen, daß es hier schon in den ersten Jahrhunderten v. Chr. eine größere Siedlung gab. Während der Mongolenherrschaft war Tianjin Garnisonstadt und trug den Namen Zhigu, was mit „kaufen und verkaufen" übersetzt werden kann, ein Hinweis darauf, daß es schon damals ein bedeutender Handelsplatz gewesen sein muß.

Während der Ming-Zeit wurde die Garnison befestigt und eine Stadtmauer errichtet. Mitte des letzten Jahrhunderts war der Hafen Tianjin begehrtes Objekt ausländischer Mächte, die sich gewaltsam den chinesischen Markt erschließen wollten. 1858 mußte die Qing-Regierung im Vertrag von Tianjin Engländern und Franzosen erstmals Konzessionsrechte in der Stadt gewähren. 1860 marschierten von hier aus englische und französische Truppen nach Beijing und zerstörten dort u. a. den alten Sommerpalast. Weitere europäische Nationen folgten; Ende des Jahrhunderts hatten neun ausländische Mächte ihre Niederlassungen in der Stadt.

Wer in der Stadt weilt, sollte den am südwestlichen Stadtrand gelegenen **Park auf dem Wasser,** Shuishang Gongyuan, besuchen, es ist der größte der Stadt. Auf dem Gelände mit Seen und Inseln befinden sich der Zoo, ein Theater und viele kleine Pavillons. Auch der **Jinshan-Park** liegt im Süden der Stadt. Im Norden befinden sich der **Xigu-Park** und der **Beining-Park.**

Tianjin hat ein **Kunstmuseum,** in dem Gemälde aus der Yuan-, Ming- und Qing-Dynastie zu sehen sind.

Zu empfehlen ist auch ein Spaziergang in der schönen **Altstadt am Renmin Basar** (Volksbasar). Ein Bummel in den engen Gassen mit unzähligen kleinen Geschäften, aber auch großen Kaufhäusern vermittelt einen typischen Eindruck großstädtischen Lebens in China.

Außerhalb der eigentlichen Stadt, im **Kreis Jixian,** der verwaltungsmäßig noch zu Tianjin zählt, kann man den **Dule-Tempel** besuchen. Dule bedeutet Einsames Glück. Der Tempel beherbergt eine Guanyin-Figur, die Göttin der Barmherzigkeit. In der Tang-Dynastie erbaut, 984 erneuert, gehört der Tempel zu den ältesten Holzbauten Chinas.

Im Kreis Jixian lohnt sich ein Ausflug in das **Panshan-Gebirge.** Tempel, Pagoden, Schluchten, Wasserfälle, bizarre Felsen und besonders die Kiefern bieten zusammen eine eindrucksvolles Bild einer für Nordchina typischen Berglandschaft.

Harbin

Harbin, Hauptstadt der nördlichsten Provinz Chinas, Heilongjiang, liegt am Sunghua-Fluß inmitten der fruchtbaren nordostchinesischen Tiefebene. Der Name der Stadt geht zurück auf den alten mongolischen Namen Arjin, den die bis ins letzte Jahrhundert noch unbedeutende Ortschaft trug.

Für den raschen Aufschwung dieser Stadt sorgten die Russen, als sie 1896 mit dem Bau einer Eisenbahn begannen; Harbin wurde der transsibirischen Magistrale angeschlossen. In den folgenden Jahren kamen russische Kaufleute und Missionare nach Harbin, bauten Fabriken, Läden und Kirchen. Noch heute zeugen die Bauten, vor allem die über 30 orthodoxen Kirchen, von der Bedeutung der russischen Einwanderer.

Andere Ausländer folgten. Das aus seinem Schlaf erwachte, frühere Fischerdörfchen Harbin entwickelte sich schnell zum Verkehrszentrum Nordchinas und damit zu einer bedeutenden Industrie- und Handelsstadt. Schließlich lebten in Harbin über 100 000 Ausländer aus 36 verschiedenen Ländern. Banken, Hotels, Bars, Spielhallen, Wohnhäuser und teure Villen schossen aus dem Boden

Und dies trotz des unwirtlichen Klimas. Die Winter sind fast unerträglich kalt. Von Dezember bis Februar beträgt die durchschnittliche Temperatur −30 °C, und es fällt reichlich Schnee. In dieser Zeit kaufen die Harbiner ihre Milch eingefroren in Ziegelform und tauen sie zu Hause auf. Auch Birnen werden nur gefroren gehandelt. Aufgetaute Birnen werden als Delikatesse am Frühjahrsfest verzehrt. An diesem Festtag, wie auch am Neujahrsfest (nach dem chinesischen Mondkalender), kann man eine andere Eigenart Harbins beobachten. In ganz China hängt man an diesen Festtagen kleine Laternen auf. Dies tut man auch in Harbin, hier jedoch baut man seine **Laternen aus Eis:** In einer Urne wird Wasser gefroren, der Eisblock dann innen ausgehöhlt und außen mit feineren Schnitzereien verziert. In die Mitte kann man dann die Kerze hineinstellen und anzünden, ohne daß die Eislaterne schmilzt; das verhindern die hohen Außentemperaturen.

Ähnlich wie in einigen Städten Japans betätigen sich hier im Winter zahllose **Eisbildhauer**. Aus dem Songhua-Fluß schneidet man große Eisblöcke, die dann in den Parks am Flußufer aufgestellt werden. Die Bildhauer verwandeln die groben Blöcke bald in einzigartige Kunstwerke – so entstehen Blumenvasen, Karpfen, Vögel, Eisläufer, Paläste, Laternen und selbstverständlich all die großen Helden der chinesischen Mythologie. Abends werden sie beleuchtet und angestrahlt, und zahllose Bürger erholen sich nach Feierabend in dieser Wunderwelt aus Eis.

Harbin nennt sich nicht ohne Stolz auch die Stadt der Parks; 13 große Anlagen kann die Stadt vorweisen, die meisten findet man an den Ufern des Songhua-Flusses. Der **Park am Flußufer,** Jiangpan Gongyuan, zählt mit seinen 10 ha Fläche zu den größten und schönsten Anlagen. Er bietet den Bürgern eine Reihe von Freizeitmöglichkeiten, von Restaurants bis zum Wassersport-Zentrum.

In der Mitte des Flusses liegt die **Sonneninsel,** Taiyang, deren Rasenflächen, Blumenterrassen und Pavillons einen Spaziergang lohnenswert machen. Im Sommer geht man zum Picknick in den **Sonneninsel-Park** oder erholt sich an dem natürlichen Badestrand.

Im Stadtzentrum, nicht weit vom Bahnhof, liegt der **Kinderpark**, Ertong Gongyuan. Die Kinder erfreuen sich besonders an der zwei Kilometer langen Modelleisenbahn, die, von einer kleinen Diesellok gezogen, zweihundert Kinder transportieren kann. Auch das Bahnpersonal spielen die Kinder.

In unmittelbarer Nähe des Bahnhofs befindet sich das **Provinzmuseum Heilongjiang**. Die Ausstellung konzentriert sich auf die Provinzgeschichte und zeigt einige ausgestorbene Tierarten.

Auch der größte Tempel der Provinz steht in Harbin. Es ist der buddhistische **Tempel Jile Si,** der erst im Jahre 1924 erbaut wurde. Zentrum der Anlage ist neben der Haupthalle mit einer Statue des Buddha Amitabha die **Pagode Qiji Futu Ta**.

Den seltenen nordostchinesischen Tiger kann man in dem im Südwesten der Stadt gelegenen **Zoo** sehen.

Changchun

Die 1,5 Mio. Einwohner zählende Stadt Changchun am Yitong-Fluß ist seit 1954 Hauptstadt der Provinz Jilin. In den dreißiger Jahren war sie unter dem Namen Xinjing (Neue Hauptstadt) Hauptstadt des von den Japanern ins Leben gerufenen Staates Manchuguo. Der letzte Kaiser der Qing-Dynastie, Pu Yi, der als Kind auf den Thron gekommen, als Kind auch wieder abdanken mußte, wurde von den Japanern als Kaiser inthronisiert.

Der nordöstlich der Stadt gelegene **Kaiserpalast** diente Pu Yi als Residenz. Es ist eine relativ junge und kleine Anlage, die sich mit den alten Palästen in Beijing oder anderen ehemaligen Kaiserstädten nicht messen kann. Die Grundstruktur der Anlage entspricht dem üblichen Palastbau. Der Äußere Teil war für Empfänge und Zeremonien vorgesehen; dahinter liegt der Innere Palast mit den Privatgemächern der kaiserlichen Familie. Nach der Niederlage der Japaner geriet Pu Yi zunächst in sowjetische Gefangenschaft, wurde später den Chinesen ausgeliefert und wegen Landesverrats und Kollaboration mit den japanischen Aggressoren zu einer langjährigen Gefängnisstrafe verurteilt. Er starb als freier Mann in Beijing. Seine Memoiren sind unter dem Titel „Ich war Kaiser von China" auch in deutscher Sprache erschienen.

Changchun kann sonst keine historischen Sehenwürdigkeiten vorweisen. Im ganzen Land bekannt ist Changchun wegen seiner **Automobilindustrie**. 1953 wurde die erste Automobilfabrik Chinas gebaut, heute produziert sie vor allem Busse, Lastkraftwagen, Traktoren. Bis vor drei Jahren wurde hier auch die große, schwarze Staatskarosse „Rote Fahne" (Hongqi) gebaut. Inzwischen ist die Produktion eingestellt, weil man die kostenaufwendige Herstellung in kleinen Stückzahlen als Verschwendung betrachtet.

Gelegentlich kann man als Tourist auch die **Filmstudios** in Changchun besichtigen, die im Lande einen guten Ruf genießen.

Ausflugsziel und Erholungsgebiet der Stadtbewohner ist das **Xinlicheng-Reservoir** 20 km außerhalb der Stadt, am Oberlauf des Yitong-Flusses.

Shenyang

Shenyang, Hauptstadt der Provinz Liaoning, zählt mit 4 Mio. Einwohnern zu den großen Städten Chinas.

In der Geschichte erlangte es erstmals Bedeutung, als die Manzhu sich unter ihrem Fürsten Nurhaci zusammenschlossen und zu Beginn des 17. Jhdts. den Nordosten Chinas unter ihre Kontrolle brachten. Shenyang war unter dem Manzhu-Namen Mukden ihre Hauptstadt. 1636 gründete Nurhacis Sohn Abukai die Qing-Dynastie. Er konnte 8 Jahre später Beijing erobern und damit die Herrschaft über ganz China erlangen. Die Qing zogen in die Paläste in Beijing um, kamen aber öfters zur Ahnenverehrung nach Shenyang zurück.

Während des Baus der Ostchinesischen Eisenbahn hatten die Russen hier ihre Verwaltungszentrale, später diente es den Japanern als Stützpunkt, die für ihr Heimatland hier die reichen Bodenschätze ausbeuteten. Der Mukden-Zwischenfall, eine Schießerei zwischen japanischen Soldaten und Qing-Truppen, diente den Japanern als Vorwand zur Kriegserklärung an China.

Heute ist Shenyang wichtigstes Industrie- und Kulturzentrum Nordostchinas.

Aus der Zeit der Manzhu-Eroberung Chinas ist der 1636 fertiggestellte **Kaiserpalast** erhalten, den man im Vergleich zum Kaiserpalast in Beijing gelegentlich auch den **Kleinen Kaiserpalast,** Xiao Gugong, nennt. Er diente den ersten Qing-Herrschern als Residenz, bevor sie ihre Hauptstadt nach Beijing verlegten. Der große Qing-Kaiser Qianlong ließ den Palast Mitte des 18. Jhdts. zu Ehren seiner Ahnen erweitern. Das Haupttor des Palastes liegt wie üblich nach Süden ausgerichtet. Im östlichen Teil des Palastes steht eine große achteckige Halle, Dazheng Dian, die mandschurische, chinesische und mongolische Baustile miteinander verbindet. Das Dach ist mit in der kaiserlichen Farbe Gelb glasierten Dachziegeln gedeckt. Gewaltige rote, von goldenen Drachen umschlungene Säulen stützen das Dach. Zehn kleinere Pavillons flankieren die Halle; in ihnen sind heute Waffen, Uniformen und Rüstungen ausgestellt. Im mittleren Teil des Palastes hielt der Qing-Kaiser die großen Zeremonien ab. Dahinter befinden sich die Privatgemächer. An deren Eingang steht ein großer dreistöckiger Pavillon, der **Phönixturm,** in dem die Bankette gegeben wurden. Der westliche Teil wurde erst unter Kaiser Qianlong angebaut und enthält eine Freiluftbühne sowie die dahinterliegende kaiserliche Bibliothek.

Nurhaci, der Einiger der Manzhu-Stämme und Eroberer Nordchinas, liegt im **Östlichen Kaisergrab** (Dongling) **begraben**. Man betritt die Grabanlage durch das große Eingangstor und wandert dann über den **Weg der Seelen,** der von verschiedenen Steinfiguren flankiert wird. Nachdem man den ersten Stelenturm passiert hat, gelangt man zur Halle der Ahnenverehrung. Hinter einem weiteren Turm, dessen Stele die Inschrift „Grab des Kaisers Taizu", das ist Nurhaci, trägt, liegt der bisher ungeöffnete Grabhügel.

Die Grabanlage seines Sohnes Abukai, des ersten Qing-Kaisers, das **Nordgrab,** Beiling, ist weitaus größer. Die über 400 ha große Anlage ist von einer Mauer umgeben. Auch hier befindet sich hinter dem Eingangstor ein **Steinfigurenweg,** auf dem auch zwei Pferdefiguren stehen – Nachbildungen der Lieblingspferde Abukais. Man gelangt dann zur von hohen Mauern eingesäumten **„Viereckigen Stadt",** der inneren Grabanlage, die ebenfalls eine große Ahnenhalle und einen zweiten Stelenturm enthält. Auch der Tumulus des ersten Qing-Kaisers, der neben Abukai auch seine Hauptfrau und weitere Nebenfrauen enthalten soll, ist bisher nicht geöffnet.

Shenyang bietet ansonsten nur noch den **Lamatempel Shisheng Si,** und wer sich für die Produkte und die Leistungsfähigkeit der Shenyanger Industrie interessiert, kann die **Liaoning Austellungshalle** besuchen.

Hohhot

Hohhot, ein mongolischer Name, der „blaue Stadt" bedeutet, ist die Hauptstadt der Autonomen Provinz

Innere Mongolei, Neimenggu. Der Fürst Altan Khan, Führer der ostmongolischen Stämme, gründete die Siedlung Mitte des 16. Jhdts. Nur 200 km von Datong entfernt, liegt Hohhot am Südrand der Gobi-Wüste. Die kontinentalen Landmassen im Norden bewirken das trockene, kalte Klima. Die Winter sind wegen der kalten Nordwinde aus Sibirien extrem. Juni und Juli bringen durchschnittliche Temperaturen von 25 °C.

Ein Großteil des mongolischen Steppenplateaus (durchschnittlich 1000 m ü. d. M.) ist Wüste, auf dem restlichen Boden kann meist nur Viehzucht betrieben werden. Vor allem Schafe und Ziegen weiden hier. Landwirtschaft ist nur in dem südwestlichen Teil der Provinz möglich, dort, wo der Gelbe Fluß (Huanghe) einen hohen Bogen durch die Innere Mongolei macht. Nach dem großen Mongolensturm im 13. Jhdt., als es Dschingis Khan und Kublai Khan gelungen war, ein unvergleichlich großes Weltreich zu erobern, hatten sie nie mehr zu ihrer alten Größe zurückgefunden. Die Manzhu hatten nach der Gründung der Qing-Dynastie die Innere Mongolei dem Reich eingegliedert. Den Zusammenbruch des Qing-Reiches im Jahre 1911 nutzten mongolische Freiheitskämpfer, um – unterstützt von den Russen – die Äußere Mongolei abzutrennen und zum unabhängigen Staat zu erklären. In den dreißiger Jahren schlossen sich viele Mongolen im Kampf gegen die Japaner den kommunistischen Freiheitskämpfern an. Mit der Gründung der Volksrepublik wurde die Innere Mongolei zur Autonomen Provinz erklärt. Von der fast 20 Mio. Einwohner zählenden Bevölkerung sind nur 2,5 Mio. Mongolen, der Rest sind neben wenigen Hui und Manchu Han-Chinesen, die schon gegen Ende der Ming-Dynastie, verstärkt aber nach 1949, in die Mongolei übersiedelten. Hohhot entwickelte sich nach 1949 zu einer modernen Industriestadt, die neben Chemie- und Maschinenbauindustrie vor allem Wolle und Leder verarbeitetende Betriebe aufweist.

Touristen können heute auch in Jurten wohnen, den traditionellen Nomadenzelten aus Filz, die für den Touristen natürlich eine bequeme Einrichtung bieten. Zu dem Besichtigungsprogramm zählen auch die traditionellen **Reiterspiele** und **Ringkämpfe** sowie **folkloristische Vorstellungen,** die an den großen Festtagen selbstverständlich immer stattfinden, aber auch gelegentlich für Touristen veranstaltet werden. Daneben bietet Hohhot noch einige sehenswerte historische Bauten.

Der **Fünf-Pagoden-Tempel,** Wuta Si, wurde unter dem Qing-Kaiser Yongzheng (1723–1735) erbaut. Erhalten ist nur noch die **Diamantenpagode,** deren Sockel mit Reliefs und mit Inschriften in Mongolisch, Tibetisch und Sanskrit verziert ist. Auf der Terrasse erheben sich fünf Pagoden und ein Pavillon.

Am Nordtor der Altstadt befindet sich eine **Moschee** aus dem 18. Jhdt.

In der Altstadt selbst steht der in tibetischem Stil erbaute **Lamatempel Xilitu Zhao** mit einer 15 m hohen Dagoba, einer Pagode in ebenfalls tibetischem Stil.

Das **Kloster Dazhao,** dessen Gebäude in chinesischem und tibetischem Stil gebaut wurden, ist auf Anweisung des Mongolenfürsten Altan Khan gegründet worden, der seine Landsleute zum lamaistischen Buddhismus der Gelugpa-Sekte (Gelbmützensekte) bekehrte. Das Kloster beherbergt einen **Silberbuddha** und heißt daher volkstümlich auch **Silberbuddha-Tempel**.

Im Ostteil der Stadt steht noch eine alte Pagode, die um das Jahr 1000 n. Chr. erbaut wurde. Besonders interessant an diesem 43 m hohen, aus Ziegel und Holz errichteten Bau ist, daß er auf einem Sockel von stilisierten Lotusblüten steht. Im Volksmund heißt er **Weiße Pagode**.

Etwa 10 km südlich der Stadt liegt das **Grab der Konkubine Wang Zhaojun**. Diese Dame ist in China aus vielen Legenden, Erzählungen und Opernstücken bekannt. Zhaojun war eine außergewöhnlich schöne Konkubine am Hofe des Kaisers Yuan (48–33 v. Chr.) der Westlichen Han-Dynastie. Um die kriegerischen Hunnen im Norden zu befrieden, bot der Kaiser deren König eine Prinzessin zur Frau an. Man wollte den „Barbaren" aus dem Norden selbstverständlich keine der bevorzugten Prinzessinnen oder Konkubinen zur Frau geben, deshalb wählte man Zhaojun, deren Schönheit dem Kaiser noch nicht zu Ohren bzw. zu Augen gekommen war. Als er sie bei der Abreise zum erstenmal sah, bedauerte er seine Entscheidung, doch es war zu spät. Zhaojuns Opfer wird in der Legende als patriotische Tat gepriesen.

Auf ihrem Grabhügel, wie auch davor, steht je ein Pavillon. Eine Austellungshalle zeigt das Leben Wang Zhaojuns.

Man kann von Hohhot aus ebenso Ausflüge in nahegelegene **Kommunen** unternehmen und sich einen Einblick in die Lebens- und Arbeitsbedingungen mongolischer Viehzüchter und Bauern verschaffen; auch Reiterspiele werden vorgeführt.

Baotou

Die Stadt Baotou war früher ein kleiner Handelsplatz. In den dreißiger Jahren bekam sie eine zentrale Bedeutung für den Handel, als eine Eisenbahnverbindung nach Beijing gebaut wurde. In den fünfziger Jahren folgte der verkehrsmäßige Anschluß nach Nordwestchina, Zentralchina und Sichuan durch den Bau einer Bahn nach Lanzhou. Heute hat Baotou ein großes Eisen- und Stahlkombinat und ist neben Hohhot wichtigste Industriestadt der Inneren Mongolei. 1,5 Mio. Einwohner zählt die Stadt heute.

In Baotou bekommt man ein ähnliches folkloristisches Programm wie in Hohhot geboten.

Sehenswürdigkeiten gibt es nur weit entfernt von der Stadt. Im Nordosten, etwa 70 km entfernt, liegt der **Lamatempel Wudang Zhao.** Er wurde Ende des 17. Jhdts. gebaut und beherbergte früher über 1000 Mönche. Während der Kulturrevolution wurden sie – wie auch in Tibet – aus den Klöstern vertrieben.

Fast 300 km sind es bis nach Yijin Horo, wo sich das **Grab des Dschingis Khan** befindet, der im Jahre 1227 starb. Das Grab besteht aus drei Hallen. In der Zentralhalle ruht Dschingis Khan mit seinen drei Frauen, in der Osthalle einer seiner

Söhne mit Frau. In der Westhalle sind heute Waffen und Geräte des großen Khans ausgestellt.

Chengde

260 km nordöstlich von Beijing, in der Provinz Hebei, liegte **Chengde,** bekannt auch unter dem früheren Namen **Jehol**. Die schöne Landschaft um Chengde mit ihren vielen Bergen und Tälern, Wäldern und Flüssen und ihrem erfrischenden Klima hatte den Qing-Kaiser Kangxi animiert, hier einen Sommerpalast bauen zu lassen. 1703 begannen die Arbeiten, die erst 1790 unter Kaiser Qianlong abgeschlossen wurden.

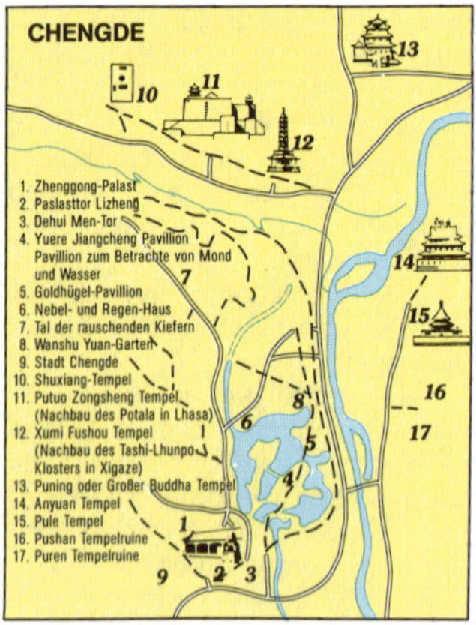

Die Bauten dieser Anlage spiegeln die damaligen politischen Absichten der Qing wider, die bestrebt waren, die Einigung des Reiches zu stärken und insbesondere Tibet wieder enger ans Reich zu binden. Daher finden sich in dieser Sommerresidenz Nachbauten des Potala, des Palastes des Dalai Lama in Lhasa, und verschiedener tibetischer Tempel und Klöster.

Hundert Jahre lang begab sich der Hof regelmäßig im Sommer nach Chengde und regierte von dort aus das Reich; auch ausländische Gesandte wurden während der Sommermonate in Chengde empfangen. Erst als Kaiser Jiaqing (1796–1820) im Jahre 1820 hier vom Blitz erschlagen wurde, wagte sich kein Kaiser mehr nach Chengde, und die Residenz verfiel allmählich.

Die Palastanlage liegt am Nordrand der Stadt und ist von einer 10 km langen Mauer umgeben, die sich über Berge und durch Täler windet. Die 560 ha große Anlage umfaßt Paläste, Tempel, Hallen und Pavillons, schließt aber auch schöne Landschaften und Gärten ein, womit die Residenz in Chengde heute den größten kaiserlichen Garten enthält. So, wie die Bauten die Vielfalt der Baustile Chinas, inklusive der der nationalen Minderheiten, repräsentieren, so hat man auch in der Gartenbauarchitektur nord- und südchinesischen Stil kombiniert.

Man betritt die Palastanlage durch das **Lizheng-Tor** im Süden. Es enthält Inschriften in Chinesisch, Mandschurisch, Mongolisch, Uighurisch und Tibetisch. Der Palast selbst besteht aus vier großen Gebäudekomplexen. Die **Halle der Schlichtheit und Ehrlichkeit** wurde von den Kaisern für große Zeremonien und Empfänge benutzt. Sie ist aus äußerst wertvollem Edelholz, Nanmu-Holz, gebaut, das man eigens aus Südwestchina, Sichuan und Guizhou, nach Chengde brachte.

Die **Wolken-und-Wasser-Halle** enthält das kaiserliche Schlafzimmer.

Schaut man von den Hallen im **Tal der rauschenden Kiefern** nordwärts, blickt man auf eine schöne Seenlandschaft, die an südchinesische Landschaften erinnern soll. An den Ufern und auf den Inseln des Sees stehen zahlreiche Pavillons, Türme und Hallen, die zur Erholung und Entspannung benutzt werden.

Vom **Nebel-und-Regen-Turm** am nördlichen Seeufer schaute man früher auf eine weite, steppenähnliche Landschaft, auf der das Rotwild weidete. Hier empfing Kaiser Qianlong mongolische Adlige, den sechsten Dalai Lama und andere zum Picknick.

Außerhalb der Palastmauern liegen die **Acht Äußeren Tempel,** ursprünglich acht Baugruppen mit insgesamt 11 Tempeln, von denen aber nur fünf erhalten sind; diese liegen nördlich und östlich der Sommerresidenz.

Direkt im Norden steht der größte Tempel, der **Pu Tuo Zong Sheng**. Er ist dem Potala-Palast in Lhasa, der Residenz des Dalai Lama, nachgebaut und wird daher oft auch **„Kleiner Potala“** genannt. Er wurde 1766 zu Ehren vieler Adliger aus dem Nordwesten gebaut, die persönlich angereist waren, um dem Kaiser und seiner Mutter zum Geburtstag zu gratulieren. Im vorderen Teil befindet sich ein sehenswertes Ehrentor aus glasierten Ziegeln, ein Nachbau eines im Beijinger Behai-Park stehenden Tores. Im hinteren Teil steht die Große-Zinnoberrote-Terrasse, 43 m hoch, aus zwei Teilen bestehend, der unteren weißen Terrasse und der oberen roten Terrasse. Dahinter befinden sich die Haupthallen mit grünglasierten Ziegeldächern und einem vergoldeten Dach. Die Hallen beherbergen Statuen und Figurengruppen aus dem in Tibet verbreiteten tantrischen Buddhismus (Lamaismus).

Östlich davon steht der **Xu Mi Fu Shou-Tempel,** eine Kopie des Tashi Lhunpo-Klosters in Xigaze, dem Sitz des geistigen Oberhauptes der Tibeter, dem Pantschen Lama. Er wurde im Jahre 1780 gebaut, um den 6. Pantschen Lama in Chengde zu begrüßen. Die Haupthalle trägt ein Dach mit schuppenähnlichen, vergoldeten Kupferziegeln, acht ebenfalls vergoldete Drachen zieren die vier Dachfirste. Die Anlage wird durch eine aus glasierten Ziegeln errichtete Pagode abgeschlossen.

Im äußersten Nordosten der Anlage liegt der **Pu Ning-Tempel,** der **Tempel des universalen Friedens,** der oft auch „Tempel des Großen Buddha“ genannt wird. Der Gesamtbau ist eine Mischung aus chinesischem und tibetischem Stil, die 36 m hohe Haupthalle im hinteren Teil wird von vielen kleineren tibetischen Bauten flankiert. Sie enthält eine riesige Statue des Bodhisattva Avalokiteshvara, dem Schutzgott der Tibeter, dessen Inkarnation der Dalai Lama ist.

Die Holzfigur ist 22,2 m hoch, hat einen Umfang von 15 m, wiegt 110 t und hat zweiundvierzig Hände, von denen jede ein weiteres Auge und ein magisches Werkzeug trägt; in der Bodhisattva-Krone auf dem

Kopf sitzt eine 1,4 m hohe Buddhastatue.

Der sich östlich der Mauern anschließende **Anyuan-Tempel** wurde 1764, ebenfalls auf Anordnung des Kaisers Qianlong, errichtet. Er wird auch „Ili-Tempel" genannt, weil er einem Tempel in Ili in der Provinz Xinjiang, nahe der sowjetischen Grenze, nachgebaut wurde. Das Tempeldach ist mit schwarzglasierten Ziegeln bedeckt; innen steht eine große Figur des Ksitigarbha-Buddha.

Pule Si, der **Tempel der universalen Freude,** auch „Runder Pavillon" genannt, wurde zu Ehren mongolischer Adliger gebaut. Er enthält eine besonders sehenswerte Holzkassettendecke, in deren Zentrum zwei große, mit einer Perle spielende Drachen dargestellt sind.

Beidaihe/Shanhaiguan

300 km exakt in östlicher Richtung von Beijing liegt die Stadt **Qinhuangdao,** in einer halben Stunde mit dem Flugzeug oder in knapp 5 Stunden mit der Bahn von Beijing aus bequem zu erreichen. Die Hafenstadt selbst bietet keine Sehenswürdigkeiten. Von hier aus sind es allerdings nur 30 km zu dem südwestlich gelegenen Badeort **Beidaihe.**

Was einem sonst auf einer Chinareise so gut wie nie gelingt – einen Badetag einzulegen –, das gehört hier zum Programm. Das selbst in den heißen Sommermonaten erfrischende Klima hat schon die Han-Kaiser veranlaßt, hier Landhäuser und Villen zu bauen. Anfang dieses Jahrhunderts besaßen hier viele reiche Chinesen, aber auch Ausländer zahlreiche Sommervillen. 1949, nach Gründung der VR China, wurde es zu einem Erholungszentrum für hohe Kader und verdiente Arbeiter und Bauern, die auf Staatskosten zur Kur weilten. Auch Jiang Qing, die Witwe Maos, und Lin Biao, der einmal als Nachfolger Maos galt, besaßen hier ihre Villen.

In den letzten Jahren ist ein Teil der Anlage auch für Touristen geöffnet worden. Sie können am Weststrand baden, der für das staatliche chinesische Reisebüro, Lüxingshe, reserviert ist.

In Beidaihe wohnt man meistens in hübschen, kleinen Bungalows mit großer Veranda. Auch die Hotels sind als Bungalowsiedlungen gebaut.

In Beidaihe lohnt sich noch der Besuch des **Lotosfelsenparks** (Lianhuashi Gongyuan) oberhalb des Xishan-Hotels. Der Park hat seinen Namen wegen vieler bizarrer Felsen, die die Form einer Lotosblüte haben. Der frühere Verteidigungsminister Lin Biao, einst designierter Nachfolger Maos, später gestürzt und bei einem Flugzeugabsturz über der Mongolei ums Leben gekommen, hatte hier sein Sommerdomizil. In der Nähe des Parks gibt es eine Reihe alter Tempel, die **Tempel der Guanyin-Feen** genannt werden und etwa dreihundert Jahre alt sind.

Etwa 30 km nordöstlich, an der Grenze zur Provinz Liaoning, dort, wo die Große Mauer an der Bohai-Bucht endet, liegt **Shanhaiguan,** das wegen seiner großen Sperrfestung am Ende der Großen Mauer berühmt ist.

Schon im 7. Jhdt. hatte man hier eine Festung gebaut, Yuguan. In den folgenden Jahrhunderten stand dieser Paß bei Shanhaiguan immer wieder im Brennpunkt der Kriege zwischen Chinesen und den von Norden eindringenden Nomadenstämmen. Nachdem die Ming-Kaiser die Mongolen verdrängt hatten, bauten sie die Große Mauer aus und ließen in Shanhaiguan die Festung erneuern. Die heute zu sehende Anlage stammt aus dem Jahre 1681.

Ming-Vase aus typisch blau-weißem Porzellan.

Auch die Manzhu-Truppen kamen auf ihrem Eroberungsfeldzug über den Shanhaiguan-Paß nach China. Es war ihnen gelungen, den Kommendeur der Festung auf ihre Seite zu bringen: er öffnete ihnen die Tore.

Die rechteckige Festung hat einen Umfang von fast 4 km und besitzt vier Tore, von welchen das Osttor am berühmtesten ist. Es trägt den Namen „Tianxia Diyiguan“, **Erstes Tor auf Erden.** In dem zum Tor gehörenden Turmbau sind einige Waffen und Uniformen ausgestellt.

Eine weiter Sehenswürdigkeit ist der **Jiangnu-Tempel,** etwa 10 km östlich der Festung in dem Dorf Wangfushi; er beherbergt eine Statue der legendären Meng Jiangnu.

Es wird erzählt, daß unter der Herrschaft des Kaisers Qin Shi Huang Di auch Meng Jiangnus Mann zum Bau der Großen Mauer zwangsrekrutiert wurde. Meng Jiangnu machte sich auf die Suche nach ihrem Geliebten, fand ihn jedoch nicht. Darauf weinte sie an der Großen Mauer so bitterlich, daß die Mauer zerbrach und den Leichnam ihres Mannes freigab. Wie viele andere war er ein Opfer der harten Arbeit geworden. Aus Kummer stürzte sie sich bei Shanhaiguan ins Meer.

An diese bekannte und beliebte Legende erinnern der besagte Tempel und ein mächtiger Felsen an der Küste, von dem aus sie sich ins Meer stürzte.

Er trägt heute ihren Namen.

Shijiazhuang

Nicht viele Touristen kommen nach Shijiazhuang, dem „Dorf der Familie Stein“, wie der Name der Stadt übersetzt heißt. Doch wer von Beijing aus eine Bahnreise nach Südchina macht, wird gelegentlich einen Aufenthalt in Shijiazhuang einlegen. Noch vor 100 Jahren dürfte diesen Ort wohl kaum jemand gekannt haben, von den Leuten in den Nachbardörfern einmal abgesehen, denn Shijiazhuang hatte damals gerade 500 Einwohner.

Der Aufschwung der Stadt begann mit dem Bau der Eisenbahn von Beijing nach Zhengzhou um die Jahrhundertwende. Heute zählt Shijiazhuang fast 900 000 Einwohner. Es ist eine ausgesprochen moderne Stadt: neue Häuser, breite Alleen und Straßen, die fast ausnahmslos alle erst nach 1949 gebaut worden sind.

Shijiazhuang ist Hauptstadt der Provinz Hebei, darüber hinaus ein bedeutender Verkehrsknotenpunkt, da sich hier zwei wichtige Bahnlinien kreuzen, die von Beijing nach Guangzhou und diejenige von Taiyuan nach Dezhou in der Provinz Shandong. Moderne Industrien haben sich hier angesiedelt, vor allem textilverarbeitende. Westlich der Stadt wird Bergbau betrieben, werden Kohle, Eisenerz, Marmor und Kalkstein abgebaut.

Die Sehenswürdigkeiten in Shijiazhuang sind rar. Den Touristen bietet man zunächst den Besuch eines Krankenhauses an. Es ist das **Internationale Friedenshospital,** das zudem den Namen eines kanadischen Arztes trägt: Dr. Norman Bethune.

Dieser sozial engagierte Arzt, Symphatisant der Kommunistischen Partei, hatte sich zunächst in Kanada um die medizinische Versorgung armer Industriearbeiter gekümmert, bevor er in den Spanischen Bürgerkrieg zog, um auf Seiten der Republikaner den Aufbau einer medizinischen Frontversorgung zu unterstützen. Noch vor der Niederlage in Spanien zog es ihn nach China. 1937 kam er dort an, und ein Jahr später praktizierte er am Internationalen Friedenshospital. Am 12. November 1939 starb er an einer Infektion, die er sich bei einer Operation zugezogen hatte.

Dem Krankenhaus angeschlossen ist eine **Ausstellungshalle,** die Dr. Norman Bethune gewidmet ist und Dokumente seines Lebens und seines Werks zeigt.

Sein Grab befindet sich auf dem **Märtyrerfriedhof** im Osten der Stadt.

In der Stadt selbst lohnt sich allenfalls noch ein Besuch in der **Dongfenghong-Ausstellungshalle,** wo auch kunsthandwerkliche Produkte der Provinz ausgestellt und zum Verkauf angeboten werden.

Wer länger als einen Tag in der Stadt weilt, kann einen Ausflug in den **Zhaoxian-Kreis** unternehmen, wo es eine der ältesten Brücken Nordchinas zu sehen gibt: die **Zhaozhou-Brücke,** auch „Große-Stein-Brücke“ genannt. 38 nebeneinanderliegende große Steine, durch ein kompliziertes System zusammengehalten, überspannen einen 50 m breiten Fluß. Die Brücke wurde Anfang des 7. Jhdts. errichtet.

Etwa 50 km nördlich von Shijiazhuang liegt **Zhengding,** eine Stadt der Tempel, Klöster und Pagoden. Man sollte das **Long-Xing-Kloster** besuchen, das vor über 1400 Jahren gegründet wurde. Sehenswert ist auch die **Hua Ta,** die aus dem 12. Jhdt. stammende Blumenpagode; daneben existiert noch eine massive Ziegelsteinpagode aus der Tang-Dynastie.

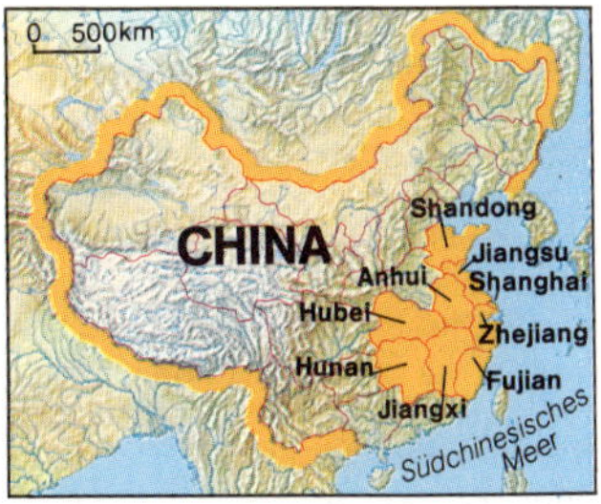

Shanghai und der Osten

Shanghai

Shanghai, mit fast 12 Mio. Einwohnern die größte Stadt Chinas, hat keine besonderen historischen Sehenswürdigkeiten zu bieten. Und trotzdem zieht es Millionen von Touristen in diese Stadt. Ausländer verbinden mit dieser Stadt den Ruf, den sie in der Vergangenheit genoß. Banken- und Handelszentrum, größter Hafen Chinas, aber auch das El Dorado aller Abenteurer und dunklen Gestalten, Bars und Prostitution; die längste Theke der Welt soll Shanghai besessen haben. Nicht umsonst findet man in den Lexika nach Shanghai das Wort „shanghaien“, das das gewaltsame Anheuern von Matrosen meint, die man zunächst betrunken machte und dann aufs Schiff verschleppte.

Von all diesen Dingen ist in Shanghai heute nichts mehr zu sehen; zwar gibt es noch den Seemanns-Club, doch Besäufnisse oder Schlägereien sind die seltene Ausnahme und rufen sofort Reaktionen der Verantwortlichen hervor.

Eine unvergleichliche Anziehungskraft hat Shanghai auch auf die Chinesen. Wer die Gelegenheit zum Besuch dieser Stadt hat, wird all sein Geld zusammenkratzen, sich welches leihen, Wunschzettel von Verwandten und Bekannten mitnehmen und in Shanghai einkaufen. Die Geschäfte im Stadtzentrum entlang der **Nanjing-Road** haben das größte, beste und modernste Angebot Chinas.

Shanghaier sind Stadtbürger – aufgeschlossener, moderner, flexibler, flinker, aber auch hektischer und gestreßter als die Landbevölkerung.
Bei den übrigen Chinesen gelten sie daher oft als hochnäsig oder arrogant. Doch alles hat seinen Preis. Das außerordentlich gute Warenangebot bezahlen die Shanghaier mit einer großen Wohnraumnot. Gerade 3–4 qm beträgt die Wohnfläche pro Kopf.

Shanghai liegt am Ostchinesischen Meer, südlich der Yangzi-Mündung; zwei große Flüße ziehen sich durch die Stadt, der Huangpo und der Wusong-Fluß.
In früher Zeit lag hier nur ein kleines Fischerdorf. Erst zu Beginn der Ming-Dynastie begann die Entwicklung Shanghais zu einer Handelsstadt. Der Hafen erlangte Bedeutung, als die ausländischen Mächte ihr Engagement in China begannen. Mitte des 19. Jhdts. zählte die Stadt 500 000 Einwohner. Im ersten aufgezwungenen Vertrag nach dem Opiumkrieg mußte China auch den Hafen Shanghai den Ausländern öffnen. In den folgenden Jahrzehnten war das Zentrum der Stadt in Konzessionen aufgeteilt, in denen die

Ausländern allein herrschten und in denen es sogar eine eigene Rechtssprechung gab. Chinesen war der Zutritt zu diesen Gebieten verboten.

Noch heute sind in den Bauten entlang des **Bunds,** der Promenade am Huangpo, die Spuren dieser vergangenen Kolonialzeit zu erkennen.

Nach 1949 entwickelte sich Shanghai wegen seiner verkehrsgünstigen Lage sehr schnell zum Industrie- und Handelszentrum Chinas. Knappe zwei Millionen Arbeiter in 8 300 Betrieben erwirtschaften ein Achtel des chinesischen Bruttosozialprodukts und ein Drittel aller Exportgüter. 30% des Seehandels werden über den Shanghaier Hafen abgewickelt, der eine jährliche Umschlagskapazität von 90 Mio. t hat.

Schon seit Jahrzehnten erweist sich Shanghai auch als politisch-intellektuelles Zentrum des Landes. Hier wurde die Kommunistische Partei gegründet, die Stadt hat große Arbeiteraufstände erlebt, die Kulturrevolution tobte am heftigsten in Shanghai, Mitglieder der inzwischen verurteilten und inhaftierten „Viererbande“ kamen aus Shanghai; noch heute sind Shanghaier Politiker in den Führungseliten überdurchschnittlich repräsentiert. 200 Forschungsinstitute, 43 Hochschulen besitzt die Stadt, 46 professionelle Ensembles präsentieren Musik, Tanz, Gesang, Oper, Artistik, Akrobatik und Ballett, und es gibt vier Filmstudios und eine eigene Fernsehstation.

Die rege Bautätigkeit zeugt vom Leben und Expansionsdrang dieser Stadt. Da das Zentrum total überbevölkert ist, baut man eine Trabantenstadt nach der anderen an die Peripherie.

Der erste Weg des Touristen führt meistens durch die **Nanjing-Road,** Shanghais und vielleicht Chinas größte Geschäftsstraße (in der es z. B. auch Cafés gibt, die Sahnetorten anbieten), hinunter zum **Bund.** Er grenzt an den Huangpo-Fluß, auf der Stadtseite stehen die Hochhausbauten der früheren Kolonialmächte. Frühmorgens um 6 Uhr trifft man hier Hunderte von Schattenboxern. Jüngere Leute lassen sich von alten Meistern in der Kunst des Kung-Fu-Boxens unterrichten.

Zweimal täglich fährt am Bund ein Schiff zur **Hafenrundfahrt** ab, die etwa drei Stunden dauert. Man fährt den Huangpo flußabwärts, vorbei an Frachtschiffen, Anlegestellen, Lagerhallen bis zur Mündung des Huangpo in den Yangzi-Fluß. Die Segeldschunken, die jeder gerne vor der Kamera hätte, tauchen immer seltener auf.

In der **Industrie-Ausstellungshalle** – ein sehenswertes Bauwerk im Zuckerbäckerstil der Stalin-Zeit – präsentiert die Stadt eine ständige Leistungsschau der Shanghaier Industrie. Im rechten Flügel ist eine Kunsthandwerker-Ausstellung untergebracht, die aber eher als Kaufhaus bezeichnet werden darf.

Das **Museum für Kunst und Geschichte** befindet sich in der Henannanlu. Neben neolithischer Keramik, Terrakottafiguren aus der Qin- und Han-Zeit sowie Porzellan aus verschiedenen Epochen ist vor allem die Gemäldeausstellung sehenswert.

Weil es wenige historische Sehenswürdigkeiten gibt, bekommt

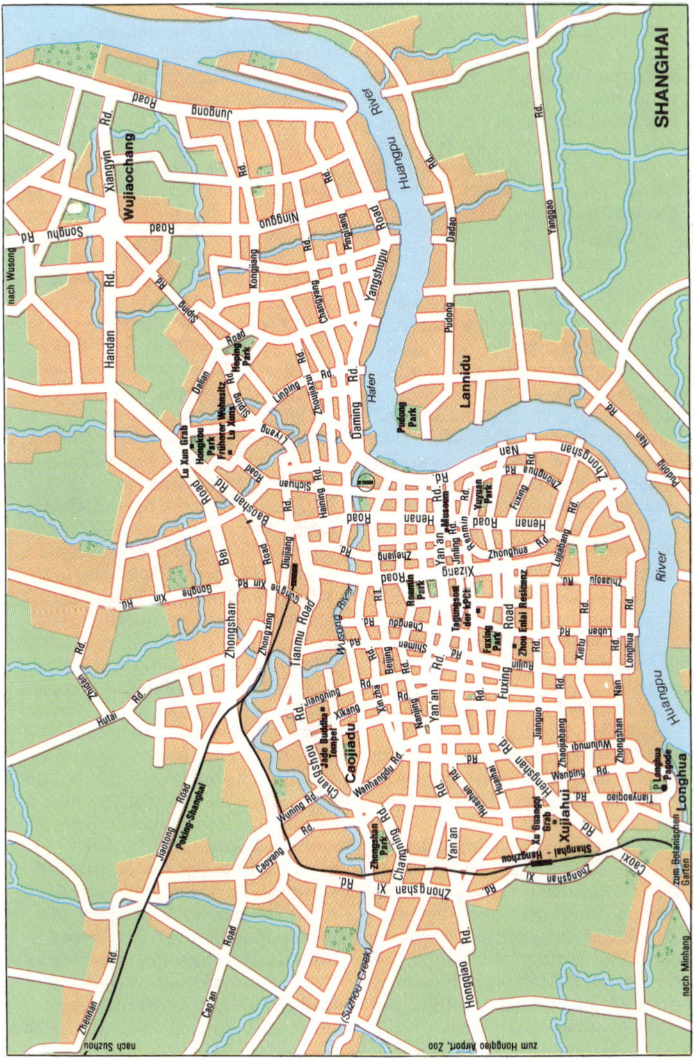
SHANGHAI
Huangpu River
Wujiaochang
Lannidu
Caojiadu
Xujiahui
Longhua
Longhua Pagode
Pudong Park
Heping Park
Hongkou Park
Lu Xun Grab
Früherer Wohnsitz Lu Xuns
Renmin Park
Fuxing Park
Yuyuan Park
Zhongshan Park
Museum
Tagungsort der KPCh
Zhou Enlai Residenz
Jade Buddha Tempel
Xu Guangqi Grab
Wusong River
(Suzhou Creek)
Hafen
Peking-Shanghai
Shanghai - Hangzhou
nach Wusong
nach Suzhou
zum Hongqiao Airport, Zoo
zum Botanischen Garten
nach Minhang
Jungong Road
Songhu Rd.
Ningguo Rd.
Yangshupu Road
Daming Rd.
Zhongshan Rd.
Baoshan Rd.
Tianmu Road
Yan'an Rd.
Nanjing Rd.
Huaihai Rd.
Hengshan Rd.
Hongqiao Rd.
Zhongshan Xi Rd.
Pudong Rd.
Dadao Rd.
Yanggao Rd.
Pudong Nan Rd.
Caoxi Rd.

man von den chinesischen Reiseleitern oft den Besuch in einem **Kinderpalast** angeboten. Es gibt deren mindestens 11 in der Stadt. Dies sind Einrichtungen, die sich die Förderung besonders begabter Kinder in deren Freizeit zur Aufgabe gemacht haben. Der größte dieser Kinderpaläste befindet sich in der Yanan-Road Nr. 64.

Die Marmorvilla diente früher einem Kolonialherren als Residenz. Heute kommen täglich 2 000 Kinder hierher – zum Spielen, oder aber, um sich an besonderen Förderungskursen zu beteiligen. Die Kinderpaläste sind Einrichtungen, die auf die Arbeit des Chinesischen Wohlfahrtsverbandes, der von Frau Song Qingling, der Witwe Dr. Sun Yatsens, geleitet wurde, zurückgehen, der gerade in den Revolutions- und Kriegsjahren viel humanitäre Hilfe für Kinder leistete.

Jadebuddha-Figuren gibt es in China nur wenige. Zwei davon besitzt der **Jadebuddha-Tempel,** Yufosi, im Westen der Stadt. Der buddhistische Tempel besteht aus drei Haupthallen. In der Schatzhalle des Großen Helden steht eine Buddha-Trinität, drei große vergoldete Figuren, die die Buddhaherrscher der drei Weltenzeitalter darstellen. Im ersten Stock der dahinterliegenden Halle ist die erste Jadebuddha-Figur aufgestellt, ein 1,9 m hoher sitzender Buddha Sakyamuni. Die zweite Jadefigur, ein 96 cm langer liegender Buddha, ist im westlichen Teil zu sehen. Beide Figuren stammen aus Burma; ein Mönch brachte sie von einer Pilgerreise im Jahre 1882 als Geschenke mit nach China.

Südlich der Renmin-Road liegt die **Altstadt** Shanghais, oft als „Chinesenstadt" bezeichnet. In den engen verwinkelten Gassen kann man sich leicht verlaufen, doch irgendwie findet man immer wieder den Weg auf eine der großen Straßen, die die Altstadt ringförmig umschließen. In unzähligen kleinen Geschäften läßt sich hier gut einkaufen. Die vielen kleinen Restaurants bieten Schnellgerichte, aber auch Spezialitäten an. Vor dem **Yuyuan-Garten** trifft man auf einen größeren Platz. Dort steht in einem kleinen Teich auf Pfählen ein altes Teehaus, das als Spezialität Kakao mit Jasmintee anbietet.

Der **Garten Yuyuan** ist eine sehenswerte Anlage. Ein hoher Beamter namens Yu ließ sich diesen Garten in der zweiten Hälfte des 16. Jhdts. im Stil der Suzhou-Gärten bauen. Der nur 2 ha große Garten wirkt durch eine geschickte Gestaltung mit Wasser, künstlichen Hügeln, Felssteinen, Pavillons und Toren viel größer. Der Innere Garten ist enger und wirkt daher romantischer als der großzügig gestaltete Äußere Garten. Auffallend sind die Drachenmauern. Die Mauerkronen sind in Wellenform gebaut und schließen an den Enden mit großen Drachenköpfen ab.

Touristen mit historischem oder literarischem Interessen können z. B. den **Versammlungsort des ersten Parteitages der Kommunistischen Partei** in der Xingye-Road 76 oder den **Wohnsitz des ersten Präsidenten der Republik, Dr. Sun Yatsen,** in der Nähe des Fuxing-Parks besichtigen. Im **Hongkou-Park,** im Norden der Stadt, liegt das Grab des wichtigsten neuzeitlichen Schriftstellers Chinas, Lu Xun, dessen Werke zum Teil auch in deutscher Sprache erschienen sind. Eine Ausstellungshalle am gleichen Ort dokumentiert Leben und Werk dieses Künstlers.

Im äußersten Süden der Stadt, am Westufer des Huangpo, befindet sich eine der wenigen historischen Sehenswürdigkeiten der Stadt, die achteckige, siebenstöckige, 41 m hohe **Longhua-Pagode** im Stil der Song-Dynastie. 977 wurde sie erbaut. Bereits 247 n. Chr. sollen sich hier ein Tempel und eine Pagode befunden haben, die aber in Kriegen währen der Tang-Dynastie zerstört wurden. Sie ist eine der größten Pagoden in Südchina. Der Tempel wurde 1064 wieder aufgebaut; er liegt jetzt nördlich der Pagode.

Auch Ausflüge in die verwaltungsmäßig zur Stadt gehörenden Landkreise sind möglich. In den Kreisen Songjiang und Jiading gibt es einige Sehenswürdigkeiten – Tempel, Pagoden oder Gärten –, deren Besuch sich empfiehlt, wenn man mehrere Tage in Shanghai bleibt. Ein solcher Ausflug läßt sich gut mit dem Besuch eines Bauerndorfes kombinieren. Die Bauern in der Umgebung von Shanghai gehören zu den reichsten des Landes. Sie besitzen eigene, nicht selten zweistöckige Häuser mit Garten. 20 bis 30 qm Wohnfläche pro Person sind hier die Regel. In den Wohnungen stehen Fernseher, Radios, Waschmaschinen, Nähmaschinen, die Luxusgüter des heutigen China. Die ökonomischen Reformen der letzten Jahre, die eigenverantwortliches Arbeiten und die Freimärkte wieder erlaubt haben, sowie der große Absatzmarkt (12 Mio. Shanghaier) haben die Einkommen der Bauern sprunghaft ansteigen lassen.

Jinan

Jinan ist Hauptstadt der Provinz Shandong und hat heute 3 Mio. Einwohner. Nachdem die Stadt schon 1368 Provinzhauptstadt geworden war, entwickelte sie sich durch den Bau der Eisenbahn nach Qingdao an die Küste im Jahre 1904 in diesem Jahrhundert auch zum wirtschaftlichen Zentrum der Provinz. Im Norden der Stadt fließt der Gelbe Fluß, Huanghe, und im Süden befindet sich der heilige Berg Taishan.

Jinan ist heute noch bekannt als die **Stadt der Quellen,** von denen die großen Quellen im Zentrum erwähnt werden müssen. Die **Spritzende Quelle,** Baotuquan, liegt in einem großen Park im Südwesten der Altstadt. In drei bis zu 3 m hohen Fontänen schießt das Wasser aus der Erde. Dort steht auch eine **Gedenkhalle** für eine chinesische **Dichterin und Malerin, Li Qingzhao,** die 1084 in Jinan geboren wurde. Die **Quelle des Schwarzen Tigers,** Heihuquan, liegt im Südosten der Altstadt. Das Quellwasser wird durch die Mäuler von Steintigern in einen Teich geleitet, daher der Name der Quelle. Im Zentrum befindet sich die **Perlenquelle,** Zhenzhuquan.

Im **Fünf-Drachen-Teich,** Wulongtan, fließt das Wasser mehrerer Quellen zusammen. Er liegt nur einen Kilometer südlich der Spritzenden Quelle.

Auch der **Daming-See** im Norden der Stadt wird von Quellwasser gespeist. Er ist von einer großen

Parkanlage umgeben, in der man viele Bäume, Wandelgänge und Pavillons findet. Innerhalb des Parks gibt es noch kleinere Gartenanlagen. Im **Garten Tingyuan** sollen früher Dichter und Maler zum Wein zusammengekommen sein.

Im Süden befindet sich auch das **Provinzmuseum Shandong,** das naturkundliche und historische Objekte zeigt, darunter auch Funde aus der in Shandong gefundenen neolithischen Longshan-Kultur.

3 km südlich der Stadt erhebt sich der 285 m hohe **Tausend-Buddha-Berg,** Qianfoshan. Die vielen Reliefs und Skulpturen stammen aus der Sui-Dynastie (589–618), sind jedoch fast alle in der Kulturrevolution zerstört worden. Man hat von hier einen guten Ausblick über das Tal des Huanghe.

Einige interessante Sehenswürdigkeiten gibt es im nördlich der Stadt gelegenen **Kreis Licheng,** darunter ein 7 m hoher **Buddhakopf** aus dem Jahre 1035 am Berg Fohui und der **Drachenhöhlenberg,** dessen Wände viele Skulpturen enthalten. Früher sollen die Menschen hier den Drachenkönig um Regen angebetet haben. Eine der ältesten Steinpagoden Chinas ist die im Jahre 611 errichtete **Vier-Tore-Pagode,** Simen Ta. Im Sockel sind vier bogenförmige, etwa 2 m hohe Tore.

Von Jinan aus kann man das Dorf Longshan im Kreis Changqing erreichen. Hier ist die im Jahre 1928 entdeckte **Ausgrabungsstätte der Longshan-Kultur** zu sehen, die durch ihre schwarze Keramik bekannt ist und etwa um 4000–3000 v. Chr. hier ein Zentrum gehabt haben muß.

Taishan

Der Berg Taishan in der Provinz Shandong ist einer von fünf heiligen Bergen Chinas. Man gelangt zum Fuß des Berges von der Kreisstadt Tai'an aus, die etwa 50 km südlich der Hauptstadt Jinan liegt.

Der 1 540 m hohe Berg hat viele majstätische Gipfel und Kämme, jahrhundertealte Kiefern und Zypressen, Wasserfälle und unzählige Tempel. Schon im 3. Jhdt. pilgerten die Kaiser zum Taishan, um dem Himmelskönig zu huldigen; Gelehrte und Künstler haben zahllose Inschriften hinterlassen.

Die beste Zeit zur Besteigung des Berges sind der Mai und der Oktober. Man kann einen Teil der Strecke mit einer Seilbahn zurücklegen, nichtsdestotrotz möchten zahllose Besucher den Berg zu Fuß besteigen. Der Aufstieg ist nicht beschwerlich, aber man sollte festes Schuhwerk tragen.

Zunächst besucht man den **Taishan-Tempel** am Fuß des Berges, der bereits in der Han-Dynastie erbaut worden ist und in der Tang- und Song-Dynastie restauriert und erweitert wurde. Hier brachten die Kaiser dem Berg Opfer dar. Die **Tiankuang-Halle** ist das Hauptgebäude; mit 48 m Länge, 19 m Breite und 22 m Höhe gehört sie zu den imposantesten Bauten der antiken chinesischen Architektur. Sie steht auf einer mit einem weißen Steingeländer eingerahmten Terrasse. Rote Säulen und komplizierte Konsolensysteme tragen das mit gelbglasierten Ziegeln bedeckte Dach.

Im Innern befindet sich ein beachtliches, 62 m langes und 3 m hohes

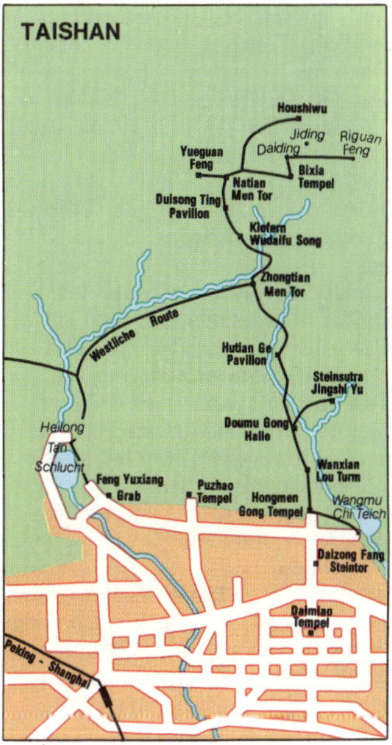

Wandgemälde aus der Song-Dynastie (960–1279). Es zeigt den Gott des Taishan-Berges, der eine Inspektionsreise auf dem Taishan unternimmt.

Bemerkenswert sind auch die insgesamt **157 Stelen** auf dem Tempelgelände. Hierunter befindet sich eine der ältesten Steintafeln Chinas aus dem Jahre 209 v. Chr. Sie enthält eine Inschrift vom Kanzler Li Si des ersten Kaisers von China, Qin Shi Huang Di.

Der Besucher kann für den Aufstieg zwischen einer westlichen und einer östlichen Route wählen. Letztere bietet die meisten Sehenswürdigkeiten und wird daher von den meisten bevorzugt. Man gelangt auf diesem Weg nach 500 m an das **Dai-Zong-Tor.** Von hier aus sind es etwa 9 km zum Gipfel; nicht weniger als 7 000 Stufen müssen begangen werden. Über eine kurze, gewundene Steintreppe gelangt man bald zum **Palast des Roten Tors,** einer 1626 erbaute Anlage mit mehreren Gebäuden, die der Göttin der Farbigen Wolken geweiht wurde. Es folgen eine **Opferhalle für die Himmelskönigin,** ein ehemaliges **daoistisches Nonnenkloster,** und dann das **Tal der Steinsutras.** Hier hat ein antiker Kalligraph auf einer Felswand in 50 cm hohen Schriftzeichen das Diamantsutra (Vajrasutra) verewigt.

Auf halber Höhe gelangt man zum **Doumu-Palast,** früher ein buddhistisches Kloster. Dahinter führt ein von jahrhundertealten Zypressen flankierter Pfad zum **Tor auf halbem Weg zum Himmel,** dem Zhongtian-Tor. Hier gibt es Restaurants und Hotels, in denen man übernachten kann. Nicht weit vom Zhongtian-Tor stehen die drei turmhohen **Wudafu-Kiefern.** Wudafu war in der Qin-Dynastie ein hoher Beamtentitel. Es heißt, daß Kaiser Qin Shi Huang Di unter diesen Kiefern rastete und ihnen diesen Ehrentitel verlieh. Die heutigen Kiefern sind allerdings nur 250 Jahre alt. 1 200 Steinstufen führen nun hinauf zum **Südlichen Himmelstor,** Nantianmen. Es ist die schwierigste Wegstrecke, die deshalb auch **Leiter zum Himmel** genannt wird. Über die **Paradiesstraße** gelangt man, vorbei an Häusern, Läden, Restaurants und Hotels, zum **Farbiger-Wolken-Tempel,** Bixia Ci, dessen Dach mit Bronze- und Eisenziegeln gedeckt ist. Bronzeglöckchen an allen vier Ecken der Haupthalle läuten ständig im Wind.

Auf dem Gipfel steht der **Tempel des Himmelskönigs.** Eine achteckige Balustrade führt um den Gipfel des Taishan herum. Viele Besucher übernachten auf dem Taishan, um an frühen Morgen den einzigartigen **Sonnenaufgang am Taishan** zu beobachten. Im Sommer beginnt das Morgengrauen etwas um halb vier. Dann fangen die Wolken an, rot zu glühen, bevor die Sonne wie ein roter Feuerball aus dem Meer auftaucht.

Qufu

Der – zumindest was die nachhaltige Wirkung seiner Lehre anbetrifft – größte Philosoph Chinas, **Konfuzius,** ist der große Sohn dieser Stadt. 551 v. Chr. wurde er hier in Qufu, der Hauptstadt des Staates Lu, geboren.

Von der Bahnstation Yanzhou gelangt man in einer halbstündigen Busfahrt nach Qufu und erblickt als erstes den alles überragenden **Konfuzius-Tempel.** Mit dem Bau wurde bereits ein Jahr nach dem Tod des Philosophen 478 v. Chr. begonnen. Die Herrscher der verschiedenen Dynastien ließen die Anlage immer wieder erweitern und restaurieren; mit der Zeit wurde sie zu einem Mekka des Konfuzianismus. Die Anlage bedeckt eine Fläche von 22 ha, die Gebäude gruppieren sich symmetrisch entlang einer 1 km langen Nord-Süd-Achse: 53 große Torbögen, unzählige Hallen, Pavillons und Schreine.

Von Süden durchschreitet man zunächst etliche Tore und gelangt dann zu einer der ersten Haupthallen, der **Kui-Wen-Halle,** einem imposanten Holzskelettbau mit einem dreistufigen, mit glasierten Ziegeln gedecktem Dach. Sie stammt aus dem Jahr 1191 und diente früher zur Aufbewahrung von Dokumenten, Büchern und Opfergaben.

Man schreitet dann durch das **Dacheng-Tor,** dem siebenten Tor, und erreicht den **Xing-Pavillon,** Xing Tan. Hier soll Konfuzius im Schatten hoher Ginkgobäume seine Schüler unterrichtet haben. Der zentrale Bau des Tempels folgt als nächstes: die **Da-Cheng-Halle.** Sie steht auf einer Terrasse und bedeckt eine Fläche von 1800 m^2. 10 massive, mit herrlichen Basreliefs sich hochwindender Drachen geschmückte Marmorsäulen stützen das Vordach. Früher wurden in dieser Halle die großen Konfuziusopfer zelebriert. Die Zeremonialgegenstände sind in der Halle zu besichtigen, darunter auch einige Musikinstrumente.

Zu beiden Seiten der Halle sind Stelen ausgestellt. 2100 solcher Steintafeln gibt es in Qufu, allesamt von großer historischer Bedeutung, geben ihre Inschriften doch ziemlich ausführlich Auskunft über die Vergangenheit. Darunter befinden sich 100 Steinreliefs, die aus Gräbern der Han-Dynastie stammen (206 v. Chr. bis 220 n. Chr.). Es folgt eine weitere große Halle, die **Qindian** aus dem Jahre 1018, inzwischen mehrmals restauriert. Hier wurde der Frau des Konfuzius geopfert.

Östlich des Tempels liegt die **Residenz der Familie Kong** (Kong ist der Familienname des Konfuzius), wo seine Nachkommen lebten. Bereits in der Han-Dynastie waren seine Nachkommen wegen der Verdienste ihres Vorfahren geadelt worden. Die Gebäude der 16 ha großen Anlage sind um neun Höfe gruppiert. Die **Große Halle,** Datang, ist noch im Originalzustand eingerichtet. Darin befindet sich ein mit Tigerfellen gepolsterter Stuhl, auf diesem sitzend soll Konfuzius seine Schüler unterrichtet haben. Ein rotlackierter Schreibtisch enthält die offiziellen Siegel, Schreibpinsel und andere Requisiten. Andere Gebäude dienten als Unterkunft für Gäste oder zu deren Unterhaltung, aber auch als Unterkunft für Wach- und Dienstpersonal. In den Wohnräumen der Familie finden sich Gold- und Silbergegenstände, Jade, Elfenbein, Kupfergefäße und kostbare Seidengewänder.

Vom **Nördlichen Stadttor** gelangt man nach etwa einem Kilometer zum **Konfuzius-Wald,** dem Konglin, wo Konfuzius selbst und seine Nachkommen beerdigt sind. 7 km Umfang hat der Wald, in dem Kiefern und Zypressen dominierend sind, dazwischen stehen etwa 1000 Stelen sowie Pavillons und Hallen.

Weitere Sehenswürdigkeiten in Qufu sind der **Tempel des Herzogs Zhou,** dessen Bruder Wu Wang als Begründer der Zhou-Dynastie (1100 v. Chr.) gilt, die **Ruinen des Halo-Palastes,** Residenz des Staates Lu, sowie das **Grab eines der legendären Fünf Kaiser, Shao Hao.** Letzteres ist sogleich das einzige pyramidenähnliche Grab Chinas; wegen der Vielzahl der verwendeten Steinblöcke heißt es im Volksmund auch „Hügel der Zehntausend Steine".

Qingdao

Qingdao, vielen Deutschen besser bekannt in der alten Transkription Tsingtau, heißt wörtlich „blaue Insel". Früher meinte man damit nur eine kleine vorgelagerte Insel; später gab man dem kleinen Fischerdorf an der Küste den gleichen Namen.

Qingdao entwickelte sich erst sehr spät zu einer wichtigen Handels- und Industriestadt. Die Deutschen waren daran nicht unbeteiligt. 1898 konnten sie dem chinesischen Kaiserreich Qingdao und die Jiaozhou-(Kiautschou-)Bucht abpressen. Nach dem ersten Weltkrieg fiel Qingdao an die Japaner und wurde erst 1922 an China zurückgegeben. Die Anwesenheit deutscher Kolonisatoren hat das Stadtbild mitgeprägt, und noch heute sind diese Spuren in der Architektur deutlich zu erkennen.

Qingdao hat heute fast 2 Mio. Einwohner. Es ist an drei Seiten vom Meer umgeben, westlich von der Jiaozhou-Bucht, südlich und östlich vom Gelben Meer, Huanghai. Das Klima ist besonders im Sommer sehr mild und erfrischend, was Qingdao zu einem beliebten Kur- und Badeort gemacht hat. Im Westen, in der Jiaozhou-Bucht, befinden sich jetzt der **Große Hafen,** Dagang, und der **Kleine Hafen,** Xiaogang. Früher diente der **Qianhai-Pier** als Anlegestelle. Der 440 m Landesteg, in direkter Verlängerung der Zhongshan-Road, eignet sich heute hervorragend für einen erfrischenden Spaziergang.

Am Ende des Piers steht ein kleiner achteckiger Pavillon. Früh am Morgen versammeln sich hier die älteren Leute zum Schattenboxen, die jüngeren bevorzugen das Jogging.

Östlich des Piers ist das **Meereskundemuseum** mit dem ältesten **Aquarium** Chinas, in dem einige seltene Meerestiere zu besichtigen sind.

Die breiten **Sandstrände** im Süden verlocken zum Baden; die sieben Strände sind mit Umkleidekabinen und Duschen ausgestattet. Im August erreicht das Wasser eine Temperatur von 24 °C.

Der **Zhongshan-Park** ist mit 800 000 qm der größte Park Qingdaos. Über 300 000 Bäume 300 verschiedener Arten stehen im Park, darunter Pfirsich- und Kirschbäume, auch Teesträucher und einen Heilkräutergarten gibt es. Im Herbst kann man sich an dem süßen Duft der Zimtbaumblüten berauschen.

Der nach dem berühmtesten Schriftsteller der Neuzeit benannte **Lu-Xun-Park** befindet sich weiter südlich an der Küste. Schmale Pfade führen durch den felsigen, mit Kiefern bewachsenen Park. Hier im Süden kann man noch heute die **alten Villen** im europäischen Stil sehen, die früher den Kolonialherren gehörten, heute zu einem Arbeitersanatorium und Kurzentrum umgebaut sind.

Östlich der Stadt erhebt sich der 1 333 m hohe **Laoshan,** der wegen seines reinen Quellwassers in ganz China Berühmtheit erlangte. Auf dem Berg sind einige kleinere **daoistische Tempel** zu sehen.

Nanjing

Nanjing, Hauptstadt der Provinz Jiangsu, liegt am Südufer des Yangzi-Flusses und hat heute 3,7 Mio. Einwohner. Nach 1949 ist auch Nanjing zu einer modernen Großstadt geworden. Die Stadt kann auf eine Geschichte von mehr als 2 000 Jahren zurückblicken. Vom 3. Jhdt. bis zum 10. Jhdt. n. Chr. war sie unter anderem Namen Hauptstadt mehrerer Südlicher Dynastien, die den nördlichen Stämmen hatten weichen müssen.

Der erste Ming-Kaiser erwählte nach dem Sieg über die Mongolen Nanjing zu seiner Hauptstadt, weil er sich zunächst hier im Süden sicherer fühlte.

Von 1853–1864 hatten die Bauernrebellen des Taiping-Aufstands Nanjing zur Hauptstadt ihres Himmlischen Königreichs gemacht. Von 1927 bis 1949 hatte die Guomindang-Regierung Tschiang Kaischeks hier ihren Sitz. Dann wurde die Nationalarmee von den Rotarmisten bei Nanjing über den Yangzi-Fluß getrieben und zog sich alsbald nach Taiwan zurück.

Nicht wenige Chinesen hätten auch heute gerne wieder Nanjing als Hauptstadt. Es wirkt städtischer, moderner, und die Stadt ist ausgesprochen schön. Die breiten Alleen sind schon an ihrem Baumbewuchs erkennbar, so hat eine Allee nur Platanen, eine andere nur Himalaya-Zedern usw.

In der Östlichen Zhongshan-Straße stehen die **Ruinen des Palastes des ersten Ming-Kaisers.** Den historischen Aufzeichnungen nach soll er in Größe und Ausstattung mit dem Kaiserpalast in Beijing vergleichbar gewesen sein. Man betritt die Anlage, die heute als Park der Bevölkerung geöffnet ist, von der Zhongshan-Straße her. Zu sehen sind noch die Überreste des **Mittagstores,** Wumen, die **Drachen-Brücke** und die Reste der **Fengtian-Halle.**

Schräg gegenüber, auf der nördlichen Seite der Zhongshan-Straße, befindet sich das **Nanjing-Museum.** Es zeigt Funde aus der Provinz Jiangsu aus neolithischer bis zur Neuzeit, daneben auch eine Gemäldeausstellung. Im Westflügel ist ein Antiquitätenladen untergebracht.

Fährt man weiter Richtung Osten, so durchquert man das **Zhongshan-Tor** in der alten, gut erhaltenen **Stadtmauer** aus der Ming-Zeit und gelangt dann bald in die **Purpur-Berge,** Zijin Shan. Hier ist das 1929 gebaute **Mausoleum für Dr. Sun Yatsen** das beliebteste Ausflugsziel. 1866 in der Provinz Guangdong geboren, studierte er zunächst Medizin und praktizierte in Honolulu und Hongkong. Später ging er nach

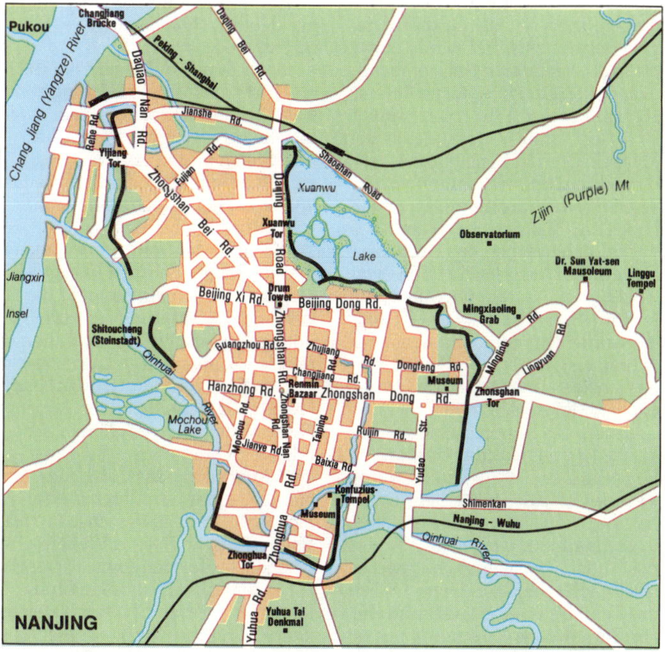

Tokio und widmete sich alsbald der politischen Arbeit. Nach dem Sturz der Qing-Dynastie wurde er erster Präsident der Republik. 1925 starb er in Beijing.

Auf dem Vorplatz steht eine Bronzestatue des Dr. Sun. Ein 480 m langer Weg führt über 392 Stufen den Berghang hinauf, wo sich das Grab befindet. Oben angelangt, genießt man einen herrlichen Ausblick. In der Grabhalle sieht man zunächst eine 5 m hohe sitzende Statue, dahinter befindet sich die Grabkammer.

Westlich des Sun-Yatsen-Mausoleums liegt der erste Ming-Kaiser begraben. 1383 war die **Grabanlage** fertiggestellt; zunächst wurde dort die früh verstorbene Kaiserin beerdigt, der Kaiser selbst folgte ihr erst 16 Jahre später, 1398. Man gelangt zu diesem Grab, ähnlich wie bei den Ming-Gräbern in Beijing, zunächst durch Eingangstore, dann über einen **Steinfigurenweg.** Tiere und Fabeltiere, Minister und Generäle aus Stein bewachen das Grab des Kaisers. Der Weg macht dann einen Bogen nach Norden und führt weiter zum Grab, das bisher nicht geöffnet wurde, von dem man aber annimmt, daß es noch größer sei als das einzige bisher geöffnete Grab bei den Ming-Gräbern in Beijing.

Östlich des Sun-Yatsen-Mausoleums liegt das **Tal der Seelen,** Ling Gu. Der 1381 gebaute **Linggu-Tempel** ist leider nicht mehr in seiner ursprünglichen Größe erhalten. In der Haupthalle steht eine Statue des Buddha Sakyamuni mit zwei seiner Schüler und 18 Lohans. Östlich des Tempels ist eine **Gedenkhalle für den Mönch Xuanzang** aus der Tang-Zeit, der für seine Studienreisen nach dem Westen, nach Indien, der Heimat des Buddha, und für sein großes buddhistisches Übersetzungswerk berühmt ist. In der Halle sollen Reliquien dieses Mönches, Teile seines Schädels, in einer kleinen 13stöckigen, aus Holz geschnitzten Pagode aufbewahrt sein.

Das interessanteste Gebäude ist die **Balkenlose Halle,** Wuliang Dian, die früher zur Anbetung des Buddha Amitabha diente. Sie ist nur aus Steinziegeln gebaut, ohne Holz und Nägel. Heute sind in ihr Steintafeln angebracht, auf denen die Namen einiger tausend Gefallener aus den Revolutionskriegen eingemeißelt sind.

Hinter dieser Halle steht die 1929 errichtete, neunstöckige **Linggu-Pagode.** Jedes Stockwerk hat eine begehbare Steingalerie. Der über 252 Stufen führende Aufstieg auf die 60 m hohe Pagode wird, wie fast immer bei Pagoden, mit einem herrlichen Ausblick belohnt.

Im Süden der Stadt, in einem ehemaligen Palast, der dem König der Taiping-Rebellen als Residenz diente, ist heute das **Taiping-Museum** untergebracht. Die Taiping-Bauernrebellen konnten nahezu den gesamten Süden Chinas erobern und regierten 11 Jahre lang von Nanjing aus ihr Königreich des Himmlischen Friedens. In der ersten Halle zeigt eine Ausstellung das Leben des Hong Xiuquan, Anführer der Taiping-Revolution, in der zweiten Halle sind historische Relikte, Waffen, Flaggen, Uniformen usw. ausgestellt.

Die Südliche Zhongshan-Straße führt zum größten Stadttor Nanjings, dem **Zhonghua-Tor.** Es ist mehr als ein Tor: 128 m lang, 118 m breit, vier Torbögen und drei Innenhöfe, 27 Kasematten auf der der Stadt zugewandten Seite des äußeren Tores machen den ganzen Komplex zu einer sicheren Festung. Von der Terrasse des äußeren Tores blickt man auf die südliche Vorstadt.

Dort liegt die **Regenblumen-Terrasse,** Yuhuatai. Früher pilgerten viele Buddhisten hierher, weil eine alte Legende erzählt, daß ein Mönch so innig gebetet habe, daß der tief beeindruckte Himmelsgott Blumen regnen ließ. Überall in Nanjing werden kleine bunte Steine verkauft, die man in Wasser legt, damit ihre Farben besser leuchten. Man nennt sie Yuhua, also **Regenblumen-Steine.** Die Guomindang-Armee benutzte die Terrasse ab 1927 als Exekutionsplatz, auf dem vor allem Kommunisten ihr Leben lassen mußten. Nach 1949 wurden hier deshalb ein Heldenfriedhof und eine Gedenkstätte für die Märtyrer angelegt.

Im Nordwesten Nanjings steht der Stolz Nanjings und der Chinesen: die große **Yangzi-Brücke.** Als 1960 die Sowjetunion wegen des ideologischen Konflikts mit China alle wirtschaftliche und technische Hilfe einstellte, war es für die Chinesen zu einer Prestigesache geworden, diese Brücke alleine zu bauen, was ihnen binnen acht Jahren auch gelang. Sie ist darüber hinaus von entscheidender Bedeutung für die Infrastruktur des Landes, denn es gibt überhaupt nur drei große Brücken über den Yangzi, der als natürliche Barriere den Süden Chinas vom Norden abgrenzt.

Im unteren Stockwerk der Brücke fährt die Eisenbahn. Die Gleise sind zweispurig, und die Gesamtlänge der Brücke beträgt inklusive der Rampen 6 772 m. Das obere Stockwerk ist für Autos, Radfahrer und Fußgänger. Die eigentliche Brücke mißt zwischen den Türmen an beiden Ufern 1 577 m.

Ein landschaftliches Paradies ist der **Xuanwu-Park** im Nordwesten der Stadt. Hier sollte man eine Bootsfahrt auf dem **Xuanwu-See** machen. Fünf große Inseln, die mit den verschiedensten Bäumen und Pflanzen bedeckt sind, liegen im See. Daneben gibt es ein großes Schwimmbad, Freilufttheater und andere Vergnügungsmöglichkeiten und den Zoo.

Eine ähnliche, kleinere Parkanlage, auch mit einem See, ist der **Mochou-Park** außerhalb der westlichen Stadtmauer.

Wuxi

Wuxi gehört zu den Städten, die man wegen ihrer schönen Landschaft besucht.

Die Stadt liegt am Nordufer des Taihu-Sees, in einer Region, die noch zum fruchtbaren Gebiet der Yangzi-Mündung zählt. Die verkehrsgünstige Lage zwischen Nanjing, Shanghai und Hangzhou hat es zum beliebten Ausflugsziel der Chinesen werden lassen. Der Name Wuxi bedeutet „kein Zinn".

Früher einmal, vor mehr als 2 000 Jahren, trug die Stadt den Namen Youxi, was nichts anderes bedeutet als „hat Zinn". In der Han-Dynastie versiegten die Vorkommen, und bald hieß die Stadt dann Wuxi – „kein Zinn".

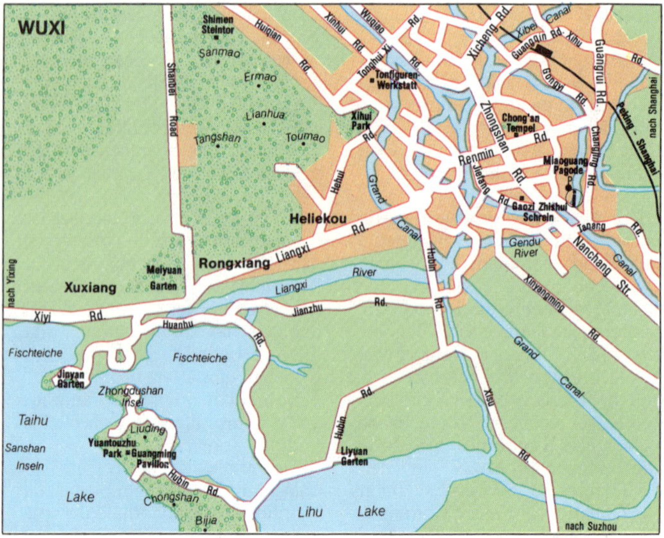

Bis in dieses Jahrhundert blieb Wuxi ein kleiner, unberührter Marktflecken. In den dreißiger Jahren begannen ausländische und chinesische Kaufleute aus Shanghai in die Textilindustrie, besonders die Seidenherstellung, zu investieren. Die Bevölkerung nahm in der Folge schnell zu und ist bis heute auf 800 000 Einwohner angewachsen. Die Seidenproduktion ist noch immer eine der bedeutendsten Industriezweige Wuxis.

Der Prozeß der **Seidenherstellung** läßt sich in den Sommermonaten von Beginn an verfolgen. Überall in der Umgebung der Stadt, ganz besonders am Nordufer des Taihu-Sees, sieht man die großen Maulbeerbaum-Plantagen. Mit den Blättern dieses Baumes müssen die Seidenraupen gefüttert werden, die von den Bauern oft als Nebenerwerb gezüchtet werden. Wenn die Raupen sich in ihren Kokon eingesponnen haben, liefern die Bauern die Kokons in den Seidenspinnereien ab. Solche Seidenspinnereien und -webereien kann man in Wuxi besuchen. Auch wird hier der Seidenstoff etwas billiger angeboten als in den Kaufhäusern.

Das Klima erlaubt den Bauern hier bis zu drei Ernten pro Jahr, zweimal Reis und einmal Weizen.

Am Nordufer des Taihu-Sees kann man Fischzucht sehen; in abgetrennten Teichen am Ufer baut man auch Lotos und Wasserkastanien an.

Hauptattraktion der Stadt ist der **Taihu-See.** Mit fast 2 500 qkm ist er der viertgrößte Binnensee Chinas, mehr als 90 Inseln verteilen sich über den See, der maximal nur drei Meter tief ist.

Mit dem Schiff kann man einen Halbtages-Ausflug auf einige der Inseln unternehmen.

Gleich im Norden des Taihu-Sees befindet sich die **Schildkrötenkopf-Halbinsel,** Yuantou Zhu. Den Namen verdankt sie ihrer Form, die einem Schildkrötenkopf gleicht. Man erreicht die Insel mit dem Schiff oder vom Li-Garten her über eine Brücke. Die Ufer der Insel sind mit Kirschbäumen bepflanzt, die während der Blüte im Frühling ein herrliches Bild bieten. Natürliche und künstliche Hügel, Pavillons und eine felsige Küste nach Süden hin sowie einige Teehäuser machen die Insel zu einem beliebten Ausflugsziel.

Im Norden gelangt man über eine Brücke zum Arbeiter-Sanatorium, einer Kurstätte für ältere, verdiente Arbeiter.

Touristen wohnen meist in den Hotels am Nordufer des Taihu. Hier, vor dem Hubin-Hotel, befindet sich der herrliche **Li-Garten.** Er wurde erst 1929 errichtet, aber einer älteren Anlage nachgebaut. Erwähnenswert sind hier die schönen Steine, mit denen phantasievolle Miniaturlandschaften gestaltet wurden. Die Taihu-Steine sind im ganzen Land berühmt; sie wurden früher auch in den kaiserlichen Gärten aufgestellt. Schon vor Jahrhunderten hat man natürliche Steine in den See geworfen, die dann nach Jahren diese bizarren Formen bekamen.

Am Nordufer des Sees, noch hinter dem Taihu-Hotel, liegt der **Mei-Garten.** Er diente früher einem hohen Beamten als Privatgarten. Im Garten wachsen sehr viele Pflaumenbäume, die einen Besuch während der Blüte zum Erlebnis machen. Die **Pagode Nianqu Ta** ist erst 50 Jahre alt. Von oben hat man einen schönen Blick auf den See.

Im Westen der Stadt liegt der **Xihui-Park.** Er hat seinen Namen von zwei ihn eingrenzenden Hügeln, dem Xishan und dem Huishan. Im Park gibt es mehrere kleinere Gärten, Teehäuser und das **Museum von Wuxi;** auf dem Xishan steht eine **Pagode,** die zum Wahrzeichen der Stadt geworden ist.

Der schönste Garten im Xihui-Park ist der **Jichang-Garten,** gleich rechts neben dem Parkeingang. Die Anlage stammt aus dem 16. Jhdt., mußte allerdings mehrmals renoviert werden. Kaiser Qianlong zeigte sich so von diesem Garten beeindruckt, daß er eine Kopie im Sommerpalast errichten ließ.

Im Park findet man noch die **Zweite Quelle unter dem Himmel,** die von einem Tang-Gelehrten entdeckt worden sein soll. Als Tee-Experte kam er zu dem Schluß, daß dies das zweitbeste Teewasser Chinas sei.

Auf dem Huishan hat man schon vor Jahrhunderten einen sehr geschmeidigen Ton gefunden, der nach dem Trocknen sehr hart wurde und sich gut brennen ließ. Es entstanden die im ganzen Land bekannten **Huishan-Tonmanufakturen.** Nach 1949 wurde diese verlorene Tradition wiederbelebt, und heute produziert man vor allem für den

Export und den Tourismus. Dies erklärt, daß man heute neben den traditionellen Figuren aus der chinesischen Sagenwelt gelegentlich auch mal einen Weihnachtsmann oder eine Jungfrau Maria entdeckt.

Durch die Stadt Wuxi verläuft von Nordwesten nach Süden der **Kaiserkanal,** auch **Großer Kanal** genannt; ein Netz vieler kleiner Kanäle durchzieht die Stadtviertel. Mit einer Gesamtlänge von 1794 km – von Beijing nach Hangzhou – ist dies einer der längsten künstlichen Wasserwege der Welt. Der zweite Kaiser der Sui-Dynastie, Yang Di, ließ diesen Kanal im Jahre 605 anlegen, um die Kaiserstadt Xi'an und auch Luoyang mit den fruchtbaren Gebieten im Yangzi-Delta zu verbinden. Von hier wurde dann das Getreide in den Norden transportiert. Die Mongolen-Kaiser ließen eine Verbindung nach Beijing bauen, die noch heute benutzt wird.

Während einer Fahrt auf dem Kaiserkanal durch Wuxi kann man das geschäftige Treiben auf dem Wasser beobachten, man passiert alte Dschunken und herrliche Bogenbrücken. Direkt am Kanal stehen alte Häuser, an deren Rückseiten Treppen direkt zum Wasser führen; dort waschen Frauen ihre Wäsche, gelegentlich auch mal das Gemüse.

Am Horizont erkennt man die Berge, Pagoden und die Gartenanlagen.

Suzhou

Suzhou liegt südlich von Wuxi, ebenfalls am Kaiserkanal. Die Stadt hat heute 650 000 Einwohner.

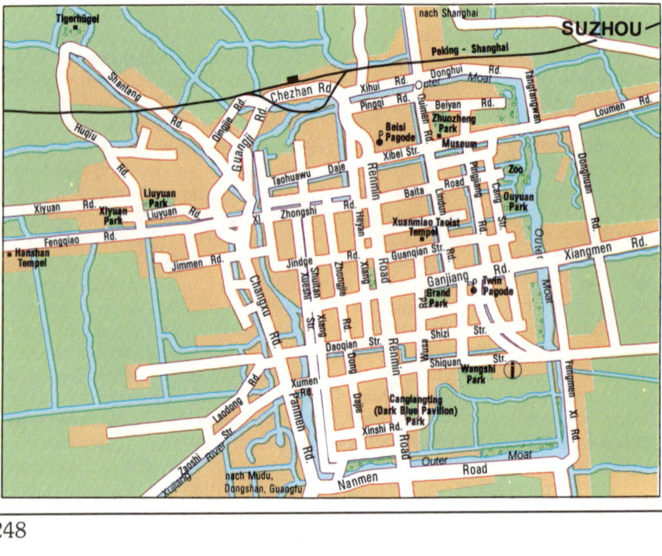

Suzhou ist mit vielen Etiketten behängt worden. „Venedig des Ostens“ haben es die Europäer genannt, weil die vielen kleinen Kanäle, die engen Gassen und das herrliche Klima sie an Venedig erinnerten. Die Chinesen sind nicht weniger bescheiden; sie bezeichnen ihr Suzhou als ein Paradies auf Erden, einem alten Sprichwort folgend: „Im Himmel gibt es das Paradies, auf Erden gibt es Suzhou und Hangzhou.“

Schon der erste europäische Reisende, der nach Suzhou kam, Marco Polo, zeigte sich von der Stadt begeistert. Er berichtete davon, daß man herrliche Seidenstoffe herstelle, und die Leute von der Seidenherstellung und vom Handel leben würden. 6 000 Steinbrücken hat er in der Stadt gezählt. Verblieben sind nur dreihundert. Doch etwas von dem Flair, das Marco Polo so beeindruckte, ist auch heute noch zu spüren.

Enge Straßen, weißgetünchte Häuser mit schwarzen Dachziegeln, kleine Vorgärten und handtuchschmale Bürgersteige geben der Stadt ihr besonderes und eigentümliches Bild.

Es waren die Gärten, die die Stadt berühmt machten. In den letzten Jahrhunderten bauten sich reiche Kaufleute, hohe Beamte und Grundbesitzer hier ihre kleinen, aber herrlichen Gartenanlagen, meist mit Unterstützung berühmter Künstler. Suzhou wurde damit zum kulturellen und intellektuellen Zentrum; man lebte zwar in der Stadt, konnte aber gleichzeitig in den Gärten wie auch in der schönen Umgebung alle Vorteile des Landlebens genießen. Die Kunst des Gartenbaus bestand darin, auf engstem Raum möglichst viele Landschaften harmonisch zu gestalten, die sowohl Abwechslung als auch Gelegenheit zur Entspannung und Erholung boten, aber gleichzeitig auch das Gefühl von Größe und Weite vorspiegelten.

Der **Liu-Garten,** Liuyuan, ist der größte Garten Suzhous. Er gehörte ursprünglich einem Beamten namens Xu, wurde aber später an die Familie Liu verkauft. Man durchwandert den Garten im Uhrzeigersinn und kommt zunächst durch den westlichen und den nördlichen Teil,

Chinesischer Seidenfächer mit zarter Bemalung.

die vor allem künstliche Felslandschaften enthalten; im nördlichen Teil ist auch ein schöner Pfirsichgarten. Im östlichen Teil befinden sich Hallen, Pavillons und Wandelgänge. Der größte Taihu-Stein, ein bizarr geformter Felsen, 6 m hoch und 5 t schwer, steht in diesem Teil des Gartens. Erwähnenswert sind die herrlich geschnitzten Fenster in den Wandelgängen und Hallen. Sie locken das Auge auf bestimmte Szenerien; im Chinesischen heißen sie daher huo chuang, lebende Fenster.

Der **Garten des Fischers,** Wangshiyuan, ist die kleinste Anlage in Suzhou, aber eine der romantischsten. Das Eingangstor läßt nicht erkennen, was sich dahinter verbirgt. Die kleine Fläche stellte an die Künstler höchste Anforderungen: die Fiktion ständig sich ändernder Landschaften ist hervorragend gelungen. Der Wanderpfad ist sehr verschlungen; er wechselt ständig die Richtung und bietet daher hinter jeder Ecke ein neues, überraschendes Bild. Der Garten war ursprünglich schon im 12. Jhdt. angelegt worden, dann aber verfallen. Der Regierungsbeamte Song Zongyuan ließ ihn 1770 wieder aufbauen.

Sehenswert ist auch der **Garten des bescheidenen Beamten,** Zhuozhengyuan. Die Anlage ist sehr groß. Man gelangt zunächst in den östlichen Teil, der sehr großzügig gestaltet ist und eher einem Park gleicht. Der Innere Garten befindet sich hinter einer Mauer; er hat mehr Wasser- als Landfläche, die immer wieder von Zick-Zack-Brücken unterbrochen und aufgelockert wird. Der Wandelgang am Ufer führt durch Hallen, Pavillons, Miniaturlandschaften, über Hügel und durch Täler. Über den See führt die **Kleine Fliegende Regenbogenbrücke,** die sich wie ein Regenbogen im Wasser spiegelt – einzigartig in Suzhou.

Der **Garten der Wellen,** Canglangting, ist der älteste Garten Suzhous. Bereits 1044 erbaut, mußte er allerdings wegen Zerstörungen mehrmals wieder aufgebaut werden, das letzte Mal 1873, nach der Zerstörung durch den Taiping-Aufstand.

3 km nordwestlich der Stadt befindet sich der nur 30 m hohe **Tigerhügel,** Huqiu. Hier soll im Jahre 473 v. Chr. der König von Wu, Fu Cha, seinen Vater, König Helü, begraben haben. Der Legende nach erschien ein weißer Tiger, um das Grab zu bewachen; daher der Name.

Viele Stätten und Gebäude verkörpern alte Legenden. So auch der Stein, an dem der König von Wu sein Schwert erprobt und dabei den Stein gespalten haben soll.

Etwas weiter oberhalb liegt der **Schwertteich;** der Sage nach ist hier König Helü zusammen mit 3 000 Schwertern begraben worden. Auf dem Hügel steht die achteckige, 46 m hohe **Wolkenfels-Pagode,** Yunyansi Ta. Die untersten 6 Stockwerke sind original aus dem 10. Jhdt., das siebte wurde im 17. Jhdt. neu aufgesetzt.

Zwei sehenswerte Pagoden besitzt Suzhou. Die **Nordtempelpagode,** Beisi Ta, ist 76 m hoch. Der jetzige Bau stammt aus dem Jahre 1582. Man kann die Galerienpagode besteigen und hat vom obersten Stockwerk einen guten Blick über die Stadt.

Die **Doppelpagode,** Shuang Ta, steht im Osten der Stadt und stammt aus dem 10. Jhdt. Die zwei Pagoden stehen nur 30 m auseinander. In jeder befindet sich eine weitere Pagode; auf der Spitze tragen sie einen schirmartigen Aufsatz, der tibetischen oder indischen Stupas angelehnt ist.

Suzhous berühmtestes Kunsthandwerk ist die **Seidenstickerei.** Tierfiguren, Katzen, Hunde, Vögel und Fische sind die beliebtesten Motive. Zum Teil wird sogar doppelseitig gestickt, so daß auf jeder Seite ein positives Bild erscheint. Die besten Meister sticken sogar doppelseitig verschiedene Bilder.

Wuhan

Die fast 4 Mio. Einwohner zählende Stadt am Yangzi, Hauptstadt der Provinz Hubei, erlangte in der Neuzeit große Bedeutung als Industriestadt und Verkehrsknotenpunkt – begünstigt durch ihre zentrale Lage. Von Shanghai aus fließt der Yangzi in östlicher Richtung durch Wuhan bis in die Provinz Sichuan. Zwei große Eisenbahnlinien kreuzen sich hier: Die Nord-Süd-Strecke von Beijing nach Guangzhou und die Ost-West-Strecke von Shanghai über Nanchang nach Chongqing und Chengdu.

Wuhan ist ein Zusammenschluß von ehemals drei Städten: Wuchang, Hankou und Hanyang.

Wuchang ist die älteste der drei Städte. Sie spielte eine herausragende Rolle in der republikanischen Revolution. Hier besiegten die republikanischen Truppen die kaiserliche Armee, und in der Folge weitete sich der Aufstand über ganz Südchina aus.

Hankou war ursprünglich nur ein kleines Fischerdorf. 1858 erlangten die Engländer als erste Konzessionsrechte in Hankou; von hier aus gedachten sie, den großen Markt in der Yangzi-Region bis nach Sichuan hinein zu erobern. Das Stadtbild Hankous ist noch heute von der früheren Anwesenheit europäischer Mächte geprägt.

Hanyang, westlich des Yangzi und südlich des Hanshui-Flusses, ist die kleinste der drei Städte. Hier entstand Ende des letzten Jahrhunderts das erste Stahlwerk Chinas.

Von Wuchang nach Hanyang führt die große **Yangzi-Brücke** über den längsten Fluß Chinas. Bis zu ihrer Fertigstellung 1957 konnte man den Fluß nur mit Fähren überqueren. Die Gesamtlänge beträgt 1670 m; im unteren Stockwerk liegen die Bahngleise, das obere ist für den Straßenverkehr vorgesehen. Da der Yangzi immer eine natürliche Barriere zwischen Nord- und Südchina bildete, ist die Brücke von herausragender ökonomischer und infrastruktureller Bedeutung für die ökonomische Integration des Landes.

So entstanden hier in den letzten Jahrzehnten wichtige Industrien: Landmaschinenbau, Automobilfabriken, Schiffs- und Maschinenbau sowie das größte Eisen- und Stahlkombinat Chinas.

Dennoch bietet die moderne Industriestadt dem Touristen einige besondere landschaftliche und historische Sehenswürdigkeiten.

Der **Ostsee,** Donghu, 33 qkm groß, mit Hügeln, Parks und Uferwegen, ist ein herrliches Erholungsgebiet im Osten Wuchangs. Über 70 Pavillons, Türme und Lauben stehen am Ufer und in den Parks und verleihen der Anlage das typische Flair einer chinesischen Landschaft.

Am nordöstlichen Ufer steht der **Xing-Yin-Pavillon** (Pavillon zum

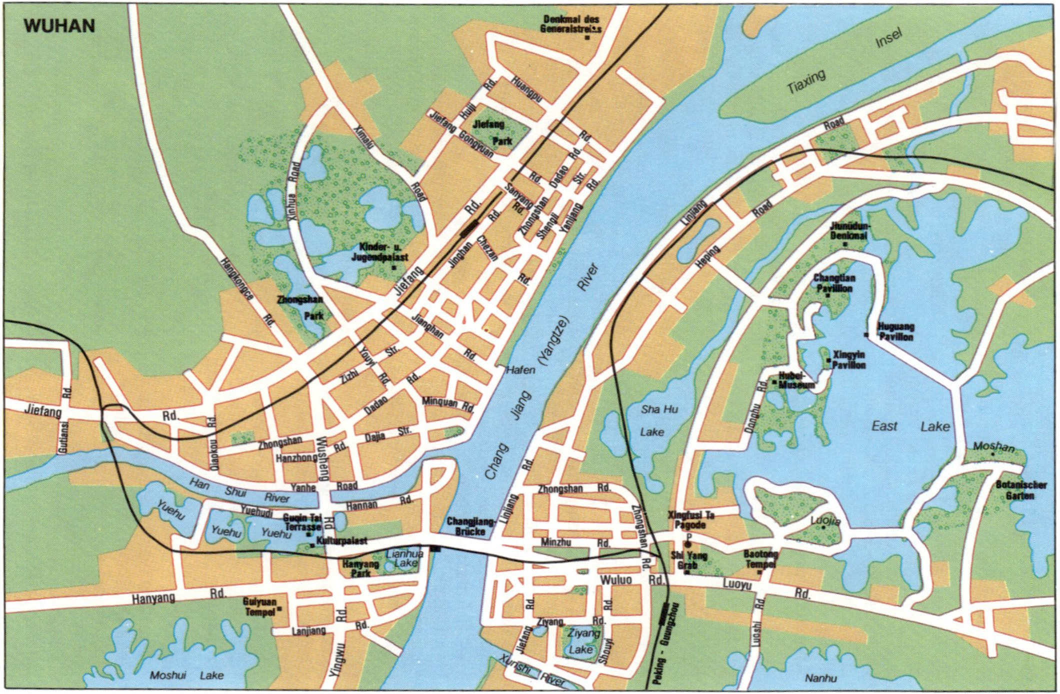

WUHAN
Denkmal des Generalstreiks
Huangpu
Jiefang Park
Jiefang Gongyuan
Huiji Rd.
Ximalu Road
Xinhua Road
Kinder- u. Jugendpalast
Hangkongce Rd.
Zhongshan Park
Jiefang Rd.
Jinghan Rd.
Chezan
Sanyang Rd.
Zhongshan Rd.
Dadao Rd.
Shengli Str.
Yanjiang Rd.
Jianghan Rd.
Youyi Str.
Zizhi Rd.
Dadao
Minquan Rd.
Dajia Str.
Zhongshan
Hanzhong
Wusheng Rd.
Qiaokou Rd.
Gutiansi Rd.
Yanhe Road
Han Shui River
Hannan Rd.
Yuehudi
Yuehu
Guqin Tai Terrasse
Kulturpalast
Lianhua Lake
Hanyang Park
Hanyang Rd.
Guiyuan Tempel
Lanjiang Rd.
Yingwu
Moshui Lake
Hafen
Chang Jiang (Yangtze) River
Changjiang-Brücke
Linjiang Rd.
Zhongshan Rd.
Minzhu Rd.
Zhongshan Rd.
Wuluo Rd.
Ziyang Rd.
Ziyang Lake
Jiefang
Shouyi
Xunshi River
Peking - Guangzhou
Tiaxing Insel
Linjiang Road
Heping
Sha Hu Lake
Jiunüdun-Denkmal
Changtian Pavillon
Huguang Pavillon
Xingyin Pavillon
Hubei-Museum
Donghu Rd.
East Lake
Mosham
Botanischer Garten
Luojia
Xingfusi Ta Pagode
Shi Yang Grab
Baotong Tempel
Luoyu Rd.
Luoshi Rd.
Nanhu

Gedichte rezitieren), der an den heute noch geschätzten patriotischen Dichter **Qu Yuan** erinnert, der vor über 2 300 Jahren lebte. Am Südufer befindet sich die **Universität Wuhan** und östlich davon der **Botanische Garten.**

Auch der **Schlangenberg,** Sheshan, „schlängelt" sich durch Wuchang. Hier stand früher der **Turm des Gelben Kranichs,** Huanghe Lou, der leider 1884 einem Brand zum Opfer fiel. Der 1 600 Jahre alte Turm wird zur Zeit nach Zeichnungen und Gemälden aus der Yuan- und Ming-Dynastie wieder aufgebaut. Der Name geht auf eine Legende zurück. Danach soll der Wirt einer kleinen Schenke öfters Besuch von einem Unsterblichen erhalten haben. Dieser bezahlte, indem er ihm einen gelben Kranich an die Wand malte. Gelegentlich stieg er herab und tanzte vor den Gästen. Durch diese Attraktion wurde der Wirt sehr reich. Bis eines Tages der Unsterbliche zurückkam, auf einer Jadeflöte spielend, den Kranich von der Wand lockte und auf seinem Rücken sitzend davonflog. Zum Dank ließ der Wirt den Gelben-Kranich-Turm errichten. Östlich des Berges steht die 10 m hohe **Shenxiang-Pagode,** ein dreistufiger Stupa aus dem Jahre 1343.

Zwei Pagoden jüngeren Datums gibt es auf dem **Hongshan-Berg** zu sehen.

Der **Schildkrötenberg,** Guishan, erhebt sich am Westufer des Yangzi, direkt gegenüber dem Schlangenberg. Interessant ist hier der **Pavillon der Zither,** Guqin Tai oder auch Boya-Pavillon genannt, nach einem bekannten Musiker aus der Zeit der Streitenden Reiche (476 v. Chr.–221 v. Chr.). Aus Kummer über den Tod seines Freundes soll er seine Zither zerschlagen und nie mehr gespielt haben.

Nicht versäumen sollte man einen Besuch im **Museum der Provinz Hubei** am Westufer des Donghu-Sees, denn hier sind die Funde aus dem Grab des Fürsten Yi von Zeng ausgestellt, das man 1978 im Kreis Suixian gefunden hat. Es stammt aus dem Jahr 433 v. Chr. Unter den nahezu 7 000 Fundstücken befindet sich ein einzigartiges **Bronzeglockenspiel.** Es besteht aus 65 Bronzeglocken, die auf einem dreistufigen Holzgestell angebracht sind; angeschlagen werden sie mit Holzhämmern oder – die größeren – mit langen Holzstöcken. Die größte Glocke wiegt 200 kg; das Gesamtgewicht des Glockenspiels beträgt 2,5 t. Es wurde im Grab fast unversehrt entdeckt und gehört zu den besten und aufsehenerregendsten Funden aus dieser Zeit. Zu den bedeutenden Ausstellungsstücken gehören weitere Musikinstrumente und herrliche Bronzegefäße mit feinsten Verzierungen und Designs.

Der buddhistische **Tempel Guiyuan** ist 400 Jahre alt. Zu den Schätzen des Tempels zählt eine fast vollständige Sammlung buddhistischer Schriften, insgesamt 54 000 Bände. Sehenswert sind die Halle der 500 Lohans und eine 3 t schwere Buddha-Sakyamuni-Figur aus weißer Jade. Auch sie stammt – wie die beiden Jadebuddhas in Shanghai – aus Burma.

Changsha

Changsha ist Hauptstadt der Provinz Hunan, der Provinz von Fisch und Reis, wie der Volksmund sagt, und zählt 2,5 Mio. Einwohner. Noch vor 10 Jahren kam der Stadt im chinesischen Tourismus eine besondere Bedeutung zu. Hier in der Nähe wurde in dem **Dorf Shaoshan** Mao Zedong geboren, und in Changsha ging er zur Schule und war dort auch als Lehrer tätig. Seit der politisch motivierte Tourismus in den Hintergrund getreten ist, kommen merklich weniger Touristen nach Changsha. Ein Ausflug in das 100 km westlich von Changsha gelegene **Shaoshan,** wo Mao Zedong im Jahre 1893 als Sohn eines wohlhabenden Bauern geboren wurde, lohnt sich immer noch. Die Busfahrt geht durch eine herrliche, mit grünen Reisfeldern bedeckte Terrassenlandschaft. Von schattenspendenden Bäumen umrahmte Einzelgehöfte stehen auf kleinen Hügeln. Der Wasserbüffel ist das Arbeitstier, das sich in den Arbeitspausen immer wieder in den kleinen Teichen suhlt. Shaoshan ist auch heute noch ein malerisches Dorf, umgeben von bewaldeten Hügeln. Das Blau des Himmels und des Wassers, das Grün der Reisfelder und das auffallend helle Rot der Erde geben ein prächtiges Landschaftsbild ab.

Das **Geburtshaus Maos** ist heute ein Museum und kann täglich besichtigt werden. Ausstellungshallen nebenan zeigen Fotos und Dokumente aus dem revolutionären Leben Maos.

1911 ging der 18jährige Mao in die Stadt Changsha und besuchte dort die **Pädagogische Schule Nr. 1,** an der er später auch lehrte und erste marxistische Schulungs- und Forschungszirkel gründete.

Im Norden der Stadt befindet sich am Fuße eines Hügels der **Teich des klaren Wassers,** Qingshui Tang. In dem Haus am Teich lebte Mao eine kurze Zeit und berief das erste Treffen des Hunaner Parteikomitees ein.

Inmitten des Flusses Xiangjiang liegt die **Orangeninsel,** Juzizhou. Die 5 km lange und nur 50 bis 150 m breite Insel ist wegen ihrer schönen Parkanlage, den vielen Orangenbäumen und Pavillons ein beliebtes Ausflugsziel. Auf einer großen Stele ist das Gedicht Maos, „Changsha", eingemeißelt.

Am **Berg Yuelu Shan,** westlich des Xiangjiang, befindet sich heute die **Hunan-Universität.** Der 300 m hohe Hügel ist landschaftlich sehr reizvoll. Ein Aufstieg lohnt sich schon wegen des herrlichen Ausblicks. Auf halber Höhe kommt man an dem **Lushan-Tempel** vorbei, der zu den ältesten Tempeln der Provinz zählt.

Einige Kilometer westlich von Changsha machte man 1972 eine außergewöhnliche Entdeckung. Bei der Öffnung eines Grabes aus der Han-Dynastie, nahe dem Dorf **Mawangdui,** stieß man auf ein nahezu unversehrtes Grab mit mehreren Särgen. In einem dieser Särge befand sich der sehr gut erhaltene Leichnam einer etwa 50jährigen Frau, die zwischen 190 und 140 v. Chr. gelebt hat.

Das Grab befand sich 20 m tief in der Erde und war glücklicherweise durch eine natürliche Tonschicht hervorragend isoliert, so daß weder Luft noch Wasser eindringen konnten. Der Leichnam war so gut erhalten, daß man durch Untersuchungen noch Essensreste und auch verschiedene Krankheiten der Frau feststellen konnte.

Das Grab, der Leichnam, die zahlreichen Funde – darunter Rotlackarbeiten, Töpferarbeiten, Bambusartikel, Musikinstrumente und hervorragend erhaltene Seidenstoffe – sowie die Särge sind heute im **Museum der Provinz Hunan,** im Nordosten der Stadt, zu sehen.

Hangzhou

Das 1 Mio. Einwohner zählende Hangzhou ist ein wichtiger Verkehrsknotenpunkt im Hinterland Shanghais. Hier endet der Kaiserkanal, und hier kreuzen sich Straßen und Bahnlinien, die in die großen Ostprovinzen Jiangsu, Anhui und Zhejiang führen. Hangzhou ist Hauptstadt der Provinz Zhejiang.

Inzwischen ist die Stadt zu einem der beliebtesten touristischen Zielorte avanciert. Seit Jahrhunderten verdankt sie ihre Berühmtheit dem **Westsee,** und dies trotz der Tatsache, daß es 36 Seen dieses Namens in China gibt. Wer „Westsee" sagt, meint *den* Westsee, Xihu, bei Hangzhou.

Mit 5 km^2 ist der See relativ klein; er wird durch den **Su-Deich** und den **Bai-Deich** geteilt. Diese Deiche sind künstlich angelegt, und sie tragen die Namen zweier berühmter Dichter aus der Tang- und der Song-Zeit, die einen Teil ihres Lebens hier verbrachten: Li Bai und Su Dongpo. Seit jeher hat es Künstler hierher gezogen, die die schöne Landschaft besungen oder gemalt haben.

Drei den Mond widerspiegelnde Teiche, San Tan Yin Yue, heißt die größte von drei Inseln im äußeren See. Auf der Insel gibt es wiederum einen kleinen See, in dem unzählige Goldfische schwimmen. Man überquert den Teich auf einer kleinen Brücke, vorbei an Pavillons, Steinen und Lotosblumen und gelangt dann zu einem Pavillon am Seeufer, vor dem drei kleine Steinpagoden im Wasser stehen. Am Mondfest stellt man in diese Pagoden Kerzen und beklebt die runden Öffnungen der Pagoden mit durchsichtigem Papier. Im Abendlicht spiegeln sich dann viele Monde im Wasser. Daher hat die Insel ihren Namen.

Im Norden liegt die **Einsame Insel** mit dem 38 m hohen **Einsamen Hügel.** Die Insel ist im Westen über den Bai-Deich und im Norden über eine Brücke mit dem Ufer verbunden. Schon im 13. Jhdt. standen auf dem Hügel kaiserliche Paläste, weil man von hier den besten Blick über den See hat. Am Nordhang steht ein Pavillon mit einer Inschrift des Qing-Kaisers Kangxi.

Am Westufer hat in einem traditionellen chinesischen Gebäude die **Xiling-Steingravur-Gesellschaft** ihren Sitz. Sie ist wegen ihrer Studien über chinesische Steininschriften bekannt. Der **Zhongshan-Park** liegt im Süden, daneben befindet sich die **Provinzbibliothek.**

Im westlich der Insel gelegenen Bai-Deich steht die **Gebrochene Brücke,** Duanqiao, die nie gebrochen war und auch nicht den Anschein macht, als ob sie brechen wollte. An diesem Ort nimmt eine in ganz China bekannte Sage ihren Anfang: Die Weiße Schlange ist in Frauengestalt auf die Erde gekommen und hat sich auf eben dieser Brücke in einen irdischen Jüngling verliebt.

Die Legende endet tragisch. Ein neidischer und bösartiger Mönch begräbt die Weiße Schlange unter einer Pagode. Diese **Lei-Feng-Pagode** ist allerdings inzwischen eingestürzt; sie stand am Südufer des Westsees.

Noch eine andere Pagode gehört zum unverwechselbaren Panorama des Westsees, die **Baochu-Pagode** auf dem Gipfel des 200 m hohen

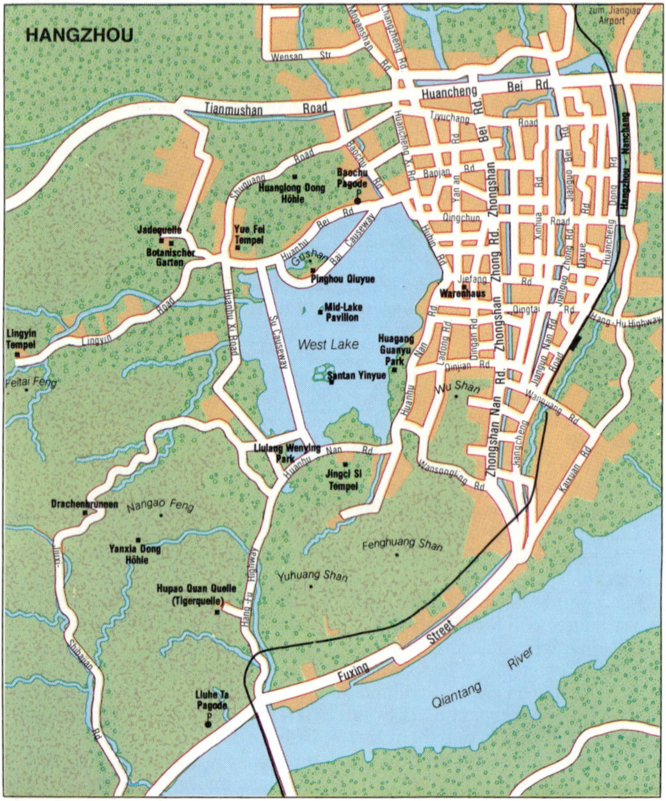

Schatzsteinberges, Baoshishan. Der Berg hat seinen Namen vermutlich von Jadefunden in früherer Zeit. Die nadelförmige, 45 m hohe Pagode ist 1933 gebaut worden, sie geht jedoch zurück auf einen Bau aus dem Jahre 968.

Hangzhous berühmteste Pagode ist die **Pagode der Sechs Harmonien,** Liuhe Ta, benannt nach einem gleichnamigen buddhistischen Tempel, der früher nebenan stand. Die achteckige Pagode ist aus Ziegel und Holz gebaut und 60 m hoch. Der äußere Bau der Galerienpagode besitzt 13 Stockwerke, aber nur jede zweite Galerie kann von innen her betreten werden. Der jetzige Bau ist 800 Jahre alt. 1900 und 1949 ist er gründlich restauriert worden.

Am Nordufer des Sees befindet sich das Grab eines Generals aus der Südlichen Song-Dynastie, der noch heute als großer Patriot verehrt wird: **General Yue Fei.** Er hatte standhaft gegen die Nördliche Jin-Dynastie gekämpft, war aber schließlich von eigenen Leuten verraten und hingerichtet worden. Im Volk genoß er dennoch höchstes Ansehen, und so wurde er nur zwanzig Jahre später durch kaiserlichen Erlaß rehabilitiert. Der **Ehrentempel** mit dem Grabmal wurde schon 1220 n. Chr. erbaut.

In den Tempel gelangt man durch ein großes rotes Eingangstor. Geht man geradeaus, kommt man in die Haupthalle, wo eine große Statue des Generals steht. An der Rückwand und den beiden Seitenwänden zeigen Gemälde einzelne Stationen aus seinem Leben. Das Grab befindet sich links vom Eingang. Man betritt die Grabanlage durch ein kleines Tor und blickt auf einige **Steinfiguren,** wie wir sie auch von den Ming-Gräbern kennen. Hier sind es zwei Pferde, zwei Tiger, zwei Schafe und sechs hohe Würdenträger, die den Gang zu seinem Grab bewachen. Neben Yue Fei liegt noch sein Sohn begraben.

Zu beiden Seiten des Eingangs sieht man je zwei knieende Eisenfiguren hinter Gittern. Es sind die Personen, die an dem Komplott gegen Yue Fei beteiligt waren; sie sind jetzt dazu verurteilt, in demütiger, knieender Haltung vor seinem Grab zu verharren.

Einer der größten und schönsten Tempel Südchinas ist der **Lingyin-Tempel** westlich des Westsees. 326 wurde er von einem indischen Mönch gegründet, der in dieser Region „versteckte Gottheiten" (d. h. Lingyin) vermutete und zudem glaubte, einen Berg als einen heiligen Berg aus Indien wiederzuerkennen. Man betritt zunächst die Halle der Vier Himmelskönige, kommt dann zur Halle des Lachenden Buddha, des Buddha Maitreya. Dahinter befindet sich eine 700 Jahre alte Statue des Wei Tuo, eines Schutzgottes, die aus einem einzigen Stück Kampferholz geschnitzt ist.

Die Halle des Großen Buddha ist 33 m hoch und enthält eine 19,6 m hohe Figur eines sitzenden Buddha Sakyamuni, ebenfalls aus Kampferholz. Vor dieser Halle stehen zu beiden Seiten zwei neunstufige Pagoden, aus dem 10. Jhdt., deren

Sockel mit Reliefs und Inschriften versehen sind.

Gegenüber dem Eingang erhebt sich der 209 m hohe **Herbeigeflogene Gipfel,** Feilai Feng, auf dem sich über 300 Reliefs und Skulpturen buddhistischer Gottheiten befinden, die im 10. bis 14. Jhdt. geschaffen wurden. Der Lachende Buddha, mit breitem Lächeln und dickem Bauch, mit einer Perlenkette spielend und von vielen kleineren Figuren umgeben, ist die Hauptattraktion.

Aus Hangzhou kommt eine der besten Teesorten Chinas, der **Longjing-Tee.** Es empfiehlt sich, dem **Dorf Longjing,** d. h. Drachenbrunnen, einen Besuch abzustatten. In den Monaten April bis September kann man die Teepflückerinnen auf den großen Plantagen bei der Arbeit beobachten. Die beste Sorte wird aus der ersten Frühjahrsernte im April produziert; diese Sorte wird in Pfannen handgetrocknet. Das Dorf besitzt aber auch eine große Anlage zur maschinellen Verarbeitung.

Auch hier kann man einige soziale Einrichtungen im Dorf besichtigen: Kindergarten und Sanitätsstation; auch der Besuch von Bauernfamilien ist möglich.

Fuzhou

Fuzhou, Hauptstadt der Provinz Fujian, hat etwas über 1 Mio. Einwohner. Obwohl die Region schon unter Kaiser Qin Shi Huang Di (221 v. Chr.) dem Reich eingegliedert wurde, behielt sie doch wegen der großen Entfernung zum Zentrum eine gewisse Selbständigkeit; noch im 10. Jhdt. konnte sich für kurze Zeit ein eigenständiges Königreich bilden.

Ihre Bedeutung erlangte die Stadt durch den Überseehandel. Fuzhou gehörte zu den Häfen, die im letzten Jahrhundert den ausländischen Mächten geöffnet werden mußten. Fast die Hälfte aller Auslandschinesen stammt aus der Provinz Fujian, ebenso ein großer Teil der Bevölkerung Taiwans. Seit 1949 verlor Fuzhou seine zentrale Stellung als Hafen im Südosten, weil direkt gegenüber die Insel Taiwan liegt, und die Straße zwischen Festland und Insel als militärisches Spannungsfeld gilt.

Mitten in Fuzhou, am Westhang eines nur 60 m hohen Hügels, steht das Wahrzeichen der Stadt: die **Weiße Pagode,** Baita. Der Ziegelbau stammt aus dem Jahre 904 und mußte im 16. Jhdt. nach einem Brand restauriert werden. Die 41 m hohe Pagode ist vollkommen weiß getüncht – daher der Name. Die dazugehörige Tempelhalle, Baita Si, wird heute als **Bibliothek** benutzt. Auf einem gegenüberliegenden Berg steht das Gegenstück: die **Schwarze Pagode;** der 35 m hohe Bau ist etwa gleich alt.

Fuzhou hat wie die Stadt Hangzhou und einige andere Städte auch einen **Westsee,** Xihu. Er liegt im Nordwesten der Stadt und beherbergt eine Reihe von Sehenswürdigkeiten, darunter das **Provinzmuseum** und der **Zoo.** Die Uferanlagen sind mit Banyanbäumen und Weiden bepflanzt, Terrassen und Pavillons bieten Gelegenheit zur Erholung.

Im Osten der Stadt erhebt sich der **Trommelberg,** Gushan. Auf dem Gipfel liegt ein flacher, trommelähnlicher Stein, der zudem bei starkem Regen trommelartige Geräusche von sich geben soll. Auf halber Höhe liegt der größte Tempel der Stadt, der **Tempel der Heißen Quellen,** Yongquansi, der eine Buddhastatue aus weißer Jade beherbergt. Erwähnenswert sind in dieser 900 Jahre alten Tempelanlage noch zwei seltene Keramikpagoden, die **Tausend-Buddha-Keramikpagoden,** die vor der Halle der Vier Himmelskönige stehen. In dem Tempel wird ein Zahn Buddhas als Reliquie verehrt.

In der nördlichen Vorstadt liegt das **Grab des** bekannten **Generals Lin Zexu.** Er hatte sich im letzten Jahrhundert entschlossen gegen den Opiumhandel engagiert; in Guangzhou (Kanton) ließ er 20 000 Kisten Opium öffentlich verbrennen. Später wurde er für die militärische Niederlage gegen die Engländer verantwortlich gemacht.

Quanzhou

150 km südlich von Fuzhou liegt an der Küste die alte Hafenstadt Quanzhou. 1974 fand man in der Quanzhou-Bucht ein altes Wrack, das aus dem 12. oder 13. Jhdt. stammt. Reste der Ladung, vor allem Duftstoffe und Gewürze, konnten noch festgestellt werden. Der Fund belegt, daß Quanzhou schon zu dieser Zeit ein bedeutender Überseehafen war, von dem aus Handel mit ganz Südostasien betrieben wurde. Historische Aufzeichnungen belegen zusätzlich, daß Quanzhou in seiner Größe und Bedeutung durchaus mit dem Hafen Alexandrien der Ägypter verglichen werden kann. Das **Quanzhou-Schiff** ist heute in einem **Museum** ausgestellt.

Während der Tang-Dynastie, im 8. und 9. Jhdt., gewann der Seehandel immer mehr an Bedeutung und verdrängte mit der Zeit auch die Vorrangstellung der Seidenstraße, dem ältesten Land-Handelsweg mit Europa.

Wichtigste Sehenswürdigkeiten ist der **Kai-Yuan-Tempel** aus dem Jahre 686. Er hieß ursprünglich Lotosblumen-Tempel. Der Legende nach ließ Buddha auf einem Maulbeerbaum Lotosblüten wachsen, als Zeichen für einen Mönch, damit dieser hier einen Tempel erbaue. Später bekam er auf Befehl des Tang-Kaisers Xuanzong den Namen Kaiyuan, was gleichzeitig Motto seiner Regierungszeit war.

Die Haupthalle ist eine Besonderheit bei chinesischen Tempelbauten; sie wird von hundert Steinsäulen getragen, die mit Basreliefs fliegender Musikanten verziert sind. Der obere Teil der Figuren stellt einen Frauenkörper dar, der untere Teil einen Vogelkörper. Einige Säulen erinnern im Stil an griechische Säulen. Zu beiden Seiten der Haupthalle steht je eine große achteckige, fünf Stockwerke hohe **Steinpagode.** Jede der acht Seiten zeigt Inschriften und Buddha-Reliefs. Die **Östliche Pagode,** Zhenguo Ta, ist 48 m hoch, die **Westliche,** Renshou Ta, mißt nur 44 m. Beide zusammen gelten als Wahrzeichen der Stadt und finden auch als Markenzeichen für viele Produkte der Stadt Verwendung.

Über den Luoyang-Fluß führt eine alte Brücke, die Mitte des 11. Jhdts. erbaut wurde. Die **Luoyang-Brücke** zählt zu den besten Beispielen alter chinesischer Brückenarchitektur. Die 800 m lange, von 47 Pfeilern gestützte Brücke hatte früher sieben Pavillons und und neun Steinpagoden und zu beiden Seiten steinerne Balustraden.

Außerhalb des **Östlichen Stadttores** liegt auf dem **Lingshan-Berg** ein alter Friedhof. In den Aufzeichnungen der Tang-Dynastie wird erwähnt, daß Mohammed, der Begründer des Islam, vier Missionare nach Quanzhou sandte. Zwei starben in der Stadt und wurden auf dem Lingshan-Berg beerdigt. Auf halber Höhe, unterhalb eines kleinen Pavillons, markieren fünf Steintafeln, deren Inschriften das Leben der beiden Missionare beschreiben, ihr Grab.

Die Bevölkerung nannte sie die **Heiligen Gräber des Islam.** Später fanden viele der in Quanzhou verstorbenen Missionare oder Kaufleute aus Übersee hier ihre letzte Ruhe. Schon 651 war der Islam in China eingeführt worden. In Quanzhou selbst lebten nicht wenige arabische Missionare, die den Islam predigten. Im Jahr 1010 bauten sie ihre erste Moschee. Diese **Moschee,** auch Einhorn-Tempel genannt, ist derjenigen von Damaskus nachgebaut. Zahlreiche Inschriften in arabischer Sprache berichten vom Bau und von der Restauration der Moschee auf Befehl des Ahmed von Jerusalem im Jahre 1310.

Auch andere Religionen konnten sich in dem toleranten Klima der ehemaligen Handelsstadt entwickeln. Noch heute zeugen historische Relikte von der gleichzeitigen Existenz meherer Religionen: Buddhismus, Daoismus, Islam, Manichäismus.

Auf dem **Wushan-Berg,** 3 km westlich der Stadt, steht eine riesige **Steinfigur des Begründers des Daoismus, Lao Zi.** Auf der gegenüberliegenden Seite gibt es viele große Buddhafiguren in den Grotten des Hügels.

Auf dem **Wanshan-Berg** findet sich unter einem riesigen Banyan-Baum ein kleines **manichäistisches Kloster.** Der Manichäismus, eine Religion, die auf dem Dualismus von Finsternis und Licht aufbaut und sowohl buddhistische wie auch christliche Elemente enthält, fand bereits im 7. Jhdt. Eingang nach China. Eine Steintafel in der Nähe des Klosters berichtet von der Arbeit der manichäistischen Mission.

Eine halbe Stunde dauert die Fahrt von der Stadt zur Meeresküste. Dort steht ein alter achteckiger Turm, der 1162 gebaut wurde und als Navigationspunkt diente. Von diesem **Turm der Zwei Schwägerinnen** genießt man einen schönen Blick über die Taiwan-Straße und das Ostchinesische Meer. Der Sage nach soll die Frau eines Seemanns mit ihrer Schwägerin täglich hierher gekommen sein, um auf die Ankunft ihres Mannes zu warten. Jeden Tag brachten sie einen Stein mit hoch. Der Mann ließ lange auf sich warten, und so entstand schließlich dieser 21 m hohe Turm.

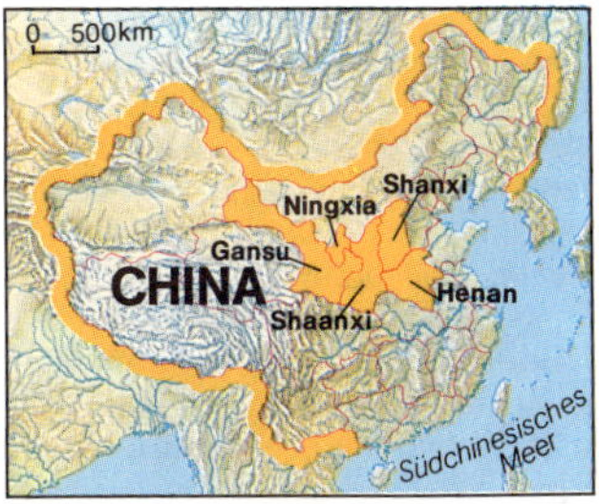

Xi'an, das Zentrum

Xi'an

Völlig zu Recht ist Xi'an heute einer der wichtigsten und meistbesuchten Touristenorte Chinas, denn hier stand die Wiege der chinesischen Kultur, und über eine Zeitspanne von 2 000 Jahren war Xi'an Hauptstadt verschiedener Dynastien.

Primitive Stämme aus frühgeschichtlicher Zeit fanden im Tal des Wei-Flusses fruchtbaren und leicht zu bearbeitenden Lößboden vor. Viele neolithische Dörfer der Yangshao-Kultur wurden hier gefunden und geben Zeugnis von der hoch entwickelten Kultur. Die ersten größeren Gemeinschaftswesen entstanden in dieser Region. Westlich des heutigen Xi'an, am Feng-Fluß, hatte die Westliche Zhou-Dynastie (1110–770 v. Chr.) ihre Hauptstadt. Später wurde sie nach Hao am gegenüberliegenden Ufer verlegt. Der Reichseiniger Qin Shi Huang Di baute 221 v. Chr. seine Hauptstadt in Xianyang, 15 km nordwestlich von Xi'an am Wei-Fluß. Als ihm dieser Palast zu klein wurde, ließ er am Südufer des Flusses den A-fang-Palast bauen, der aber nicht fertiggestellt wurde. Die Hauptstadt der nachfolgenden Han-Dynastie wurde einige Kilometer nördlich von Xi'an errichtet und Chang'an (Ewiger Friede) genannt. Die Östlichen Han verlegten ihre Hauptstadt nach Luoyang, und nach deren Untergang zerfiel das Reich. Xi'an verlor als Zentrum an Bedeutung.

Erst der Sui-Dynastie gelang es, das Reich wieder zu vereinen. Sie errichtete ihre Hauptstadt im heutigen Xi'an und nannte sie Daxing (Großer Wohlstand).

Die folgende Tang-Dynastie, die China zu neuer wirtschaftlicher und kultureller Blüte führen sollte, vergrößerte die Stadt und gab ihr wieder den Namen aus der Han-Zeit: Chang'an. Während der Tang-Dynastie (618–906) entwickelte sich Xi'an zum Zentrum der asiatischen Welt und war mit über 1 Mio. Einwohner wahrscheinlich die damals größte Stadt der Welt. Chang'an war der östliche Endpunkt der Seidenstraße, über die unzählige Kaufleute und Missionare nach China gelangten. Bei der Ausgrabung des alten Marktplatzes fand man persische, ägyptische und byzantinische Münzen. Tausende von Kaufleuten aus aller Herren Länder residierten damals in Chang'an, und viele fremde Religionen kamen nach China. Buddhistische, daoistische, islamische und nestorianische Gebetshäuser und Gemeinden existierten nebeneinander. Die Berührung mit fremdländischen Kulturen und Wissenschaften bereicherten das chinesische Denken. Bei Hofe wurden zentral- und vorderasiatische Tänze und

Gesänge aufgeführt. Auch der junge Italiener Marco Polo gelangte über die Seidenstraße nach Xi'an.

Das rechteckig angelegte Chang'an war von einer 37 km langen Stadtmauer umgeben und größer als die heutige Innenstadt Xi'ans. Vor der nördlichen Stadtmauer befand sich der Kaiserpalast, davor die Regierungsgebäude. Die ganze Stadt war schachbrettartig aufgebaut: die Straßen verliefen in Nord-Süd- und in Ost-West-Richtung. Mit dem Niedergang der Tang-Dynastie war auch Xi'ans Rolle als Zentrum und Kaiserstadt besiegelt. Erst die Ming-Kaiser bauten die Stadt wieder auf. Die heute noch zu sehende Stadtmauer umgab das Mingzeitliche Xi'an, das nur noch ein Siebtel der Fläche des glorreichen Chang'an bedeckte. Die **Kleine Wildganspagode,** in der Tang-Zeit im Zentrum der Stadt gelegen, steht heute außerhalb der Stadtmauer im Süden.

Erst in den dreißiger Jahren dieses Jahrhunderts rückte Xi'an wieder et-

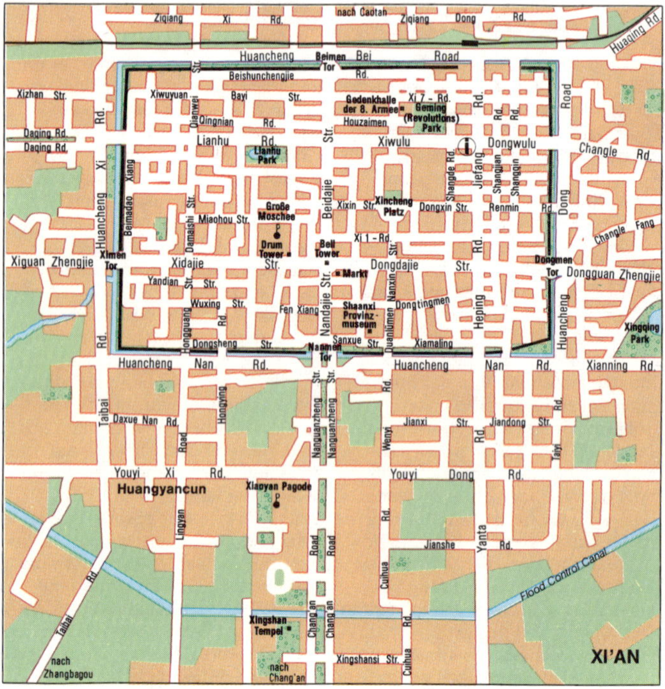

was ins Zentrum der politischen Ereignisse. 1935, nach dem Ende des Langen Marsches, der die Rote Armee mehr als 10 000 km quer durch China geführt hatte, errichteten die Kommunisten in dem 80 km nördlich von Xi'an gelegenen Yan'an ein Stützpunktgebiet, in dem sich auch die Führer der Kommunistischen Partei niederließen, unter ihnen Mao Zedong. Von hier aus operierten sie gegen die Japaner und später gegen die Guomindang-Armee.

Heute ist Xi'an (Westlicher Friede), die eingemeindeten Landkreise eingeschlossen, 2 295 qkm groß und hat eine Bevölkerung von 2,8 Mio. Menschen, von denen 1,5 Mio. in der Innenstadt leben. Im Sommer ist es heiß und staubig, vor allem in den Monaten März und April, wenn die Lößwinde über das Plateau fegen. August/September ist Regenzeit. Die Landwirtschaft produziert Weizen und vor allem Baumwolle, die in der heimischen Textilindustrie verarbeitet wird. In der Umgebung wird sehr viel Kohle gefördert.

Die Sehenswürdigkeiten Xi'ans sind von großer kulturhistorischer Bedeutung. Auffallend sind zuerst die beiden Wildganspagoden.

Die **Große Wildganspagode,** Da Yan Ta, liegt weit im Süden der Stadt, inmitten des **Tempels des Guten Willens,** Da Ci'en Si, den der Tang-Kaiser Gaozong zu Ehren seiner Mutter errichten ließ.

Der berühmte buddhistische Mönch Xuanzong war zuvor von einer jahrelangen Studienreise nach Indien zurückgekehrt. In Xi'an leistete er ein großes Übersetzungswerk. Zur Aufbewahrung seiner Schriften baute man 652 in das Zentrum des Tempels die Pagode, die zunächst auch den Namen Sutra-Pagode, Jing Ta, trug. Später wurde sie umbenannt. Es gibt mehrere Erklärungen für den doch seltsamen Namen. Eine Legende berichtet von einem Mönch, dem der Verzehr von Fleisch untersagt war. Buddha führte ihn mit einer Wildgans in Versuchung, die er tot vom Himmel stürzen ließ. Der Mönch jedoch widerstand, erkannte das Zeichen Buddhas und errichtete zum Gedenken an den Vorfall eine Pagode. Dies soll in Indien geschehen sein, und Xuanzang habe diese Geschichte mitgebracht. Der jetzige Bau stammt aus den Jahren 701–704 und präsentiert in herausragender Weise den frühen Tang-zeitlichen Baustil. Die Pagode ist nur aus Ziegelsteinen gebaut, diese sind aber so angeordnet, daß ihre Muster das Bild eines Holzbaus mit Balken, Säulen und Dächern vorspiegeln.

Die Stufenpagode ist 64 m hoch, hat 7 Stockwerke und ist begehbar bis ins oberste Stockwerk. Im untersten Stockwerk zeigt eine Steintafel den Reiseweg des Mönchen Xuanzang.

Die **Kleine Wildganspagode,** Xiao Yan Ta, steht 1,5 km südlich des Südtores. Die viereckige Pagode wurde in den Jahren 707 bis 709 gebaut, ebenfalls aus Ziegelsteinen. Früher hatte sie 15 Stockwerke; zwei davon wurden bei einem Erdbeben zerstört. Die verbliebenen 13 haben eine Höhe von 43 m. Durch die niedrigeren Stockwerke und die sich nach oben leicht verjüngenden Konturen wirkt sie graziler und eleganter als ihr größeres Pendant. Sie steht in dem **Tempel der Glückseligkeit,** Jianfu Si, der 684 n. Chr. zu Ehren des Kaisers Gaozong, ein Jahr nach seinem Tode, errichtet wurde.

Der 36 m hohe **Glockenturm,** Zhong Lou, im Zentrum ist das Wahrzeichen der Stadt. Der jetzige Bau stammt aus dem Jahre 1582; erstmals war er schon 1384, zu Beginn der Ming-Dynastie, errichtet worden. Vom Glockenturm aus wurde früher die Zeit angeschlagen. Die 2,5 t schwere Glocke aus dem 15. Jhdt. steht heute in der nordwestlichen Ecke auf dem Steinsockel. Der Aufbau im Baustil der Ming-Zeit besteht nur aus Holz, ohne weitere Hilfsmittel. Vom Turm aus hat man einen guten Blick auf alle vier Stadttore.

Unweit westlich davon steht der kleinere **Trommelturm,** Gu Lou, aus dem Jahre 1370, aber mehrmals restauriert. Auch hier steht auf dem rechteckigen Steinsockel ein Holzskelettbau, in dem heute ein Antiquitätengeschäft untergebracht ist. In früheren Zeiten wurde mit Trommeln das Schließen der Stadttore angekündigt.

Die jetzige **Stadtmauer** wurde 1374–1378 auf Anweisung des Ming-Kaisers Hongwu gebaut. Er hatte die Stadt seinem Sohn Zhu Shuang übergeben, der den Titel „König von Qin" trug. Die Stadt wurde damals neu aufgebaut und auf den Grundmauern der ehemals Verbotenen Stadt der Tang-Kaiser die jetzige Stadtmauer errichtet. Sie ist eines der besterhaltenen Wehrsysteme chinesischer Städte. Die Mauer ist 12 m hoch, an der Basis 15–18 m und oben immerhin noch 12–14 m breit. Das Westtor ist das größte. Die Stadt hat vor einigen Jahren den vollständigen Wiederaufbau der Mauer und der Stadttore begonnen. Um die Mauer wird wieder der alte Wehrgraben gebaut, der als Parkanlage genutzt werden soll.

Vom Trommelturm aus geht man durch einige Gassen und gelangt dann in die Huajue-Gasse, wo sich die **Große Moschee,** Qing Zhen Si, befindet. Der Islam gelangte über die Seidenstraße nach Xi'an und gründete im 7. Jhdt. die ersten Gemeinden. In diesem Stadtviertel leben hauptsächlich Hui, Moslems, die als eigene Nationalität anerkannt sind und dadurch Sonderrechte genießen. Die Moschee ist im chinesischen Stil gebaut. Gleich am Anfang steht ein sehr altes Ehrentor, wie man es auch aus konfuzianischen Tempeln kennt, und das Minarett gleicht eher einem Pavillon. Lediglich die Gebetshalle aus dem 14. Jhdt. enthält arabische und vorderasiatische Stilelemente. Die Inschriften der nach Osten weisenden Gebetswand sind in Arabisch, auch die Bibliothek besitzt viele arabische Schriften. Fünfmal am Tag werden Gebetsstunden gehalten. Gegründet wurde die Moschee 742 mit Förderung des Kaisers Xuanzong. In den letzten Jahren ist die ziemlich verfallene Anlage restauriert worden – sichtbares Zeichen der wieder garantierten Religionsfreiheit.

In der Nähe des Südtores befindet sich das **Museum der Provinz Shaanxi,** untergebracht in einem früheren Konfuzius-Tempel. Für dieses Museum, das einzigartige Stücke aus 3 000 Jahren chinesischer Geschichte zeigt, sollte man sich einige Zeit nehmen. Es ist in drei große Bereiche gegliedert: Die erste Sektion zeigt historische Funde aus mehreren Dynastien, die zweite aufsehenerregende, lebensgroße Steinskulpturen und Reliefs, die dritte eine einzigartige Sammlung von über 2 000 Stelen, den Stelenwald.

Die **Ausstellung historischer Funde** ist chronologisch geordnet. Erwähnenswert sind die Bronzen aus der Zhou-Zeit (1100–221 v. Chr.), Große Zierziegelsteine für Paläste oder Grabanlagen aus der Qin- und Han-Dynastie, alte Münzen und ein Modell des ältesten Seismographen der Welt. Die zweite Abteilung zeigt Funde aus der Sui- und Tang-Dynastie, darunter Porzellan, Keramik mit der Drei-Farben-Glasur der Tang-Zeit, Tang-Pferde, Wandmalereien aus Gräbern und viele Funde, die die Handelsbeziehungen zu westlichen Ländern dokumentieren.

Die **Steinskulpturen-Ausstellung** – einzigartig in China – zeigt siebzig lebensgroße Steintiere und viele buddhistische Skulpturen und Reliefs. Die größten Steinfiguren sind fast zweitausend Jahre alt, so ein lebensgroßes Rhinozeros und ein Strauß aus der Han-Dynastie. Von besonderem Interesse sind vier Bas-Reliefs mit Pferdefiguren aus dem Grab des Kaisers Taizong (626–649). Zwei wurden in den dreißiger Jahren in die USA entführt. Einige der verbliebenen Reliefs sind zerstört, weil man sie für den Transport in kleinere Stücke zerschlagen hatte.

Der **Stelenwald** zeigt in 6 Hallen eine Sammlung von über 2 000 Steintafeln. Von besonderem Interesse sind die 114 Stelen, die zwölf klassische Werke des Konfuzius mit 560 000 Schriftzeichen enthalten. Zu sehen ist auch eine Stele, die die Gründung einer nestorianischen Gemeinde im Jahr 781 und den Bau einer Kapelle beschreibt. Sie ist leicht zu erkennen an einem Kreuz oben auf der Tafel und an einigen syrischen Schriftzeichen.

Der **Xingqing-Park** war früher ein außerhalb der Stadtmauern gelegener Palast der Tang-Kaiser. Er liegt heute außerhalb des östlichen Stadttores und bietet viele Möglichkeiten zur Entspannung oder zur Freizeitbetätigung. Einige der früheren Palastgebäude sind im alten Stil wieder aufgebaut worden. Ein Drittel der Anlage wird von einem See bedeckt, an dessen Ufern Pavillons, Teehäuser und Brücken stehen.

Die neolithische Yangshao-Kultur kann man in dem 10 km östlich von Xi'an gelegenen **Banpo-Museum** studieren. Das Dorf Banpo war 1953 entdeckt worden. Die Ausgrabungen brachten die Grundrisse des Dorfes und der Hütten sowie eine Töpferwerkstatt und einen Friedhof zutage. 3 000 qm des 5 000 qm großen Dorfes sind von einer Ausstellungshalle überdacht. Die Grundrisse von Rundhütten und quadratischen Gemeinschaftshäusern sowie Getreidesilos, Töpferwaren und Skelette sind zu sehen.

Schale aus dem Neolithikum.

Zwei kleinere Ausstellungshallen vor der großen Halle zeigen einzelne Funde wie Werkzeuge aus Stein und Knochen und Töpferwaren. Aufgrund einiger Hinweise gehen die Archäologen davon aus, daß es sich hier um eine matriarchalische Gesellschaftsform handelt.

Auf einigen Tonscherben sind sogar schriftliche Aufzeichnungen zu erkennen: frühe Formen der chinesischen Schrift.

Der bereits erwähnte Mönch Xuanzang, bekannt durch seine große Indienreise und sein Übersetzungswerk, ist im **Xiangjiao-Tempel,** 30 km südöstlich von Xi'an, beigesetzt. Xingjiao bedeutet: Die Religion möge gedeihen. Der Tempel wurde 669 gebaut. Die Haupthalle mit roten Säulen und grünem Dach enthält einen Jadebuddha, eine Bronzestatue des Buddha und einen Lachenden Buddha aus Porzellan. Östlich der Haupthalle steht die Bibliothek, die noch sechs beschriebene Seiten aus Palmblättern aus der Song-Dynastie besitzt. Im westlichen Teil befinden sich drei Grabpagoden. Unter der größten, einer fünfstöckigen Pagode, liegen die sterblichen Überreste Xuanzangs; die beiden dreistöckigen Pagoden sind seinen beiden Schülern gewidmet.

20 km südlich der Stadt steht der der buddhistischen Sekte des Reinen Landes zugeordnete **Xiangji-Tempel** mit einer 33 m hohen Pagode. Erhalten sind die Große Halle, die Jingang-Halle und die Wohnräume der Mönche.

Hauptattraktionen Xi'ans und vielleicht die bedeutendste archäologische Fundstätte dieses Jahrhunderts ist das **Mausoleum des Kaisers Qin Shi Huang Di,** 35 km östlich von Xi'an im Kreis Lintong. Der 47 m hohe Grabhügel ist bisher nicht geöffnet worden. Es heißt aber, daß dies in nächster Zeit in Angriff genommen werden soll. 1,5 km östlich davon liegt das Grab Nr. 1, das über 6 000 Terrakotta-Krieger mit Waffen und Streitwagen enthält. 1974 war das Grab entdeckt worden; 1979 errichtete man über der Fundstätte eine riesige Halle, die die 14 260 qm große Fläche überdeckt. Einige hundert der Figuren sind vollständig restauriert und wiederaufgestellt. Die Figuren sind in Schlachtordnung in elf Korridoren aufgebaut, darunter befinden sich Bogenschützen, Speer-und Schwertträger, Wagenlenker und Offiziere, alle zwischen 1,80 m und 1,86 m groß. Jeder Kopf ist extra modelliert, kein Gesicht gleicht dem anderen.

Im Alter von dreizehn Jahren hatte Qin Shi Huang Di den Thron des Qin-Reiches bestiegen. Mit seiner schlagkräftigen und beweglichen Armee gelang es ihm später, sechs andere Separatreiche zu unterwerfen.

Bereits kurz nach seiner Inthronisation gab er den Befehl zum Bau seines Mausoleums, an dem 36 Jahre lang mehrere hunderttausend Arbeiter beschäftigt waren. Das Grab war unterirdisch angelegt worden; Säulen, Mauern und ein Holzdach schützten vor der Bedeckung aus Erde. 206 v. Chr. wurde das Grab geplündert, und später stürzte die Decke ein.

Nur wenige Meter nördlich dieser Anlage Nr. 1 fand man zwei weitere Gräber. Grab Nr. 2 enthält etwa 1 400 Kavalleriesoldaten und Pferde.

Es ist noch nicht vollständig geöffnet, ebenso Grab Nr. 3, das eine Gruppe von Offizieren beherbergt.

Zwei kleinere Ausstellungshallen zu beiden Seiten des Eingangs zeigen einzelne Funde, Terrakotta-Figuren, und dokumentieren in Zeichnungen und Modellen den Bau der Anlage.

Seit kurzer Zeit gibt es eine Sonderausstellung, in der ein erst kürzlich gefundenes Bronzemodell eines Streitwagens der Qin-Armee gezeigt wird. Es gehört zweifellos zu den bedeutendsten Funden dieser Stätte.

In der Nähe des Qin-Mausoleums liegen am Fuße des Lishan die **Heißen Quellen Huaqing.** Schon vor 2 800 Jahren kannte man die Quellen. Die Herrscher der Zhou-Dynastie hatten schon im 8. Jhdt. v. Chr. hier einen Palast erbauen lassen, und auch die Kaiser nachfolgender Dynastien wußten diesen Ort sehr zu schäzten. Kaiser Taizong der Tang-Dynastie ließ die Palastanlage erweitern und nannte sie „Palast der Heißen Quelle", Tangquangong. Sein Nachfolger Xuanzong gab der Anlage den heutigen Namen: Palast der Reinheit, Huaqinggong. Zusammen mit seiner Konkubine Yang Guifei verbrachte er hier oft die Wintermonate.

Beim Besuch der Anlage wird man in ein Haus mit einer eingelassenen Badewanne geführt, in der die schöne Konkubine gebadet haben soll. Davor liegt der Neun-Drachen-Teich.

Alle Gesichter der insgesamt 7 000 Terrakotta-Figuren sind individuell gestaltet, kein Gesicht gleicht dem anderen.

Später bewohnten daoistische Mönche die Gebäude und bauten noch etliche daoistische Tempel an den Hang. Auf halber Höhe erinnert ein kleiner Tempel in klassizistischem Stil an den Xi'an-Zwischenfall 1936, der das Bündnis zwischen der Guomindang und den Kommunisten gegen die Japaner brachte: Tschiang Kai-schek, der hier zur Erholung weilte, war von seinen eigenen Offizieren festgenommen und zu Verhandlungen gezwungen worden. Ein Fluchtversuch wurde vereitelt – dort, wo heute der Pavillon steht, hat man ihn wieder gefangen.

Vier Quellen liefern reines Wasser mit einer Temperatur von +43 °C, das besonders gegen Rheumatismus und Hautkrankheiten helfen soll.

Ein Teil der Anlage ist heute ein Sanatorium, reserviert für Kranke und Kurgäste.

Das **Xianyang-Museum,** 20 km westlich von Xi'an in der ehemaligen Hauptstadt der Qin-Dynastie, zeigt historische Funde aus der Qin-und Han-Zeit, darunter eine Reiterarmee aus kleineren Terrakottafiguren, die in dem Grab eines Han-Generals gefunden wurde.

Den Besuch des Xianyang-Museums verbindet man sinnvoller Weise mit einem Ausflug zu den **Grabfeldern der Han-und der Tang-Dynastie.** In **Maoling** gibt es insgesamt 10 Gräber aus der Han-Zeit, die kleineren Pyramiden ähneln und heute noch mit Gras bedeckt sind. Geöffnet ist keines dieser Gräber.

Das **Grab des Han-Generals Huo Qubing** befindet sich 1 km östlich davon. Er bekam auf Befehl seines Kaisers ein großes Grab, weil er sich außerordentlich Verdienste bei der Niederschlagung der Xiongnu (Hunnen) erworben hatte. Vor dem Grab stehen riesige Statuen und Steinfiguren. Das **Maoling-Museum** zeigt weitere Steinskulpturen.

Die **Gräber der Tang-Kaiser** liegen etwa 80 km östlich von Xi'an. Das 636 gebaute Grab des Kaisers Taizong, **Zhaoling,** ist das größte und befindet sich auf einem natürlichen Hügel. In der Umgebung liegen weitere 167 Gräber für Verwandte der kaiserlichen Familie und hohe Beamte. Das **Zhaoling-Museum** zeigt einige Grabsteine des Zhaoling-Grabes und einige Relikte aus kleineren Gräbern.

Im **Qianling-Grab** liegen der dritte Kaiser, Gaozong, und seine Frau Wu Zetian, eine ehemalige Konkubine, die sich nach seinem Tode zur Kaiserin ernannte und das Land vierzehn Jahre regierte. Die Anlage besteht aus drei Hügeln, dem Grabhügel selbst und zwei weiteren kleinen Hügeln, die eine natürliche Eingangspforte zur Anlage bilden. Von dort aus passiert man einen Steinfigurenweg mit Pferden, Generalen und Würdenträgern sowie zwei 6 m hohen Stelen.

Rechts vor dem Grab steht eine Gruppe von 61 Steinfiguren, die Abgesandte der verschiedenen Nationalitäten Chinas und ausländischer Herrscher darstellen, die bei den Beerdigungsfeierlichkeiten zugegen waren. Allen Figuren sind leider die Köpfe abgeschlagen. Von den Nebengräbern dieser Anlage sind geöffnet: das **Grab der Prinzessin Yong Tai,** des **Prinzen Zhang Huai** und des **Prinzen Yi De.** Sie sind wesentlich kleiner, wegen der schönen Wandmalereien und kleinen Tonfiguren mit der Drei-Farben-Glasur der Tang-Zeit aber sehenswert.

Bei der Fahrt über Land ist immer Gelegenheit zu einem Stop, um ein **Bauerndorf** zu besuchen. Die meisten Menschen auf dem Lande leben in Lößhöhlen oder Lößhäusern. Die **Lößhöhlen** werden meistens in einem ausgeschachteten Karree angelegt; eine Seite ist offen und bildet den Eingang, während an den restlichen drei Seiten Höhlenwohnungen angelegt werden. Der feste Löß läßt sich gerade und glatt abstechen. Die Wohnungen können durchaus komfortabel sein. Löß ist das einzige verfügbare Baumaterial in dieser Gegend.

Taiyuan

Taiyuan, Hauptstadt der Provinz Shanxi, liegt etwa 500 km südwestlich von Beijing, am Nordrand des fruchtbaren Taiyuan-Beckens, das sich am Ufer des Flusses Fenhe entlangzieht, und ist umgeben von Bergen. Die moderne und bedeutende Industriestadt zählt heute 2,2 Mio. Einwohner.

Archäologische Funde belegen die frühe Existenz von Siedlungen bereits im Neolithikum, als sich im Taiyuan-Becken noch ein großer Binnensee befand. Als Jinyang wird die Stadt schon zur Zeit der Streitenden Reiche (475–221 v. Chr.) erwähnt. Die Nomadenvölker aus dem Norden zogen auf ihren Eroberungsfeldzügen immer wieder durch das strategisch günstige Taiyuan-Becken; es öffnete den Zugang zu den fruchtbaren Tälern am Huanghe und am Wei-Fluß, wo sich das Zentrum der chinesischen Kultur befand.

In der Ming-Dynastie residierte in Taiyuan der Vizekönig für die Provinz Shanxi. Die einflußreiche Geheimgesellschaft „Weißer Lotus“ hatte ihren Sitz in Taiyuan und beteiligte sich auch maßgeblich am Boxeraufstand um die Jahrhundertwende.

Bekannteste Sehenswürdigkeit Taiyuans ist der **Zwei-Pagoden-Tempel,** Shuangta Si, im Südosten der Stadt. Die beiden 400 Jahre alten 54 m hohen Pagoden sind das Wahrzeichen der Stadt.

In der Stadt selbst befindet sich der **Chongshan-Tempel,** dessen Gründung in die Tang-Zeit zurückgeht. Unter den Ming-Kaisern ausgebaut und renoviert wurde er im letzten Jahrhundert leider durch ein Feuer zerstört. Neben dem Eingangstor und einem Glockenturm ist noch die Haupthalle zu sehen, in der eine Statue der Göttin der Barmherzigkeit steht.

Auch das **Shanxi-Provinzmuseum** in Taiyuan lohnt einen Besuch. Es ist in einem alten daoistischen Tempel untergebracht und zeigt neolithische Funde, Bronzearbeiten aus der Shang-Dynastie, Waffen, Münzen und Grabfunde. Neben einer Sammlung buddhistischer Sutren sind auch Kalligraphien und Gemälde eines berühmten Malers aus dem 4. Jhdt. zu besichtigen.

In der näheren Umgebung der Stadt gibt es eine Reihe von Tempeln und Tempelanlagen, von denen einige genannt werden sollen, u. a. der **Tempel des Ministers Jin** in der nordwestlich in Taiyuan gelegenen Ortschaft Lancun. Er ist einem Minister des Lehen Jin aus der Zhou-Zeit gewidmet, der auch von Konfuzius erwähnt und verehrt wurde.

In der Kreisstadt Lingfen steht der in der Tang-Dynastie erbaute **Eisenbuddha-Tempel,** Dayun Si.

Über einem 6 m hohen Buddha-Kopf erhebt sich eine 30 m hohe Pagode, die mit Kacheln verziert ist.

Die bemerkenswerteste Anlage ist allerdings der **Jin-Ahnentempel,** Jin Ci, am Fuße des Xuanweng-Berges gelegen und etwa 25 km von Taiyuan entfernt. Die Anlage umfaßt etwa 100 Tempel, Pavillons und Hallen. Der Tempel wurde in der Nördlichen Wei-Dynastie, im 5. Jhdt. n. Chr., zu Ehren des Prinzen Shuyu errichtet, der hier bereits in der frühen Zhou-Zeit über ein Lehen herrschte. Spätere Herrscher haben diesem Prinzen immer wieder gehuldigt und die Anlage ständig erweitern lassen.

Geht man vom Eingangstor aus immer geradeaus, kommt man über eine große Terrasse, die früher bei großen Festen auch als Bühne benutzt wurde, zu einer kleinen Brükke, die dann zu einer weiteren, aber kleineren Terrasse führt. Hinter dieser befindet sich nun eine von einem Glocken- und einem Trommelturm flankierte Opferhalle. Hinter dieser Opferhalle überquert man auf einer in Kreuzform gebauten „Fliegenden Brücke" den Teich und betritt die Haupthalle der Anlage, die **Halle der Heiligen Mutter,** Shengmu Dian. In der im Jahre 1030 errichteten Halle wird die Mutter des Prinzen Shuyu verehrt. Außergewöhnlich sind 44 Terrakotta-Figuren im Innern der Halle: Eine stellt die Heilige Mutter dar, die anderen repräsentieren ihre Hofdamen und Eunuchen; alle sind mit unterschiedlichen Gesichtszügen und verschiedener Kleidung modelliert, keine Figur gleicht der anderen.

Östlich der Hauptachse stehen der **Tempel des Prinzen Shuyu** und ein **Tempel zu Ehren des Kriegsgottes Guanyu.**

In den südwestlich von Taiyuan gelegenen Bergen gibt es einige kleine Grottenanlagen, die sich aber mit den berühmten Anlagen in Longmen oder Yungang nicht messen können. Der **Tianlong-Berg** hat 20 Grotten aus der Tang-Zeit, die aber schon stark beschädigt sind. Auf dem **Longshan** (Long-Berg) gibt es daoistische Höhlen aus den ersten Jahren der Mongolen-Dynastie (Yuan).

Datong

Datong, das heißt „Große Einheit", liegt in einem etwas über 1000 m hohen Hochlandbecken im Norden der Provinz Shanxi, nahe der Grenze zur Inneren Mongolei. Man erreicht die Stadt von Beijing aus in achtstündiger Bahnfahrt, die zum Teil an der Großen Mauer entlangführt.

Das Land hier ist nicht sonderlich fruchtbar, und da die Stadt mitten im nordchinesischen Lößbergland liegt, ist auch das Leben hier wegen des ständigen Staubs und der vielen kalten Winde nicht sehr angenehm. Die Jahesdurchschnittstemperatur liegt bei +6 °C, im Sommer werden es bis +38 °C, im Winter sogar bis zu –30 °C; die frostfreie Periode währt nur etwa 5 Monate.

Datong ist eines der Industriezentren in Nordchina; vor allem Kohlebergbau und Landmaschinenbau bestimmen Datongs Wirtschaft. Heute zählt die Stadt etwa 900 000 Einwohner.

Schon zur Zeit der Streitenden Reiche (475–221 v. Chr.) existierte Datong als eine Siedlung im Staat Zhao. In der Han-Dynastie war es Kreisstadt von Pingcheng. 200 Jahre später diente es dem Stamm der Toba als Hauptstadt der von ihnen gegründeten Nördlichen Wei-Dynastie. Aus dieser Zeit, dem 5. Jhdt. n. Chr., stammen die **Yungang-Grotten.** In der Tang-Zeit war es Hauptstadt des Bezirks Yunzhou, und im Jahre 1048 erhielt es, wieder unter einer Fremddynastie, den Liao, seinen heutigen Namen: Datong.

Aus der Liao-Dynastie (916–1125) stammen auch die beiden großen Klöster, das **Huayan-Kloster** und das **Shanhua-Kloster.** Etwa um 1400 residierte der dreizehnte Sohn des ersten Ming-Kaisers als Militärgouverneur in Datong. Er ließ die noch heute unversehrte **Neun-Drachen-Wand** errichten. Aus der Ming-Zeit stammt auch die Stadtmauer Datongs.

Wer Interesse an Kunsthandwerk hat, sollte eine der beiden **Teppichfabriken** – eine liegt im Stadtzentrum, eine andere in der südlichen Vorstadt – oder aber die **Porzellanmanufaktur** im Osten der Stadt besuchen.

Das **Huayan-Kloster** (Huayan ist der Name einer buddhistischen Sekte der damaligen Zeit) liegt im Zentrum der Stadt. 1062, in der Liao-Dynastie des Khitan-Volkes, wurde es errichtet. Es ist in den folgenden Dynastien, insbesondere in der Zeit der Mongolenherrschaft, mehrmals zerstört und wieder aufgebaut worden. Die jetztige Anlage ist nicht mehr ganz so groß wie der ursprüngliche Bau. In der Ming-Dynastie hat man das Kloster in das Obere und das Untere Kloster geteilt.

Zentraler Bau des Oberen Klosters ist die Da Xiong Bao Dian-Halle (Schatzhalle des Großen Helden), die 1140 errichtet wurde und nun schon mehr als 800 Jahre unbeschadet überdauert hat. Man gelangt zu der Halle über eine Treppe und eine Terrasse, typische Bauweise der Liao-Dynastie. Die Halle selbst enthält fünf große Buddhafiguren aus der ersten Hälfte des 15. Jhdts., und die Wände der Halle sind mit fünf Meter hohen Wandmalereien bedeckt, die allerdings nicht älter als hundert Jahre sind.

Im Unteren Huayan-Kloster befindet sich die Halle Bojiajiao, die als Bibliothek diente. Ursprünglich wurden in den einzigartigen Einbau Bücherschränken 579 Bände buddhistischer Schriften aufbewahrt. Die Bücher gingen verloren, und es ist fast ein Wunder, daß die Halle so gut erhalten blieb, diente sie doch Anfang der Ming-Dynastie als offizieller staatlicher Getreidespeicher. Die wunderbare Kassettenholzdecke wie auch die Wandmalereien sind möglicherweise renoviert, aber sie sind im Stil der Liao-Zeit erhalten. Auch die Tonfiguren, Buddhas, Bodhisattvas und viele andere Götter und Heilige sind, von wenigen Ausnahmen abgesehen, Originale.

Im Süden der Stadt liegt das **Kloster Shanhua,** das auch Kaiyuansi genannt wird, weil es in der Regierungszeit des Tang-Kaisers Kaiyuan erbaut wurde (714–741). Das Kloster gehört zu den wenigen gut erhaltenen Bauwerken aus dem 12. Jhdt. In dieser Zeit wurde es nach einer Zerstörung neu errichtet. Die Haupthalle ist, wie auch die Hallen im Huayan-Kloster, ein hervorragendes Beispiel der Liao-Baukunst. In der Halle stehen fünf große Buddhafiguren, die Wände sind mit Malereien bedeckt.

16 km westlich des Stadtzentrums befinden sich die **Yungang-Grotten.** Neben den Grotten in Dunhuang und denen von Longmen bei Luoyang zählen sie zu den bedeutendsten Anlagen buddhistischer Höhlenkunst in China. Gleich Honigwaben erstrecken sich die großen und kleinen Grotten über einen Kilometer der Felswand. Vor 1 500 Jahren wurde in der Nördlichen Wei-Dynastie die Arbeit an dieser Anlage begonnen. Auf Vorschlag des Mönches Tan Yao, der in seinem Kaiser Wen Cheng einen Förderer des Buddhismus fand, wurden um 460 die ersten 5 großen Buddha-Statuen in den Sandstein gehauen. In den darauf folgenden 40 Jahren wurden etwa 1 000 Grotten mit ungefähr 100 000 Figuren mit reicher Dekoration angelegt. Im Jahre 494 wurde die Hauptstadt nach Luoyang verlegt, und die Anlage geriet mit der Zeit in Vergessenheit.

51 000 Figuren sind bis heute erhalten geblieben, die größte davon ein 17 m hoher sitzender Buddha, die kleinsten Figuren sind gerade 2 cm groß. Neben den größeren Statuen gibt es unzählige kleinere Nischen in den Grotten, ausgefüllt mit Darstellungen von fliegenden Feen, kompletten Szenen, die buddhistische Legenden erzählen, Blumen, Gebäuden und vielen anderen Mustern.

Von den verbliebenen 53 Grotten sind 21 größeren Ausmaßes. Diese sind in drei Gruppen unterteilt: die zentrale Gruppe, die östliche und die westliche Gruppe. Der auffälligste Teil ist die mittlere Gruppe (Grotte 5–13). Hier befindet sich der 17 m hohe, aus einem einzigen Stein gehauene sitzende Buddha (Grotte 5). Allein sein Ohr mißt 3,1 m, der Fuß 4,6 m und der Mittelfinger 2,3 m. Die Figur war vollständig mit Lehm verputzt und zuletzt in der Tang-Dynastie bemalt worden. Zu beiden Seiten des Eingangs befinden sich zwei Buddha-Figuren unter dem Bodhibaum, dem Baum der Erkenntnis, wo Buddha der Sage nach die höchste Erkenntnis erlangte. Wände und die Decke sind mit vielen kleineren Nischen ausgestattet, und himmlische Feen umfliegen den Nimbus des großen Buddha.

Sehenswert ist auch die Grotte Nr. 6. Im Zentrum der quadratischen Höhle steht eine 15 m hohe, zweistöckige, viereckige Säule, die bis zur Decke hinaufreicht. An den vier oberen Ecken befinden sich kleine, neunstöckige Pagoden, die von Elefanten getragen werden. Die Höhle enthält das Jataka, die Lebensgeschichte des Buddha Sakyamuni, beginnend bei seiner Geburt und endend mit dem Eingang ins Nirwana. Diese Szenen sind auf den drei Wänden der Höhle wie auch auf den vier Wänden der großen Säule dargestellt.

Grotte 7 besteht aus zwei Kammern; die letzte enthält einen Bodhissattva auf einem Löwen. Auch die anderen drei Wände sind restlos mit Figuren und Nischen bedeckt, darunter sechs betende Bodhissattva-Figuren. An der Decke umfliegen himmlische Feen Lotosblüten, das buddhistische Symbol der Reinheit.

In Grotte 8 befinden sich zwei sehr seltene Darstellungen, die besonders deutlich indischen Einfluß demonstrieren: eine Statue des Vishnu (Kumarakadeva) mit fünf Köpfen und sechs Armen, auf einem Pfau sitzend, und eine Shiva-Figur (Mahesvara) mit drei Köpfen und acht Armen auf einem Ochsen. Grotte 12 besteht ebenfalls aus zwei Kammern. Die vordere Kammer enthält Nischen, die in Form eines Holzhauses mit Erkern gehauen sind. Die das Dach tragenden Pfeiler erinnern an persische Säulen. Der obere Teil der Hauptwand ist mit zahlreichen himmlischen Musikantinnen bedeckt. Besonders schön ist auch die Grotte 13, die einen 13 m hohen Buddha Maitreya (Buddha der Zukunft) enthält.

Die östliche Gruppe (Grotte 1–4) hat die jahrhundertelangen Witterungseinflüsse weniger gut überstanden. Sie enthält neben einigen Buddhafiguren vor allem pagodenähnliche Säulen. Grotte 3 ist die größte der gesamten Anlage. Über der Höhle sieht man oben an der 25 m hohen Felswand rechteckige Löcher, die den Schluß nahelegen, daß hier früher ein tempelartiger Vorbau aus einer Holzkonstruktion gestanden haben muß. Die Höhle enthält heute nur noch eine Buddha- und zwei Bodhisattva-Figuren, die aus der Sui- und Tang-Dynastie stammen.

Von der westlichen Anlage ist zunächst die Grotte 15 erwähnenswert, die 10 000 kleine sitzende Buddhafiguren enthält, dann Grotte 16, eine der ältesten, die noch von dem Mönch Tan Yao angelegt wurde. Im Zentrum der Grotte steht ein großer Buddha, die Wände sind mit tausend kleineren Buddhas bedeckt. Grotte 19 enthält wieder eine der größten Buddha-Statuen in Yungang, einen 16,7 m hohen sitzenden Buddha-Sakyamuni. Der fast 14 m hohe, sitzende Buddha in Grotte 20 sitzt heute im Freien, der vordere Teil der Höhle ist eingestürzt. Die restlichen Grotten von Nr. 22–53 sind weniger bemerkenswert; sie sind kleiner, weniger wertvoll und stammen fast durchweg aus späterer Zeit.

Nicht nur Wind und Regen haben den Grotten zugesetzt, leider sind auch fast 1 400 Statuen gestohlen und ins Ausland verschoben worden. Vielen Figuren fehlen Gliedmaßen oder der Kopf, entweder willkürlich abgeschlagen oder aber von Kunsthändlern fein säuberlich abgetrennt.

Luoyang

Die 900 000 Einwohner zählende Stadt liegt im Westen der Provinz Henan, nur wenige Kilometer südlich des Huanghe (Gelber Fluß). Sie ist ebenso wie Xi'an von großer historischer Bedeutung für China. Jahrhundertelang konkurierte sie mit der nur knapp 400 km westlich liegenden Stadt. Auch in der Region von Luoyang gab es frühe neolithische Siedlungen. 770 v. Chr. wurde sie Hauptstadt der Östlichen Zhou-Dynastie. Bis etwa 1000 n. Chr. diente sie neun verschiedenen Dynastien als Hauptstadt. Der **Tempel des Weißen Pferdes,** Baima Si, war der erste buddhistische Tempelbau Chinas, auch wurde hier in der Han-Dynastie die erste Universität gegründet.

Nachdem unter den Mongolen Beijing zum Zentrum des Reiches geworden war, verlor auch Luoyang, ähnlich wie Xi'an, immer mehr an Bedeutung. Einst kaiserliche Stadt und kulturelles Zentrum des Landes, zählte sie im Jahre 1949 bei Gründung der VR China gerade noch 90 000 Einwohner. In den letzten Jahrzehnten hat sie sich zu einer bedeutenden Industriestadt entwickelt, die z. B. das größte Traktorenwerk Chinas mit 27 000 Beschäftigten besitzt.

Das bedeutendste kulturhistorische Bauwerk Luoyangs sind die **Longmen-Grotten,** 12 km südlich der Stadt am Yi-Fluß. Er fließt in nördlicher Richtung durch zwei Berge, hinter denen der Sage nach ein Drache gelebt haben soll, daher der Name Longmen, was „Drachentor" bedeutet. Die buddhistischen Grotten von Longmen entstanden ab 494 n. Chr., als der Kaiser Xiao Wen der Nördlichen Wei-Dynastie seine Hauptstadt nach Luoyang verlegte. 400 Jahre lang wurde an der Anlage gebaut und erweitert. Die Grotten befinden sich zu beiden Seiten des Flusses; sie sind in die steilen Felshänge hineingehauen und stellen einen natürlichen Schutzraum für die zahlreichen Skulpturen und Reliefs dar. Die Anlagen am Westufer sind gut erhalten, während diejenigen am Ostufer fast restlos zerstört sind. Insgesamt wurden 2 100 Grotten und Nischen, 40 Steinpagoden und über 100 000 Figuren gezählt, worunter die größte Buddha-Statue über 17 m hoch und die kleinste nur 2 cm groß ist.

Die erste große Höhle ist die in der Mitte des 7. Jhdts. entstandene **Qian Xi-Tempelhöhle,** in deren Zentrum ein Buddha Amitabha thront, der von zwei Bodhisattvas und zwei Schülern flankiert wird. Zu

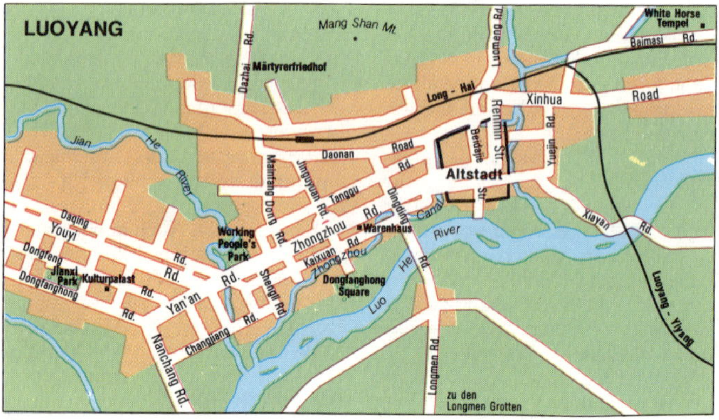

beiden Seiten des Eingangs stehen zwei Wächtergottheiten.

Es folgt eine Gruppe von drei Höhlen. Die **Mittlere Bin Yang-Höhle** wurde um das Jahr 500 begonnen. Zentrale Figur ist ein 8,5 m hoher sitzender Buddha Sakyamuni, zu beiden Seiten steht je ein Schüler und ein Bodhisattva, an der Decke ist eine Lotosblüte zu sehen, die von himmlischen Musikanten und Tänzerinnen umgeben ist. In der **Südlichen Bin Yang-Höhle** kann man gut die Entwicklung der Stile beobachten, denn begonnen wurde die Höhle schon unter den Nördlichen Wei, fertiggestellt aber erst in der Tang Zeit. Die **Nördliche Bin Yang-Höhle** enthält einen Amitabha-Buddha, 7,6 m hoch, am Eingang sind zwei herrliche Bas-Reliefs zu sehen, die lebensgroße Dharmapalas, Wächtergottheiten, darstellen.

15 000 kleine Buddhafiguren enthält die 680 in der Tang-Zeit entstandene **Zehntausend-Buddha-Höhle**, Wan Fu Dong. Die Rückwand hinter der zentralen Buddhastatue zeigt 54 Lotosblüten, in denen kleinere Figuren sitzen.

Die **Lotosblütenhöhle**, Lian Hua Dong, hat ihren Namen von einer riesigen Lotosblüte, die die Decke der Höhle ziert. Hier findet man auch die kleinste, nur 2 cm große Figur.

Feng Xian-Tempel ist der imposanteste Teil der Anlage und auch der größte. Die Hauptfigur stellt einen Vairocana-Buddha dar, der in sitzender Pose immerhin noch 17,14 m hoch ist. Obwohl die Gesichtszüge sehr einfach gestaltet sind, strahlt die Figur eine ergreifende Ruhe und Besinnlichkeit aus. Die Schüler Kasyapa und Ananda sowie zwei Bodhisattva-Figuren flankieren ihn. Beeindruckend auch die Wächtergötter mit ihren dämonischen Fratzen. Erwähnt seien noch die **Gu Yang-Höhle**, die viele kleine Nischen enthält sowie wichtige Inschriften aus der Nördlichen Wei-Dynastie – es ist zugleich die älteste Höhle der Anlage – und die **Yao Fang-Höhle**, die medizinische Schrifttafeln beherbergt.

Der bereits erwähnte **Tempel des Weißen Pferdes**, Baima Si, geht auf eine Gründung im Jahre 68 n. Chr. zurück. Kaiser Yong Ping der Östlichen Han soll eine Vision Buddhas gehabt haben, woraufhin Gesandte nach Indien geschickt wurden, um die Lehre des Buddha zu studieren. Sie kamen zwar nur bis ins heutige Afghanistan, brachten aber zwei indische Mönche mit, die der Sage nach auf zwei Schimmeln geritten kamen

Sie wurden später in dem Tempel auch beerdigt. Die jetzige Anlage stammt aus dem 16. Jhdt.; die Hallen und Figuren sind gut erhalten, ebenso eine Glocke aus der gleichen Zeit. Erwähnt seien die kunstvoll gearbeiteten 18 Lohan-Figuren.

Außerhalb des Tempels, südöstlich, steht die 13-stöckige, 24 m hohe **Ziegelsteinpagode Qi Yun Ta** aus dem 12. Jhdt. Der Name Qi Yun bedeutet: die Wolken begrüßen; vermutlich stand die Pagode früher einmal im Zentrum des Tempels.

Das **Luoyang-Museum** befindet sich in der Innenstadt an der Zhongzhou-Road. Es zeigt in fünf Hallen etwa 2 000 Objekte, beginnend im Neolithikum und endend in der Tang-Dynastie. Historisch höchst interessant sind die Bronzen aus der Zhou-Zeit, die belegen, daß die Region um Luoyang als erste den Schritt ins Bronzezeitalter tat. Von der ersten kaiserlichen Han-Universität sind noch einige Stelen und Inschriften zu sehen. Aus der Tang-Zeit sind sehenswert die Drei-Farben-Glasur-Keramik, darunter Pferde, Kamele und interessante Menschenfiguren, die aus Zentralasien über die Seidenstraße kamen.

Im **Kaiserstadt-Park,** Wangcheng Gongyuan, sind zwei kleinere **Aristokratengräber aus der Han-Zeit** zu sehen. Das Grab aus der Westlichen Han-Dynastie (205–25 v. Chr.) wurde 1956 beim Bau des Bahnhofs entdeckt und dann hier in

Figur eines Kamels mit fünf Musikanten auf seinem Rücken, in der berühmten Drei-Farben-Glasur der Tang-Zeit (um 723).

den Park verlegt. Es ist das älteste Grab mit Wandmalereien, das bisher entdeckt wurde. Das zweite Grab, aus der Östlichen Han-Dynastie (25–200 n. Chr.), wurde beim Bau einer Straße entdeckt und ebenfalls im Park wieder aufgebaut.

Im April zur Zeit der Päonien-Blüte gleicht der Park einer riesigen Blumenausstellung und wird von vielen Bürgern besucht. Am Eingang steht eine große Statue des Vorsitzenden Mao Zedong.

Am Fuß des Berges Mangshan, im Nordwesten der Stadt, liegt ein **Areal mit Getreidespeichern,** die im Jahr 605 unter der Sui-Dynastie gebaut und fast 500 Jahre als kaiserliche Getreidespeicher benutzt wurden. Von den 5–7 m tiefen, in den Boden eingelassenen Silos sind 287 entdeckt worden; 11 davon sind ausgegraben und können besichtigt werden.

General Guan des Staates Shu aus der Zeit der Drei Reiche (220–280) wird heute noch von allen Chinesen als Kriegsgott verehrt und angebetet. Gelegentlich findet man noch heute sein Bild in den Häusern chinesischer Bauern, denn er ist zugleich der mächtigste Gott im Pantheon des Volksglaubens. Sein Kopf soll im **Guan Lin-Tempel** 8 km südlich der Stadt begraben sein.

Hinter der dritten Tempelhalle befindet sich der 20 m hohe, von einer achteckigen roten Mauer umgebene Grabhügel.

Wenn man die Stadt im April besucht, kann man das jährlich zur Zeit der Päonienblüte stattfindende **Laternenfest** miterleben, einen Jahrmarkt mit viel Vergnügungen. Aber bewundert werden vor allem die überall ausgestellten Palastlaternen. Die großen, meist nur aus Papier und feinem Holz zu phantasievollen Kunstwerken zusammengesetzten Laternen wirken natürlich besonders eindrucksvoll in der Dunkelheit. Die Tradition des Laternenbaus ist schon fast 2 000 Jahre alt.

Einer der fünf heiligen Berge des Buddhismus, der **Songshan,** liegt nur 70 km südöstlich von Luoyang. Er ist ebensoweit von der Stadt Zhengzhou, Hauptstadt der Provinz Henan, entfernt. Das Songshan-Gebirge zählt 72 Gipfel, die sich über 60 km erstrecken. Der Junji-Gipfel ist mit 1 494 m der höchste. Schon seit Jahrhunderten kennt man den Songshan als heiliges Gebirge, mit unzähligen Klöstern und Tempeln. Kaiser vieler Dynastien pilgerten hierher, um den heiligen Berg anzubeten und die vielen berühmten Klöster zu besuchen.

Von der Kreisstadt **Dengfeng** aus sind alle wichtigen Sehenswürdigkeiten schnell zu erreichen.

Nur 4 km östlich steht der **Zhongyue-Tempel,** der auf eine Gründung aus der Qin-Dynastie (221–206 v. Chr.) zurückgeht. Kaiser Wu Di der Han ließ den Tempel restaurieren und erweitern. Die heutige Anlage ist jüngeren Datums; sie stammt aus der Qing-Dynastie. Nachdem man das **Zhonghua-Tor** passiert hat, führt ein 650 m langer Weg vorbei an 10 Gebäuden. Von großer Seltenheit sind die vier 1 064 gegossenen **Eisenwächter**. Sie bewachen in Boxhaltung und mit bösen Fratzen einen kleinen Pavillon, an dem die Kaiser auf ihren Besuchen Opfer brachten. In den Höfen finden sich noch über 30 Zypressen, die 1 000 Jahre und älter sind.

Das berühmteste Kloster im Songshan-Gebirge ist das **Shaolin-Kloster** am Fuße des Shaoshi-Berges, 13 km nordwestlich von Dengfeng. Gebaut wurde es in der Nördlichen Wei-Dynastie (495 n. Chr.). Im Jahr 527 kam der indische Mönch Bodhidharma, chinesisch: Da Mo, nach Shaolin und begründete hier die Chan-Sekte, die heute vor allem in Japan als Zen-Buddhismus verbreitet ist. Bodhidharma gilt auch als Begründer des Shaolin-Boxens, einer besonderen Art des chinesischen Kampfboxens. Einige Mönche beherrschen diese Kunst noch heute, und seit einigen Jahren haben selbst in China Kungfu- und Shaolin-Filme wieder Hochkonjunktur. Anfang des 7. Jhdts. hatten einige Meister des Shaolin-Boxens dem ersten Tang-Kaiser als Leibwache gedient, woraufhin das Kloster eine großzügige Förderung genoß. Die vor kurzer Zeit begonnenen Renovierungsarbeiten werden bald abgeschlossen sein. Man tritt in das Kloster durch das **Bergtor,** Shanmen; sehenswert sind die **Bodhidharma-Halle** und die **Zehntausend-Buddha-Halle,** die wertvolle Wandmalereien enthält, Darstellungen der 500 Lohans.

In einer anderen Halle sind Wandmalereien zu sehen, die eine Szene darstellen, in der dreizehn Shaolin-Mönche mit ihrer Boxkunst dem ersten Tang-Kaiser Li Shimin zur Seite stehen.

Links des Eingangs gelangt man nach etwa 300 m zum **Pagodenwald,** Ta Lin. Auf diesem Friedhof wurden über 1 000 Jahre lang die Äbte und berühmte Mönche des

Klosters beerdigt. An den über 200 Grabpagoden aus verschiedenen Epochen läßt sich sehr gut die Stilentwicklung im Pagodenbau verfolgen. Auffallend sind die den tibetischen Stupas ähnelnden Pagoden der Yuan-Zeit, der Mongolenherrschaft, mit kuppelförmigem Sockel und langem, schmalen Schaft, der an der Spitze einen oder mehrere Schirme trägt.

5 km nordwestlich von Dengfeng steht die **älteste Pagode Chinas,** die **Songyue Ta.** Die zwölfeckige, über 40 m hohe Ziegelsteinpagode stammt aus dem Jahr 520 und ist gut erhalten.

Neben einigen weiteren Tempeln seien noch erwähnt die **Wachtürme aus der Han-Zeit** sowie das **Gaocheng-Observatorium** aus der Zeit der Mongolendynastie (1368–1644), das nach einem berühmten Astronomen und Mathematiker dieser Zeit benannt wurde.

Kaifeng

Kaifeng liegt im Osten der Provinz Henan, nur etwa 75 km von der Hauptstadt Zhengzhou entfernt und in der Nähe des Huanghe (Gelber Fluß). Die Stadt gehört zu den historischen Kaiserstädten. Schon vor der Reichseinigung war sie Hauptstadt des Staates Wei. Die Sui-Kaiser ließen um das Jahr 600 den Großen Kanal, auch Kaiserkanal genannt, bauen; damit bekam Kaifeng Anschluß an Luoyang und an die reichen Städte an der Ostküste und entwickelte sich zu einer bedeutenden Handelsstadt. Von 900 bis 1127 war es Hauptstadt einiger Dynastien, die aber nicht mehr das gesamte Territorium Chinas allein beherrschten. In der Zeit der Nördlichen Song-Dynastie (960–1127) zählte die Stadt 1 Mio. Einwohner.

Als 1644 die Mandschuren die kaiserlichen Truppen der Ming-Dynastie nach Süden jagten, öffneten die Stadtoberen die Deiche des Huanghe, um den Eroberern aus dem Norden Einhalt zu gebieten. Die Stadt wurde überschwemmt, und mehr als 300 000 Menschen sollen den Tod gefunden haben.

Der **Xiangguo-Tempel** im Zentrum war einmal einer der berühmtesten Tempel Chinas. Bei der erwähnten Überschwemmung 1644 wurde er zerstört. Die heutige Anlage stammt aus dem 18. Jhdt. Sehenswert sind eine vergoldete Holzstatue der Göttin der Barmherzigkeit, Guanyin, und eine 5 t schwere Glocke aus der Qing-Dynastie.

Der **Drachenpavillon,** Longting, steht auf dem Gelände des früheren Palastes der Song-Kaiser. Kaiser Kangxi ließ ihn 1692 bauen und gab ihm selbst den Namen. Zwischen den Stufen, die am Hang zum Pavillon hochführen, schlängelt sich ein schwarzer Steindrache.

Im Nordosten der Altstadt steht die weit über Kaifeng hinaus bekannte **Eisenpagode,** Tieta, so benannt wegen den rostbraunen Ziegeln, die die Außenwände bedecken. Sie wurde 1048 erbaut, ist 55 m hoch und hat dreizehn Stockwerke.

In der Ming-Dynastie hatte ein hoher Beamter Kaifengs ein 2 m großes **Nashorn aus Eisen** gießen lassen, das die Stadt vor Überschwemmungen schützen sollte. Später wurde es allerdings selbst ein Opfer des Wassers. 1691 wurde es wieder gefunden und ausgegraben.

Es ist heute in dem **Tempel Huilong,** 2 km nördlich des Nordtores, zu sehen.

Eine der größten Ziegelsteinpagoden war einmal die **Fan Ta** aus dem Jahr 977, im Yuwangtai Park im Südosten der Stadt. Sie ist zerstört und hat nur noch drei Stockwerke mit einer Höhe von 31 m.

Lanzhou

Die 2 Mio. Einwohner zählende Hauptstadt der Provinz Gansu ist die größte Stadt in Nordwestchina. Die am Oberlauf des Huanghe (Gelber Fluß) gelegene Stadt ist im Verkehr zwischen dem Zentrum und dem Nordwesten ein wichtiger Knotenpunkt. Eisenbahnlinien verbinden die Stadt mit Xi'an, mit Xining in der Provinz Qinghai, mit Urumqi in Xinjiang und mit Baotou in der Inneren Mongolei. Dadurch entstanden in den letzten dreißig Jahren große Industrien, so Lokomotiv- und Waggonfabriken, petrochemische Industrie und metallverarbeitende Betriebe. Lanzhou ist auch das Kernforschungszentrum Chinas.

Schon vor 2 000 Jahren erlangte Lanzhou durch den Handel mit Zentral- und Vorderasien über die Seidenstraße strategische Bedeutung. Der Han-General Huo Qubing, der die westlichen Gebiete für den Handel erschloß, hatte seine Truppen bei Lanzhou stationiert und kontrollierte von hier aus die Handelswege.

Auch der berühmte Mönch Xuanzong kam auf seiner Reise nach Indien im 7. Jhdt. durch Lanzhou.

Das Klima in Gansu unterliegt schon ganz dem Einfluß der sibirischen Kontinentalmassen. Die Sommer sind warm und trocken, in den Wintermonaten fällt das Thermometer bis auf −20 °C. Im Tal des Huanghe baut man Weizen, Hirse, Tabak und Melonen an. Das Stadtbild ist von den großen Industrieanlagen unbeeinflußt, da diese am

Fliegendes Pferd von Gansu.

Stadtrand in den Außenbezirken angesiedelt sind.

Die Stadt zieht sich als schmaler Streifen am Huanghe entlang. Im Zentrum, gegenüber dem Freundschaftshotel, befindet sich das **Museum der Provinz Gansu.** Es zeigt interessante neolithische Keramiken und Opfergefäße in Bronze aus der Zhou-Dynastie. Bekanntestes Ausstellungsstück ist das **„Fliegende Pferd von Gansu“,** eine Bronzestatue, die mit nur einem Huf auf einem schwalbenähnlichen Fuß steht. Die Figur wurde in einem Grab der Östlichen Han-Dynastie (25–220) gefunden.

Im Süden, nahe dem Bahnhof, liegt der **Park der fünf Quellen,** Wuquanshan Gongyuan, der ein beliebtes Ausflugsziel der Einheimischen an Fest- und Feiertagen ist. Der **Tempel Chongqing Si** stammt aus dem Jahre 1372 und befindet sich auf dem Parkgelände. Sehenswert sind eine 5 t schwere Eisenglocke und ein 5 m hoher Bronzebuddha aus dem Jahr 1370. In der Nähe ist auch der Zoo.

Nördlich des Huanghe erhebt sich der ca. 1 700 m hohe **Berg der Weißen Pagode.** Die **Weiße Pagode** ist achteckig, siebenstöckig und 17 m hoch. Um den Hügel herum gruppieren sich eine Reihe von Tempelbauten und Pavillons.

Von Juli bis November, wenn der Wasserstand des Huanghe und des Liujiaxia-Sees hoch genug ist, kann man eine etwa dreistündige Bootsfahrt zu dem **Höhlentempel der Tausend Buddhas,** Bingling Si, unternehmen. In einer 60 m hohen Felswand, die sich aus dem See erhebt, sind 183 Grotten und Nischen, darunter eine 27 m hohe Buddha-Figur. Über Treppen und Holzgalerien kann man an den Grotten entlangwandern. Der Bau der Anlage stammt aus der Nörlichen Wei-Dynastie, wurde im Jahr 513 begonnen und bis ins 19. Jhdt. fortgeführt. Die meisten Skulpturen und Reliefs stammen aus der Tang-Zeit. Die Anlage wird oft mit denen von Longmen und Yungang verglichen; sie stammt aus der gleichen Zeit, ist aber wesentlich kleiner. Der Höhlentempel war in Vergessenheit geraten, wurde 1952 wieder entdeckt und der Öffentlichkeit zugänglich gemacht. Von Interesse sind auch Wandmalereien aus der Song-Dynastie und Fresken aus der Ming-Zeit.

Etwa 5 Fahrstunden benötigt man zum **Labrang-Kloster** (Labuleng Si) nahe dem Ort Xiahe, das zu den sechs größten Heiligtümern des tibetischen Lamaismus gehört. Das 1708 erbaute Kloster – wegen seiner zentralen Lage früher Pilgerstätte für lamaistische Gläubige aus Tibet, Qinghai, Gansu und der Inneren Mongolei – beherbergte einst 4 000 Mönche. In dem im tibetischen Stil angelegten Tempel sind vor allem vergoldete Buddha-Statuen aus Bronze sehenswert. Wie auch in den tibetischen Klöstern sind die Wände der Hallen weiß getüncht, haben rotbraune Dachfriese und vergoldete Dächer.

Dunhuang

Die heute etwa 80 000 Einwohner zählende Stadt liegt im äußersten Westen der Provinz Gansu, unweit der Grenzen zu Qinghai und Xinjiang. Man erreicht die entlegene Oasenstadt entweder mit dem Zug bis Liuyuan, von wo aus man nochmal 120 km mit dem Bus in südlicher Richtung fahren muß, oder aber mit dem Flugzeug von Lanzhou aus, das allerdings nicht sehr oft verkehrt.

Früher zählte auch Dunhuang zu den wichtigen Stationen an der Seidenstraße. Hier teilte sich der Handelsweg in eine nördliche Route, die über Hami, Turfan, Kuqa und Aksu nach Kashgar, und eine südliche Route, die am nördlichen Rand des Kunlun-Gebirges die Taklimakan-Wüste umging und über Khotan und Yarkand nach Kashgar führte. Berühmtheit in China und in der ganzen Welt erlangte Dunhuang durch die **Grotten von Mogao,** einer frühen buddhistischen Kultstätte mit gut erhaltenen, einmaligen Wandmalereien. **Die Mogao-Grotten** befinden sich 27 km südöstlich von Dunhuang in einer kleinen Oase, die den Namen Qian Fo Dong trägt, also Tausend-Buddha-Höhle. Am Ufer des Danghe erhebt sich eine 1600 m lange steile Felswand, in die buddhistische Künstler Jahrhunderte hindurch Grotten, Höhlen und Nischen in drei übereinanderliegenden Etagen gehauen haben. Der Buddhismus kam aus Indien über die Seidenstraße nach China. Auch die bekannten chinesischen Mönche nahmen bis ins 7. Jhdt. hinein bei ihren Pilgerreisen in die Heimat des Buddha den Weg über die Seidenstraße.

So entstanden schon im 1. Jhdt. n. Chr. erste buddhistische Gemeinden. Mit dem Bau der Mogao-Grotten wurde 366 begonnen. Bis ins 11. Jhdt. war der Ort eine der wichtigsten Kultstätten des Buddhismus. Nachdem der Handel immer mehr über Seerouten lief, verlor die Seidenstraße an Bedeutung, und auch Dunhuang geriet langsam aber sicher in Vergessenheit. Erst 1900 wurde die Anlage wiederentdeckt. Der Finder, ein Mann namens Wang Yuanlu, hatte die Behörden zwar unterrichtet, doch diese zeigten kein Interesse; so begann er mit dem Verkauf gefundener Dokumente und Schätze an ausländische Archäologen. 492 Grotten sind heute noch erhalten, darin befinden sich 2450 Skulpturen und Wandmalereien, die eine Fläche von 45000 qm bedecken. Die Grotten sind unterschiedlich groß, von 1 m bis zu 40 m. Viele Wandmalereien sind dank des trockenen Klimas sehr gut erhalten geblieben. Archäologen, Künstler und Besucher zeigten sich am meisten von den Apsaras, himmlischen, fliegenden Feen, beeindruckt. Sie werden heute in vielen kunsthandwerklichen Betrieben Chinas als Motiv verwandt.

Die Grotten sind durch Galerien und Treppen miteinander verbunden, so daß ein bequemer Zugang möglich ist.

Künstler mehrerer Dynastien prägten die unterschiedlichen Stile. Tafeln an den Höhlen weisen auf die Entstehungszeit und die Dynastie hin. In den ältesten, so in der Höhle Nr. 275, findet man auf den Wandmalereien vor allem Darstellungen aus dem Leben und Wirken des Buddha Sakyamuni, aber auch szenische Darstellungen des täglichen Lebens: Jagen, Arbeiten, Fischen usw. So zeigt die Höhle Nr. 249, ebenfalls aus der Wei-Dynastie, reitende Jäger, die mit Pfeil und Bogen bewaffnet Gazellen und Tiger verfolgen. Höhle Nr. 296 zeigt Darstellungen von Karawanen, die mit ihrer Fracht die Seidenstraße entlangziehen. In einigen anderen Höhlen, so in Nr. 254 und 428, ist die Legende des Prinzen Sudana erzählt, der sich opferte, um einem hungrigen Tiger das Leben zu retten.

95 Grotten sind aus der Zeit der Sui-Dynastie (589–618) erhalten geblieben. Der Einfluß indischer Kunst, der noch in den frühen Grotten festzustellen ist, tritt immer mehr zurück. Erkennbar ist dies u. a. an den Statuen, die gänzlich andere Proportionen, mächtige Oberkörper, und eine reich verzierte Kleidung aufweisen.

213 Grotten der Tang-Dynastie (618–907) bilden die größte Gruppe. Diese sind oft schon an den dargestellten Figuren und Motiven zu erkennen. In der Tang-Dynastie setzte sich in China die Sekte des Reinen Landes durch. Sie predigte eine Lehre, die den Buddhismus auch den einfachen Menschen näherbrachte. Danach bedurfte es keiner der komplizierten Meditationstechniken, um die Erlösung zu erlangen. Nach den Regeln dieser Sekte genügte das ständige Anrufen des Buddha Amitabha, um Eingang ins Nirwana zu finden. Buddha Amitabha, der Buddha des Unendlichen Lichts, und paradiesische Szenen des Reinen Landes prägen die Höhlen der Tang-Dynastie.

In der Höhle Nr. 96 steht eine 33 m hohe Buddha-Statue, eine weitere große Statue ist in Höhle Nr. 130 zu sehen: ein 26 m hoher Buddha. Bekannt ist die Höhle 220 wegen der feinen Darstellung einer Musikantengruppe und Tänzerinnen. Höhle 158 enthält die Skulptur eines Schlafenden Buddha. Die Tang-Grotten bestehen zumeist auch aus mehreren Räumen: Vorraum, Haupthalle und hinterer Raum.

Unter den folgenden Dynastien entstanden weniger neue Höhlen, da die Tang-Künstler den zur Verfügung stehenden Platz fast vollständig ausgefüllt hatten. Sie beschränkten sich daher auf die Instandhaltung und Renovierung.

Erwähnt sei aber noch die Höhle 361 aus dem Jahr 981, in der ein 13 m langes Wandgemälde die Landschaft des Wutai-Gebirges in der Provinz Shanxi darstellt. Allein 170 Gebäude sind auf dem Gemälde abgebildet.

Die Sanddünen der Taklimakan-Wüste reichen bis fast an die Stadt heran. Nahe der Stadt liegt zwischen diesen riesigen Sanddünen der **Mondsichelsee.** Seinen Namen verdankt er seiner unverwechselbaren Form

Der **Klingende Sandberg** liegt südlich der Stadt. Rutscht man an den Sandhängen herunter, entsteht durch die Reibung ein Geräusch.

In Dunhuang teilte sich die Route der Seidenstraße in einen nördlichen und einen südlichen Teil. Nach etwa 60 km Fahrt Richtung Süd-Westen gelangt man an den **Bergpaß Yangguan.** Einige fast 2 000 Jahre alte Wachttürme sind noch zu sehen. Sie stammen aus der Han-Dynastie. Vom Yangguan-Paß blickt man weit in die Sandwüste Taklimakan hinein.

Auch den **Paß Yumenguan,** über den der nördliche Teil der Route führt, kann man besichtigen.

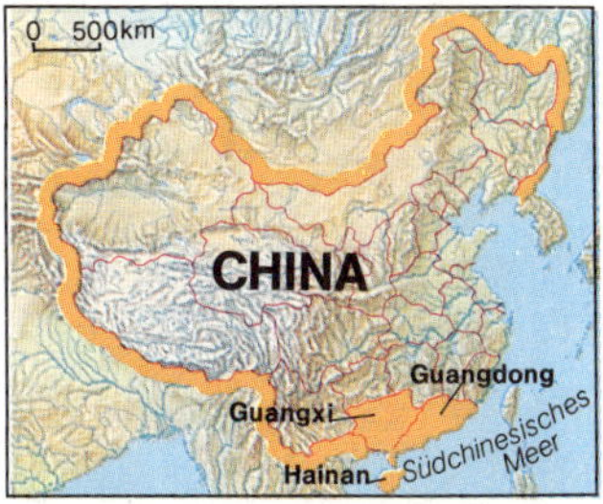

Guangzhou und der Südosten

Guangzhou

Guangzhou, den meisten Europäern besser bekannt in der Umschrift Kanton, ist heute mit einer Bevölkerung von mehr als 3 Mio. die größte südchinesische Stadt.

Wahrzeichen der Stadt sind fünf Ziegen, man nennt sie daher auch oft die „Ziegenstadt". Es wird erzählt, daß in sehr früher Zeit einmal fünf Götter auf Ziegen reitend die Stadt besuchten. Jede der Ziegen trug eine Reisähre im Maul, die die Götter der Stadt überreichten, verbunden mit dem Wunsch, daß Guangzhou niemals mehr eine Hungersnot erleiden solle.

Im **Yuexiu-Park** im Norden der Stadt steht das **Ziegendenkmal,** das in Stein gehauene Wahrzeichen. Daneben befindet sich der **Turm, der das Meer überragt,** Zhen Hai Lou, der erstmals 1380 erbaut und nach einem Brand im Jahr 1686 wieder errichtet wurde. Während des Opiumkrieges war er von Engländern und Franzosen besetzt. An diese Zeit erinnern zwei Kanonen vor dem Turm, die von der Fa. Krupp stammen. In dem fünfstöckigen Turm ist heute das **Historische Museum der Stadt Guangzhou** untergebracht. Es zeigt Funde aus der Qin- und Han-Dynastie, vor allem aber Dokumente aus der Zeit des Taiping-Aufstandes und der Opiumkriege. In ihm befinden sich auch wertvolle Uhren und Automodelle, Geschenke der Ausländer an die Herren der Stadt Guangzhou, aus der Zeit der Kolonialherrschaft. Unweit des Turms steht ein **Denkmal für den republikanischen Revolutionär Dr. Sun Yatsen.**

Im unteren Teil des Parks steht die im Stil der kaiserlichen Palastbauten errichtete **Sun-Yatsen-Gedenkhalle** mit blauem Dach. Sie wurde 1931 gebaut und finanziert aus einem Spendenfond von Überseechinesen. Die fast 5 000 Personen fassende Halle dient als Kongreß- und Theaterhalle. Im Park vor der Halle steht eine große Statue Sun Yatsens.

Die Stadt ist im letzten und in diesem Jahrhundert immer wieder revolutionäres Zentrum gewesen. Davon zeugen das **Mausoleum der 72 Märtyrer** – sie starben 1911 bei einem ersten, gescheiterten Aufstand gegen die Qing-Regierung; das **Nationale Institut der Bauernbewegung** in einem ehemaligen konfuzianischen Tempelbau, hier lehrte Mao Zedong und von hier aus leitete er Bauernaufstände; sowie der **Park zur Erinnerung an die Märtyrer des Aufstands von 1927,** fast 6 000 Anhänger der Kommunisten und Arbeiter fielen

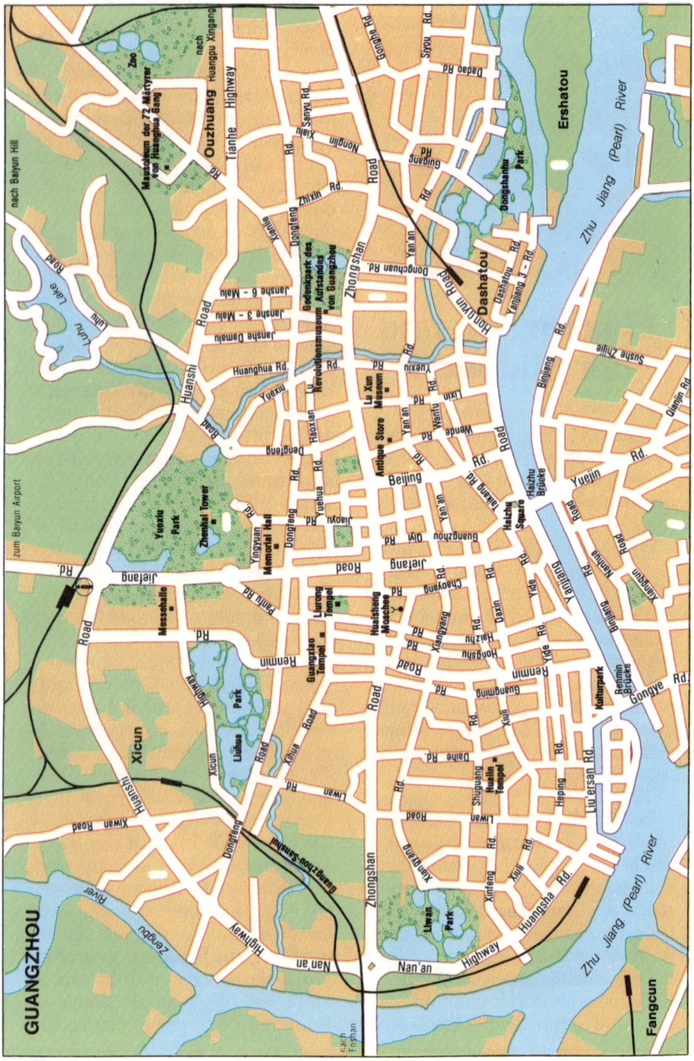
GUANGZHOU
Zhu Jiang (Pearl) River
Zengbu River
Ershatou
Dashatou
Fangcun
Xicun
Ouzhuang
Zoo
Mausoleum der 72 Märtyrer von Huanghua Gang
Yuexiu Park
Zhenhai Tower
Memorial Hall
Messehalle
Liuhua Park
Liwan Park
Dongshanhu Park
Kulturpark
Haizhu Square
Haizhu Brücke
Renmin Brücke
Gedenkpark des Revolutionsmuseum Aufstandes von Guangzhou
Lu Xun Museum
Antique Store
Huaisheng Moschee
Liurong Tempel
Guangxiao Tempel
Hualin Tempel
nach Baiyun Hill
zum Baiyun Airport
nach Huangpu Xingang
nach Foshan
Guangzhou-Sanshui
Jiefang Rd.
Zhongshan Road
Huanshi Road
Renmin Road
Dongfeng Rd.
Beijing Rd.
Tianhe Highway
Nan'an Highway
Huangsha Rd.
Yanjiang Rd.
Gongye Rd.
Yuejin Rd.
Hongdong Road
Luhu Lake Road

bei einem Aufstand gegen Tschiang Kai-shek.

Der **Guangxiao-Tempel** ist der älteste Tempelbau der Stadt; er soll aus dem 4. Jhdt. stammen, wurde aber bereits mehrmals restauriert und umgebaut. Ein berühmter indischer Mönch soll hier im 7. Jhdt. gelebt haben. Sehenswert sind zwei **Eisenpagoden,** die zu den ältesten Chinas gehören und aus dem 10. Jhdt. stammen. Die westliche Pagode ist allerdings verfallen und hat nur noch drei Stufen.

Der **Tempel der Sechs Banyan-Bäume,** Liurong Si, ist heute Sitz der buddhistischen Gesellschaft Guangzhous.

Im Zentrum der kleinen Anlage steht die **Blumenpagode,** Hua Ta. Man kann die 57 m hohe Pagode, die aus dem Jahre 1097 stammt, bis zum obersten Stockwerk besteigen und überblickt die ganze Stadt.

Dahinter stehen, noch ungeschützt, drei bronzene Buddhafiguren, die während der Kulturrevolution weggeschleppt worden waren. Zur Zeit baut man für die drei Statuen eine neue Halle.

Südlich dieses Klosters steht die vermutlich älteste **Moschee** Chinas, Huaisheng Si. Sie soll bereits 627 gebaut worden sein. Alle Gebäude sind im chinesischen Stil, bis auf das 25 m hohe Minarett.

Der **Ahnentempel der Familie Chen,** Chenjia Ci, in der westlichen Zhongshan-Road ist leider nicht mehr gut erhalten; in der Kulturrevolution benutzte man ihn zeitweilig als Lagerhalle.

Die **Insel Shamian** im **Perlfluß** – sie ist nur durch einen kleinen Kanal von der Stadt getrennt – war früher Konzessionsgebiet der Engländer und Franzosen, unschwer zu erkennen an den viktorianischen Bauten. Vor der Insel Shamian befindet sich einer der größten **Freimärkte Guangzhous.** Was dem einen hier faszinierend und interessant erscheint, mag dem anderen unangenehm erscheinen.

„Kantonesen essen alles, was vier Beine hat," heißt es, und all dies wird hier angeboten: Schlangen, Frösche, Schildkröten, Katzen, Eulen usw. Daß manche der angebotenen Tiere keine oder nur zwei Beine haben, stört nicht weiter.

Der **Weiße-Wolken-Berg,** Baiyun Shan, im Nordosten der Stadt zählt zu den Erholungsgebieten der Stadt. Vorbei an Tempeln, Pavillons und Teehäusern gelangt man auf den 382 m hohen Gipfel und hat die Stadt zu seinen Füßen liegen.

In vierstündiger Busfahrt Richtung Süden gelangt man nach **Cuiheng** im Kreis Zhongshan, dem **Geburtsort Sun Yatsens.** Das rötlich-braune Haus der Familie Sun ist von Sun Yatsen selbst geplant worden; im Hof steht ein tropischer Baum, den er aus Honolulu mitgebracht hat. Eine Ausstellungshalle zeigt Dokumente und persönliche Habe des Revolutionärs.

80 km nordöstlich von Guangzhou, nahe der Kreisstadt **Conghua,** gibt es **Thermalquellen,** die zwischen 50 und 60 °C heißes Wasser liefern. In der herrlichen Landschaft, zwischen Bambuswäldern und Obstplantagen, stehen einige Sanatorien und Hotels.

Kunsthandwerklich interessierte Leute sollten einen Ausflug in die

20 km südwestlich von Guangzhou gelegene Stadt **Foshan** unternehmen. Vor allem die **Papierschnitte** und **Papierlaternen** aus Foshan sind über die Grenzen des Landes hinaus bekannt. Man kann die meisten der Kunsthandwerk-Manufakturen besuchen und bei der Arbeit zusehen. Die Tradition der Keramikproduktion ist schon 1 000 Jahre alt. In Foshan steht aber auch ein wunderschöner **Ahnentempel,** Zumiao, der wegen seiner unzähligen feinen Skulpturen, Dachdekorationen und szenischen Reliefs sehenswert ist.

118 km westlich von Guangzhou stehen bei der Kreisstadt **Zhaoqing** die **Sieben-Sterne-Felsen,** Qixing Yan, die so angeordnet sind, wie die sieben Sterne im Zeichen des Großen Bären. Die Legende erzählt, daß die Sterne vom Himmel gefallen seien und Felsen gebildet hätten. Die Karsthügel enthalten viele Höhlen mit bizarren Stalagmiten und Stalaktiten. Ein herrlicher See bietet zahlreiche Erholungsmöglichkeiten.

Der höchste Berg ist der Steinkammerfelsen, Shishi, dessen Höhle an die 300 Kalligraphien auf Stein enthält. Man durchfährt die Höhle im Boot auf einem unterirdischen Fluß. Die Region wird zur Zeit noch als touristisches Erholungszentrum ausgebaut.

Nanning

Nanning ist sei 1958 Hauptstadt der Autonomen Region Guangxi der Zhuang-Nationalität und hat etwa 500 000 Einwohner.

Guangxi ist viele Jahrhunderte hindurch umstrittenes Gebiet gewesen. Zunächst gab es immer wieder Kämpfe zwischen Han-Chinesen und nichtchinesischen Nationalitäten. Zwar konnte schon Qin Shi Huang Di Guangxi seinem Reich angliedern, den kurz darauf folgenden Abfall konnte er aber nicht verhindern. In der letzten Phase der Tang-Dynastie entstand hier ein Separatstaat. Die Ming-Kaiser mußten die Truppen der Yao gewaltsam unterwerfen, und im letzten Jahrhundert wütete auch hier der Taiping-Aufstand. Danach bemühten sich Engländer von Guangzhou und Franzosen von Vietnam aus um Einfluß in dieser Provinz. 1907 wurde Nanning offene Handelsstadt.

In den letzten Jahren ist die Provinz Guangxi wieder von militärischen Spannungen bedroht, denn im Südwesten hat sie eine gemeinsame Grenze mit Vietnam.

Nanning hat subtropisches Klima: heiß und feucht. Die angenehmste Reisezeit ist im April/Mai und September/Oktober. Vor allem die Landschaft ist sehr reizvoll. Anbauprodukte sind Reis und Zuckerrohr, aber auch Mangos, Litschis, Ananas und Wassermelonen wachsen hier.

Hier leben viele nichtchinesische Minderheiten, darunter die Zhuang, mit 12 Mio. stärkste Nationalität in Guangxi, ebenso Yao, Dong, Miao und einige andere, kleinere Völker.

In Nanning gibt es ein **Institut für Minderheiten,** in dem Angehörige dieser Nationalitäten zu Lehrern und Kadern ausgebildet werden und in dem die Kultur und Sprache dieser Völker gepflegt werden. Ein Besuch in diesem Institut gibt Gelegenheit, die Kultur dieser Völker zu studieren. Reizvoll sind selbstver-

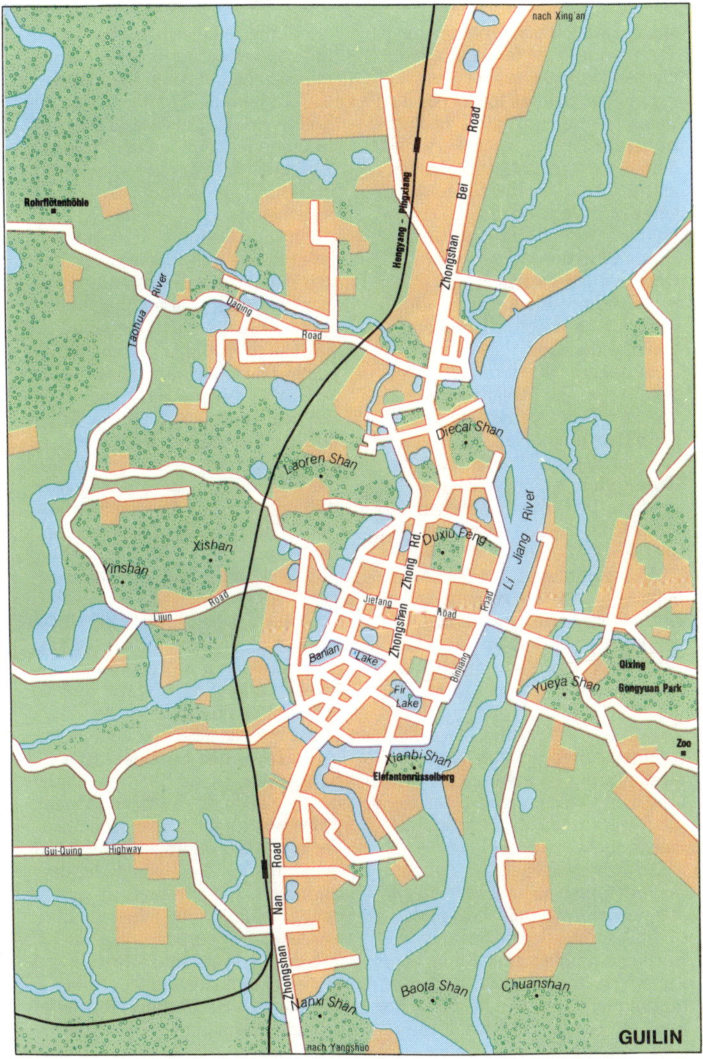
nach Xing'an
Zhongshan Bei Road
Hengyang - Pingxiang
Rohrflötenhöhle
Taohua River
Daqing Road
Diecai Shan
Laoren Shan
Duxiu Feng
Zhong Rd.
Xishan
Yinshan
Lijun Road
Jiefang Road
Li Jiang River
Zhongshan
Banian Lake
Binjiang Road
Fir Lake
Yueya Shan
Qixing Gongyuan Park
Zoo
Xianbi Shan
Elefantenrüsselberg
Gui-Quing Highway
Zhongshan Nan Road
Nanxi Shan
Baota Shan
Chuanshan
nach Yangshuo
GUILIN

ständlich auch die farbenprächtigen Trachten und die folkloristischen Darbietungen.

Eine der größten folkloristischen Veranstaltungen ist das **Drachenbootfest** Anfang Juni, das – nach dem chinesischen Mondkalender – immer am 5. Tag des 5. Monats gefeiert wird. Jährlich werden einige Hunderttausend Besucher gezählt; Hauptattraktion ist dann das Drachenbootrennen.

Im **Südsee-Park,** Nanhu Gongyuan, läßt sich herrlich spazierengehen und dabei die Pflanzenwelt der Subtropen bewundern; der Orchideengarten, der Heilkräutergarten und eine Bonsai-Ausstellung seien besonders empfohlen.

Das **Museum der Provinz Guangxi,** unweit nördlich vom Südsee-Park, gibt einen Einblick in die Geschichte der verschiedenen Nationalitäten.

20 km nordwestlich von Nanning befindet sich in den Karstgebirgen eine sehenswerte Tropfsteinhöhle, die **Höhle Yiling Yan.** Die bizarren Tropfsteinformen sind durch farbige Lichteffekte besonders betont.

Guilin

Keine andere Landschaft Chinas ist so einzigartig, so unbeschreiblich schön und seltsam, ruft soviel ungläubiges Staunen hervor, wie die Karsthügelregion bei Guilin.

Die Hügel erheben sich kegelförmig oder auch schmal wie Säulen aus ebener Erde steil in die Höhe und bilden aus der Entfernung betrachtet ein unbeschreibliches Panorama. Von bestimmten Standorten aus betrachtet, bilden die Hügel Formen, die Tieren, Pagoden, Nadeln oder Pflanzen gleichen und die einheimische Bevölkerung zu phantasievollen Namen angeregt haben.

Vor mehr als 300 Mio. Jahren bedeckte ein riesiges Meer dieses Gebiet; durch Faltungen der Erdkruste, Absinken des Wasser sowie Erosion bildete sich im Verlauf von Jahrmillionen diese Landschaft.

Guilin ist dadurch zu einem der beliebtesten Zielorte ausländischer wie inländischer Touristen geworden. Die Stadt liegt im Norden der Provinz Guangxi und hat heute 380 000 Einwohner. Schon unter Kaiser Qin Shi Huang Di wurde diese Region durch einen Kanalbau, der den Xiangjiang-Fluß, ein Nebenfluß des Yangzi, mit dem Guilin durchfließenden Lijiang verband, an das Zentrum Chinas angeschlossen. Während der japanischen Invasion (1937–1945) flohen viele Chinesen nach Guilin; über 1 Mio. Menschen mußte die Stadt damals beherbergen.

Guilin, das heißt „Wald der Kassiabäume“ (Zimtbäume). Überall in der Stadt flankieren sie die großen Straßen und verbreiten während der Blütezeit im Herbst einen berauschenden, süßlichen Duft.

Der **Berg der Einzigartigen Schönheit,** Duxiu Shan, steht auf dem Gelände des früheren **Prinzenpalastes;** wegen seiner schlanken Form und der enormen Höhe nennt man ihn auch die „Säule unter dem Südlichen Himmel“. Im Licht der aufgehenden und untergehenden Sonne leuchtet er purpur- und goldfarben. Am Westhang führen 306 Stufen hinauf zum Gipfel, wo sich das **Tor des Südlichen Himmels** befindet, Nantianmen. Die **Dushu-**

Höhle an der Ostseite hat das Aussehen einer riesigen Steinkammer, mit Fenstern und Liegemöbeln aus Stein. Am Nordhang sieht man die **Mondsichelquelle.** Der Palast ist 1393 für den Prinzen von Jingjiang, einem Enkel des ersten Ming-Kaisers, erbaut worden. Heute ist in den Gebäuden die Pädagogische Hochschule untergebracht.

Einen noch besseren Blick über die Stadt, die Umgebung und den Li-Fluß hat man vom Gipfel des **Vielfarben-Bergs,** Diecai Shan. Gelegentlich wird er auch als „Bunter Seidenberg" bezeichnet, weil die in schmalen Streifen übereinanderliegenden Gesteinsschichten in der Abendsonne in verschiedenen Farben leuchten, gerade so wie übereinanderliegende Ballen Seidenstoff. Der Berg hat vier Gipfel, von denen der **Gipfel des Leuchtenden Mondes,** Mingyue, mit 223 m die höchste Erhebung Guilins ist. Von hier aus erblickt man am Fuße des Berges den Lijiang, im Süden den Berg der Einzigartigen Schönheit, den Fubo-Berg und den Elefantenrüsselberg.

Auf halber Höhe durchquert man eine kleine Höhle, die nach beiden Seiten offen ist und in der ständig Zugluft herrscht; sie heißt daher auch **Zugluft-Höhle.** Außerdem sind viele Steinschnitte und Skulpturen am Berg zu sehen.

Südlich des Vielfarbenbergs, am Westufer des Lijiang gelegen, erhebt sich der **Fubo-Berg** oder auch Strudelberg, weil sich an seinem Ufer bei Hochwasser viele Strudel bilden. Am Fuß des Berges liegt der Eingang zur **Höhle der zurückgegebenen Perle,** Huanzhu Dong. Eine Legende berichtet von einem alten Drachen, der in der Höhle eine hell leuchtende Perle aufbewahrte. Ein neugieriger Fischer schlich sich in die Höhle und stahl dem Drachen die wertvolle Perle. Doch nach kurzer Zeit brachte er sie voller Reue zurück. Man durchquert die Höhle und gelangt auf der anderen Seite an das Ufer der Lijiang. Hier hängt von der Decke eine fast drei Meter lange Steinsäule herunter, die eine Handbreit über dem Boden endet. Es wird erzählt, daß ein General aus der Han-Zeit hier sein Schwert geprüft und dabei den Stein durchtrennt habe. Durch den Berg führt eine Treppe nach oben, wo man einige sehr schöne buddhistische Steinskulpturen und Inschriften sehen kann.

In unmittelbarer Nähe des Lijiang-Hotels steht am Ufer des Li-Flusses der **Elefantenrüsselberg.** Eine runde Höhle am Ufer trennt den Berg von einer ins Wasser ragenden Steinsäule. Es gehört nicht viel Phantasie dazu, hier einen Elefanten zu erkennen. Auf dem Gipfel steht eine kleine, dreistöckige Ziegelsteinpagode aus der Ming-Dynastie.

Die Karstberge haben selbstverständlich unzählige **Tropfsteinhöhlen,** von denen einige für Touristen geöffnet sind. 7 km vom Stadtzentrum entfernt, liegt am Fuße des Guangming-Hügels der Eingang zur **Schilfrohrflötenhöhle,** Ludi Yan. Sie ist etwa 600 000 Jahre alt und hat ihren Namen von dem Schilfrohr, das bis zu ihrer Entdeckung 1956 den Eingang verdeckte und aus dem man Flöten herstellte. Aus Funden weiß man aber, daß sie schon früher von Einheimischen als

Zufluchtstätte benutzt wurde. Ein 500 m langer Weg führt über leicht begehbare Stufen und Wege, vorbei an unzähligen Stalagmiten und Stalaktiten, die bizarre, phantastische Formen bilden. Führer zeigen dem Besucher effektvoll beleuchtete Szenen: Löwen, Pflanzen- und Kräuterberge, Früchte, Vorhänge, Bühnen usw. Zentrum der Höhle ist der **Kristallpalast.** Dieser Platz kann bis zu Tausend Menschen fassen. Hier finden sich eine Reihe von Steinen, die an eine bekannte Legende erinnern: der Affenkönig Sun Wukong kämpft gegen den Drachenkönig im Kristalpalast. Vor der Höhle kann man ein kleines Terrassenrestaurant besuchen; von dieser Stelle bietet sich dem Betrachter ein herrliches Panorama; im Vordergrund Wasser, Reisfelder und am Horizont die Karstberge.

Zu den wichtigen Sehenswürdigkeiten Guilins zählt auch der **Sieben-Sterne-Park,** Qixing Gongyuan. Die sieben Hügel sind angeordnet wie die Sterne im Tierkreiszeichen des Großen Bären, daher der Name des Parks. Hinter dem Eingang überquert man die **Blumenbrücke,** eine Steinbrücke aus der Song-Dynastie, die in der Ming-Zeit erneuert wurde und inmitten einem Meer von Blumen steht. Am Nordwesthang des Putuo Shan – das sind die vier östlichen Hügel des Parks – gelangt man in die **Sieben-Sterne-Höhle,** Qixing Yan. Die Höhle besteht aus drei Stockwerken; nur das mittlere ist geöffnet. Das 10 bis 15 m darunter liegende Stockwerk ist noch ständig mit Wasser von einem unterirdischen Fluß gefüllt. Das obere Stockwerk ist auch begehbar, aber nicht geöffnet. Der Besichtigungsweg ist hier etwa 800 m lang, die Höhle ist – wie auch die Schilfrohrflötenhöhle – farbig beleuchtet. Auf dem Putuo Shan sind noch der zweistöckige **Putuo-Tempel** zu sehen, von dem aus man einen schönen Blick auf die Stadt hat, und die **Höhle der Göttin der Barmherzigkeit,** Guanyin Yan, die sich hinter dem Tempel befindet. Die **Weiße-Kranich-Höhle,** Baihe Yan, hat Tropfsteinformationen an der Decke, die an fliegende Kraniche erinnern.

Im **Nanxi-Berg** im Süden, wie auch in den **Bergen Xishan und Yinshan** im Westen, sind Tropfsteinhöhlen.

Höhepunkt einer Reise ist die **Schiffahrt auf dem Lijiang.** Wenn der Fluß genügend Wasser führt, beginnt die Schiffahrt in der Stadt, hinter dem Lijiang-Hotel, und dauert bis zum Zielort Yangshuo etwa 6 Stunden. Bei Niedrigwasser muß man zunächst etwa 2 Stunden mit dem Bus nach Süden bis Yangdi fahren und besteigt dort das Schiff. Von hier bis Yangshuo sind es dann immer noch fast drei Stunden Fahrt.

Von Guilin aus passiert man zunächst den **Elefantenrüsselberg,** den **Lochberg,** dessen Loch im Hügel im Abendlicht wie ein Mond leuchtet, den **Pagodenberg** und den **Berg der kämpfenden Hähne.** Dann kommt der **Kronenhügel** in Sicht, der das Aussehen einer Kaiserkrone hat; in der Kronenhöhle entspringt eine klare Quelle. Kurz vor Xingpeng kommt man an den **Gemäldeberg:** Eine glatte Hügelwand erhebt sich abrupt aus dem Wasser, deren natürliche Struktur und Färbung bei einiger Phantasie neun Pferde in verschiedenen Positionen erkennen läßt, gerade wie auf einem riesigen Gemälde.

Nach **Xingping** rücken die Hügel noch enger zusammen und spiegeln sich in dem klaren Wasser. Grüne Bambushaine säumen das Ufer. Man beobachtet die Fischer auf ihren schmalen Bambusbooten, einige haben abgerichtete Kormorane zum Fischfang eingesetzt. Die Fahrt endet in **Yangshuo,** einer kleinen Stadt, die heute wegen des enormen Besucherandrangs einem riesigen Basar gleicht. Am Ufer steht ein schöner Aussichtspavillon, durch dessen offene Fenster man herrliche Landschaftsbilder betrachten kann. Auf der Rückfahrt mit dem Bus kann man an einem riesigen Banyan-Baum anhalten, der 1300 Jahre alt sein soll.

Für Feinschmecker empfehlenswert sind die kleinen **Restaurants in Guilin,** entlang der Zhongshan-Road. Besondere Delikatessen sind Froschschenkel, Dachs, Schlange und Gürteltier; meist werden diese Tiere vor dem Restaurant in kleinen Käfigen präsentiert.

Hainan

Hainan ist die größte von fast 5000 chinesischen Inseln im Südchinsesischen Meer. Nach Taiwan die zweitgrößte Insel Chinas, leben auf ihr heute fast 6 Mio. Menschen, darunter auch Angehörige der Li-, der Miao- und der Hui-Nationalität.

Die Insel ist erst seit zwei Jahren für den Fremdenverkehr geöffnet; wegen ihres vorzüglichen Klimas und der herrlichen Landschaft soll sie aber zu einem Tourismus- und Erholungszentrum ausgebaut werden.

Hauptstadt der Insel ist die im Norden liegende Stadt **Haikou,** in deren Umgebung es besonders große Kokospalmwälder gibt.

5 km von Haikou entfernt liegt der **Tempel der Fünf Beamten,** der an fünf hohe Regierungsbeamte erinnert, die während der Tang- und Song-Dynastie hierher verbannt worden waren.

Ein Steinbrunnen im Tempelhof soll auf Anweisung des Song-Dichters Su Dongpo gebaut worden sein.

An der Südspitze gibt es herrliche **Badestrände** und viele landschaftliche Schönheiten. Man wohnt in der Hafenstadt **Sanya** an der Südspitze der Insel. Unweit hiervon liegt das **Ende der Welt,** Tianyahaijiao. Umgeben von der alten Stadt Yazhou im Westen, dem Maling-Berg im Norden und dem Meer im Süden findet man am Strand einige Hundert großer, glatter, runder Steine. Einer davon trägt die Aufschrift „Ende der Welt“, ein anderer „Ecke der Welt“ und ein dritter „Südliche Säule“. In der Nähe kann man auch noch das **Südtor der antiken Stadt Yazhou** besichtigen. Der Präfekt Cheng Zhe von Yazhou soll im 11. Jhdt. die Inschrift „Ende der Welt“ angebracht haben.

Eine andere Sehenswürdigkeit ist ein Hügel, der **„Der Hirsch wendet den Kopf“** genannt wird. Eine Sage der Li-Nationalität erzählt von einem tapferen Jäger, der diesen Hirsch jagte. Als dieser sich in die Enge getrieben sah, drehte er sich um und gab sich dem Jäger als schöne, himmlische Fee zu erkennen. Selbstverständlich heirateten die beiden und wurden ein glückliches Paar.

Nördlich des Sanya-Gästehauses befindet sich ein Palisadendorf der Li-Nationalität, das **Kokosnuß-Dorf** genannt wird. Machen Sie einen Besuch und lassen Sie sich zu Kokosnüssen einladen oder berauschen Sie sich am Betelnußkauen.

Einer der schönsten Badeplätze ist die **Große Ostsee,** eine schmale Bucht, die natürlich geschützt ist, so daß hier im Winter noch Temperaturen von +20 °C herrschen. Das Wasser ist glasklar, ruhig, Himmel und Landschaft spiegeln sich darin.

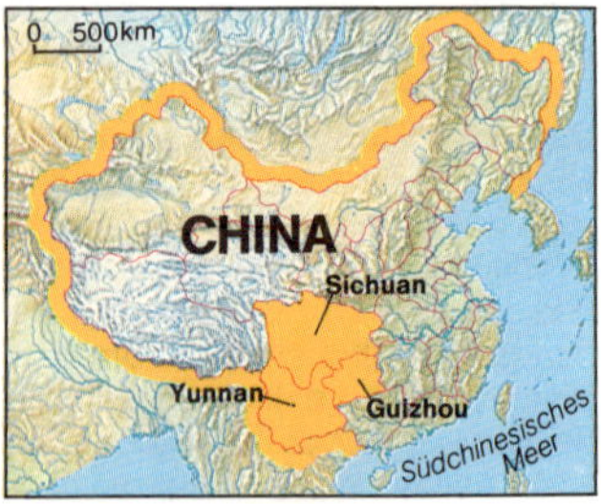

Der Südwesten

Chengdu

Chengdu, 3,9 Mio. Einwohner, ist Hauptstadt der mit 100 Mio. Einwohner volkreichsten Provinz Chinas: Sichuan. Das Vierstromland (Sichuan heißt Vierstromland) ist eine der Kornkammern Chinas. Das **Rote Becken** ist nach allen Seiten von Gebirgen umgeben, die die kalten Luftmassen aus dem Norden fernhalten und der Provinz ein günstiges Klima bescheren. Nur 100 km westlich von Chengdu beginnt schon das Hochgebirge; der **Gongga Shan** ist mit 7 556 m höchster Berg Sichuans, das weiter westlich in das Himalaya-Massiv übergeht.

Die Stadt Chengdu erlangte schon in der Han-Dynastie Berühmtheit wegen der kunstvollen **Brokatweberei,** und noch heute trägt sie den Beinamen „Brokatstadt"; auch der die Stadt durchziehende Jinjiang heißt „Brokatfluß". Gelegentlich nennt man sie auch Hibiskus-Stadt. Der König von Shu soll im 10. Jhdt. die Stadtmauern mit Hibiskus bepflanzt haben lassen.

Wegen seiner abgeschiedenen und unzugänglichen Lage bildeten sich in Sichuan immer wieder Separatreiche, war es für politisch und religiös Verfolgte oft eine sichere Zuflucht.

Obwohl die Stadt heute noch nicht zu den vielbesuchten Touristenorten gehört, empfiehlt sie sich vielleicht gerade deshalb. Und vieles, was in anderen Städten nicht mehr zu sehen ist, hat sich hier noch gehalten, so die Tradition der Teehäuser, in denen Freizeitmusiker Sichuan-Opern darbieten, der Tee ganz besonders gut schmeckt und die Atmosphäre noch originär und traditionell ist.

Der **Tempel des Herzogs Wu** in der südlichen Vorstadt erinnert an einen noch heute berühmten Staatsmann, der als Kanzler dem Staate Shu diente, Zhuge Liang (181–234). Schon im dritten Jhdt. wurde ihm zu Ehren ein Tempel errichtet. Die heutige Anlage stammt aus dem Jahre 1672. Hinter dem Eingangstor stehen unter alten Zypressen sechs Steintafeln, die älteste ist von 809.

In der Liu Bei-Halle stehen Statuen des Königs Liu Bei und seines Enkels, in einem Holzschnitt an der rechten Wand sind Gespräche zwischen Liu Bei und Zhuge Liang festgehalten. Eine vergoldete Statue des Zhuge Liang steht in der folgenden Halle, flankiert wird er von seinem Sohn und seinem Enkel. Drei Kupfertrommeln stehen davor; sie sollen in Zhuge Liangs Truppe tagsüber als Kochkessel und nachts als Alarmtrommeln benutzt worden sein. Westlich des Tempels liegt das Grab des Königs Liu Bei.

Im westlichen Vorort befindet sich die **Du-Fu-Strohhütte,** Du Fu Caotang. Du Fu (712–770), einer der bekanntesten Dichter aus der Tang-Zeit, zog sich 759 nach Chengdu zurück und lebte dort vier Jahre in einer Strohhütte. Während dieser Zeit schuf er 240 Gedichte. Seine Werke sind nicht selten sehr zeitkritisch und spiegeln die Zustände des untergehenden Tang-Reiches wider. Sein Werk ist bis heute erhalten geblieben, und das Rezitieren von Du Fu-Gedichten ist noch heute Bestandteil der Schulbildung. Im Laufe von Jahrhunderten ist die Anlage zu einem großen Ehrentempel ausgebaut worden. In einigen Hallen sind Statuen des Dichters zu sehen, andere enthalten Ausstellungen von Ausgaben seiner Werke und Übersetzungen, in einer Halle sind Gemälde zu sehen, die von bekannten Malern nach Versen des Dichters entstanden.

Das **Wang-Jian-Grab,** Wang Jian Mu, liegt ebenfalls im Westen der Stadt. Wang Jian war General der Tang-Truppen. Nach dem Zerfall der Tang-Dynastie, 907, ernannte er sich selbst zum Kaiser von Shu. 918 starb er und wurde hier beerdigt. Das Grab ist zwar klein – 14 Steinbögen tragen das Gewölbe des 23 m langen Grabes –, aber der Steinsockel, auf dem der Sarg ruhte, ist besonders wertvoll. Dieser Sockel enthält auf drei Seiten Reliefs eines kompletten Musikensembles aus der Tang-Zeit: 24 Musikantinnen und zwei Tänzerinnen. Eine Steinstatue des Wang Jian steht in der hinteren Kammer. Grabbeigaben sind in zwei Ausstellungshallen zu beiden Seiten des Grabes ausgestellt.

Das **Kloster des Kostbaren Lichts,** Bao Guang Si, 18 km östlich von Chengdu im Kreis Xindu, gehört zu den schönsten und berühmtesten der Provinz. Es soll schon in der Östlichen Han-Dynastie (25–200) gegründet worden sein. Die heutigen Hallen stammen meistens aus dem 17. Jhdt. Hinter dem Eingangstor und der Halle der Himmelskönige steht eine 30 m hohe dreizehnstöckige Pagode, die schon in der Tang-Dynastie gebaut wurde. Sehenswert sind die Tausend-Buddha-Tafel und die Halle der 500 Lohans. Diese Lohan-Figuren sind bis zu 2 m hoch und vergoldet. Touristen werden meist zu einer Pause in die ehemaligen Abt-Gemächer geführt. Hier wird eine Reliquie Buddhas aufbewahrt, und in der Gartenhalle sind wertvolle Gemälde zu sehen.

Der **Park des Flußblick-Pavillons,** Wangjiang Lou Gongyuan, erstreckt sich entlang des Jinjiang im Südosten der Stadt. Der schöne Pavillon am Ufer hat vier Stockwerke und ist sehr kunstvoll und elegant gebaut. Einige Hallen im Park sind der Dichterin Xue Tao (768–831) gewidmet, die hier gewohnt haben soll. Über 100 verschiedene Bambusarten sind im Park angepflanzt.

Im Westen des Kreises Guanxian, am Mittellauf des Minjiang, 57 km entfernt von Chengdu, kann man die älteste – und noch funktionierende – **Bewässerungsanlage** Chinas besichtigen: **Dujiangyan.** Schon 256 v. Chr. befehligte der Herrscher von Shu, Li Bing, den Bau einer Bewässerungsanlage. Unter geschickter Ausnutzung der natürlichen Gegebenheiten wurde hier eine Anlage geschaffen, mit der man das Hinterland bewässern und gleichzeitig auch vor Überschwemmungen schützen konnte. Zwar ist die Anlage vielfach erneuert und verbessert worden, aber am Grundprinzip der Anlage hat sich bis heute nichts geändert.

Vom **Pavillon der Unterwerfung des Drachen,** Fulong Guan, hat man den besten Überblick. Hier ist auch eine fast 1900 Jahre alte, 2,9 m hohe Steinstatue des Li Bing, die man erst 1973 gefunden hat, ausgestellt; sie wiegt 4 t. Daneben ist ein 1000 Jahre altes Dreifuß-Gefäß aus Eisen zu sehen, mit fliegenden Drachen als Außenverzierung. Der **Tempel der Zwei Könige,** Erwang Miao, liegt am Ostufer des Minjiang und ist den Hang hoch gebaut. Gewidmet ist er Li Bing und seinem Sohn. Davor überspannt eine schwankende Brücke den durch eine künstliche Insel geteilten Minjiang.

Von Chengdu aus gelangt man auch nach **Leshan** und **Emei Shan.** Dies sind allerdings Ausflüge, bei denen man Übernachtungen am Zielort planen muß. **Leshan** liegt 167 km südlich von Chengdu. Der Ort ist berühmt durch seinen **Großen Buddha** am Ufer des Minjiang. Mit 71 m Höhe ist es die größte sitzende Buddhafigur der Welt. Noch die Ohren haben eine Länge von 7 m, auf den Füßen, die sich knapp über der Wasseroberfläche befinden, können jeweils 100 Leute platznehmen. Im Jahr 713 wurde der Bau begonnen, und es dauerte 90 Jahre bis zur Fertigstellung. Man passiert den Buddha auf einem Schiff, oder aber man steigt von seinem Kopf – direkt dahinter befindet sich auf dem Lingyun-Hügel ein kleines Kloster – steile Stufen herab bis zu den Füßen.

Westlich von Leshan liegt einer der vier buddhistischen heiligen Berge Chinas, der **Emei Shan.** Schon im 2. Jhdt. wurden die ersten Tempelanlagen gebaut. Später wurde der Berg dem Bodhisattva Samantabhadra geweiht, der als Wegbereiter des Buddhismus in China gilt und hier am Emei Shan gelebt haben soll. Die Legende erzählt, daß er den Berg auf einem weißen Elefanten bestiegen habe. Der Elefanten-Bad-Teich und die Samantabhadra-Halle erinnern an diese Legende. In der Halle steht ein Bronze-Elefant, auf der Samantabhadra in einer Lotosblüte sitzt. Die gesamte Figur ist 7,3 m hoch und wiegt 62 t. Vom Fuß des Berges führt ein 63 km langer Weg hoch zum 3099 m hohen **Goldenen Gipfel,** Jinding. Von hier oben kann man eine seltene Naturerscheinung beobachten: **Buddhas Heiligenschein.** Besonders in den Herbstmonaten ist es fast täglich zu sehen. Wenn die Sonne am

Nachmittag die Wolken durchdringt, bildet sich ein kreisförmiger Regenbogen. Gläubige Buddhisten sollen dies früher als ein Zeichen Buddhas gedeutet und sich daraufhin in den Tod gestürzt haben. Von den ursprünglich 200 Tempelbauten am Emei Shan sind noch 20 erhalten. Auch die natürliche Schönheit des Berges lohnt einen Besuch, seltene Bäume und Blumen sind zu sehen. Der Kleine Panda lebt hier, und gelegentlich werden Pilger und Besucher von bettelnden Affen belagert, die nicht selten auch einfach in die Taschen greifen.

In der **Heimat des Panda-Bären** – diese vom Aussterben bedrohte Art lebt nur in Sichuan und den Grenzregionen zu Tibet, Qinghai und Shaanxi – sollte man natürlich den Zoo besuchen. Der **Chengdu-Zoo** hat dreizehn Pandabären, darunter einige junge Bären, die im Zoo zur Welt kamen. Dies ist sehr selten, da die sensiblen Tiere in der Gefangenschaft meist die Sorge um die Nachkommenschaft vermissen lassen.

Chongqing

Nach Chongqing gelangt man meist, wenn man eine Schiffahrt auf dem Yangzi-Fluß unternimmt. Die am Zusammenfluß von Yangzi und Jialing-Fluß gelegene Stadt hat heute 6 Mio. Einwohner und ist viertgrößte Stadt Chinas. Im letzten Jahr wurden im Verlauf einer Verwaltungsreform weitere Landkreise der Stadtverwaltung zugeteilt. Der Verwaltungsbezirk Chongqing umfaßt damit über 13 Mio. Menschen.

Reizvoll ist der Hafen; dort, wo die beiden Flüsse zusammenfließen, liegt an den steilen Hügeln am Ufer die **Altstadt.** Unzählige kleine Gassen und Treppenfluchten durchziehen das unübersehbare Gewirr von alten, mit schwarzen Ziegeln gedeckten Häusern, zum Teil auf Pfählen, zwischen denen sich auch schon höhere Neubauten erheben. Vom Ufer führt – ähnlich wie in Hongkong die Peak-Tram – eine **Drahtseilbahn** hoch in die Stadt. Auch über den Jialing-Fluß führt eine **Seilbahn.** In der Tang-Zeit war Chongqing unter dem Namen Yuzhou bekannt; daher verwendet man noch heute die Abkürzung Yu für Chongqing. Erst der Kaiser Zhao Dun der Südlichen Song-Dynastie (1127–1279) ließ die Stadt anläßlich zweier für ihn erfreuliche Anlässe in Chongqing umbenennen. Dies bedeutet: doppeltes Glück. Er war zunächst Prinz der Präfektur und später Kaiser geworden.

1939–1945 war Chongqing Kriegshauptstadt. Die Guomindang-Regierung hatte sich hier vor den Japanern in Sicherheit gebracht, und auch die Kommunistische Partei unterhielt ein Büro in Chongqing.

In der früheren Residenz der Guomindang-Regierung ist jetzt die Stadtregierung von Chongqing untergebracht. Das Gebäude liegt gegenüber dem **Volkshotel,** Renmin Binguan. Hotels gehören eigentlich nicht zu den Sehenswürdigkeiten einer Stadt, doch dieses Hotel verdient eine besondere Erwähnung. Man betritt die Hotelanlage durch ein traditionelles Ehrentor. Nachdem man den Hof überquert hat, schreitet man über eine breite Treppenflucht hoch zu dem imposanten Bau, der in der Tradition der kaiserlichen

Palastbauten errichtet wurde. Der zentrale Rundbau mit einem dreistufigen Dach und blauglasierten Ziegeln ist dem Himmelstempel in Beijing nachgebaut: Zu beiden Seiten erstrecken sich die Flügelbauten. Weißer Marmor, rote Säulen und blaue Ziegeln prägen das äußere Bild des Baus, der Anfang der 50er Jahre errichtet wurde.

Vom **Pipa-Berg,** Pipa Shan, hat man einen Ausblick über fast die ganze Stadt. Um den Hügel herum befindet sich ein Park. Ein Besuch ist besonders in den Abendstunden sehr reizvoll, wenn man die erleuchtete Stadt zu seinen Füßen betrachten kann.

Auf dem Weg zum Gipfel kommt man am **Stadtmuseum** vorbei. In Beipei befindet sich das **Naturkundemuseum;** sehenswert sind hier nur zwei Dinosaurierskelette.

An die Zeit des antijapanischen Krieges erinnern das frühere **Südbüro der KPCh** am Ufer des Jialing-Flusses, das von dem späteren Ministerpäsidenten **Zhou Enlai** geleitet wurde. Dessen **Wohnhaus** kann man in der Zhongshan-Straße besichtigen. Chongqing hat zwei schöne Thermalquellen. Die **Nördlichen Thermalquellen,** in Beipei, nordwestlich von Chongqing, liefern Wasser mit einer durchschnittlichen Temperatur von +35 °C. Die Parkanlage hat Schwimmbecken mit Umkleidekabinen, daneben sind einige buddhistische Bauten zu sehen. Landschaftlich schöner sind die **Südlichen Thermalquellen.** Auch in dieser 25 km südlich der Stadt gelegenen Anlage kann man schwimmen.

Chongqing hat eine der drei großen Brücken über den Yangzi-Fluß; die 1,5 km lange **Yangzi-Brücke** wurde erst 1980 fertiggestellt.

Am Südufer des Jialing-Flusses liegt neben der Jialing-Brücke der **Kassia-Garten,** Gui Yuan. Der Kassia-Baum (Zimtbaum) blüht im Herbst und verbreitet einen süßlichen Duft.

Das **Tor, das den Himmel grüßt,** Chao Tian Men, steht am Zusammenfluß des Yangzi und des Jialing. Von hier blickt man die Hänge hinunter auf das Flußufer, und hier im Zentrum der Altstadt sollte man seine Spaziergänge durch die engen Gassen und Treppen des Hafenviertels starten. Buntes Treiben herrscht auf den vielen Freimärkten, wo Gemüse, Heilkräuter und die bekannten „faulen Eier" angeboten werden.

Am Stadtrand von Chongqing kann man die in einer herrlichen Parklandschaft gelegene **Akademie der schönen Künste** besuchen. Hier werden Studenten der südwestlichen Provinzen in verschiedenen Disziplinen ausgebildet. Ausstellungsräume zeigen ausgezeichnete Arbeiten, darunter moderne Ölgemälde, traditionelle Tuschmalerei, Bildhauerarbeiten, Keramik, Lackarbeiten und graphische Arbeiten.

Im **Institut für Malerei** sind hervorragende Künstler der Südwestprovinzen zusammengezogen. Sie gehören zu den Besten des Landes. In den verschiedenen Räumen sind einige Arbeiten zu sehen. Die Künstler selbst sind zwar nur selten anwesend, einer oder eine wird sich allerdings immer finden, die den Besuchern dann den Malprozeß einer traditionellen Tuschmalerei demonstriert. Es wird eine Einführung in Geschichte und Stilarten der chinesischen Malerei geboten. Wer Interesse an weitergehenden Diskussionen hat, findet interessierte Gesprächspartner.

Von Chongqing aus empfiehlt sich ein Zweitagesausflug nach **Dazu.** Man erreicht den 160 km westlich von Chongqing gelegenen Ort in 5 Stunden Busfahrt. Im Kreis Dazu gibt es annähernd vierzig Hügel mit insgesamt 50 000 buddhistischen Skulpturen und Reliefs. Sie entstanden 500 bis 700 Jahre später als ihre berühmten Vorbilder in Dunhuang, Yungang oder Longmen. Mitte des 9. Jhdts. flohen viele Buddhisten vor der Verfolgung nach Sichuan. Hier in Dazu fanden sie genug reiche Gönner und Förderer, um eine riesige Grottenanlage zu schaffen. Zwei Hügel können z. Zt. besichtigt werden, einige andere werden noch renoviert.

Der **Nordberg,** Beishan, liegt nur 2 km nördlich der Stadt. 20 Minuten Fußweg benötigt man zum Gipfel. Die Arbeiten begannen hier 892 und wurden über 250 Jahre fortgeführt. Sehenswert ist eine große Szene mit dem Namen „Amitayus-Dhyana-Sutra", die Darstellung der Lehre über den Buddha Amitabha, der als Herr des Westlichen Paradieses verehrt wird. Die Nische enthält über 600 Figuren und zeigt das irdische wie das himmlische Leben.

15 km nordöstlich von Dazu erhebt sich der **Schatzkammerberg,** Baoding Shan. Die Skulpturen hier sind größer und farbenprächtiger, auch findet man fast nur szenische Darstellungen, die die Lehre des Buddhismus anschaulich erklären sollen. Sehenswert ist eine Figur der Göttin der Barmherzigkeit, Guanyin, die eine Emanation des Bodhisattva Avalokiteshvara ist, der bis zu 1 000 Arme und 11 Köpfe besitzen kann. Die Guanyin-Figur am Baodingshan hat exakt 1 007 Arme und bedeckt eine Fläche von 88 qm. Unweit davon liegt der **Schlafende Buddha.** Die liegende Statue ist 31 m lang, wobei der untere Teil der Beine nicht vollendet wurde. Göttliche und weltliche Herrscher trauern vor Buddha, der gerade ins Nirwana eingeht. Es folgen große szenische Darstellungen des Himmelsparadieses und der Hölle.

Yangzi-Schluchten

Mit 6 300 km Länge ist der Yangzi der größte Fluß Chinas und der drittgrößte Fluß der Erde. Er entspringt im Qinghai-Plateau und fließt zunächst nach Süden, bevor er sich nach Osten wendet und seinen Weg bis hin zum Ostchinesischen Meer bahnt. Eine der landschaftlich interessantesten Regionen sind die **Yangzi-Schluchten** zwischen Yichang und Chongqing (siehe Kapitel „Aufstieg in den Himmel"). Die Linienschiffe heißen „Der Osten ist rot" und sind fortlaufend numeriert.

Sie besitzen im vorderen Teil, unter der Brücke, 22 Zweibettkabinen, die für Touristen vorgesehen sind. Seit kurzer Zeit verkehren aber auch Luxusschiffe mit besserer Ausstattung, die nur für den Tourismus eingesetzt werden. Sie haben den Vorteil, daß sie auch an einigen Sehenswürdigkeiten Halt machen, an denen die Linienschiffe vorbeifahren.

Etwa 50 km westlich der Kreisstadt Wanxian, die hoch über dem Fluß liegt und an der die Linienschiffe für einige Stunden anlegen, passiert man die erste Sehenswürdigkeit, den **Steinsiegelberg,** Shibaozhai. Der 30 m hohe rechteckige Steinblock hat von weitem das Aussehen eines riesigen Siegelsteins, daher der Name. Die Legende berichtet von einer kleinen Quelle, aus der ständig Reis floß, um die Mönche zu ernähren. Nachdem ein Mönch versucht hatte, die Quelle zu vergrößern, versiegte sie. Der Qing-Kaiser Jiaqing (1797–1821) ließ eine Pagode den Felshang hoch bauen. Die unteren Stockwerke „kleben" an der Felswand, und nur die oberen stehen frei auf dem Berg.

Im Kreis Yunyang passiert man den am Südufer liegenden **Zhang Fei-Tempel,** der zu Ehren eines Generals von Shu errichtet wurde, der zur Zeit der Streitenden Reiche (3. Jhdt. v. Chr.) lebte.

Unmittelbar hinter der Stadt Fengjie beginnen die Yangzi-Schluchten. Am Nordufer, direkt vor dem **Kui Men,** dem Eingangstor zur Qutang-Schlucht, erblickt man auf dem Hügel **Baidicheng,** die Stadt des Weißen Kaisers. Ein König von Shu soll sich selbst zum Weißen Kaiser ernannt und seine Hauptstadt hierher verlegt haben. Auf dem Gipfel steht der **Tempel des Weißen Kaisers,** Baidi Si.

Die Yangzi-Schluchten zu durchqueren, war noch bis in dieses Jahrhundert hinein ein oft gefährliches Unternehmen. Unterirdische Riffe, Stromschnellen und Strudel forderten zahllose Opfer, denn die kleinen Dschunken waren nur schwer zu manövrieren. Innerhalb der Schluchten hat der Fluß eine Breite zwischen 200 und 300 m; an den engsten Stellen ist er nur 80 m breit. Während der Fluß in den Schluchten bei Niedrigwasser nur 3 000 m^3 Wasser pro Sekunde führt, kann dies bei Hochwasser auf 40 000 bis

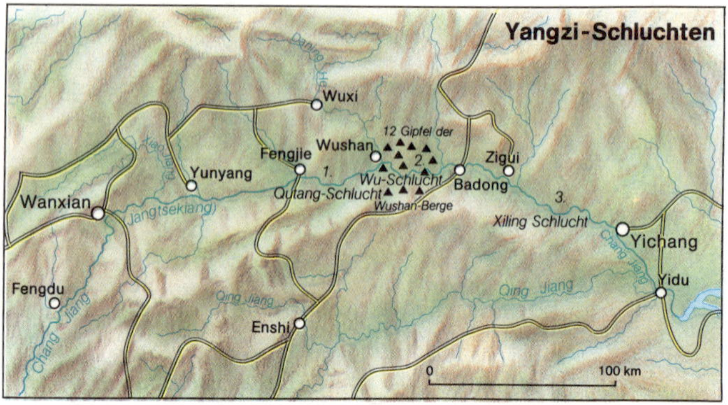

80 000 m^3 anwachsen; die Fließgeschwindigkeit steigt dann von 4 km/h auf 11,5 km/h, in den Stromschnellen sogar auf 25 km/h. Die Schluchten von Fengjie bis Yichang erstrecken sich über fast 200 km. Bei Baidicheng passiert man das natürliche Tor **Kui Men** – zwei gegenüberstehende Felsen ragen hier weit in den Fluß hinein – und gelangt in die nur 8 km lange **Qutang-Schlucht,** der engsten der drei Schluchten. Kurz hinter dem Kui Men passiert man eine Felswand, in der viele kleine, rechteckige Löcher zu erkennen sind. Die Legende erzählt, daß der Leibwächter Meng Liang ein verstecktes Grab für seinen General suchte und deswegen hier eine Treppe bauen wollte. Die Stelle heißt daher **Meng Liang-Treppe.**

Am Nordufer erkennt man hoch oben in einer Felswand schmale, aber sehr lange Spalten, die das Aussehen eines Blasebalgs haben; man nannte daher diese Stelle **Blasebalgschlucht,** Fengxiang Xia. Archäologen fanden darin Skelette. Man nimmt an, daß diese Spalten von Stämmen als Gräber benutzt wurden.

Die zweite Schlucht ist die 40 km lange **Hexenschlucht,** Wu Xia. 12 imposante Gipfel gruppieren sich zu beiden Seiten des Flusses. Der bekannteste ist der **Gipfel der Schönen Göttin,** eine schmale Felsnadel direkt neben dem eigentlichen Gipfel, die von weitem das Aussehen einer Frau hat. Die Legende erzählt, es sei die Göttin Yao Ji, die als Schutzgöttin aller Schiffer gilt. Bei **Beishi** passiert man die Provinzgrenze von Sichuan und gelangt nach Hubei.

14 km vor der Kreisstadt **Zigui** fließt der **Duftende Fluß** in den Yangzi. Er kommt aus dem Karstgebirge und führt daher glasklares Wasser. Hier soll eine berühmte Konkubine aus der Han-Dynastie geboren sein, Wang Zhaojun. Die Legende berichtet, daß sie ihr Haar im Fluß gewaschen habe. Dabei sei eine Perle aus ihrem Kopfschmuck ins Wasser gefallen, seitdem dufte der Fluß so angenehm.

Die letzte und mit 75 km längste Schlucht ist die **Xiling-Schlucht.** Sie war in der Vergangenheit wegen vieler versteckter Riffe und Sandbänke besonders gefährlich. Innerhalb dieser Schlucht passiert man einige kleinere Schluchten mit seltsamen Namen, wie **Die Schlucht des Schwerts und des Handbuchs der Kriegskunst** oder **Die Kuhschlucht** oder **die Schlucht der Ochsenleber und der Pferdelunge** oder **Die Leeres-Boot-Schlucht.** Die Namen gehen zurück auf Legenden oder auf das besonders merkwürdige Aussehen einiger Felsen. Der letzte Name beruht auf Erfahrung. Früher sagte man, wer die Xiling passieren wolle, der müsse gerade an dieser einen Stelle alle Fracht über Bord werfen, andernfalls werde er untergehen. Daher bekam sie den Namen „Leeres-Boot-Schlucht", Kongling Xia.

Der **Nanjing-Paß** ist der Ausgang der Xiling-Schlucht. 6 km entfernt liegt die Stadt **Yichang.** 1979 hat man hier einen riesigen Staudamm (Gezhouba) fertiggestellt.

Kunming

Die fast 2 Mio. Einwohner zählende Stadt ist Hauptstadt der Provinz Yunnan. Sie grenzt im Süden an Vietnam, Laos und Burma und galt früher als Handelszentrum für den Verkehr nach Südostasien. Zwar ließ schon Kaiser Qin Shi Huang Di (221–211 v. Chr.) große Überlandstraßen bis nach Yunnan bauen, doch die Bindungen an das chinesische Kaiserreich waren über Jahrhunderte hinweg so locker, daß sich zeitweise selbständige Königreiche nichtchinesischer Völker bilden konnten. Erst die Mongolen überrannten die Provinz und gliederten sie in das Reich der Mitte ein.

„Stadt des Ewigen Frühlings" wird sie auch genannt. Sie liegt auf einem etwa 1900 m hohen Plateau und ist nach allen Seiten von Bergen umgeben, so daß das ganze Jahr über ein mildes Klima herrscht, mit einer jährlichen Durchschnittstemperatur von 18 °C. Yunnan ist eine Vielvölkerprovinz, was sich auch in den Straßen Kunmings beobachten läßt. Die Frauen der Minderheiten tragen meist noch ihre farbenprächtigen Trachten, und viele Geschäfte verkaufen Trachtenstoffe oder Schmuck für die Minderheiten, auch besondere Musikinstrumente.

Die ganze Pracht der Kirsch- und Pfirsichblüte, die hier schon Ende Februar beginnt, kann man in dem im Norden der Stadt gelegenen **Yuantong-Park** bewundern. Im Park sind weiterhin zu sehen der **Yuantong-Tempel** aus der Tang-Dynastie, ein achteckiger Pavillon und im Norden des Parks der **Zoo.**

Westlich des Parks liegt der **Grüne See,** Cuihu. Mit seinen Weiden, Uferpromenaden, Tempeln und Pavillons ist er ein beliebtes Erholungsgebiet der Kunminger Bürger.

Das **Provinzmuseum** liegt im Stadtzentrum und zeigt unter anderem auch Kulturgegenstände der Minderheitenvölker Yunnans.

Wer ein spezielles Interesse an der Geschichte und Kultur der Minderheiten Yunnans hat, dem sei ein Besuch im **Institut für nationale Minderheiten** empfohlen. Wenn es möglich ist, kann man mit Angehörigen der verschiedenen Nationalitäten sprechen.

Im Südosten der Stadt sind zwei Ziegelsteinpagoden zu sehen: die **Westtempel-Pagode,** Xisi Ta, und die **Osttempelpagode,** Dongsi Ta. Beide sind viereckig und dreizehn Stockwerke hoch. In jedem Stock befinden sich auf allen Seiten kleine Buddha-Nischen. Auf dem obersten Stockwerk stehen an den vier Ecken große Pfauen aus Stein. Fährt man Richtung Südwesten, gelangt man zunächst zum **Park der Großen Aussicht,** Daguanlou Gongyuan. Die **Halle der Großen Aussicht,** Daguanlou, im Jahre 1696 gebaut, gab dem Park seinen Namen. Von hier aus blickt man über den weiten **Dianchi-See** hinüber auf die **Westberge** mit ihren Felstempeln. Am Eingang der Halle findet man zu beiden Seiten zwei große Steintafeln, die die Schönheit Kunmings loben und die Geschichte Yunnans beschreiben.

Der 330 qkm große **Dianchi-See** ist der sechstgrößte Binnensee Chinas. Während einer Bootsfahrt kann man an den Westbergen entlang fahren und die Dschunken auf dem See aus nächster Nähe betrachten.

Die **Westberge** bestehen aus vier hohen Gipfeln. An der Uferseite des Luohan-Berges sieht man oben in der Felswand einen **daoistischen Felsentempel.** Der Aufstieg ist atemberaubend; man wandert teilweise durch niedrige Tunnel, die Mönche in die Felswand schlagen mußten, und gelangt schließlich zum **Drachentor,** dem Longmen, von wo aus sich ein herrlicher Ausblick über den See bietet.

Am Fuße des Taihua-Berges liegen zwei Klöster: das **Taihua-Kloster** und das **Huating-Kloster.** Letzteres ist vor einigen Jahren renoviert worden und berühmt für seine Halle der 500 Lohans. In der Haupthalle findet man eine vergoldete Buddha-Trinität.

15 km nördlich der Stadt liegt in einem landschaftlich schönen Park der **Schwarze-Drachen-Teich.** Man glaubte früher, daß in diesem Teich ein Drache hause. Der Drache gilt in der chinesischen Mythologie als Herr des Wassers, der Flüsse und der Meere.

Der **Qiongzhu-Tempel,** 11 km westlich von Kunming, ist sehenswert wegen seiner 500 Lohan-Figuren, die zwar erst Ende des letzten Jahrhunderts geschaffen wurden, aber wegen ihrer volkstümlichen Darstellung berühmt sind. Die lebensnahe, verwegene, oft lustige Darstellung dieser buddhistischen Heiligen steht in scharfem Kontrast zur sonst üblichen frommen und andächtigen Präsentation. Die Lohan-Figuren im Huating-Kloster sind ähnlich gestaltet.

Die 1671 erbaute **Goldene Halle,** Jindian, in der nordöstlichen Vorstadt besteht fast nur aus Bronze: Balken, Säulen, Bögen, Dachziegeln, Fensterrahmen und Menschen- und Tierskulpturen sind aus Bronze gegossen; alles zusammen wiegt über 200 t.

Hauptausflugsziel aller Reisenden ist der 120 km südlich von Kunming gelegene **Steinwald,** Shilin, der in seiner Einzigartigkeit zu Recht oft mit der Landschaft von Guilin verglichen wird. Der geologische Entstehungsprozeß ist ähnlich. Auch hier handelt es sich um Karstgestein; die zwischen 5 und 30 m hohen Felszinnen sind durch Absinken eines Sees und durch Erosion entstanden. Ein 1 200 m langer, gekennzeichneter Wanderweg führt durch das Steinlabyrinth – vorbei an phantastischen Gebilden, die an Menschen, Tiere, Schwerter oder Pagoden erinnern. Der Weg führt zum **Lotos-Gipfel** mit einem kleinen Pavillon, von hier aus überblickt man den ganzen Steinwald, dessen Fläche 80 ha groß ist. Der **Ashma-Felsen,** eine versteinerte schöne Frau, erinnert an eine Legende der Yi-Nationalität, die vom unglücklichen Ende einer leidenschaftlichen Liebe handelt: Die Heldin Ashma versteinerte und wartet noch heute auf ihren Geliebten.

In einem kleinen Gästehaus kann man übernachten. Abends bekommt man sicherlich eine folkloristische Vorstellung geboten.

Vor dem Eingang zum Steinwald liegt ein kleines **Sani-Dorf.** Die Sani gehören zum Volk der Yi-Nationalität. Die Einwohner sind reicher als es nach außen scheint, denn sie leben in den letzten Jahren sehr gut vom Verkauf selbst hergestellter Trachten und Schmuckwaren an die Touristen.

Xishuangbanna

Die Autonome Region der Dai-Nationalität, Xishuangbanna, liegt im äußersten Süden der Provinz Yunnan, an Laos und Burma grenzend.

Die über 600 000 Einwohner zählende Bevölkerung gehört dreizehn verschiedenen Nationalitäten an; ein Drittel davon sind Dai (Thai). Das Klima in dieser Region ist subtropisch: warm und feucht. Die jährliche Durchschnittstemperatur liegt bei 21 °C. 100 000 ha Fläche sind noch von Urwald bedeckt. Besondere Edelhölzer wachsen hier, darunter Mahagoni, Teak, Kampfer und Sandelholz. Auf den Märkten findet man Kiwi-Früchte, Mangos, Bananen, Kokosnüsse und Papayas. Hier kann man sogar bis zu drei Reisernten im Jahr einbringen.

Reisende nach Xishuangbanna fliegen zunächst in einer kleinen Zwei-Propeller-Maschine von Kunming nach Simao; der Flug dauert eine Stunde, dann muß man 6 Stunden mit dem Bus über Land fahren. Man wohnt in der Hauptstadt der Region, **Yunjinghong.** Die Unterkünfte liegen am Ufer des Lancang-Flusses oder in der Nähe.

Zum Besichtigungsprogramm gehört der **Besuch in einem Dorf der Dai.** Die Dai sind ausgesprochen gastfreundlich, und gelegentlich wird man auch zum Essen in ein Haus geladen – wenn die Gruppen nicht so groß sind. Sie wohnen in Bambushäusern, die auf etwa 2 m hohen Pfählen stehen. Dies schützt vor Überschwemmungen, dem Schlamm, aber auch vor wilden Tieren.

Im April ist ein Besuch besonders interessant, weil man dann das traditionelle **Wasserfest der Dai** miterleben kann. Nach dem Dai-Kalender findet es am 24. Tag des 6. Monats statt; dies ist nach unserem Kalender meist Anfang April, die Zeit, wenn die Trockenperiode aufhört und der Monsun die halbjährliche Regenzeit bringt. Die Festlichkeiten dauern drei Tage und beginnen mit dem Drachenbootrennen, an dem sich vor allem die jungen Leute beteiligen. Die Boote sind 40 bis 50 m lang und werden mit bis zu 60 Ruderern besetzt. Am zweiten Tag wird es naß; denn dann bespritzt man sich den ganzen Tag gegenseitig mit Wasser, und es geht recht ausgelassen und lustig zu. Am dritten Tag geht man auf den Markt und besucht Verwandte und Bekannte.

Folkloristische Darbietungen, Tänze und Gesänge bekommt man aber auch zu anderen Jahreszeiten geboten.

Während einer **Schiffahrt auf dem Lancang** (in Indochina heißt er Mekong) kann man die tropische Pflanzenwelt beobachten, und man passiert die **Sommerresidenz des früheren Dai-Königs.** In den Wäldern leben Elefanten, Tiger, Leoparden, Riesenschlangen, Wildschweine, Bären, Goldhaaraffen, Gibbons und Mungos; unter den Vogelarten ist der Nashornvogel besonders interessant.

Sonntags ist **Markttag** in Yunjinghong, und man sollte es nicht versäumen, dort zu bummeln. Bauern und Bäuerinnen verschiedener Nationalitäten kommen aus den Dörfern und bieten ihre Produkte an. Selbst die Geschäfte der Stadt haben an diesem Tag alle geöffnet.

Der Buddhismus war früher weit verbreitet bei den Dai, und fast jedes Dorf besaß seinen eigenen Tempel. Leider ist davon nur wenig erhalten. Besonders in den siebziger Jahren, während der Kulturrevolution, hat man die Religion unterdrückt und die meisten Tempel zerstört oder als Lagerhallen und Getreidesilos benutzt. Unter den verbliebenen Bauwerken ist die **Weiße Pagode von Damenglong** sehenswert. Damenglong liegt 50 km südlich von Yunjinghong, nahe der burmesischen Grenze. Diese Pagode hat sehr viel mehr Ähnlichkeit mit den in Südostasien verbreiteten Baustilen als mit den chinesischen Pagoden: Auf der Mitte des Sockels erhebt sich eine 16 m hohe, dreistufige Pagode, die einem tibetischen Stupa ähnelt; sie wird umgeben von acht kleineren Pagoden. Am Eingang stehen zwei Pfauen-Steinfiguren. Der Pfau gilt bei den Dai als ein Glückssymbol.

15 km westlich der Stadt Menghai, westlich von Yunjinghong, steht die **Buddha-Pagode.** Sie ist achteckig und 15 m hoch. Ihr Dach, das eher einem Pavillon gleicht, soll die Kopfbedeckung des Buddha Sakyamuni symbolisieren.

Wer ein besonderes Interesse an tropischer Pflanzenwelt hat, kann das **Forschungsinstitut für tropische Pflanzen** in Yunjinghong besuchen.

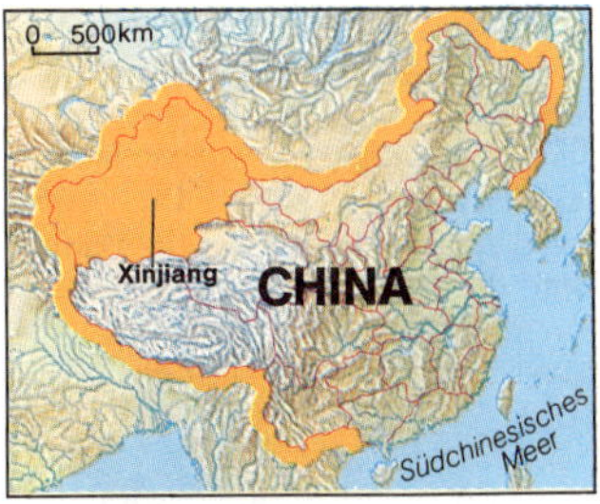

Xinjiang, der Nordwesten

Urumqi

Urumqi – früher eine Karawanserei an der Nordroute der Seidenstraße, heute Hauptstadt der Autonomen Region Xinjiang – liegt am nördlichen Fuß des Tianshan-Gebirges, auf etwa 900 m Höhe. Die Stadt liegt in einer Oase; ihr Name bedeutet: Schönes Weideland. Im Osten erhebt sich der 5 445 m hohe, schneebedeckte Bogda Shan.

Die Mehrheit der Einwohner gehört zur uighurischen Nationalität, daneben leben in der Stadt aber auch Hui, Han-Chinesen, Kirgisen, Usbeken, Kasachen, Mongolen und andere. Die Mehrheit gehört dem islamischen Glauben an. 30 Moscheen gibt es in der Stadt, und das Stadtbild wird von den vielen Gebäuden und Moscheen im islamischen Stil geprägt.

Einen sehr schönen Blick über die ganze Stadt hat man von den **Roten Bergen,** Hongshan, am Ostufer des Urumqi-Flusses. In der Morgen- und Abendsonne leuchten die Felsen rot auf; sie sind zum Wahrzeichen der Stadt geworden. Auf zwei Hügeln wurden Pagoden gebaut, die zwei böse Drachen von ihrer Wiederkehr abhalten sollten. Die Legende erzählt, daß diese Drachen das Land öfters überfluteten, später aber von der Königlichen Mutter des Westlichen Himmels vertrieben wurden.

Im 7. Jhdt. ließ ein Tang-Kaiser den Berg zu einem buddhistischen Zentrum ausbauen. Zahllose Tempel und Klöster standen am Fuß der Berge und auf den Hängen. Sie wurden Anfang dieses Jahrhunderts während der Herrschaft eines Militärmachthabers restlos zerstört. Zu den Besichtigungen in Urumqi gehört unbedingt ein Tagesausflug an den 50 km südöstlich von Urumqi gelegenen **Himmelssee.** Er liegt in 1900 m Höhe am Fuße des Bodga Shan. Der bis zu 90 m tiefe See hat kristallklares Wasser, das jadegrün schimmert, die Ufer sind mit Weiden und Zypressen bewachsen. Dies alles gibt vor dem Hintergrund des tiefblauen Himmels und der weißen Gletscherberge ein herrliches Bild. Ein Boot bringt den Touristen hinüber zum anderen Ufer, wo man die Jurten nomadisierender Kasachen besichtigen kann.

An einem Berghang steht der **Tempel des Glücks und der Langlebigkeit,** im 18. Jhdt. auf Anweisung des Qing-Kaisers Qianlong zur Erinnerung an die Abwehr ausländischer Invasoren und die Niederschlagung von Revolten erbaut. Wegen seiner seltenen Dachkonstruktion – es ist bedeckt mit Eisenziegeln – nennt man ihn auch den **Eisenziegel-Tempel.** In eine Felswand gebaut ist der **Tempel der Königlichen Mutter des Westlichen Himmels.**

Das **Museum der Provinz Xinjiang** wurde 1953 gegründet. Die Halle für Kulturelle Relikte zeigt etwa 1000 Ausstellungsstücke aus 5000 Jahren, beginnend mit den primitiven Gesellschaften der Jungsteinzeit bis hin zur Feudalzeit, die bis ins 19. Jhdt. reichte. Zu sehen sind Steinwerkzeuge und Töpfereien aus dem Neolithikum, aus späterer Zeit dann Bronzen und Jadeartikel, Seide, Malereien und Münzen. Persische Silbermünzen und Goldmünzen aus dem Oströmischen Reich erinnern an die glorreichen Zeiten des Westhandels über die Seidenstraße. Die Halle für Wandmalereien enthält 124 Kopien von Wandmalereien aus buddhistischen Höhlenanlagen, darunter auch Fresken aus den Beizeklik-Höhlen. Die Mumien-Halle beherbergt einen 3200 Jahre alten Frauenleichnam – das älteste und besterhaltene Exemplar Chinas –, daneben Mumien aus der Han-Zeit und die des Zhang Xiong, eines bekannten Generals des Königreichs Gaochang aus dem 7. Jhdt.

Ausflüge zu den **Nomadenkommunen** und Dörfern in der Umgebung sind möglich. Die Kasachen präsentieren dann meist Stutenmilch und Sauermilchbrot. Gelegentlich werden Vorführungen folkloristischer Art geboten, darunter auch die **Reiterspiele** der Kasachen.

Turfan

Turfan gehört ebenfalls zu den ehemals wichtigen Stationen entlang der Seidenstraße. Die Turfan-Senke bietet ein einmaliges landschaftliches

Panorama: Wüste, Dünen, Schluchten, Berge und bewaldete Oasen. Im Zentrum der Senke liegt der 152 qkm große **Mondlichtsee** (Aydingkol-See).

Turfan ist die sowohl tiefste als auch heißeste Region Chinas. Die Turfan-Senke liegt 154 m unter N.N. und ist damit nach dem Toten Meer der zweitniedrigste Punkt der Erde. Die Berge rund um die Senke verhindern das Eindringen kühler Winde, und so können in den heißen Sommermonaten die Temperaturen bis +47,5 °C ansteigen. Die Niederschläge sind sehr gering; das Tal ist dennoch sehr fruchtbar, weil es mit dem Schmelzwasser der Gletscherberge des Tianshan-Gebirges bewässert werden kann. Um der schnellen Verdunstung zu entgehen, werden die Schmelzwässer in unterirdischen Kanälen, sogenannten Karezen, in die Senke hinuntergeführt.

Heißester Punkt in der Senke ist der **Flammenberg.** Auf seiner Oberfläche wird es bis zu 75 °C heiß. Von der Ferne scheint der Berg im gleißenden Sonnenlicht zu glühen, daher der Name.

Turfan ist in China und auch darüber hinaus bekannt und berühmt wegen seiner hervorragenden Trauben und Melonen. Zu den besten Traubensorten gehört eine Sorte ohne Kerne, die bis zu 20% Zuckergehalt hat. Auch die Hami-Melonen schmecken süß und erfrischend; sie können bis zu 15 kg wiegen.

Etwa 40 km östlich von Turfan trifft man auf die Ruinen einer ehemals großen Stadt, **Gaochang.** Eine 5 km lange, zwischen 2 und 8 m hohe Stadtmauer umringt das Ruinenfeld. Die Grundrisse der Bauten sind noch gut zu erkennen. In der aus gestampften Lehm gebauten Mauer gab es Stadttore im Norden, Süden und Westen. Die Stadt war unterteilt in eine Innere Stadt, eine Äußere Stadt und das Palastzentrum. Die Struktur des Palastes ist anhand der Ruinen noch gut nachzuvollziehen. Im Süden der Stadt stehen die Überreste alter Tempelbauten. Die Reste alter Töpferwerkstätten lassen erkennen, daß man offensichtlich kunstvolle Gefäße zur Aufbewahrung des Weines herstellte.

Auf dem Weg nach Gaochang passiert man im Kiziltagh-Tal alte buddhistische Grotten, die als **Höhlen von Beizeklik** bekannt sind. Sie waren schon um die Jahrhundertwende ein interessantes Objekt für europäische Archäologen, die leider allzuviel dort weggenommen und nach Europa gebracht haben.

In unmittelbarer Näher von Gaochang liegen die **Gräber von Astana.** „Astana" ist das uighurische Wort für „Hauptstadt". Die Gräber für höhere Beamte wie auch für gemeine Bürger stammen aus der Zeit der Westlichen Jin- bis zur Tang-Dynastie. Sie sind eine wichtige Fundstätte für Archäologen und Historiker, denn das heiße und trockene Klima hat die Mumien gut erhalten. Über 2 000 Bücher und Dokumente wurden in den Gräbern entdeckt. Keramik-, Münzen- und Seidenfunde belegen den Reichtum dieser Region in der Blütezeit des Westhandels über die Seidenstraße.

Zwei Kilometer östlich der Kreisstadt Turfan steht das **Imin-Minarett.** Der 44 m hohe Ziegelsteinbau, der mit vielen geometrischen Mustern im typischen uighurischen Stil stern im typischen uighurischen Stil verziert ist, wurde vor 200 Jahren erbaut. Der Imam Imin Goja ließ diesen Bau errichten. Nach seinem Tode 1777 führte sein Sohn Sulaiman die Arbeiten fort. Sie wird daher oft auch als **Sulaiman-Moschee** bezeichnet.

Kashgar

Seit 1983 ist die etwa 200 000 Einwohner zählende Stadt Kashgar, im äußersten Westen der Provinz Xinjiang, am Fuße des Pamir-Gebirges gelegen, für den Tourismus geöffnet.

Es ist nicht einfach, dort hinzukommen. Ungefähr 1 000 km ist es von der Provinzhauptstadt Urumqi entfernt. Eisenbahn- und gute Straßenverbindungen fehlen. Die Flüge verkehren unregelmäßig, entsprechend den Wetterbedingungen.

Vor 2 000 Jahren schon zählte Kashgar, damals hieß es Shule, zu den wichtigsten Stationen auf der Seidenstraße. Von hier aus führten die Handelswege in den Süden nach Indien und Pakistan, in den Westen über das Pamir-Gebirge hinüber zu den Indoskythen und Persern, ja bis ins Römische Reich.

Kashgar gelangte erstmals 200 v. Chr. unter chinesische Oberhohheit, nachdem der Han-General Zhang Qian mit einer militärischen Expedition die Verbindungen zu den Westvölkern hergestellt und die Handelswege geöffnet hatte.

Vom 2. Jhdt. bis ins 7. Jhdt. hinein gehörte die Region Kashgar zu verschiedenen turkistanischen Reichen; erst die Tang-Kaiser stellten es wieder unter chinesische Militärverwaltung. Ab dem 10. Jhdt. verlor Kashgar seine Bedeutung, weil der Weg über die Seidenstraße durch die neuen Seehandelswege entbehrlich geworden war.

Jahrhunderte wurde Kashgar – wie das gesamte Xinjiang – zwischen verschiedenen Herrschern hin- und hergerissen. Die Qing-Kaiser zerschlugen mehrere Rebellionen blutig.

Um die Jahrhundertwende war es ein Treffpunkt von Diplomaten, Geheimdienstlern und Abenteurern geworden, denn Engländer, Russen und Chinesen gedachten, Turkestan als Einflußgebiet zu erobern. Die Chinesen konnten sich dabei auf gewisse historische Rechte berufen.

Zu den Abenteurern zählte auch der große Forscher Sven Hedin, der mehrmals in Kashgar war und von hier aus seine zahlreichen Expeditionen in die Wüste und nach Tibet startete.

In der Residenz des russischen Diplomaten Petrowskij (1882–1903) ist heute das Gästehaus untergebracht. In der Nähe befinden sich die belebten **Basarstraßen** und die Moschee.

Der Platz vor der **Id Kah-Moschee** dient einmal in der Woche als Marktplatz. Die Moschee ist die größte Chinas, sie faßt ungefähr 8 000 Menschen und zählt zu den schönsten Bauwerken der Provinz. Das **Grab des Apak Hodscha,** nordöstlich der Moschee, ist als Grab der islamischen Heiligen bekannt. 72 Personen sind in diesem Grab beerdigt, sie alle gelten als Nachkommen des in ganz Zentral-Asien bekannten Missionars Muhatum Adscham. 5 Generationen liegen in diesem Grab, darunter Apak und Yusuf Hodscha. Die um 1620 gebaute Grabanlage war früher einmal eine große Stiftung, die große Ländereien, Mühlen und Güter umfaßte. Im Innern des Grabes befinden sich 58 Särge. Ein in der Nähe des Grabes befindliches leeres Grab ist vermutlich die letzte Ruhestätte des Yakub Beg gewesen, der 1862 einen Volksaufstand gegen die Qing-Herrschaft angeführt hatte. Nach der Niederschlagung des Aufstands hatte man das Grab Yakub Begs, dessen Todesumstände heute noch nicht geklärt sind (chinesische Historiker vertreten eine Selbstmordthese, uighurische behaupten, er sei ermordet worden), geleert und als Zeichen des Sieges seinen Kopf nach Beijing geschickt.

Nördlich von Kashgar, in einer steilen Felswand am Südufer des Qiakmakh-Flusses, befinden sich drei buddhistische Höhlen, die als **Höhlen der Drei Unsterblichen** bezeichnet werden. In einer der Höhlen sind noch gut erhaltene Fresken zu sehen.

30 km östlich von Kashgar liegen die **Ruinen** der ehemals blühenden Stadt **Hanoi,** die vermutlich schon im 11. Jhdt. verlassen worden ist. Reste eines Tempels und des alten Brunnensystems kann man noch sehen.

Bei gutem Wetter erblickt man im Südwesten zwei Gletscherberge: den 7 719 m hohen Kongur und den 7 546 m hohen Muztagata, zwei der drei höchsten Berge des Pamir.

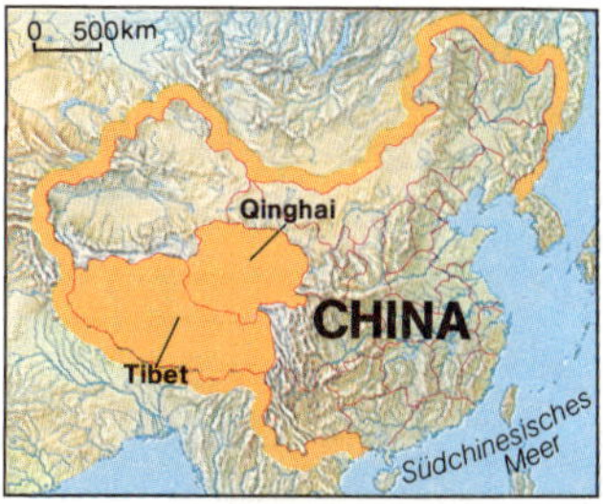

Tibet/Qinghai-Plateau

Lhasa

Lhasa ist Hauptstadt der mit 1,9 Mio. Einwohner nur dünn besiedelten Autonomen Region Tibet. Die Stadt liegt am Lhasa-Fluß, einem Nebenfluß des Yarlung Zangbo, der Tibet von West nach Ost durchfließt, bevor er sich nach Süden wendet und als Brahmaputra in den Golf von Bengalen mündet.

Das Tal des Yarlung Zangbo – auf etwa 3 700 m Höhe, im Süden vom Himalaya und im Norden vom Transhimalaya eingeschlossen – ist die dichtestbesiedelte Region Tibets. Hier liegen auch die drei bisher für den Tourismus geöffneten Städte: Lhasa, Xigaze und Gyantse.

Der tibetische König Srongtsan Gampo, der als Reichseiniger gilt, ließ sich in der Mitte des 7. Jhdts. auf dem Marpori, dem Roten Berg, einen Palast bauen, den er den „Palast der Unsterblichkeit" nannte.

Heute erhebt sich auf dem Marpori der **Potala-Palast.** Die Götterburg, Sitz der Dalai Lamas seit dem Großen Fünften Dalai Lama, scheint

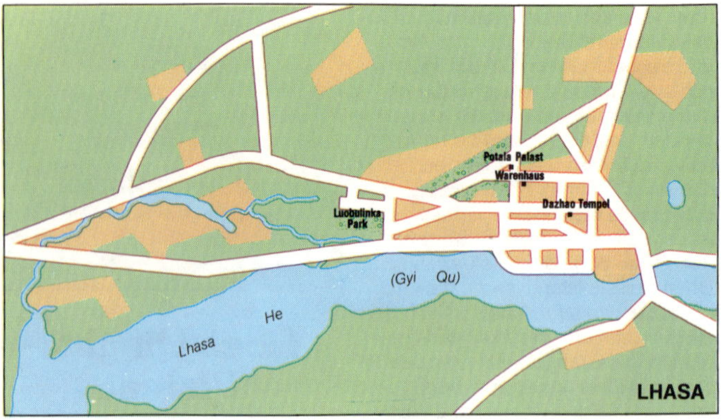

förmlich aus dem Berg herauszuwachsen. Ihre goldenen Dächer begrüßen den Reisenden und die Pilger schon aus der Ferne; auf ihnen liegt noch die Sonne, wenn das Tal schon längst im Schatten versunken ist.

Der Große Fünfte Dalai Lama, Lobsang Gyatso, ließ den Bau im Jahr 1661 beginnen. Zunächst wurde der **Weiße Palast** errichtet, so benannt, weil seine gewaltigen Mauern schon seit jeher weiß getüncht waren. Etwa ein halbes Jahrhundert später war auch der **Rote Palast** fertiggestellt, der sich in der Mitte wie ein gewaltiger Turm aus den weißen Mauern aufrichtet. In ihm befinden sich unter anderem die Privatgemächer des Dalai Lama. Der Palast hat in Ost-West-Richtung eine Länge von fast 400 m, und von Nord nach Süd nochmals 350 m. Der dreizehnstöckige Palast bedeckt somit eine Fläche von 130 000 qm und überragt das Tal um 117 m.

Der Bau ist nur aus Holz und Stein; die Mauern haben eine durchschnittliche Stärke von 3 m, eine maximale von 5 m. Mehr als 15 000 Säulen tragen die fast 1 000 Räume. Das Bauwerk ist im tibetischen Stil errichtet, aber insbesondere die Säulen und die Dächer lassen die Beteiligung chinesischer Handwerker und Künstler erahnen; auch Künstler aus Indien und Nepal sollen am Bau mitgewirkt haben.

Über die steilen Steinstufen an der Vorderseite des Palastes gelangt man auf halber Höhe zum Osttor und in einen großen Hof, in dem früher an den religiösen Festtagen vor den Augen des Dalai Lama und der höchsten Lamas Zeremonien, Tänze und Gesänge gezeigt wurden.
Östlich der Terrasse befanden sich das Seminar der älteren Mönche und gegenüber die Schlafräume der 154 Lamas, die damals im Palast lebten. Von der Terrasse kommt man in die Östliche Haupthalle, der

geräumigsten im Weißen Palast, die von 64 Säulen getragen wird.

Entlang an verwinkelten Wegen und vorbei an unzähligen kleinen Kapellen gelangt man dann in den Roten Palast. Hier im Roten Palast befinden sich die größten Zeremonienhallen, 35 kleine Kapellen, 4 Meditationshallen, und in der Westlichen Haupthalle die 8 Grabtschörten des 5. und des 7. bis 13. Dalai Lama. In den über 3 Stockwerke reichenden Tschörten ruhen die einbalsamierten Leichname der tibetischen Gottkönige. Der Tschörten des 5. Dalai Lama ist 14,85 m hoch und mit 3 700 kg Gold versehen. Diamanten, Perlen, Türkise, Achate, Korallensteine und viele andere Edelsteine schmücken den Tschörten. 14 m hoch ist der ebenfalls mit Gold und Edelsteinen besetzte Grabtschörten des 13. Dalai Lama. Von hohem historischen und künstlerischen Wert sind auch die Wandmalereien in der Westlichen Haupthalle, die das Leben des 5. Dalai Lama zeigen, darunter auch eine Audienz beim Qing-Kaiser Shunzhi in Beijing.

Im Nordostteil des Roten Palastes steht noch die Avalokiteshvara-Kapelle; sie gilt als der älteste Teil des Palastes und soll von dem ersten Palast-Bau des Srongtsan Gambo erhalten sein.

In den oberen Stockwerken liegen die Privatgemächer des Dalai Lama, die man bis zum letzten Jahr noch besichtigen konnte. Heute ist es schwieriger geworden, weil die Lamas wieder die Schlüsselgewalt über den Palast besitzen und über die Touristenbesuche in ihren allerheiligsten Hallen nicht immer erfreut sind.

Man kann aber auf das Dach steigen, wo man inmitten der vergoldeten Dächer, die sich über den Grabkammern der Dalai Lamas erheben, einen unbeschreiblichen Ausblick über die Stadt und das gesamte Lhasa-Tal hat.

Der Blick geht auch hinüber, dorthin, wo im Zentrum der Altstadt der allerheiligste Tempel der Tibeter steht, der **Jokhang.** Er ist der Kernbau des **Tsuk-Lag-Khang,** in dem sich früher die wichtigsten Institutionen des tibetischen Staates befanden: Ministerrat, Stadtverwaltung, das Büro des Regenten, Gericht und Gefängnis. Der Tsuk-Lag-Khang wird von dem etwa 800 m langen **Barkhor** umgeben, einem Ritualweg, den die Tibeter andächtig im Uhrzeigersystem begehen. Die frommsten unter ihnen messen die Strecke mit ihrem Körper: Sie werfen sich der Länge nach hin, stehen wieder auf, um ein paar Schritte zu gehen und werfen sich dann wieder in den Staub. Auf dem Barkhor trifft man heute in dichtem Gedränge unzählige Pilger und Händler. Ununterbrochen drehen sich die Gebetszylinder und wandern die Rosenkränze durch die Finger. Ein noch größerer Ritualweg umgab früher die Altstadt, der 7 km lange **Lingkhor,** der heute allerdings durch Neubauten und Straßenbauten unterbrochen ist. In früheren Zeiten – und einige tun es noch heute – begaben sich die Pilger nach ihren wochen- oder monatelangen Wanderungen durch das Gebirge erst auf den Lingkhor, der auch den Potala noch mit einschloß, bevor sie ins Zentrum und auf den Barkhor pilgerten.

Vor dem Eingang des **Tsuk-Lag-Khang** erinnert heute ein vertrockneter Baumstumpf an eine Weide, die die chinesische Prinzessin Wen Cheng zu ihrer Hochzeit mit Srongtsan Gambo hier gepflanzt haben soll. Vor dem Eingang werfen sich die Pilger unzählige Male in tiefer Andacht auf den Boden. Durch die von roten Säulen getragene Hauptgebetshalle, in der auch ein Thronsitz des Dalai Lama steht, erreicht man die „Kathedrale des tibetischen Buddhismus", den **Jokhang.** An den vier Seiten der Haupthalle befinden sich viele kleine Kapellen mit Buddha- und Bodhisattva-Statuen. Gegenüber dem Eingang steht die Statue des zwölfjährigen Buddha Sakyamuni, **Jobo** genannt. Die mit Gold und Edelsteinen reich verzierte Figur war das Hochzeitsgeschenk der Prinzessin Wen Cheng an ihren Gemahl. Im zweiten Stock befinden sich weitere Kapellen und Amtszimmer. Vom Dach des Jokhang, auf dem sich ebenfalls goldverzierte Dächer befinden, blickt man hinüber auf den Potala-Palast.

In einer Kapelle in der Haupthalle sieht man eine interessante Statue des Königs Srongtsan Gampo. In seiner Kopfbedeckung trägt er eine kleine Buddhafigur, ein Symbol dafür, daß er als eine Inkarnation des Bodhisattva Avalokiteshvara verehrt wird. Dieser gilt als der Schutzgott aller Tibeter, und auch die Dalai Lamas betrachten sich als eine Inkarnation desselben. Flankiert wird er von zwei weiblichen Figuren, die eine nepalesische und die chinesische Prinzessin Wen Cheng zeigen, die er sich beide zur Frau nahm.

Etwa 7 km vom Stadtzentrum entfernt befindet sich in einem riesigen Park der **Norbulingkha** (Edelsteingarten), der in der zweiten Hälfte des 18. Jhdts. auf Anweisusng des 7. Dalai Lama erbaut wurde, und allen Dalai Lamas fortan als Sommerresidenz diente, weshalb der Potala auch gelegentlich als Winterpalast bezeichnet wird. Zuletzt wurde es 1954, unter dem jetzigen, dem 14. Dalai Lama, erneuert und ausgebaut. In ihm befindet sich ein großer Empfangsraum, dessen Wände mit Malereien aus der jüngeren Geschichte bedeckt sind, mit einem Thron des Dalai Lama. Neben Kapellen, Meditationsräumen, der Großen Lesehalle kann man hier auch die Privatgemächer des Dalai Lama und seiner engsten Familienangehörigen sehen.

Drei große Klöster um Lhasa galten als die Säulen des tibetischen Staates: Galdan, Drepung und Sera. In diesen drei Klöstern wurden die Mönchselite und die staatlichen Funktionsträger ausgebildet.

Das **Kloster Galdan** wurde während der Kulturrevolution von Roten Garden bis auf die Grundmauern geschliffen. Heute bemühen sich Gläubige in Eigeninitiative, jetzt aber auch mit staatlicher Unterstützung, um den Wiederaufbau dieses traditionsreichen Klosters.

Das **Kloster Drepung** („Reishaufen") aus dem Jahre 1416, ist eine Gründung eines Schülers des Reformators Tsongkhapa, der als Begründer der in Tibet vorherrschenden Gelbmützensekte gilt. Es liegt etwa 6 km westlich der Stadt am Fuße eines 5 600 m hohen Berges und galt früher als das größte Kloster

Tibets; es beherbergte über 10 000 Mönche. Vor dem Bau des Potala hatte der 5. Dalai Lama seine Residenz in Drepung.

Die Wanderung durch das Kloster ist etwas beschwerlich, da man in der dünnen Luft den Hang hinauf laufen muß. Man stößt unten zunächst auf die Wohngebäude der Mönche und die Magazine. In den Höfen lassen sich die Pilger zum Picknick nieder. Weiter oben folgen dann die großen Gebetshallen, Dukhangs, die kostbare Statuen enthalten, darunter eine große Figur des Tsongkhapa.

Das Pantheon des tibetischen Buddhismus ist schier unübersichtlich. Unter den zahllosen Statuen der Klöster finden sich irdische und himmliche Buddhas, Bodhisattvas, die wiederum in verschiedenen Emanationen auftreten können, Dakinis, das sind himmlische Feen, Dharmapalas, die als Beschützer der Lehre gelten, daher meist mit Waffen und furchterregenden Gesichtern versehen, Schutzgottheiten, lokale Gottheiten, die zum großen Teil Götter aus der alten Naturreligion Tibets, der Bon-Religion, sind und viele Heilige, hohe Lamas und Lehrer, wie z. B. der Begründer der Gelbmützensekte, Tsongkhapa.

Das **Kloster Sera** liegt 5 km nördlich von Lhasa, ebenfalls eine Gründung eines Tsongkhapa-Schülers aus dem Jahr 1419. Hier lebten früher nahezu 5 000 Mönche, und das Kloster war wegen seiner hervorragenden Akademie in ganz Tibet bekannt. Es ist dem Drepung-Kloster sehr ähnlich, allerdings etwas kleiner.

Auf dem Weg zum Kloster Drepung passiert man das **Staatsorakel** in dem kleinen **Kloster Netschung.** Bis in die Neuzeit wurde vor einer wichtigen Staatsentscheidung das Orakel befragt. Orakelpriester konnten Mönche, aber auch Laien sein. Sie wurden in einen Trancezustand versetzt, und dann sprach aus ihnen Gott Pehar. Die Lamas des Klosters Netschung übersetzten die meist unverständlichen Laute. Der letzte Orakelpriester, der auch im Zusammenhang mit dem Aufstand der Tibeter und der Flucht des Dalai Lama noch befragt worden war, lebt heute ebenfalls im indischen Exil.

Xigaze

Der beschwerliche Weg nach Xigaze auf der Route über Gyantse – auf durchschnittlich 4 000 m Höhe, vorbei an gletscherbedeckten Gipfeln und über Serpentinen, die sich in schwindelerregender Höhe die Berghänge hinaufschrauben – wird eines der nachdrücklichsten Erlebnisse bleiben. Unterwegs passiert man kleine Dörfer, fruchtbare Täler, Viehherden, und immer wieder Yaks, das anspruchslose Hochgebirgsrind, das den Tibetern als Arbeitstier und als Nahrung dient.

Xigaze ist der Sitz des Pantschen Lama, des zweiten geistigen Oberhaupts der Tibeter neben dem Dalai Lama. Der 5. Dalai Lama hatte seinem Lehrer aus Dankbarkeit und Verehrung den Titel des Pantschen Lama verliehen, der als eine Inkarnation des Buddha Amithaba gilt und als Buddha folglich in der Hierarchie höher steht als ein Bodhisattva. Bekanntlich ist ja der Dalai Lama die Inkarnation des Bodhisattva Avalokiteshvara. Anfang dieses Jahrhunderts, als sich Engländer, Russen und Chinesen um die Oberhoheit über Tibet stritten, ist nicht selten versucht worden, den Pantschen Lama gegen den Dalai Lama auszuspielen. Der jetzige, der 10. Pantschen Lama, sitzt heute als Vizevorsitzender des Nationalen Volkskongresses in Beijing. Während der Dalai Lama die Flucht nach Indien vorgezogen hatte, arrangierte sich der Pantschen Lama mit den Chinesen, mußte die Kulturrevolution allerdings auch im Gefängnis verbringen. 1983 durfte er nach 18jähriger Abwesenheit erstmals wieder seine Residenz, das **Tashi Lhunpo-Kloster** besuchen. 1447 war auch es von einem Schüler des Reformators Tsongkhapa erbaut worden. Spätere Generationen haben es immer wieder erweitert und renoviert.

Die Maitreya-Halle zählt zu den Besonderheiten des Klosters. Der 9. Pantschen Lama ließ sie 1914 errichten. Der 30 m hohe, rot gestrichene rechteckige Bau ist kaum zu übersehen. In seinem Innern steht eine 26,2 m hohe Statue des Buddha Maitreya (Buddha der Zukunft), die vollständig vergoldet ist. 229 kg Gold und mehr als 115 t Kupfer wurden für die Statue verwendet.

3 000 Unzen Gold, 15 t Silber und zahllose Edelsteine zieren den 11 m hohen Grabtschörten des 4. Pantschen Lama aus dem Jahr 1662. Er war der 16. Abt des Tashi Lhunpo-Klosters und wird noch heute besonders verehrt.

Die vergoldeten Dächer über den Grabkapellen der Pantschen Lamas überragen die gesamte Klosteranlage. Am Hang des dahinterliegenden Berges ist eine riesige Steinwand zu sehen, an der bei den religiösen Festtagen Thangkas, religiöse Bilder auf Stoff, oft sogar auf Seide, aufgehängt wurden, die weithin sichtbar waren.

Der Sommerpalast des Pantschen Lama ist seit dessen Besuch in Tibet wieder in dessen Besitz. Nachdem er zuvor besichtigt werden durfte, war es im letzten Jahr nicht mehr möglich.

Heute lagern vor dem Kloster wieder viele Pilger in ihren Nomadenzelten. Hinter dem Kloster, auf dem Berg, werden noch heute die traditionellen Leichenzerstückelungen vorgenommen; der Leichnam wird dann zerstückelt den Geiern zum Fraß vorgeworden.

Dies findet selbstverständlich nur im engsten Familienkreis statt und kann weder von nicht zur Familie gehörenden Tibetern noch vom Touristen beobachtet werden.

Vor dem spartanischen Gästehaus in Xigaze verläuft die Hauptstraße, auf der abends vor allem die Jugend bummelt. Auch die Besichtigung einer Brigade ist möglich. Neben den Wohnungen der Tibeter kann man Werkstätten sehen, in denen Kultgegenstände für die Klöster produziert werden.

Bei Besuchen in tibetischen Wohnungen bekommt man von den Gastgebern das Tschang, tibetisches Bier aus vergorener Gerste, und Yakbuttertee angeboten.

Auf dem Rückweg nach Lhasa kann man die Nordroute wählen, die auf der Nordseite des Yarlung Zangbo zurück nach Lhasa führt; dabei überquert man einen 5 300 m hohen Paß, am Fuße eines gletscherbedeckten Gipfels.

Gyantse (Gyangzi)

Touristen, die Tibet besuchen, bleiben dort in der Regel 6 Tage lang. Außer Lhasa besucht man auch die etwa 300 km westlich gelegene Stadt Xigaze. Auf der 8 bis 10stündigen Fahrt fährt man zunächst im Tal des Lhasa-Flusses entlang, bis man an den Yarlung Zangbo-Fluß kommt. Von dort aus geht es hoch in die Berge, über einen Paß mit 4 700 m Höhe, später über einen weiteren auf 4 900 m.

Einen kurzen Stop macht man in der Stadt Gyantse. Sie war bis in dieses Jahrhundert hinein eine bedeutende Handelsstadt, denn hier trafen sich die Karawanenwege nach Indien, Sikkim, Burma und Nepal, nur noch eine kurze Wegstrecke war es bis in die beiden wichtigsten Städte Tibets: Lhasa und Xigaze, erstere Sitz des Dalai Lama, letzere Residenz des Pantschen Lama. Neben den einheimischen, traditionellen Luxuswaren wie Seide, Brokat und Jade soll es hier auch schottischen Whisky und Schweizer Uhren gegeben haben; ein britischer Diplomat verglich um das Jahr 1910 den Markt von Gyantse sogar mit Londons Oxfort Street.

Von weitem schon erblickt man die das ganze Tal überragende **Festung** der alten Stadt auf einem Hügel.

Zweites auffälligstes Bauwerk ist der monumentale **Tschörten von Gyantse.** Er steht inmitten einer riesigen, von einer großen, roten Mauer umgebenen Klosteranlage, von der die meisten Gebäude allerdings zerstört sind.

Der Grundriß des 14stöckigen Tschörten gleicht einem tibetischen Mandala, einem kosmischen Diagramm, das den Mönchen als Meditationsobjekt dient. Über einem quadratischen Sockel erhebt sich der kreisrunde Tschörten. Auf jedem Stockwerk gibt es einen Wandelgang, der an kleinen Kapellen und Nischen vorbeiführt. Oben in der Spitze des Tschörten findet man eine große Kapelle mit einer überlebensgroßen, vergoldeten Buddhafigur. Der Bau entstand Anfang des 15. Jhdts. und ist nach wie vor eines der interessantesten Bauwerke der tibetischen Architektur.

Seitlich des Tschörten steht – noch unversehrt – eine große Gebetshalle, ebenfalls mit mehreren kleinen Kapellen und zahllosen Statuen, unter ihnen eine über zwei Stockwerke ragende Bronzestatue des Buddha Maitreya.

Xining

Die 400 000 Einwohner zählende Hauptstadt der Provinz Qinghai liegt auf einem fruchtbaren Hochplateau in einer Höhe von über 2 000 m im Nordosten der Provinz. Man erreicht die Stadt mit der Bahn vom 200 km entfernten Lanzhou.

Nur etwa 70 km westlich liegt der größte Binnensee Chinas, der **Qinghai Hu,** eher bekannt als **Koko Nor.** Von Xining aus kann man eine Fahrt zu diesem See unternehmen.

Die Stadt ist für Touristen von Interesse, weil sich hier das **Kloster Kumbum** (chinesisch: Ta'er Si) befindet, daß bei Anhängern des tibetischen Buddhismus als heilige Stätte gilt, denn der große Lama und Reformator des Buddhismus, Tsongkhapa (1357–1419), der die Gelugpa-Sekte (Gelbmützen) begründete, soll hier geboren sein. Mit dem Klosterbau wurde 1560 begonnen. In seiner Blütezeit sollen hier über 4 000 Mönche gelebt haben.

Es ist ganz im tibetischen Stil gebaut – leicht zu erkennen an den weißgetünchten Mauern, den rotbraunen Dachfriesen und den vergoldeten Dächern.

Am Eingang stehen ein 14 m hoher Tschörten (Stupa), dahinter noch acht kleinere.

Zentrales Gebäude ist die Golddachhalle, die der Sage nach genau an dem Platz stehen soll, wo Tsongkhapa geboren wurde. In der Halle markiert ein 12 m hoher Tschörten den angeblichen Geburtsplatz Tsongkhapas.

In der Nische des Stupa steht eine 1,3 m hohe Goldstatue des Sektengründers. In dieser Halle ist auch die Bibliothek mit den buddhistischen Schriften untergebracht.

Es schließt sich der Jokhang (das heißt: Buddhahalle) an, ein Bau aus dem Jahre 1577, in dem eine vergoldete Statue des Buddha Maitreya steht, daneben wieder Tsongkhapa mit zwei seiner Schüler, alle drei Figuren aus Gold und Silber gearbeitet. Die schönste Tschongkhapa-Statue steht im Dipankara-Tempel, nördlich der Haupthalle. Östlich davon ist eine Baumgruppe zu sehen, die die Heilige Baumgruppe genannt wird. Der Sage nach wuchs an der Geburtsstelle Tsongkhapas ein Sandelbaum; die Baumgruppe wird als Ableger dieses heiligen Baums verehrt.

Die große Versammlungshalle oder Meditationshalle, in der sich die Mönche zur Andacht und zum Gebet versammeln, wird von 108 Säulen getragen; sie stehen symbolisch für die 108 Bände des Kandschur, der heiligen Schrift des Buddhismus. Nach dem Tode des 13. Dalai Lama war eine Gruppe hoher Lamas aus Lhasa auf der Suche nach der neuen Inkarnation, einer Vision folgend, zum Kloster Kumbum gekommen. In einem kleinen Dorf in unmittelbarer Nähe fanden sie einen kleinen Jungen, der ihnen nach verschiedenen Prüfungen die Wiedergeburt des Dalai Lama zu sein schien. Dies war der jetzige, 14. Dalai Lama.

CHINA
0
400km
Harbin
Jilin
Changchun
Shenyang
Beidaihe
Shanhaiguan
Chengde
Beijing
Tianjin
Qingdao
Taishan
Jinan
Qufu
Shijiazhuang
Kaifeng
Luoyang
Taiyuan
Datong
Hohhot
Baotou
Xi'an
Lanzhou
Xining
Dunhuang
Ürümqi
Turfan
Kashi
(Kashgar)
Lhasa
Gyantse
Xigaze
Wuxi
Suzhou
Shanghai
Hangzhou
Nanjing
Wuhan
Changsha
Fuzhou
Quanzhou
Guangzhou
Guilin
Insel Hainan
Nanning
Kunming
Dazu
Chongqing
Chengdu
Leshan
Emei Shan

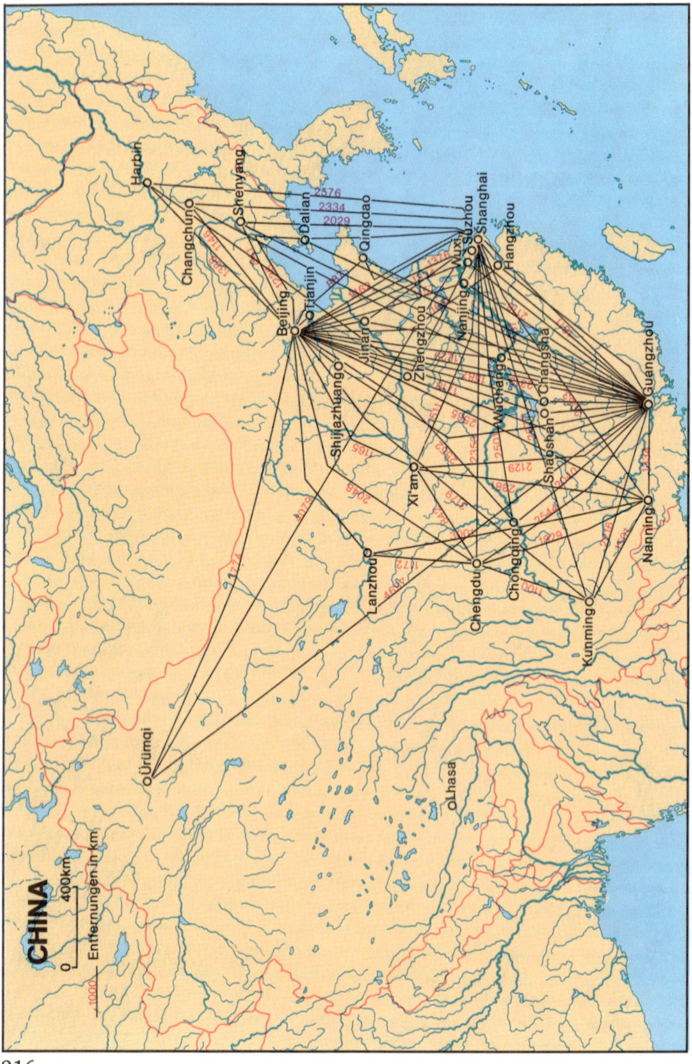
CHINA
0
400km
Entfernungen in km
Harbin
Changchun
Shenyang
Dalian
Qingdao
Tianjin
Beijing
Jinan
Shijiazhuang
Zhengzhou
Nanjing
Wuxi
Suzhou
Shanghai
Hangzhou
Wuchang
Changsha
Shaoshan
Guangzhou
Xi'an
Lanzhou
Chengdu
Chongqing
Kunming
Nanning
Ürümqi
Lhasa
2576
2334
2029

Praktische Hinweise

Währung
Die chinesische Währung heißt **Renminbi** (Volksgeld; renmin = Volk, bi = Geld). Die Grundeinheit ist der Yuan. 1 Yuan unterteilt sich in 10 Jiao oder 100 Fen. 1 Jiao sind 10 Fen. Alle Einheiten sind in Banknoten ausgegeben, und zwar 1, 2, 5 und 10 Yuan, 1, 2 und 5 Jiao und 1, 2 und 5 Fen. Die drei Fen-Einheiten gibt es zudem in Münzen.

Die Ein- und Ausfuhr von Renminbi ist verboten. Touristen erhalten beim Umtausch ihrer Devisen nicht Renminbi, sondern **Devisenzertifikate,** die den gleichen Wert wie Renminbi besitzen, aber nur in bestimmten Geschäften, den Hotels und den Tourismusbehörden gehandelt werden. Die Devisenzertifikate werden in Nennwerten von Yuan 50, 10, 5 und 1 und in 5 Jiao (= 50 Fen) und 1 Jiao (= 10 Fen) ausgegeben.

Die Devisenzertifikate dürfen auch ausgeführt werden, jedoch gibt es außerhalb des Landes dafür keine Verwendung.

Der **Umtausch** ist in allen Hotels sowie in den Freundschaftsläden und einigen anderen Touristengeschäften, gelegentlich auch in Fabriken mit viel Touristenbesuch möglich. Der Kurs wird täglich neu einheitlich festgelegt.

Akzeptiert werden auch **DM-Reiseschecks** und **Travellerschecks anderer Banken.** In wenigen Geschäften und Hotels kann man mit **Kreditkarten** bezahlen. Gegenwärtig werden etwa 10 der gängigsten Kreditkarten akzeptiert.

Rücktausch der chinesischen Devisenzertifikate ist nur bei der Ausreise an den Grenzen bzw. Grenzabfertigungsstellen möglich. Rückgetauscht werden nur die Devisenzertifikate, nicht die chinesische Binnenwährung. Deswegen müssen Sie darauf achten, daß sie diese vorher ausgeben.

Aktueller Wechselkurs: siehe Beilagekarte.

Devisenzertifikate
(Foreign Exchange Certificates)
Die Devisenzertifikate haben den gleichen Wert wie die Währung Renminbi. Beim Umtausch erhalten Touristen nur Devisenzertifikate. An bestimmten Orten, wie Reisebüro, Hotels und Freundschaftsläden, werden nur Devisenzertifikate akzeptiert. Einheiten: Yuan und Fen. 1 Yuan = 100 Fen. Noten: Yuan 50, 10, 5 und 1; Fen 50 und 10; Münzen: keine.

Ein- und Ausreisebestimmungen
Zur Einreise in die VR China benötigt der Tourist ein gültiges **Visum** der VR China, das der Reiseveranstalter für die Gruppenreisenden besorgt. Darüber hinaus benötigt man von Lüxingshe, Beijing, eine Reisegenehmigung, die bei einer gebuchten Gruppenreise dem Reiseveranstalter bereits erteilt ist. Inzwischen sind – und dies ist nur für Einzelreisende von Interesse – bereits 29 Städte von solch einer Genehmigung ausgenommen. Der **Reisepaß** muß bis zwei Monate nach Ausreisetermin gültig sein. Das Gruppenvisum führt der deutsche Reisebeglei-

ter mit. Bei der Einreise muß am Einreiseort noch eine **Gesundheitserklärung** ausgefüllt und abgegeben werden, auf der frühere und akute Erkrankungen anzugeben sind. Darüber hinaus muß eine **Zolldeklaration** vorgelegt werden. Die Formulare gibt es am Einreiseort.

Spirituosen dürfen bis zu 1,5 l und Zigaretten bis zu 400 Stück zollfrei eingeführt werden. Zu deklarieren sind vor allem Armbanduhren, Tonbandgeräte, Fotoapparate und Filmkameras, Schmuck und Juwelen sowie Devisen.

Die **Kopie dieser Zolldeklaration** sollte sorgfältig verwahrt werden, denn sie muß bei der Ausreise wieder vorgelegt werden. Die deklarierten, eingeführten Dinge müssen auch wieder ausgeführt werden, ebenso die verbliebenen Devisen.

Besonders streng wird die Ausfuhr von Antiquitäten und Kulturgegenständen kontrolliert. In China zum Kauf angebotene **Antiquitäten** dürfen ausgeführt werden, wenn sie ein rotes Wachssiegel tragen. In jedem Fall sollte man alle Umtauschzertifikate und Kaufquittungen bis zur Ausreise aufheben, um sie auf Verlangen vorzeigen zu können. Antiquitäten und wertvolle Kunstgegenstände, für die keine Quittung vorgelegt werden kann, können ersatzlos konfisziert werden.

Im allgemeinen sind die Kontrollen nicht streng; es werden Stichproben gemacht. Reisende, die aus Tibet kommen, müssen dagegen in der Regel mit strengen Kontrollen rechnen.

Buchung und Vorbereitung

Zwar kann man seit 2 Jahren China auch als Einzeltourist bereisen, doch ist dies immer noch die Ausnahme und wird es wohl auch bleiben.

In der Bundesrepublik Deutschland bieten inzwischen eine Reihe von Veranstaltern China-Gruppenreisen an. Es empfiehlt sich, mehrere Prospekte zu studieren, denn die Vielfalt der angebotenen Reiserouten ist unübersehbar. Nur wenige Veranstalter bieten standardisierte Routen. Sie müssen sich dafür eine Genehmigung vom Staatlichen Chinesischen Reisebüro (Lüxingshe oder China International Travel Service) einholen. Ein Abweichen von der Route ist daher in der Regel nicht möglich. Die ausgeschriebenen Reiseprogramme gelten nur unter Vorbehalt, denn Lüxingshe kann unter besonderen Umständen kurzfristige Änderungen vornehmen.

Auswahl der Verkehrsmittel, Hotels, Restaurants und der chinesischen Reisebegleiter obliegt dem China International Travel Service. Die Gestaltungs- und Einflußmöglichkeiten der ausländischen Veranstalter sind begrenzt. Grundsätzlich sind die Bedingungen für alle Veranstalter gleich, so daß der Tourist bei der Auswahl seiner Reiseroute die Entscheidung durchaus von einem Preisvergleich abhängig machen kann. Davon ausgenommen sind Luxustouren, bei denen die Veranstalter Luxushotels in wenigen Städten Chinas direkt buchen können. Bei der Wahl des Reisetermins sollte man die extremen Klimaunterschiede in China bedenken. Die **beste Reisezeit** für diejenigen, die große Hitze weniger gut vertragen, ist in den Monaten April/Mai und September/Oktober.

Die Literatur über das Kultur- und Reiseland China ist inzwischen sehr umfangreich, und es dürfte keine Schwierigkeiten bereiten, Lektüre zur Vorbereitung zu bekommen. Auskünfte kann auch das 1984 eröffnete Fremdenverkehrsamt der VR China erteilen. Dort ist auch eine **Liste aller bundesdeutschen** Veranstalter erhältlich.

Die Besorgung des Visums übernimmt nach Buchung der Veranstalter. Die chinesische Botschaft erteilt für Reisegruppen ein Gruppenvisum; dazu muß der Reisepaß für einige Wochen dem Veranstalter überlassen werden.

Gesundheit/Medizinische Versorgung

Medizinische und ärztliche Versorgung ist in jedem Fall gewährleistet. Größere Hotels besitzen eigene Klinikstationen, in anderen wird man innerhalb kurzer Zeit einen Arzt herbeigeholt haben.

Die Behandlung wird nicht nur mit chinesischer Heilkräutermedizin oder Akupunktur vorgenommen, auch westliche Behandlungsmethoden und Medizin kommen zur Anwendung.

Die Behandlungskosten, wie auch die Medizin, sind sehr billig. Teuer kann es allerdings werden, wenn Sie aus Krankheitsgründen frühzeitig zurückreisen müssen.

In jedem Fall empfiehlt sich daher der Abschluß einer **Unfall- und Krankenversicherung.** Die meisten Veranstalter bieten diese in einem Versicherungspaket an, zusammen mit Gepäck-, Haftpflicht- und Rücktrittsversicherung.

Impfungen sind für Reisende aus der Bundesrepublik Deutschland nicht mehr erforderlich. Reisen Sie allerdings aus anderen Regionen (nach längerem Aufenthalt dort) in die VR China ein, können Impfungen verlangt werden. Erkundigen Sie sich in diesem Falle vorher bei Ihrem Veranstalter oder dem chinesischen Fremdenverkehrsamt.

Malaria-Prophylaxe ist im allgemeinen nicht erforderlich. Eine Ausnahme kann eine Reise in die äußersten Südregionen mit tropischem Klima sein. Die Gesundheitsämter und Tropeninstitute geben oft unterschiedliche Empfehlungen. Allerdings sind Malariafälle in China in letzter Zeit nicht bekannt geworden.

Medikamente

Vergessen Sie nicht, Medikamente mitzunehmen, die Sie ständig oder auch nur vorübergehend einnehmen müssen.

Darüber hinaus empfiehlt es sich, Medikamente gegen **Erkältung** und **Darmbeschwerden** mitzuführen. Die meisten Touristen klagen über Erkältungskrankheiten, die wegen der Klimaunterschiede und auch wegen der klimatisierten Räume und Busse oft nicht zu vermeiden sind. Auch Durchfall kann gelegentlich auftreten, und dies wird dann sehr unangenehm. Toiletten sind außerhalb der Hotels nur schwer zu finden, oder aber sie befinden sich in einem unbeschreiblichen Zustand.

In den Sommermonaten sollte man auch an Sonnenschutzmittel denken, denn diese sind in China nicht erhältlich.

Frauen sollten für ihre Menstruation vorsorgen; weder Tampons noch Binden gibt es in China zu kaufen.

Sprachprobleme
Der Gruppe stehen in der Regel immer zwei **Dolmetscher** zur Verfügung: ein ständiger chinesischer Reisebegleiter und ein örtlicher Führer. Wundern Sie sich nicht, wenn manchmal auch die Chinesen Verständigungsschwierigkeiten haben, denn es gibt sehr viele, sich stark unterscheidende Dialekte. Hochsprache ist das putonghua, der nordchinesische Dialekt.

Englisch wird selten, und dann nur in den Städten gesprochen.

Wenn Sie alleine unterwegs sind, ist es ratsam, immer eine Hotelkarte mit sich zu führen.

Inzwischen gibt es auch bei uns brauchbare **Sprachführer** zu kaufen. Beim Kauf eines solchen Sprachführers sollten Sie darauf achten, daß dieser neben der lateinischen Umschrift auch chinesische Schriftzeichen besitzt. Die Aussprache des Chinesischen ist auch anhand der lateinischen Umschrift sehr schwierig, aber Sie können dann Ihrem Gesprächspartner die chinesischen Schriftzeichen zeigen.

Kriminalität
Märchenhafte Erlebnisse werden heute noch oft aus den Anfangsjahren des China-Tourismus erzählt. Da bekamen welche weggeworfene Socken oder Hemden nachgetragen. Anderen schickte man Pullover nach, und wieder andere bekamen noch am nächsten Tag den ihnen zustehenden 1 Fen Wechselgeld zurück.

Darauf sollten Sie sich nicht verlassen. So etwas ist heute allein schon wegen der großen Anzahl der Touristen nicht mehr möglich.

Auch die Kriminalität hat in den letzten Jahren in den Großstädten, vor allem unter Jugendlichen, zugenommen. Dennoch darf China immer noch als eines der sichersten Länder bezeichnet werden. Straftaten gegenüber Ausländern sind in gewisser Weise tabu, denn sie werden viel härter bestraft.

Dennoch sollte man immer auf seine Wertsachen achten, besonders in großem Gedränge.

Auch kann man sich nicht darauf verlassen, bei verlorenen Gegenständen immer auf einen ehrlichen Finder zu treffen.

In einigen südchinesischen Städten können inzwischen Straßenhändler recht aufdringlich werden. Auch die Devisenzertifikate (Touristenwährung) sind mancherorts sehr begehrt, da Chinesen damit Importwaren kaufen können. Das Wechseln von Devisenzertifikaten in Renminbi (chinesische Währung) ist aber nicht erlaubt, und Sie haben die Sorge, diese Währung vor der Ausreise wieder loszuwerden.

Kleidung
Da Sie bei einer Rundreise auch viel über Land fahren, und man selbst bei den abendlichen Kulturveranstaltungen in China keine besondere Garderobe trägt, sollten Sie sich beim Kofferpacken auf bequeme und einfache Freizeitkleidung beschränken. Sie können in jedem Ho-

tel waschen lassen, sollten aber keine Stoffe mitnehmen, die besonders fürsorglicher Pflege bedürfen.

Auch müssen Sie beachten, daß China ein riesiges Territorium mit vielen Klimazonen hat. Besonders in Frühjahr und Herbst kann es im Norden noch oder schon kalt sein, während Sie im Süden noch hochsommerliche Temperaturen vorfinden. Im hohen Norden und in den Steppen- und Wüstenregionen, wie auch im tibetischen Hochland, sind die täglichen Temperaturschwankungen extrem.

In den Koffer sollten bequemes Schuhwerk und für alle Fälle ein leichter Regenmantel.

In manchen älteren Reiseführern wird noch empfohlen, keine allzu freizügige und auffällige Kleidung zu tragen. Dies sollte man heute noch für entlegene Regionen auf dem Lande oder in den Siedlungsgebieten ethnischer Minderheiten beachten. In den großen Städten jedoch kleiden sich inzwischen auch die Chinesen und Chinesinnen modisch.

Essen und Trinken

Die chinesische Küche ist in der ganzen Welt berühmt, und auch wenn oft nicht zu erkennen ist, was serviert wird oder sich fremde Speisen darunter befinden, sollten Sie auf das Probieren nicht verzichten. Exotische Gerichte – wie Schlangen, Katzen oder Gürteltiere – werden üblicherweise nicht serviert.

Man kann aber in vielen Städten gegen einen Aufpreis zwischen 15 und 30 Yuan in den guten Restaurants ein **Spezialitätenessen** bestellen, wobei man auch einzelne Gerichte verlangen kann.

Oft ißt man nicht in den Hotels, sondern in Restaurants; dort ist das Essen meist besser.

Getränke werden zum Essen serviert und sind im Preis inbegriffen. Es gibt gutes, würziges Bier mit wenig Alkoholgehalt und Limonaden, die allerdings meist sehr süß sind. Mineralwasser ist nicht immer vorhanden.

Inzwischen werden an vielen Orten auch ausländische Getränke angeboten, die man nur gegen die Devisenzertifikate (Touristenwährung) bekommt. In den Bars der großen Hotels gibt es ausländische Spirituosen und chinesische Getränke. Vorsicht! Fast kein chinesischer Schnaps hat weniger als 50% Alkoholgehalt.

Hotels

Von den wenigen Luxushotels, die es inzwischen in Beijing, Shanghai, Nanjing und Guangzhou gibt, abgesehen, haben die ausländischen veranstalter keinen Einfluß auf die Wahl der Hotels. Sie werden von dem chinesischen Reisebüro kurz vor Ankunft der Gruppe je nach Möglichkeit zugeteilt.

Die Luxushotels kann man auch noch vor Ort gegen einen Aufpreis von gegenwärtig etwa 20 Yuan buchen – vorausgesetzt, daß Zimmer frei sind.

Die Qualität der Hotels ist nicht einheitlich. In entlegenen Regionen, abseits der großen Touristenrouten muß man auch mit einfachen Unterkünften rechnen. Die den Touristen angebotenen Zimmer haben alle Bad und Toilette, oft auch einen Schreibtisch und einen Fernsehapparat.

Auf den Zimmern befinden sich immer heißes Wasser und Teeblätter.

Fast alle Hotels haben Geldwechselschalter, Postbüros und Wäschereien. Die Wäsche erhält man bei Abgabe am Morgen am Abend desselben Tages wieder zurück. Größere Hotels haben Geschäfte, Friseure, Bügelservice, Freizeiträume und Bars, oft auch eine Klinikstation.

Einkauf
Touristen werden allzugern in den in jeder Stadt zu findenden **Freundschaftsladen,** Youyi Shangdian, geführt. Diese Läden bieten ein meist reichhaltiges Angebot chinesischer Produkte, die für den Export vorgesehen sind, sowie einige Importwaren. In diesen Läden werden – wie auch in den Hotels – nur die Devisenzertifikate (meist als „Touristenwährung" bezeichnet) akzeptiert.

Selbstverständlich kann man auch in allen anderen **Warenhäusern** und Läden kaufen. Dort wird das übliche Binnenangebot präsentiert, und man kann auch in Renminbi bezahlen. Handeln ist in den Geschäften nicht möglich; die Preise sind ausgezeichnet.

Anders verhält es sich auf den **Freimärkten** und bei den freien Händlern, die ihre Stände meist an den Besichtigungsstätten aufgebaut haben. Hier ist man auf **Handeln** eingestellt, und nicht selten werden daher die Preise entsprechend hoch angesetzt.

Gelegentlich bekommt man auch alte Sachen wie Münzen oder kleine Statuen angeboten. Diese können von den Zollbehörden als Kulturgegenstände und Antiquitäten deklariert und konfisziert werden, weil Sie dafür keine Ausfuhrgenehmigung besitzen.

In den offiziellen Läden angebotene Antiquitäten besitzen, wenn sie zur Ausfuhr genehmigt sind, ein rotes Wachssiegel.

Beim Einkauf von kunsthandwerklichen Produkten sollte man wissen, daß es sich oft um regionales Kunsthandwerk handelt, und diese Gegenstände in anderen Städten vielleicht nicht mehr zu bekommen sind.

Gelegentlich kann man auch bei Fabrikbesuchen, z. B. Seidenwebereien oder Keramikmanufakturen, einkaufen; dort sind die Preise meist etwas niedriger.

Der Abakus, die traditionelle chinesische Rechenmaschine, wird auch heute noch überall in den Läden benutzt.

Mengenbeschränkungen bei der Ausfuhr gibt es keine. Man sollte jedoch die **Einfuhrbestimmungen für die Bundesrepublik Deutschland** beachten. Diese kann man bei der Abreise von den deutschen Zollbehörden erhalten.

Hinweis: Im Sinne der „**C**onvention on **I**nternational **T**rade in **E**ndangered **S**pecies of Wild Fauna and Flora in Commerce" **(CITES),** zu deutsch kurz „Washingtoner Artenschutzübereinkommen" genannt, sollten Sie (eigentlich grundsätzlich) keine Souvenirs kaufen, die aus wildlebenden Tieren bzw. Teilen davon hergestellt sind. Auf China bezogen bedeutet dies: Kaufen Sie keine Gegenstände aus Elfenbein; die Einfuhr in die Bundesrepublik ist ohnehin verboten.

Zollbestimmungen
Bei der Einreise ist eine Zolldeklaration abzugeben. Darin müssen aufgeführt werden: Devisen, technische und elektronische Geräte sowie persönliche Wertgegenstände. Diese dürfen in China nicht veräußert werden und müssen bei der Ausfuhr auf Verlangen vorgezeigt werden.

Die **Kopie der Zolldeklaration** muß bei der Ausreise wieder präsentiert werden, deshalb sollte man sie sorgfältig, am besten im Reisepaß, verwahren.

Die Einfuhr von Funkgeräten, Waffen, Munition, Drogen, regierungsfeindlicher Propaganda und pornographischen Schriften (dort werden strengere Maßstäbe als bei uns angelegt) ist verboten.

Kunst- und Kulturgegenstände und Antiquitäten dürfen nur ausgeführt werden, wenn eine Kaufbescheinigung und bei Antiquitäten das entsprechende rote Wachssiegel vorgewiesen werden können.

Es ist auch nicht erlaubt, Gegenstände ein- oder auszuführen, die anderen Personen gehören.

Die Ein- und Ausfuhr von Renminbi ist ebenfalls verboten.

Filmen und Fotografiern
Video- und Schmalfilmkameras sind ohne besondere Genehmigung erlaubt, für 16 mm und größere Formate benötigt man eine spezielle Erlaubnis. Für das Fotografieren und Filmen gibt es nur sehr **wenige Beschränkungen,** die sich von denen bei uns kaum unterscheiden. Nicht fotografiert werden dürfen demnach alle militärischen Anlagen.

An einigen historischen Sehenswürdigkeiten, insbesondere in Tibet, gibt es darüber hinaus Beschränkungen. Beachten Sie die entsprechenden Fotografierverbote, denn deren Befolgung wird streng kontrolliert.

Seit einigen Jahren kann man in den Freundschaftsläden und den Hotels der großen Städte Kodak- und Fuji-Filme kaufen. Zubehör wie Blitzlichtlampen oder Batterien sollte man in genügender Menge von zu Hause mitbringen.

Post
Postschalter gibt es in fast allen Hotels. Potkarten gibt es in ausreichender Menge und in großer Vielfalt in den Hotels oder aber an den touristischen Besuchsstätten. Ein Standard-

Luftpostbrief ins Ausland kostet 80 Fen, eine Postkarte per Luftpost 70 Fen.

Von Beijing aus braucht die Post bis nach Deutschland etwa 4 bis 6 Tage. Je weiter man wegkommt in entlegene Regionen, desto länger braucht die Post; es kann dann schon bis zu zwei Wochen dauern.

Innerhalb Chinas kostet ein Brief 8 Fen, eine Postkarte 7 Fen. Die chinesische Post nimmt auch Pakete an; diese müssen allerdings in geöffnetem Zustand vorgelegt werden.

Post oder Nachrichten von zu Hause zu erhalten ist etwas schwieriger, da Sie nicht im voraus wissen können, in welchem Hotel Sie untergebracht werden. In dringenden Fällen lassen Sie über Ihren Reiseveranstalter in der BRD eine Nachricht (Telefon oder Telex) an China International Travel Service in Beijing schicken. Das Büro weiß, wo sich Ihre Gruppe aufhält, und wird die Nachricht weiterleiten.

Telefon

In China ist das Telefonieren innerhalb eines Ortsnetzes kostenlos. Fast alle Hotels haben Telefon in den Zimmern, mit dem man kostenlos auch in der Stadt telefonieren kann.

Nach außerhalb muß man über die Vermittlungsstelle. Auch das Telefonieren in die Heimat ist möglich. Zu diesem Zweck muß man bei der Post oder beim Telegrafenamt in der Hotelhalle ein Formular ausfüllen, mit dem man das Gespräch anmeldet. Das Gespräch kann dann auch vom Zimmer aus geführt werden.

Zur Zeit kostet ein Telefongespräch nach Deutschland pro angefangener Einheit von 1 Minute Yuan 9,60. 3 Minuten werden als Minimum berechnet, also Yuan 28,80; das sind etwa DM 37,00.

Auf den Postämtern und an den Postschaltern der Hotels können auch **Telegramme** aufgenommen werden. Größere Hotels bieten auch einen **Telexdienst** an.

Trinkgelder

Trinkgelder werden in China nicht angenommen. Sie sollten auch nicht versuchen, diese aufzudrängen, das könnte mißverstanden werden. Den chinesischen Reisebegleitern und den Busfahrern ist die Annahme von Trinkgeldern und Geschenken **verboten.**

Kleine Aufmerksamkeiten dürfen angenommen werden, und man wird sich darüber freuen.

Chinesische Dolmetscher freuen sich über deutsche Literatur oder Informationen aus Deutschland.

Verkehrsmittel

Reisegruppen haben für ihre Besichtigungsprogramme immer einen Reisebus zur Verfügung. Dieser steht auch abends für Kulturveranstaltungen bereit, wenn sie von der Gruppe gemeinsam besucht werden.

Etwas schwieriger ist es, sich individuell zu bewegen. Die **Linienbusse** sind oft überfüllt und fahren in den Abendstunden seltener.

Den meisten Hotels stehen **Taxis** zur Verfügung, die man am Taxistand im Foyer ordert. Die Preise richten sich nach den gefahrenen Kilometern und nach dem Wagentyp. Für die Rückfahrt muß man wiederum einen Taxistand aufsuchen, die sich meistens bei den Hotels oder den Freundschaftsläden befinden. Andere Möglichkeiten gibt es nicht; sie lassen sich weder telefonisch bestellen, noch kann man sie auf der Straße anhalten. Wer sich einmal von der Gruppe absetzen möchte, hat auch die Möglichkeit, ein Taxi für den ganzen Tag oder für mehrere Stunden zu mieten.

In jüngster Zeit vermieten einige Hotels auch **Fahrräder.** Mit diesen sollte man allerdings vorsichtig umgehen: Sie haben keine Rücktrittbremsen und sind schwerer als die bei uns üblichen Räder.

Nicht selten kommt es daher bei chinesischen Radlern zu Zusammenstößen. Achten Sie gut auf den Autoverkehr, üblicherweise haben die Radfahrer zu weichen.

In jüngster Zeit sind in mehreren Städten auch wieder Fahrrad-Rikschas aufgetaucht, die in der Kulturrevolution als entwürdigend galten und abgeschafft worden waren.

Die Rikscha-Fahrer besitzen eine staatliche Lizenz, fahren aber auf eigene Rechnung, als selbständiger Unternehmer sozusagen.

Die Reisen innerhalb Chinas, von Ort zu Ort, geschehen mit der Bahn oder per Flugzeug.

Nicht selten muß man auch längere **Bahnfahrten** in Kauf nehmen. Touristen reisen auf längeren Strecken in Liegewagen der „weichen Klasse". Es gibt nur Vierbett-Abteile. Die zweite Klasse wird als „harte Klasse" bezeichnet. Die Zugfahrten sind bequem und gemütlich. Allerdings fahren die Züge recht langsam, nur etwa 50–60 km pro Stunde.

Auf kürzeren Strecken reist man in Sitzwaggons der „weichen Klasse", die nur Touristen oder hohen Funktionären vorbehalten sind.

Die **Chinesische Fluggesellschaft** heißt CAAC (Civil Aviation Administration of China). Sie fliegt mit Boeing 747, Boeing 707, Boeing 737, Iljuschin 62, Trident und Super VC, auf entlegenen Strecken werden auch kleine Propellermaschinen vom Typ Antonow eingesetzt. Die CAAC verfügt über 115 Flughäfen und 166 Inlandslinien. Sie ist allerdings nicht sehr pünktlich und fliegt auf vielen Strecken nur bei gutem Wetter. Auf Verspätungen sollte man sich daher einstellen.

Essen wird auf den Inlandsflügen nicht serviert. Es gibt aber Getränke, Süßigkeiten und kleine Souvenirs.

Gepäck

Auf den Inlandsflügen in China, wie auch auf den internationalen Strecken, dürfen **20 kg Gepäck kostenfrei** transportiert werden. In China gibt es allerdings in dieser Hinsicht keine allzu strengen Kontrollen.

In jedem Fall empfiehlt es sich, **stabile, strapazierfähige Koffer** mitzunehmen, denn bei den vielen Transporten auf einer Rundreise gibt es immer wieder Beschädigungen. Es empfiehlt sich daher der Abschluß einer **Reisegepäckversicherung.**

Die Gepäckbeförderung wird bei allen Transporten von Lüxingshe (China International Travel Service) übernommen, so daß Sie Ihr Gepäck nirgends selbst tragen müssen.

Zeit
Die Zeitdifferenz zur Beijing-Zeit beträgt +7 Stunden, während unserer Sommerzeit nur +6 Stunden. In ganz China gilt einheitlich die Beijing-Zeit. Hongkong hat die gleiche Zeit wie Beijing.

Zeitungen/Zeitschriften
Eine Chinareise bedeutet meistens eine Erholung von allen bedrückenden oder auch guten Nachrichten. Je nach Einstellung, mag man dies auch vermissen.

Ausländische Zeitungen oder Zeitschriften bekommt man nur in wenigen Städten, wie Beijing, Shanghai oder auch Guangzhou, und dort wiederum nur in wenigen Hotels.

Seit einigen Jahren wird in Beijing eine englischsprachige Tageszeitung herausgegeben: **China Daily.** Sie ist in den meisten Hotels kostenlos erhältlich. Ansonsten kostet sie 10 bzw. 15 Fen.

Sie enthält selbstverständlich hauptsächlich Nachrichten aus China und dem asiatischen Raum. Von dort aus betrachtet, rückt Europa an den Rand der Welt.

In Beijing selbst werden auch deutschsprachige Zeitschriften herausgegeben. Die wöchentlich erscheinende **Beijing Rundschau** ist ein politisches Magazin, das über aktuelle politische Probleme und Entwicklungen berichtet. **China im Aufbau** erscheint monatlich und ist ein Magazin, das sowohl über Geschichte, als auch über Kultur, Wirtschaft und Politik berichtet.

Maße und Gewichte
Längenmaße
1 cun = 3,33 cm
1 chi = 33,33 cm
1 chang = 3,33 m
1 li = 500 m
1 gongli = 1 km
Gewichte
1 liang = 50 g
1 jin = 500 g
1 gongjin = 1 kg
Fläche
1 mu = 0,066 ha
Volumen
1 sheng = 1 l

Elektrizität
In allen Hotels gibt es 220 V. Das Problem besteht allerdings bei den **Steckdosen.** Es ist auch schwierig, hier eine Empfehlung für einen bestimmten Adapter abzugeben, da die Steckdosen von Provinz zu Provinz unterschiedlich sein können.

In den wenigen neuen Luxus-Hotels gibt es für unsere Geräte genormte Steckdosen. In vielen anderen kann man an der Rezeption bzw. beim Etagenservice einen passenden **Adapter** bekommen. In Regionen mit weniger Tourismus wird es allerdings schwieriger.

Wenn Sie einen Zwischenstecker mitnehmen, dann besorgen Sie sich einen dreipoligen mit flachen, beweglichen Steckkontakten. In jedem Fall ist es günstig, batteriebetriebene Geräte oder Akkus mitzunehmen.

Diplomatische Vertretungen
Die im Moment aktuellen Adressen der diplomatischen Vertretungen finden Sie in der separaten Urlaubskarte.

Informationen
Bitte wenden Sie sich an Ihren Reiseveranstalter oder an die chinesischen Botschaften und an das Fremdenverkehrsamt der VR China. Die aktuellen Adressen finden Sie im Kartenteil.

Beim Fremdenverkehrsamt kann man eine Liste aller bundesdeutschen **China-Reiseveranstalter** bekommen.

In einigen Städten der Bundesrepublik Deutschland gibt es Ortsvereine der Gesellschaft für deutsch-chinesische Freundschaft e. V., die gelegentlich Informations- und Vortragsveranstaltungen durchführen. Deren Bundesgeschäftsstelle hat ihren Sitz ebenfalls in Frankfurt:
GDCF – Bundesgeschäftsstelle –
Eschenheimer Anlage 28
6000 Frankfurt 1

Das staatliche chinesische Reisebüro hat seine Hauptstelle in Beijing und besitzt in allen dem Tourismus geöffneten Orten Filialen.

Lüxingshe
China International Travel Service
6, Dong Chang'an Lu
Beijing/VR China

Literaturhinweise

Reiseführer:
Dietsch – China-Cicerone, München 1982
Franz – Hongkong, Macau, Kanton, Köln 1982
Franz – Peking und Shanghai, Köln 1981
Gerner – Schneeland Tibet, Frankfurt 1981
de Keijzer, Kaplan – Der China-Rei seführer, Frankfurt 1983
Kuan Yu-China, Petra Häring-Kuan – Kohlhammer Kunst- und Reiseführer, Stuttgart 1983
Merian-Heft – Peking und der Norden, Hamburg 1981
Nagel's Encyclopedia Guide – China, Genf 1979

Sprachführer:
Langenscheidts Sprachführer Chinesisch, Berlin und München 1983

Landeskunde:
China-Ploetz – China, Freiburg 1981
Die Große Mauer, Geschichte, Kultur- und Sozialgeschichte Chinas, Frankfurt 1982
Koch u. a. – China, Bern 1981
Staiger (Hrsg.) – China, Tübingen 1980

Kunstbücher
Chinesische Kunst, 2 Bde., Orell Füssli, Stuttgart 1980
FitzGerald – Das alte China, München 1975
Heizlar – Alte chinesische Graphik, Hanau 1976
Watson – China, Kunst und Kultur, Freiburg 1980

Bildbände:
Han Suyin – China 1890–1938, Kehl am Rhein 1979
Küchler – China, Daten, Bilder, Perspektiven, München/Luzern 1981

Berichte:
Grobe – Vom Westen lernen, Chinese bleiben, Frankfurt 1982
Hieber – Chinesen über China, Düsseldorf 1982
Wickert – China von innen gesehen, Stuttgart 1982

Währung: Renminbi
Einheiten: Yuan, Jiao und Fen
1 Yuan = 10 Jiao = 100 Fen
1 Jiao = 10 Fen

Noten: Yuan 10, 5, 2, 1
Jiao 5, 2, 1
Fen 5, 2, 1
Münzen: Fen 5, 2, 1

Devisenzertifikate
(Foreign Exchange Certificates)
Einheiten: Yuan und Fen

1 Yuan = 100 Fen
Noten: Yuan 50, 10, 5, 1
Münzen: keine

Register des Regionalteils

Index

Bitte beachten Sie, daß alle Informationen sowie Währungs- und Preisangaben dem aktuellen Stand bei Drucklegung entsprechen und für jede neue Auflage aktualisiert werden. Da einige Daten starken Schwankungen unterliegen, ist es empfehlenswert, sich vor Antritt der Reise bei den zuständigen Institutionen zu erkundigen.

Hinweise bezüglich Veränderungen, Auslassungen oder Fehlern nimmt der Verlag gerne entgegen.

Hildebrand's Urlaubsführer

Band 1 Sri Lanka (Ceylon)
von Professor Dr. Manfred Domrös und Rosemarie Noack

Band 2 Malediven
von Wolfgang Freihen und Professor Dr. Manfred Domrös

Band 3 Indien, Nepal
von Klaus Wolff

Band 4 Thailand, Burma
von Dr. Dieter Rumpf

Band 5 Malaysia, Singapur
von Kurt Goetz Huehn und Anthony Wong Kim Hooi

Band 6 Indonesien
Von Kurt Goetz Huehn

Band 7 Philippinen
von Dr. Dieter Rumpf, mit Beiträgen von Dr. Gerhard Beese und Wolfgang Freihen

Band 8 Hongkong, Macao
von Dieter Jacobs

Band 9 Taiwan
von Professor Dr. Peter Thiele

Band 10 Australien
von Michael Schweizer und Heinrich von Bristow

Band 11 Ostafrika (Kenya)
von Reinhard Künkel und Nana Claudia Nenzel, mit Beiträgen von Dr. Arnd Wünschmann, Dr. Angelika Tunis und Wolfgang Freihen

Band 13 Jamaica
von Tino Greif und Dieter Jacobs

Band 14 Hispaniola (Haiti, Dominikanische Republik)
von Tino Greif und Dr. Gerhard Beese, mit Beiträgen von Wolfgang Freihen

Band 15 Seychellen
von Christine Hedegaard und Clausjürgen Eicke, mit Beiträgen von Wolfgang Debelius

Band 16 Südafrika
von Peter Gerisch und Clausjürgen Eicke, mit Beiträgen von Hella Tarara

Band 17 Mauritius, Réunion
von Clausjürgen Eicke, mit Beiträgen von Peter Gerisch, Joachim Laux, Frank Siegfried, Elke Oßwald und Dr. Gerhard Beese

Band 18 China
von Manfred Morgenstern

Band 19 Japan
von Dr. Norbert Hormuth

Band 20 Cuba
von Heidi Rann und Peter Geide, mit Beiträgen von Michael Schweizer und Paula DiPerna

Band 21 Mexico
von Matthias von Debschitz und Dr. Wolf-Günter Thieme, mit Beiträgen von Werner Schmidt, Rudolf Wicker, Dr. Gerhard Beese, Hans-Horst Skupy, Ortrun Egelkraut und Dr. Elisabeth Siefer

Band 24 Korea
von Dr. Dieter Rumpf und Professor Dr. Peter Thiele

Band 25 Neuseeland
von Robert Sowman und Johannes Schultz-Tesmar

Band 26 Frankreich
von Uwe Anhäuser, mit Beiträgen von Wolfgang Freihen